NORMAS GERAIS
DE DIREITO TRIBUTÁRIO

HUGO DE BRITO MACHADO

NORMAS GERAIS DE DIREITO TRIBUTÁRIO

NORMAS GERAIS DE DIREITO TRIBUTÁRIO
© Hugo de Brito Machado

Direitos reservados desta edição por
MALHEIROS EDITORES LTDA.
Rua Paes de Araújo, 29, conjunto 171
CEP 04531-940 – São Paulo – SP
Tel.: (11) 3078-7205 – Fax: (11) 3168-5495
URL: www.malheiroseditores.com.br
e-mail: malheiroseditores@terra.com.br

Composição: PC Editorial Ltda.
Capa:
Criação: Vânia Amato
Arte: PC Editorial Ltda.

Impresso no Brasil
Printed in Brazil
06.2018

Dados Internacionais de Catalogação na Publicação (CIP)

M149n	Machado, Hugo de Brito. Normas gerais de direito tributário / Hugo de Brito Machado. – São Paulo : Malheiros, 2018. 408 p. ; 21 cm. Inclui bibliografia. ISBN 978-85-392-0417-5 1. Direito tributário. 2. Obrigação tributária. 3. Crédito tributário. 4. Administração tributária. I. Título. CDU 34:336 CDD 343.04

Índice para catálogo sistemático:
1. Direito tributário 34:336
(Bibliotecária responsável: Sabrina Leal Araujo – CRB 10/1507)

Sumário

1. **INTRODUÇÃO** 15
2. **CONCEITOS IMPORTANTES NA LEGISLAÇÃO TRIBUTÁRIA**
   - **2.1 As definições normativas** 22
   - **2.2 Significado da expressão "legislação tributária"**
     - 2.2.1 Elemento literal 23
     - 2.2.2 Elemento finalístico 24
     - 2.2.3 Significado abrangente 24
   - **2.3 O princípio da legalidade**
     - 2.3.1 O princípio e a norma 25
     - 2.3.2 Significados e origem do princípio 26
     - 2.3.3 Legalidade e tipicidade 29
   - **2.4 O princípio da legalidade tributária nas Constituições brasileiras**
     - 2.4.1 Nas Constituições anteriores 32
     - 2.4.2 Na vigente Constituição 33
   - **2.5 Conceitos fundamentais na compreensão do princípio da legalidade**
     - 2.5.1 Conceitos e hierarquia das normas 34
     - 2.5.2 Expressão "exigir ou aumentar tributo" 34
     - 2.5.3 Significado da palavra "lei" 40
     - 2.5.4 Medidas provisórias
       - 2.5.4.1 Questões superadas 41
       - 2.5.4.2 O vigente regime jurídico 42
       - 2.5.4.3 Instituição e majoração de tributos 42
       - 2.5.4.4 Matérias reservadas à lei complementar .. 43
     - 2.5.5 Tipicidade e capacidade contributiva 44
   - **2.6 Exceções ao princípio da legalidade** 46
   - **2.7 Análise do art. 97 do CTN**
     - 2.7.1 Norma explicitante do princípio da legalidade 48
     - 2.7.2 Instituição de tributo ou sua extinção 48

2.7.3   Majoração de tributos e sua redução 49
2.7.4   Fato gerador da obrigação tributária principal 50
2.7.5   Prazo para pagamento do tributo 51
2.7.6   Fixação de alíquota e base de cálculo 53
2.7.7   Cominação de penalidades 54
2.7.8   Exclusão, suspensão e extinção de créditos tributários 55
2.7.9   Majoração de tributo pela modificação de sua base de cálculo 55
2.7.10 Atualização monetária da base de cálculo do tributo   55
2.8 **Posição hierárquica dos tratados internacionais**
    2.8.1   Importância do critério hierárquico 56
    2.8.2   Primado dos tratados internacionais 57
    2.8.3   Tratados internacionais e Constituição 57
    2.8.4   Tratados internacionais e leis infraconstitucionais internas 58
    2.8.5 Hierarquia das normas no direito positivo 59
2.9 **Antinomias entre o tratado e a lei interna em matéria tributária**
    2.9.1   O art. 98 do CTN 59
    2.9.2   Jurisprudência do STF 61
2.10 **Tratados internacionais e isenção de impostos estaduais e municipais**
    2.10.1 Distinção entre um ato do Brasil e um ato da União Federal 61
    2.10.2 Isenções do ICMS concedidas mediante tratado internacional 62

3. **VIGÊNCIA DA LEGISLAÇÃO TRIBUTÁRIA**
  3.1 **Vigência e outros conceitos de Teoria Geral do Direito**
    3.1.1   Importância e entrelaçamento dos conceitos 68
    3.1.2   Incidência 69
    3.1.3   Vigência
        3.1.3.1   Vigência como aptidão para incidir 71
        3.1.3.2   Vigência, sua duração e a validade técnico-formal 71
        3.1.3.3   Vigência e publicidade da lei 73
    3.1.4   Observância 75
    3.1.5   Eficácia 76
    3.1.6   Aplicação 76
  3.2 **Vigência e aplicação no Código Tributário Nacional**
    3.2.1   Direito intertemporal 78

	3.2.2	Regra geral sobre vigência da legislação tributária	79
	3.2.3	Regras especiais sobre vigência e sobre aplicação da legislação tributária	80
3.3	**Vigência das leis no espaço**		
	3.3.1	Princípio da territorialidade	80
	3.3.2	Vigência extraterritorial	80
3.4	**Fontes da vigência extraterritorial**		
	3.4.1	Significado da expressão "fonte da vigência"	81
	3.4.2	Convênio como fonte de vigência extraterritorial da legislação tributária	81
	3.4.3	Lei federal como fonte da vigência extraterritorial .	82
3.5	**Norma supletiva para a legislação tributária**		
	3.5.1	Norma supletiva	82
	3.5.2	Sentido da norma do art. 103	83
	3.5.3	Normas supletivas ou complementares da legislação tributária	83
3.6	**Os princípios da anterioridade e da anualidade**		
	3.6.1	Distinção essencial entre anterioridade e anualidade	84
	3.6.2	Minimizando a importância da anualidade	85
	3.6.3	Anualidade e a jurisprudência do STF	86
	3.6.4	Anterioridade e irretroatividade da lei tributária ...	87
	3.6.5	Instituição ou majoração de tributo	88
	3.6.6	Anterioridade tributária e revogação de isenções ..	90
	3.6.7	O princípio da irretroatividade e seu amesquinhamento	90

4. **APLICAÇÃO DA LEGISLAÇÃO TRIBUTÁRIA**

4.1	**Aplicação imediata e aplicação retroativa**		
	4.1.1	Distinção entre o retroativo e o imediato	93
	4.1.2	Sentido da aplicação imediata no art. 105 do CTN .	94
	4.1.3	Encurtamento do prazo para pagamento	95
	4.1.4	Crítica à expressão "fatos geradores pendentes" ..	97
4.2	**Princípio da anterioridade e Imposto de Renda**		
	4.2.1	Princípio da anualidade. Nossa sugestão	98
	4.2.2	Princípio da anterioridade. Nossa sugestão	99
	4.2.3	Princípio da anterioridade e elaboração constitucional	100
	4.2.4	Fato gerador pendente	102
	4.2.5	Fato gerador pendente e visão formalista do Direito	103
	4.2.6	Fato gerador pendente e a segurança jurídica	104

8 NORMAS GERAIS DE DIREITO TRIBUTÁRIO

4.3   Aplicação imediata e Imposto de Renda 106
4.4   Anualidade e prestígio do Congresso Nacional
    4.4.1   Distinção entre os princípios da anterioridade e da anualidade 108
    4.4.2   Anualidade e separação dos Poderes do Estado 109
4.5   Aplicação retroativa da lei tributária
    4.5.1   Norma excepcional 110
    4.5.2   Hipóteses de aplicação retroativa 111
4.6   Lei expressamente interpretativa
    4.6.1   Disputa doutrinária 111
    4.6.2   Crítica à expressão "lei interpretativa" 112
    4.6.3   A regra do art. 106 do CTN 113
    4.6.4   Reflexões sobre a lei interpretativa em matéria tributária 117
    4.6.5   Constituição Federal e art. 106, I, do CTN 119
    4.6.6   Lei que não inova no mundo normativo 119
    4.6.7   Exemplo de lei interpretativa 120
    4.6.8   Exclusão de penalidades 121
    4.6.9   Garantia constitucional da irretroatividade 122
    4.6.10 Irretroatividade da nova interpretação 122
4.7   Retroatividade benigna
    4.7.1   Influência do direito penal 124
    4.7.2   Ato não definitivamente julgado 124
    4.7.3   Retroatividade benigna e contribuições de previdência social 127

5. INTERPRETAÇÃO E INTEGRAÇÃO DA LEGISLAÇÃO TRIBUTÁRIA
5.1   Normas sobre interpretação e integração
    5.1.1   Interferência do legislador 130
    5.1.2   Validade das normas sobre interpretação e integração 130
    5.1.3   Utilidade de normas sobre interpretação e integração 133
5.2   Interpretação da norma jurídica
    5.2.1   Vários sentidos da palavra "interpretação" 134
    5.2.2   Interpretação e aplicação 135
    5.2.3   Observância da norma 136
5.3   Elementos da interpretação
    5.3.1   Elemento literal 137
    5.3.2   Elemento histórico 138
    5.3.3   Elemento lógico-sistêmico 139
    5.3.4   Elemento teleológico 139

SUMÁRIO

5.4 Interpretação tópica
    5.4.1   Posições extremadas 140
    5.4.2   Conciliação dos elementos tópico e sistêmico 140
    5.4.3   Interpretação tópica e princípio da razoabilidade .. 141

5.5 Interpretação e fundamento ético da norma
    5.5.1   Insuficiência dos elementos de interpretação 142
    5.5.2   Fundamento ético 142
    5.5.3   Injustiça e inconstitucionalidade 144

5.6 Não especificidade da interpretação das normas tributárias
    5.6.1   Teses favoráveis à especificidade 146
    5.6.2   Tributação e restrições ao direito de propriedade .. 147
    5.6.3   Norma jurídica e interesse público 149
    5.6.4   Substância e forma na interpretação da norma 151
    5.6.5   Tributação e poder 152
    5.6.6   Tributo e interesse público 154
    5.6.7   Caráter odioso da relação tributária 155
    5.6.8   Normas de tributação como normas jurídicas 156
    5.6.9   Superação definitiva do "na dúvida a favor do Fisco" 157

5.7 Interpretação e doutrina jurídica
    5.7.1   Aplicação e doutrina 158
    5.7.2   Conhecimento das normas e dos fatos 159
    5.7.3   Tarefa da doutrina 160

5.8 Integração da legislação tributária
    5.8.1   Interpretação e integração 161
    5.8.2   Ideia de lacuna no ordenamento jurídico 162
    5.8.3   Lacunas falsas, políticas ou ideológicas 164
    5.8.4   Lacunas verdadeiras ou técnicas 165
    5.8.5   As lacunas no ordenamento jurídico brasileiro 165
    5.8.6   Meios de integração
        5.8.6.1   Explicação preliminar 167
        5.8.6.2   Analogia 168
        5.8.6.3   Princípios gerais de direito tributário 170
        5.8.6.4   Princípios gerais de direito público 171
        5.8.6.5   Equidade 171
    5.8.7   A integração e o princípio da legalidade
        5.8.7.1   Legalidade estrita como limite à integração 173
        5.8.7.2   Limite à analogia 174
        5.8.7.3   Limite à equidade 175

5.9 Institutos, conceitos e formas de direito privado
    5.9.1   Unidade do Direito 175

5.9.2	*Princípios gerais de direito privado e lei tributária*	176
5.9.3	*Conceitos do direito privado e lei tributária*	177
5.9.4	*Abuso de institutos, conceitos e formas de direito privado*	179

5.10 Interpretação econômica

5.10.1	*A substância e a forma na interpretação*	180
5.10.2	*A inalterabilidade dos conceitos da Constituição* ...	182
5.10.3	*A supremacia constitucional*	185

5.11 Interpretação literal

5.11.1	*O elemento literal na interpretação*	187
5.11.2	*Manifestações doutrinárias sobre o elemento literal*	188
5.11.3	*Absurdos a que conduz a interpretação literal*	191
5.11.4	*Significado da norma do art. 111 do CTN*	192
5.11.5	*Interpretação segundo a Constituição Federal*	193

5.12 Interpretação benigna

5.12.1	*A regra do art. 112 do CTN*	194
5.12.2	*Definição de infrações*	195
5.12.3	*Cominação de penalidades*	196
5.12.4	*Hipóteses de interpretação benigna*	197
5.12.4.1	Capitulação legal do fato	197
5.12.4.2	Natureza e circunstâncias materiais do fato	199
5.12.4.3	Autoria, imputabilidade ou punibilidade ..	201
5.12.4.4	Natureza e graduação da penalidade	203

6. OBRIGAÇÃO TRIBUTÁRIA

6.1 Conceito e natureza jurídica

6.1.1	*Conceito*	205
6.1.2	*Natureza jurídica*	207

6.2 Espécies de obrigação tributária

6.2.1	*Obrigação tributária principal*	209
6.2.2	*Obrigação tributária acessória*	212
6.2.3	*Obrigação acessória e acréscimos legais*	214
6.2.4	*Obrigação tributária acessória e legalidade*	215
6.2.5	*Obrigação acessória e abuso do poder-dever de fiscalizar*	217
6.2.6	*Obrigação acessória e direito ao silêncio*	221

6.3 Consequência do inadimplemento 223

6.4 O fato gerador da obrigação tributária

6.4.1	*Fato gerador e hipótese de incidência*	224
6.4.2	*Aspectos do fato gerador*	226
6.4.3	*Espécies de fato gerador da obrigação principal*	229
6.4.4	*Fato gerador da obrigação acessória*	232

6.4.5	Momento em que se consuma o fato gerador	234
6.4.6	Tributação e fatos ilícitos	236

6.5 Sujeito ativo da obrigação tributária ... 237
6.6 Sujeito passivo da obrigação tributária ... 241
6.7 Responsabilidade tributária

- 6.7.1 Importância dos conceitos na teoria jurídica ... 244
- 6.7.2 Dever jurídico e responsabilidade ... 245
- 6.7.3 Responsabilidade tributária no Código Tributário Nacional
  - 6.7.3.1 O dever e a responsabilidade no Código Tributário Nacional ... 246
  - 6.7.3.2 Responsabilidade dos sucessores ... 248
  - 6.7.3.3 Fusão, transformação ou incorporação ... 251
  - 6.7.3.4 Continuação da atividade ... 252
  - 6.7.3.5 Responsabilidade de terceiros ... 255
  - 6.7.3.6 Responsabilidade por infrações ... 257
  - 6.7.3.7 Exclusão da responsabilidade pela denúncia espontânea da infração ... 259
  - 6.7.3.8 Exclusão da responsabilidade pelo desconhecimento da lei ... 261

7. CRÉDITO TRIBUTÁRIO

7.1 Peculiaridade terminológica ... 263
7.2 Consequências da distinção entre obrigação e crédito ... 264
7.3 Constituição do crédito tributário

- 7.3.1 Conceito e natureza jurídica do lançamento ... 266
- 7.3.2 Espécies ou modalidades de lançamento tributário ... 268
  - 7.3.2.1 Lançamento por declaração ... 269
  - 7.3.2.2 Lançamento por homologação ... 270
  - 7.3.2.3 Lançamento de ofício ... 273
  - 7.3.2.4 Revisão do lançamento ... 274

7.4 Suspensão da exigibilidade do crédito tributário

- 7.4.1 Explicações prévias ... 276
- 7.4.2 Moratória ... 277
- 7.4.3 Depósito do montante integral do crédito tributário
  - 7.4.3.1 O depósito e seus efeitos ... 280
  - 7.4.3.2 O depósito como faculdade do contribuinte ... 281
  - 7.4.3.3 Efeitos do depósito ... 281
  - 7.4.3.4 Procedimento do depósito ... 282
  - 7.4.3.5 Destino do valor depositado ... 283
  - 7.4.3.6 Depósito como "pagamento provisório" ... 284
  - 7.4.3.7 Depósito e outras dívidas do contribuinte ... 287

		7.4.3.8	Depósito antes da constituição definitiva do crédito	287

           7.4.3.9   *Depósito, lançamento por homologação e decadência* 289
           7.4.3.10 *Montante integral do crédito tributário* 292
           7.4.3.11 *Depósito e exigência de diferenças* 293
           7.4.3.12 *Depósito e ação de consignação em pagamento* 293
    7.4.4   *Reclamações e recursos*
           7.4.4.1 *Suspensão prévia ou impedimento* 295
           7.4.4.2 *Reclamações e recursos intempestivos* 296
    7.4.5   *Provimentos judiciais* 297
    7.4.6   *Suspensão da exigibilidade e obrigações acessórias* 298
7.5   Extinção do crédito tributário
    7.5.1   *O dispositivo que arrola as causas de extinção do crédito tributário* 299
    7.5.2   *Causas de extinção do crédito tributário* 301
           7.5.2.1 *Pagamento* 301
           7.5.2.2 *Compensação* 302
           7.5.2.3 *Transação* 306
           7.5.2.4 *Remissão* 308
           7.5.2.5 *Prescrição e decadência* 310
           7.5.2.6 *Conversão de depósito em renda* 311
           7.5.2.7 *Pagamento antecipado e homologação do lançamento* 312
           7.5.2.8 *Consignação em pagamento* 312
           7.5.2.9 *Decisão administrativa irreformável* 314
           7.5.2.10 *Decisão judicial passada em julgado* 315
           7.5.2.11 *Dação em pagamento* 315
    7.5.3   *Causas de extinção não mencionadas pelo Código Tributário Nacional* 316
           7.5.3.1 *Novação e confusão* 316
           7.5.3.2 *Outras causas referidas pela doutrina* 317
7.6   Exclusão do crédito tributário
    7.6.1   *O dispositivo que arrola as causas de exclusão do crédito tributário* 317
    7.6.2   *Distinções entre isenção, não incidência e imunidade* 318
    7.6.3   *O direito à isenção* 320
    7.6.4   *Classificação das isenções* 323
    7.6.5   *Alíquota zero e diferimento de incidência* 324
    7.6.6   *Anistia* 325

7.7 Garantias e privilégios do crédito tributário
- 7.7.1 Considerações iniciais 326
- 7.7.2 Presunção de fraude 328
- 7.7.3 Concurso de preferências 331
- 7.7.4 Créditos extraconcursais 331
- 7.7.5 Inventário e arrolamento. Liquidação de pessoas jurídicas 333
- 7.7.6 Exigência de quitações 333
- 7.7.7 Indisponibilidade de bens e direitos 335

8. ADMINISTRAÇÃO TRIBUTÁRIA
8.1 Fiscalização
- 8.1.1 Controle da atividade de fiscalização 336
- 8.1.2 Limites à ação de fiscalização 341
- 8.1.3 Limitações ao poder-dever de fiscalizar 343
- 8.1.4 O poder-dever de fiscalizar e o objeto da fiscalização 348
- 8.1.5 O local do exame de livros e documentos 349
- 8.1.6 Medida preparatória do lançamento e decadência do direito de lançar 349

8.2 O dever de informar ao Fisco
- 8.2.1 O dever de informar e direito ao silêncio 352
- 8.2.2 Dever de informar e sigilo profissional 354
- 8.2.3 Sigilo bancário e sigilo fiscal 358
- 8.2.4 O sigilo fiscal 359

8.3 Dívida ativa
- 8.3.1 Dívida Ativa na Contabilidade Pública 360
- 8.3.2 Dívida Ativa tributária 361
- 8.3.3 Irregularidades que invalidam a inscrição em Dívida Ativa 362
- 8.3.4 Inadmissibilidade de execução administrativa 362

8.4 Certidões negativas
- 8.4.1 Certidão de quitação 363
- 8.4.2 Arbítrio na recusa de certidões negativas 364
- 8.4.3 Exigência de quitação de tributos e interesse público 365
- 8.4.4 Certidão positiva com efeitos de negativa 367
- 8.4.5 Exigência de garantia de débitos parcelados 368
- 8.4.6 Dispensa de prova de quitação 368
- 8.4.7 Responsabilidade dos participantes do ato 369
- 8.4.8 Certidão negativa com erro contra a Fazenda 370
- 8.4.9 Responsabilidade do servidor público 370

	8.4.10	Livro do Instituto Cearense de Estudos Tributários	371

8.5 **Dever jurídico da Administração Pública**
    8.5.1   Consolidação das leis de cada tributo 372
    8.5.2   Manifestações doutrinárias sobre o art. 212 do CTN 373
    8.5.3   Natureza jurídica da norma do art. 212 do CTN 374
    8.5.4   Norma e sistema ou ordenamento normativo 378
    8.5.5   Dever jurídico e sanção no art. 212 do CTN 378
    8.5.6   O ilícito pressuposto da sanção no art. 212 do CTN   380
    8.5.7   As sanções cabíveis pela inobservância do art. 212 do CTN 380

9. SANÇÕES TRIBUTÁRIAS

9.1 **Ilícito e sanção** 383
9.2 **Ilícito administrativo tributário** 384
9.3 **Ilícito penal tributário**
    9.3.1   Crimes contra a ordem tributária 385
    9.3.2   Sanção administrativa e sanção penal 390
    9.3.3   Extinção da punibilidade pelo pagamento 393
    9.3.4   Exclusão da punibilidade 394
    9.3.5   Prévio exaurimento da via administrativa 395
    9.3.6   Crime de supressão ou redução de tributo e imunidade 397
    9.3.7   Erro na interpretação da lei tributária 397
9.4 **Sanções políticas** 398

BIBLIOGRAFIA 401

1
Introdução

É inegável a importância dos conceitos nos estudos jurídicos. Importância que se faz maior diante das questões que muitas vezes são colocadas em face da inexatidão dos conceitos.

Desnecessário, mas sempre importante, é repetirmos que não existem conceitos indiscutivelmente exatos. Todos os conceitos oferecem alguma margem de imprecisão, seja porque são ambíguos, seja porque são vagos. A ambiguidade e a vaguidade ensejam sempre graves dificuldades na interpretação jurídica e podem ser consideradas as causas mais frequentes de controvérsias em Direito.

Como ensina Bielsa:

> Todo examen del vocabulario jurídico que contribuya a la aclaración y a la depuración de los conceptos debe estimarse como útil en algún grado. Si hay una disciplina en la cual concierne emplear la palabra adecuada o propia, ella es la del Derecho. Tanto en el orden legislativo como en el judicial – y no digamos en el administrativo – esta precaución es indispensable aunque sólo sea para evitar controversias o discusiones que surgen precisamente de la confusión y duda sobre un término.[1]

Não obstante a inevitável imprecisão, os conceitos são de decisiva importância para a interpretação adequada das normas jurídicas.

A importância dos conceitos, inegável em qualquer área do Direito, é de suma importância quando se enfrenta uma questão na qual deve ser respeitada a superioridade hierárquica de uma norma. Assim, quando enfrentamos a questão de saber se o legislador complementar pode, ou

---

1. Rafael Bielsa, *Los Conceptos Jurídicos y su Terminología*, 3ª ed., Buenos Aires, Depalma, 1987, p. 9 (reimpr. 1993).

não, ao descrever o âmbito constitucional do Imposto sobre Serviços de Qualquer Natureza/ISS, incluir neste a locação de bens móveis, estamos, na verdade, diante da questão – da maior importância em todos os ramos do Direito e especialmente no direito tributário – de saber em quê a hierarquia das normas deve ser prestigiada. Em outras palavras: essa questão é a de saber se realmente a supremacia da Constituição é, ou não é, uma garantia do contribuinte.

Já demonstramos, com referências a estudos doutrinários relativos à realidade de vários Países, a importância da supremacia constitucional como garantia do contribuinte.[2] E não temos dúvida de que essa supremacia somente será efetiva na medida em que forem preservados os conceitos utilizados pela Constituição contra mudanças que nos mesmos o legislador pretenda introduzir.

Para a preservação dos conceitos temos de buscar meios para identificar o que nos mesmos existe de essencial, ou nuclear, de sorte a que possamos distinguir uns dos outros e, assim, evitar o solapamento da hierarquia normativa, que estará definitivamente destruída se admitirmos que a imprecisão justifica interpretações que ampliam ou que restringem o alcance das normas que os albergam, além de limites razoáveis que se fazem necessários dentro do sistema normativo.

Assim ocorre na controvérsia entre os que sustentam a validade da norma que define a competência municipal para instituir e cobrar o ISS incluindo no âmbito de incidência desse Imposto a locação de bens móveis e os que sustentam a invalidade dessa norma, por ser tal inclusão contrária ao dispositivo da Constituição Federal que se reporta a serviços de qualquer natureza.

A controvérsia, em síntese, situa-se no conceito de *serviço*. Consiste em saber se a locação de bens móveis pode ser, ou não, tida como um serviço.

Assim, exatamente porque consideramos da maior importância o estudo dos conceitos jurídicos, vamos, aqui, examinar alguns conceitos utilizados em nossa legislação tributária, especialmente no âmbito do que se tem denominado *normas gerais*, que constituem o objeto essencial do denominado Código Tributário Nacional.

A propósito deste estudo, aliás, parece-nos importante explicar desde logo a natureza jurídica do Código Tributário Nacional, consubstan-

---

2. Hugo de Brito Machado, "A supremacia constitucional como garantia do contribuinte", *Revista Dialética de Direito Tributário* 68/44-60, São Paulo, Dialética.

ciado na Lei 5.172, de 25.10.1966, uma lei ordinária, quando a vigente Constituição Federal exige lei complementar para o trato do assunto.

Realmente, a vigente CF, em seu art. 146, III, determina expressamente que "cabe à lei complementar: (...); III – estabelecer normas gerais em matéria de legislação tributária, especialmente sobre: a) definição de tributos e suas espécies, bem como, em relação aos impostos discriminados nesta Constituição, a dos respectivos fatos geradores, bases de cálculo e contribuintes; b) obrigação, lançamento, crédito, prescrição e decadência tributários; c) adequado tratamento tributário ao ato cooperativo praticado pelas sociedades cooperativas; d) definição de tratamento diferenciado e favorecido para as microempresas e para as empresas de pequeno porte, inclusive regimes especiais ou simplificados no caso do imposto previsto no art. 155, II, das contribuições previstas no art. 195, I e §§ 12 e 13, da contribuição a que se refere o art. 239".

Coloca-se, então, a questão de saber como pode subsistir uma lei ordinária que trata exatamente dessas matérias que, segundo a vigente Constituição Federal, devem ser tratadas por lei complementar. E a resposta a essa questão reside na denominada *teoria da recepção*, que vamos a seguir examinar.

Quando ocorre a ruptura de um ordenamento jurídico, geralmente em decorrência de uma revolução ou de um golpe de Estado, é elaborada pelos novos titulares do poder estatal uma nova Constituição, e surge a questão de saber como ficam as normas infraconstitucionais que integravam o ordenamento jurídico antigo, e prevalece o entendimento de que tais normas passam a integrar o novo ordenamento.

Na Teoria Geral do Direito entende-se por *recepção* o fato de uma Constituição nova, resultante da ruptura do ordenamento jurídico, receber para a composição do novo ordenamento todas as normas do ordenamento anterior que não sejam com ela materialmente incompatíveis.

Depois de dizer que em geral as Constituições escritas contêm dispositivos especiais relativos ao único processo através do qual podem ser modificadas e reconhecer que tais dispositivos não se aplicam no caso de uma revolução, Hans Kelsen doutrina:

> Uma revolução no sentido amplo da palavra, compreendendo também o golpe de Estado, é toda a modificação ilegítima da Constituição, isto é, toda a modificação da Constituição, ou a sua substituição por uma outra, não operadas segundo as determinações da mesma Constituição. Dum ponto de vista jurídico, é indiferente que esta modificação da situação jurídica seja produzida através de

um emprego da força dirigida contra o governo legítimo ou pelos próprios membros deste governo, através de um movimento de massas populares ou de um pequeno grupo de indivíduos. Decisivo é o fato de a Constituição vigente ser modificada ou completamente substituída por uma nova Constituição através de processos não previstos pela Constituição até ali vigente. Em regra, por ocasião de uma revolução destas, somente são anuladas a antiga Constituição e certas leis politicamente essenciais. Uma grande parte das leis promulgadas sob a antiga Constituição permanece, como costuma dizer-se, em vigor. No entanto, esta expressão não é acertada. Se estas leis devem ser consideradas como estando em vigor sob a nova Constituição, isto somente é possível porque foram postas em vigor sob a nova Constituição, expressa ou implicitamente, pelo governo revolucionário. O que existe não é uma criação de Direito inteiramente nova, mas recepção de normas de uma ordem jurídica por uma outra; tal como, *e.g.*, a recepção do Direito Romano pelo Direito Alemão.[3]

Em síntese, podemos dizer que *recepção*, na Teoria Geral do Direito, é o fato de uma Constituição nova, resultante de uma ruptura do ordenamento jurídico, receber para compor o novo ordenamento jurídico todas as normas então vigentes que não sejam com ela materialmente incompatíveis.

Para que uma norma do ordenamento jurídico anterior seja recebida ou recepcionada pela Constituição nova, para integrar o novo ordenamento jurídico, é necessário apenas que seja juridicamente existente, o que significa dizer que a norma recepcionada é uma norma formalmente válida.

Adotamos, a este propósito, a doutrina de Jorge Miranda, que escreve:

> A subsistência de quaisquer normas ordinárias anteriores à nova Constituição depende de um único requisito: que não sejam desconformes com ela. Se forem desconformes, só poderão, eventualmente, sobreviver se elevadas elas próprias então à categoria de normas constitucionais, quer dizer, se constitucionalizadas.
>
> Por outro lado, o único juízo a estabelecer é o juízo da conformidade (ou da compatibilidade) material com a nova Constituição, a Constituição *actual*. Não é qualquer outro: nem qualquer juízo sobre a formação dessas normas de acordo com as novas normas de

---

3. Hans Kelsen, *Teoria Pura do Direito*, 3ª ed., tradução de João Baptista Machado, Coimbra, Arménio Amado Editor, 1974, p. 290. Na 2ª ed. brasileira: São Paulo, Martins Fontes, 1987, p. 224.

competência e de forma (as quais só valem para o futuro), nem, muito menos, qualquer juízo sobre o seu conteúdo ou sobre a sua formação de acordo com as antigas normas constitucionais.

Não importa que as leis fossem inconstitucionais material, orgânica ou formalmente antes da entrada em vigor da Constituição. Importa apenas que não disponham contra esta. E isso não porque a norma constitucional se reduza a mero limite externo da norma legislativa cujo desaparecimento lhe restitua plena eficácia jurídica; não porque o exercício de poder constituinte em certo momento consuma o exercício de todo o poder do Estado em momentos anteriores; mas, simplesmente, porque o exercício do poder constituinte revela nova ideia de Direito e representa novo sistema. A Constituição não convalida, nem deixa de convalidar; simplesmente dispõe *ex novo*.[4]

Quando surge uma Constituição nova ocorre a recepção das normas *existentes* no ordenamento jurídico anterior; mas para bem compreendermos essa afirmação é importante distinguirmos a existência simplesmente de fato da existência jurídica. Quando nos reportamos a uma norma que existe *de fato*, não nos importa saber quem a elaborou, nem qual seu nome enquanto espécie normativa. Quando, porém, nos reportamos a uma norma que existe juridicamente, estamos nos referindo a uma espécie normativa que foi posta no ordenamento pelo órgão estatal competente, com observância do procedimento para esse fim estabelecido.

Assim, quando dizemos que uma Constituição nova recepciona as normas *existentes* no ordenamento jurídico anterior, afirmamos que são recepcionadas as normas postas no ordenamento jurídico anterior pelo órgão estatal competente, segundo a Constituição anterior. Normas jurídicas formalmente válidas, portanto, segundo a Constituição vigente na data em que foram elaboradas.

As normas jurídicas recepcionadas são consideradas com a forma que a nova Constituição exige para a disciplina do assunto respectivo, embora sejam de espécie formalmente diversa. Assim é que nosso Código Penal, por exemplo, que é formalmente um decreto-lei, foi recepcionado como lei ordinária e, assim, só por lei ordinária pode ser alterado. Nosso Código Tributário Nacional, que é uma lei ordinária,[5] foi recepcionado como lei complementar, por tratar de matéria que a vigente Constituição reserva às leis complementares. O Decreto 70.235, de 6.3.1972, que regula o procedimento administrativo fiscal no plano

---

4. Jorge Miranda, *Manual de Direito Constitucional*, t. II, Coimbra, Coimbra Editora, 1988, pp. 244-255.
5. Lei 5.172, de 25.10.1966.

federal, embora editado pelo General que à época exercia a presidência da República, foi recepcionado como lei ordinária. E assim por diante.

A recepção é necessária por uma razão muito simples e de ordem prática. Editada uma Constituição nova, tem-se como destruído todo o ordenamento jurídico anterior, pois seu fundamento de validade era a Constituição que foi rasgada. E não é razoável pretender elaborar todo o ordenamento que terá como fundamento de validade a Constituição nova, porque isto seria impraticável, pelo menos no curto espaço de tempo necessário a eliminar a insegurança resultante do enorme espaço vazio de normas.

É evidente, assim, a necessidade do preenchimento desse vazio de normas, que se faz com a recepção das normas infraconstitucionais que integravam o ordenamento anterior. Normas que tinham fundamento de validade na Constituição anterior e que são materialmente compatíveis com a nova Constituição.

A espécie normativa recepcionada ganha a natureza jurídica da espécie que, segundo a vigente Constituição, é própria para regular o tema correspondente.

A teoria da recepção explica a natureza das regras jurídicas existentes no ordenamento antes de sua ruptura, que são recepcionadas pela Constituição, com a qual nasce um novo ordenamento. Explicação que serve para demonstrar a subsistência do Código Tributário Nacional, que é uma lei ordinária e trata de matéria hoje privativa de lei complementar, bem como do Decreto 70.235, de 6.3.1972, que, mesmo sendo um *decreto*, trata de matéria hoje privativa de lei.

Tratando do assunto, Raul Machado Horta escreveu:

> É complexa a regulação do convívio entre a Constituição nova e a legislação ordinária anterior. Em princípio, a Constituição não cancela as normas jurídicas anteriores, pois isto equivaleria a instaurar o caos e a insegurança total nas relações jurídicas. As antinomias entre o direito constitucional novo e o direito pré-constitucional, para usarmos a terminologia de Gomes Canotilho,[6] resolvem-se na via da revogação, de modo a prevalecer o critério *hierárquico* ou da hierarquia de normas no conflito entre atos normativos de categorias diferentes, isto é, entre norma constitucional e norma ordinária. A revogação da norma anterior pressupõe a incompatibilidade entre ela e a Constituição, de modo que as normas compatíveis subsistirão no

---

6. José Joaquim Gomes Canotilho, *Direito Constitucional*, 3ª ed., Coimbra, Livraria Almedina, 1983, p. 215.

ordenamento jurídico. A validez e a vigência das normas compatíveis passam a encontrar fundamento na Constituição nova. A compatibilidade entre normas do ordenamento antigo e a nova Constituição, que estabelece o ordenamento novo, caracteriza o que Kelsen[7] denominou de fenômeno de recepção. O novo ordenamento, segundo Kelsen, adota as normas do antigo ordenamento, atribuindo validade e vigência às normas nele introduzidas pelo processo da recepção.[8]

Não temos dúvida, portanto, de que as divergências eventualmente colocadas a respeito da questão de saber se o Código Tributário Nacional é uma lei ordinária ou uma lei complementar apenas revelam o desconhecimento da teoria da recepção, que explica claramente o que ocorre com as normas infraconstitucionais em face da ruptura de um ordenamento jurídico e do consequente surgimento de uma nova Constituição.

Não há dúvida de que o Código Tributário Nacional é uma *lei ordinária*. Entretanto, ele foi recepcionado como *lei complementar*, porque a vigente Constituição Federal reserva à lei complementar as matérias nele disciplinadas. Assim, como essas matérias só podem ser tratadas por lei complementar, evidentemente, o Código Tributário Nacional só pode ser alterado por lei complementar.

Questão semelhante é a que se coloca a respeito da natureza jurídica do Decreto 70.235, de 6.3.1972. Trata-se, indiscutivelmente, de um decreto. Entretanto, ele trata do procedimento administrativo no qual devem ser resolvidas, pela Administração Pública, eventuais divergências entre o Fisco e os contribuintes no que diz respeito à cobrança dos tributos federais. E como o procedimento administrativo, em face da vigente Constituição, deve ser disciplinado por lei, o decreto em questão foi recepcionado como lei, e somente por lei pode ser alterado.

Neste livro, em que vamos estudar as *Normas Gerais em Matéria de Legislação Tributária*, começaremos com o exame de *conceitos importantes na legislação tributária*. Depois vamos estudar a *vigência da legislação tributária*, para em seguida estudarmos a *aplicação da legislação tributária*, a *interpretação e integração da legislação tributária*, a *obrigação tributária*, o *crédito tributário*, a *Administração Tributária*, para, finalmente, formularmos algumas *conclusões*.

---

7. Hans Kelsen, *Teoria Generale del Diritto e dello Stato*, Milão, Edizioni di Comunità, 1952, p. 119.
8. Raul Machado Horta, *Estudos de Direito Constitucional*, Belo Horizonte, Del Rey, 1995, pp. 228-229.

2
Conceitos Importantes na Legislação Tributária

2.1 As definições normativas. 2.2 Significado da expressão "legislação tributária": 2.2.1 Elemento literal – 2.2.2 Elemento finalístico – 2.2.3 Significado abrangente. 2.3 O princípio da legalidade: 2.3.1 O princípio e a norma – 2.3.2 Significados e origem do princípio – 2.3.3 Legalidade e tipicidade. 2.4 O princípio da legalidade tributária nas Constituições brasileiras: 2.4.1 Nas Constituições anteriores – 2.4.2 Na vigente Constituição. 2.5 Conceitos fundamentais na compreensão do princípio da legalidade: 2.5.1 Conceitos e hierarquia das normas – 2.5.2 Expressão "exigir ou aumentar tributo" – 2.5.3 Significado da palavra "lei" – 2.5.4 Medidas provisórias – 2.5.5 Tipicidade e capacidade contributiva. 2.6 Exceções ao princípio da legalidade. 2.7 Análise do art. 97 do CTN: 2.7.1 Norma explicitante do princípio da legalidade – 2.7.2 Instituição de tributo ou sua extinção – 2.7.3 Majoração de tributos e sua redução – 2.7.4 Fato gerador da obrigação tributária principal – 2.7.5 Prazo para pagamento do tributo – 2.7.6 Fixação de alíquota e base de cálculo – 2.7.7 Cominação de penalidades – 2.7.8 Exclusão, suspensão e extinção de créditos tributários – 2.7.9 Majoração de tributo pela modificação de sua base de cálculo – 2.7.10 Atualização monetária da base de cálculo do tributo. 2.8 Posição hierárquica dos tratados internacionais: 2.8.1 Importância do critério hierárquico – 2.8.2 Primado dos tratados internacionais – 2.8.3 Tratados internacionais e Constituição – 2.8.4 Tratados internacionais e leis infraconstitucionais internas – 2.8.5 Hierarquia das normas no direito positivo. 2.9 Antinomias entre o tratado e a lei interna em matéria tributária: 2.9.1 O art. 98 do CTN – 2.9.2 Jurisprudência do STF. 2.10 Tratados internacionais e isenção de impostos estaduais e municipais: 2.10.1 Distinção entre um ato do Brasil e um ato da União Federal – 2.10.2 Isenções do ICMS concedidas mediante tratado internacional.

2.1 As definições normativas

A propósito das definições normativas, o Código Tributário Nacional define a expressão "legislação tributária" assim:

> Art. 96. A expressão "legislação tributária" compreende as leis, os tratados e as convenções internacionais, os decretos e as normas complementares que versem, no todo ou em parte, sobre tributos e relações jurídicas a eles pertinentes.

Há quem sustente que não cabe ao legislador formular definições, porque estas seriam frutos do labor doutrinário. Todavia, não podemos deixar de reconhecer que o legislador, bem ou mal, muitas vezes formula definições, como fez com o art. 96 do CTN, acima transcrito; e, assim, o que nos cabe é oferecer explicação razoável para essas definições legais, buscando o alcance a a utilidade das mesmas.

A este propósito, aliás, já escrevemos:

> A definição normativa busca eliminar, ou reduzir, a vaguidade e a ambiguidade que residem nas palavras ou expressões. A eliminação total da vaguidade e da ambiguidade é mais um ideal do que uma possibilidade concreta, pois sempre restará em potencial algum termo vago ou ambíguo. Entretanto, a possibilidade de se alcançar algum progresso nessa matéria depende apenas da atenção que a ela se dedique e da técnica empregada.
>
> A maior utilidade das definições legais consiste no fato de serem estas um excelente instrumento de superação dos conflitos doutrinários, pois com a "cristalização de um conceito, através da vestimenta legal, que lhe atribui e garante forma de direito positivo", o legislador escolhe e adota um significado, eliminando os demais (José Washington Coelho, *Código Tributário Nacional Interpretado*, Correio da Manhã, Rio de Janeiro, 1968, p. 10).[1]

Na verdade, o dispositivo, seja de lei, de regulamento ou de outra espécie de atos jurídicos normativos, que alberga uma definição tem a natureza de norma não autônoma. Norma que se integra em outras normas, nas quais o objeto definido está mencionado, e que assim as completa, indicando o significado de seus elementos e, portanto, o significado da própria norma na qual se integra. Assim, o art. 96 do CTN, como norma não autônoma que é, integra-se a todas as normas nas quais esteja contida a expressão "legislação tributária", e dessa integração resulta claro o significado daquelas normas, eliminando na medida do possível as dúvidas que poderiam existir a respeito daquela expressão.

2.2 Significado da expressão "legislação tributária"

2.2.1 Elemento literal

Como norma jurídica, embora não autônoma, o art. 96 do CTN há de ser interpretado mediante a utilização dos elementos ofertados pela

---

1. Hugo de Brito Machado, *O Conceito de Tributo no Direito Brasileiro*, Rio de Janeiro, Forense, 1987, pp. 11-12.

hermenêutica jurídica, entre eles o elemento literal. Esse elemento, porém, como geralmente acontece, não é suficiente. Aliás, na interpretação desse dispositivo legal tem-se um exemplo típico da absoluta insuficiência do elemento literal.

Realmente, ninguém dirá seriamente que a expressão "legislação tributária" não inclui as normas da própria Constituição Federal, de suas emendas, dos antigos decretos-leis e das atuais medidas provisórias. Logo, o elemento literal, evidentemente, não basta.

2.2.2 Elemento finalístico

O elemento teleológico, ou finalístico, é de grande utilidade no caso, e com ele o intérprete poderá superar a insuficiência do elemento literal. O art. 96 do CTN teve e tem a finalidade de afastar o entendimento segundo o qual a palavra "legislação" indica um *conjunto de leis*. Temos de considerar a importância da hierarquia das normas jurídicas e o princípio da legalidade, até porque, em face deste, ganha enorme importância a distinção entre a lei e uma norma consubstanciada em um regulamento ou em espécies normativas inferiores, que integram a expressão "normas complementares" da legislação tributária, à qual se reporta o art. 100 do CTN.

Vê-se, pois, que o art. 96 do CTN teve a finalidade de evitar controvérsias a respeito do significado da expressão "legislação tributária", que é o conjunto de leis, mas todo o conjunto de normas infraconstitucionais que tratam de tributação.

2.2.3 Significado abrangente

Não há dúvida de que o elaborador do CTN, ao inserir nele a norma do seu art. 96, teve o objetivo de indicar que a expressão "legislação tributária", quando utilizada em seu texto, não significa o conjunto de leis, mas o conjunto de todas as normas que tratem de tributos e das relações jurídicas a eles pertinentes, seja qual for a posição hierárquica das mesmas em nosso sistema jurídico.

A propósito desse significado abrangente da expressão "legislação tributária", no contexto do Código Tributário Nacional, já escrevemos:

> No Código Tributário Nacional, a palavra "lei" é utilizada em seu sentido restrito, significando regra jurídica de caráter geral e abstrato, emanada do Poder ao qual a Constituição atribuiu competência legislativa, com observância das regras constitucionais pertinentes à

elaboração das leis. Só é *lei*, portanto, no sentido em que a palavra é empregada no Código Tributário Nacional, *a norma jurídica elaborada pelo Poder competente para legislar, nos termos da Constituição, observado o processo nesta estabelecido*.

Já, a palavra "legislação", como utilizada no Código Tributário Nacional, significa lei em sentido amplo, abrangendo, além das leis em sentido restrito, os tratados e as convenções internacionais, os decretos e as normas complementares que versem, no todo ou em parte, sobre tributos e relações jurídicas a eles pertinentes.[2]

Como se vê, o Código Tributário Nacional nos leva a entender que em nosso ordenamento jurídico a expressão "legislação tributária" não significa apenas o conjunto de leis que tratam dos tributos e relações jurídicas a eles pertinentes, mas – isto, sim – o conjunto de regras jurídicas infraconstitucionais que dispõem sobre o referido assunto.

2.3 O princípio da legalidade

2.3.1 O princípio e a norma

As normas jurídicas podem ser divididas em duas espécies, a saber: os *princípios* e as *regras*. Embora tenhamos uma ideia bem clara a respeito da distinção entre uns e as outras, devemos reconhecer que as questões terminológicas em torno do assunto ainda estão longe de ser superadas, e não há um consenso doutrinário em torno da questão de saber o que é um princípio jurídico. Nem sobre a questão de saber se tem o *princípio* a mesma natureza da *norma*.

As opiniões variam de acordo com a postura jusfilosófica de cada um. Para os jusnaturalistas, não obstante divididos estes em várias correntes, é possível afirmar que os *princípios* jurídicos constituem o fundamento do direito positivo. Nesse sentido, portanto, o princípio é algo que integra o chamado Direito Natural. Para os positivistas o princípio jurídico nada mais é que uma norma jurídica. Não uma norma jurídica qualquer, mas uma norma que se distingue das demais pela importância que tem no sistema jurídico. Importância que decorre de ser o princípio uma norma dotada de grande abrangência, vale dizer, de universalidade, e de perenidade. Os princípios jurídicos constituem, por isto mesmo, a estrutura do sistema jurídico. São os vetores do sistema. Daí por que, no

---

2. Hugo de Brito Machado, *Curso de Direito Tributário*, 38ª ed., São Paulo, Malheiros Editores, 2017, pp. 79 e 80.

dizer de Celso Antônio Bandeira de Mello, desobedecer a um princípio é muito mais grave do que desobedecer a uma simples norma.[3]

Por isto mesmo, o princípio jurídico tem grande importância como diretriz para o hermeneuta. Na valoração e na aplicação dos princípios jurídicos é que o jurista se distingue do leigo, que tenta interpretar a norma jurídica com conhecimento simplesmente empírico.

Nesse contexto, Souto Maior Borges, depois de discorrer sobre a importância dos princípios em um sistema jurídico, assevera:

> Por todas as considerações antecedentes, impõe-se a conclusão pela eficácia eminente dos princípios na interpretação das normas constitucionais. É o princípio que iluminará a inteligência da simples norma; que esclarecerá o conteúdo e os limites da eficácia de normas constitucionais esparsas, as quais têm que harmonizar-se com ele.[4]

É relevante notar que a concepção jusnaturalista de *princípio jurídico* não exclui e em nada prejudica a concepção positivista. A questão que se pode colocar é a de saber se um princípio – como, por exemplo, o princípio da capacidade contributiva – há de ser observado, ou não, pelo legislador tributário mesmo que não conste da Constituição. Parece-nos que essa não é bem uma questão específica do direito tributário, mas uma questão situada no âmbito da Filosofia do Direito, exatamente a mesma questão de saber se existem, ou não, normas de Direito Natural, cuja invocação é possível utilmente, tenham sido ou não consagradas pelo direito positivo.

O exame dessa questão no plano da Filosofia do Direito, evidentemente, não se comporta nos limites deste nosso estudo, de sorte que não a enfrentaremos, embora nos pareça importante e sobre ela se tenha de adotar uma posição em qualquer estudo jurídico, com ou sem fundamentação explícita.

Vamos estudar a seguir o princípio da legalidade da tributação.

2.3.2 Significados e origem do princípio

O princípio da legalidade pode ser entendido em dois sentidos, a saber: (a) o de que o tributo deve ser cobrado mediante o consentimento daqueles que o pagam, e (b) o de que o tributo deve ser cobrado segundo

---

3. Celso Antônio Bandeira de Mello, *Curso de Direito Administrativo*, 33ª ed., São Paulo, Malheiros Editores, 2017, p. 991.

4. José Souto Maior Borges, *Lei Complementar Tributária*, São Paulo, Ed. RT, 1975, p. 14.

normas objetivamente postas, de sorte a garantir plena segurança nas relações entre o Fisco e os contribuintes.

Em suas origens remotas, surgiu o princípio da legalidade com o primeiro dos referidos significados, vale dizer, o princípio da legalidade no sentido de princípio da tributação fundada no consentimento. Nesse sentido, o princípio é bastante antigo. Como demonstra Uckmar, manifestou-se inicialmente sob a forma de consentimento individual, na Inglaterra, em 1096, para transformar-se pouco a pouco em consentimento coletivo.[5] Sua origem, todavia, tem sido geralmente situada na *Magna Carta*, de 1215, outorgada por João-Sem-Terra, por imposição dos barões.[6]

O tributo deve ser consentido, vale dizer, aprovado pelo povo, por seus representantes nos Parlamentos. No dizer de Cláudio Pacheco – para quem a base do princípio da legalidade reside no art. 14 da "revolucionária Declaração Francesa dos Direitos do Homem e do Cidadão" –, a obrigação tributária está ligada ao princípio da representação política: "As imposições tributárias deverão estar autorizadas em lei, mas a lei é obra do Poder Legislativo, cujo órgão é mais frequentemente e mais desejavelmente um corpo coletivo de base eletiva e de caráter representativo, autorizando a presunção de que são os contribuintes que, indiretamente, consentem essas imposições". Sustentando esse seu ponto de vista, Cláudio Pacheco assevera que

> essa base consensual do tributo foi uma das aspirações coletivas sustentadas em árduas lutas contra o Absolutismo monárquico, que se exercia desregradamente no campo das imposições fiscais, quando ainda não era bem patente sua finalidade de interesse público e saíam a cobrá-las a ordem e agentes de soberanos que precisavam de recursos para seus confortos, seus luxos, suas ostentações, para a realização de seus interesses dinásticos e para as suas guerras de pendor pessoal ou de conquista.[7]

Alberto Xavier, fugindo, embora, à abordagem do tema das origens históricas do princípio da legalidade, assevera que o mesmo

---

5. Cf.: Victor Uckmar, *Princípios Comuns de Direito Constitucional Tributário*, 2ª ed., trad. de Marco Aurélio Greco, São Paulo, Malheiros Editores, 1999, pp. 21-30; São Paulo, Ed. RT, 1986, pp. 9-20.

6. Cf.: Fábio Fanucchi, *Curso de Direito Tributário Brasileiro*, vol. I, São Paulo, IBET/Resenha Tributária, 1986, p. 54.

7. Cláudio Pacheco, *Tratado das Constituições Brasileiras*, vol. III, Rio de Janeiro, Freitas Bastos, 1965, p. 393.

surgiu ligado à ideia de que os impostos só podem ser criados através das assembleias representativas e, portanto, à ideia de sacrifício coletivamente consentido, ou seja, à autotributação.[8]

O princípio da legalidade, outrossim, é a forma de preservação da segurança. Ainda que a lei não represente a vontade do povo, e por isto não se possa afirmar que o tributo é *consentido* por ter sido instituído em lei, ainda assim tem-se que o "ser instituído em lei" garante maior grau de segurança nas relações jurídicas.

Adotado o princípio da legalidade, pode-se afirmar, pelo menos, que a relação de tributação não é uma relação *simplesmente de poder*, mas uma relação *jurídica*. Isso, evidentemente, não basta, mas é alguma coisa, menos ruim que o arbítrio. Não garante que o tributo seja consentido, mas preserva de algum modo a segurança.

É oportuno lembrar a diferença que existe entre uma relação *simplesmente de poder* e uma relação *jurídica*. A relação simplesmente de poder nasce, desenvolve-se e se extingue sem qualquer ligação com normas, enquanto a relação jurídica nasce, desenvolve-se e se extingue nos termos das previsões normativas. Quem atua numa relação simplesmente de poder não se submete a nenhuma norma. Submete-se somente às limitações não normativas, tais como as de ordem física, psicológica, moral, religiosa; mas não se submete a nenhum limite decorrente de norma jurídica. Quem atua numa relação jurídica, diversamente, está submetido a normas. Submete-se a todas as limitações normativas.

É certo que as limitações normativas constituem limites do dever-ser. Por isso mesmo, às vezes não são respeitadas, mas isto não retira o caráter jurídico da relação. Pelo contrário, a não observância da norma que disciplina a relação ressalta o caráter desta, na medida em que faz presente a possibilidade de sanção. A relação é *jurídica* precisamente porque os atos na mesma envolvidos *devem ser* praticados com observância das normas que a regulam.

A distância entre o que deve ser, segundo a Constituição, e o que na verdade é, na prática da relação tributária, é uma questão de eficácia da Constituição, que, como a questão da eficácia das normas jurídicas em geral, depende da crença que nelas se tenha. Infelizmente, a conduta das autoridades em geral contribui para a descrença. Mas temos de lutar contra isto, e o caminho nos é oferecido pelo próprio ordenamento jurídico. Na medida em que um número maior de pessoas passa a se utilizar

---

8. Alberto Xavier, *Os Princípios da Legalidade e da Tipicidade da Tributação*, São Paulo, Ed. RT, 1978, p. 7.

dos instrumentos de defesa de seus direitos, a eficácia da ordem jurídica tende a se fortalecer.

2.3.3 Legalidade e tipicidade

O princípio da legalidade não teria grande utilidade como instrumento de proteção do contribuinte se nele não se incluísse o princípio da tipicidade. Por isto mesmo, desde Montesquieu tem-se preconizado que "o princípio da competência legislativa do Parlamento em matéria tributária deve completar-se com o princípio da tipicidade".[9]

Insistimos em que o princípio da legalidade não quer dizer apenas que a relação de tributação é *jurídica*. Quer dizer que essa relação, no que tem de essencial, há de ser regulada em lei. Não em qualquer norma jurídica, mas em *lei*, no seu sentido específico.

González García identifica, com base em autorizadas manifestações doutrinárias, duas formas de *legalidade*, assim explicadas:

> (a) En primer lugar, la modalidad de acto legislativo primario, que consiste en que se exige ley no para regular en su totalidad los elementos fundamentales del tributo, sino tan sólo para crearlo.
>
> (b) Existe, después, el principio de reserva de ley propiamente dicho, para regular una materia determinada. Dentro de ésta, a su vez, suele distinguirse entre la reserva absoluta de ley, que se produce en el supuesto, harto infrecuente, de que la totalidad de la materia acotada deba venir regulada en exclusiva por la ley o, al menos, por actos con fuerza de ley; e la denominada reserva relativa o atenuada, que consiste en exigir la presencia de la ley tan sólo a efectos de determinar los elementos fundamentales o identidad de la prestación establecida, pudiendo confiarse al Ejecutivo la integración o desarrollo de los restantes elementos.[10]

Como se vê, González García entende "criar" como simplesmente "referir-se" a, ou dizer que "fica criado". Em nosso sistema jurídico, porém, não é assim, como será explicado ao examinarmos o sentido da expressão "exigir ou aumentar tributo", albergada pelo art. 150, I, da CF/1988.

---

9. José Luis Pérez de Ayala, *Montesquieu y el Derecho Tributario Moderno*, Madri, Dykinson, 2001, p. 49.

10. Eusebio González García, "Principio de legalidad tributaria en la Constitución de 1978", em *Seis Estudios sobre Derecho Constitucional e Internacional Tributario*, Madri, Editorial de Derecho Financiero, 1980, pp. 62-63.

Segundo González García, o princípio constitucional da legalidade pode ser entendido como simples exigência de lei para criar o tributo, no sentido por ele adotado, e não para regular em sua totalidade os elementos fundamentais do tributo, ou no sentido de reserva legal, vale dizer, no sentido de que só a lei pode regular os elementos fundamentais do tributo. Essa reserva legal, por seu turno, divide-se em reserva absoluta e reserva relativa. Para ele, a doutrina que tem estudado o princípio da reserva legal está sempre de acordo, com algumas exceções, em que sempre que se exige lei para criar um tributo, na verdade, não se exige que a lei regule todos os elementos do tributo, mas apenas os essenciais, como os sujeitos da relação e seu fato gerador, não tendo de ser precisa a regulação de outros elementos, como, por exemplo, a base de cálculo e a alíquota.[11]

Dejalma de Campos esclarece, com inteira propriedade, que o princípio da legalidade há de ser examinado tanto em razão da fonte produtora de normas como em razão do grau de determinação da conduta. Em razão da fonte produtora das normas, tem-se uma reserva de lei material e uma reserva de lei formal. No primeiro caso, "basta simplesmente que a conduta da Administração seja autorizada por qualquer norma geral e abstrata, podendo ser tanto uma norma constitucional, ordinária ou mesmo um regulamento". Por outro lado, no pertinente ao grau de determinação da conduta, tem-se a reserva absoluta e a reserva legal relativa, conforme esteja a conduta da Administração inteiramente estabelecida na lei ou apenas tenha fundamento nesta, podendo desenvolver-se com relativa liberdade.[12]

Como geralmente acontece com as divergências em temas jurídicos, a questão essencial também aqui reside nos conceitos. Aqui, a verdadeira questão está na determinação do significado da palavra "lei" e da expressão "criar ou aumentar tributo". Sabendo-se o que significa a palavra "lei" tem-se resolvida a questão de saber se a reserva legal há de ser simplesmente material ou também formal. Sabendo-se o que quer dizer a expressão "criar ou aumentar tributo" tem-se resolvida a questão de saber se a reserva legal há de ser relativa ou absoluta. Em face da importância dessas questões, voltaremos a elas mais adiante.

Há quem se oponha à prevalência do princípio da legalidade absoluta, com o argumento segundo o qual esse princípio impede a utilização

---

11. Idem, pp. 63-64.
12. Dejalma de Campos, "O princípio da legalidade no direito tributário", *Caderno de Pesquisas Tributárias*, São Paulo, CEEU-Resenha Tributária, 1981, pp. 217-219.

de instrumentos de política econômica, embaraçando o desenvolvimento. Tal argumento é falso, pois, como afirma Alberto Xavier, "o princípio da legalidade, como reserva absoluta de lei, não só não se revela incompatível com as modernas políticas econômicas, como é o que melhor se coaduna com os princípios em que assenta uma livre economia de mercado".[13]

Não devemos confundir medidas de política econômica com improvisações, posto que as primeiras caracterizam-se pelo planejamento, enquanto as últimas caracterizam-se pela ausência deste, revelada muita vez pelos retrocessos, pelas mudanças bruscas, que incutem no empresário a insegurança inibidora de suas iniciativas.

Como assevera Alberto Xavier, com apoio em Nissen e Sainz de Bujanda, "a livre iniciativa exerce-se através de planos econômicos elaborados pelos empresários para um dado período e nos quais se realiza uma previsão, mais ou menos empírica, dos custos da produção, do volume dos investimentos adequados à obtenção de dado produto e da capacidade de absorção do mercado. Tal previsão não pode deixar de assentar em um mínimo de condições de estabilidade, dentro do que a normal margem de riscos e incertezas razoavelmente comporte para o horizonte de planejamento a que respeita. O planejamento empresarial, porque a iniciativa privada se concretiza, supõe assim uma possibilidade de previsão objctiva, c csta cxigc, por seu turno, uma segurança quanto aos elementos que a afetam. É sabido que o volume dos tributos – dado o papel que assumem na economia global – representa para a empresa não só elevada percentagem dos seus custos de produção, como determina as disponibilidades que no mercado representam procura para os seus produtos. Um sistema que autorize a Administração a criar tributos ou alterar os elementos essenciais de tributos já existentes viria do mesmo passo a criar condições adicionais de insegurança jurídica e econômica, obrigando a uma constante revisão dos planos individuais, à qual a livre iniciativa não poderia resistir. Pelo contrário, um sistema alicerçado numa reserva absoluta de lei em matéria de impostos confere aos sujeitos econômicos a capacidade de prever objetivamente os seus encargos tributários, dando assim as indispensáveis garantias requeridas por uma iniciativa econômica livre e responsável".[14]

---

13. Alberto Xavier, *Os Princípios da Legalidade e da Tipicidade da Tributação*, cit., p. 53.

14. Idem, pp. 53-54.

2.4 O princípio da legalidade tributária nas Constituições brasileiras

2.4.1 Nas Constituições anteriores

Em todas as Constituições brasileiras o princípio da legalidade está de algum modo presente. Já a Constituição do Império o registrava, em seu art. 171, e o Ato Adicional de 1834 o estendeu às áreas provinciais, atribuindo às Assembleias Legislativas das Províncias competência para estabelecer os impostos locais.[15] Na Constituição/1891 estava o princípio assim enunciado: "Nenhum imposto de qualquer natureza poderá ser cobrado senão em virtude de uma lei que o autorize".[16] Na Constituição/1934 estava também o princípio, embora não consagrado como garantia individual, mas claramente configurado na regra que vedava à União, aos Estados e aos Municípios "cobrar quaisquer tributos sem lei especial que os autorize".[17] A Constituição/1937 foi a única que não o enunciou explícita e diretamente; entretanto, mesmo assim pode ser nela encontrado na regra que dá ao Presidente da República o poder de expedir decretos-leis sobre as matérias da competência legislativa da União e coloca entre as ressalvas a matéria pertinente a impostos.[18]

Na Constituição/1946 o princípio da legalidade aparece plenamente, colocado entre os direitos e garantias individuais, em dispositivo segundo o qual "nenhum tributo será exigido ou aumentado sem que a lei o estabeleça".[19] Com a Emenda Constitucional 18/1965 o princípio foi mantido com ressalvas.[20] Assim, os impostos sobre o comércio exterior (Importação e Exportação) e o Imposto sobre Operações Financeiras/ IOF podiam ter suas alíquotas e bases de cálculo alteradas, nas condições e nos limites estabelecidos em lei, por ato do Poder Executivo.[21]

A Constituição/1967, que regulou pela primeira vez em capítulo específico o sistema tributário, incorporando normas da Emenda Constitucional 18/1965, estabeleceu como limitação constitucional da competência tributária da União, dos Estados, do Distrito Federal e dos Municípios o princípio da legalidade, ao dispor que a tais pessoas *é ve-*

15. Cf.: Cláudio Pacheco, *Tratado das Constituições Brasileiras*, vol. I, Rio de Janeiro, Freitas Bastos, 1965, p. 267.
16. Constituição/1891, art. 72, § 30.
17. Constituição/1934, art. 17, VII.
18. Constituição/1937, art. 13.
19. Constituição/1946, art. 141, § 34.
20. Emenda Constitucional 18/1965, art. 2º, I.
21. Emenda Constitucional 18/1965, arts. 7º, § 1º, e 14, § 1º.

dado instituir ou aumentar tributo sem lei que estabeleça, ressalvados os casos nela previstos.[22] Tais ressalvas dizem respeito aos impostos sobre o comércio exterior e ao IOF, relativamente aos quais tinha o Poder Executivo a faculdade de alterar as alíquotas e bases de cálculo, nas condições e nos limites estabelecidos em lei.[23] Além disso, reproduziu, entre os direitos e garantias individuais, o dispositivo da Constituição/1946 segundo o qual "nenhum tributo será exigido ou aumentado sem que a lei o estabeleça".[24]

A Emenda Constitucional 1/1969 manteve o dispositivo, vedando à União, aos Estados, ao Distrito Federal e aos Municípios instituir ou aumentar tributo sem que a lei o estabeleça, com as ressalvas nela previstas, as quais, reguladas, agora, mediante técnica legislativa diversa, eis que mencionadas nos próprios dispositivos definidores da competência da União, passaram a abranger, além dos impostos sobre o comércio exterior, o Imposto sobre Produtos Industrializados/IPI,[25] deixando, todavia, de abranger o IOF.[26] Manteve, outrossim, entre os direitos e garantias individuais o dispositivo pelo qual "nenhum tributo será exigido ou aumentado sem lei que o estabeleça".[27]

2.4.2 Na vigente Constituição

Na vigente CF, promulgada em 5.10.1988, o princípio da legalidade está expresso no art. 150, I, que veda à União, aos Estados, ao Distrito Federal e aos Municípios exigir ou aumentar tributo sem lei que o estabeleça. Nisso não há novidade. Cumpre destacar, todavia, que o princípio da legalidade restou consideravelmente fortalecido em virtude de algumas normas, não destinadas a regular especificamente a tributação, entre as quais podem ser mencionadas: (a) a que atribui competência ao Congresso Nacional para sustar os atos normativos do Poder Executivo que exorbitem do poder regulamentar ou dos limites de delegação legislativa;[28] e também (b) a que revoga, a partir de 180 dias da promulgação da Constituição, sujeito esse prazo a prorrogação por lei, todos os dispositivos legais que atribuam ou deleguem a órgão do

---

22. Constituição/1967, art. 20, I.
23. Constituição/1967, art. 22, § 2º.
24. Constituição/1967, art. 150, § 29.
25. Constituição/1969, art. 21, I, II e V.
26. Constituição/1969, art. 21, VI.
27. Constituição/1969, 153, § 29.
28. CF/1988, art. 49, V.

Poder Executivo competência assinalada pela Constituição ao Congresso Nacional, especialmente no que tange à ação normativa.[29] Por outro lado, também fortaleceram o princípio da legalidade tributária o fato de haver sido proibida a delegação de competência na matéria reservada à lei complementar[30] e o fato de haver deixado de ser da competência privativa do Presidente da República a iniciativa das leis sobre matéria tributária. Na verdade, só restou na competência privativa do Presidente da República a iniciativa das leis em matéria tributária relativamente aos Territórios.[31]

2.5 Conceitos fundamentais na compreensão do princípio da legalidade

2.5.1 Conceitos e hierarquia das normas

A definição de certos conceitos utilizados nas normas jurídicas é da maior importância para a preservação da hierarquia normativa. Se uma norma superior utiliza determinado conceito, não se pode admitir que a norma inferior o reformule. Muito menos que o intérprete o amplie ou restrinja, de sorte a prejudicar o alcance da norma superior, subvertendo a hierarquia normativa. Em outras palavras: o intérprete das normas jurídicas deve respeitar sempre a posição hierárquica de cada norma no sistema jurídico. Não pode interpretar a Constituição a partir do que dizem as leis. Deve fazer exatamente o contrário, deve interpretar as leis tendo em vista o que estabelece a Constituição, e sempre com o objetivo de preservar a hierarquia. Assim, se a expressão literal de uma lei permite mais de uma interpretação, deve preferir aquela que empresta maior efetividade às normas constantes da Constituição.

Assim é que vamos, aqui, examinar alguns conceitos fundamentais para a adequada compreensão do princípio da legalidade.

2.5.2 Expressão "exigir ou aumentar tributo"

A expressão "exigir ou aumentar", que está no art. 150, I, da CF/1988, talvez não seja tecnicamente correta. Melhor seria dizer-se "instituir ou majorar tributo", como estava no art. 2º, I, da EC 18/1965, ou como estava no art. 20, I, da Constituição/1967 e no art. 19, I, da EC

---

29. Art. 25, I, do "Ato das Disposições Constitucionais Transitórias".
30. CF/1988, art. 68, § 1º.
31. CF/1988, art. 61, § 1º, II, "b".

1/1969. É que "exigir" tem significado mais próximo de "cobrar" do que de "criar". Melhor, portanto, seria o verbo "instituir", cujo significado mais se aproxima de "criar". Seja como for, a expressão "exigir ou aumentar" há de ser entendida no mesmo sentido da expressão "instituir ou majorar". A vedação constitucional é pertinente à atividade normativa de instituição, ou criação, do tributo.

Pode-se dizer que a vedação constitucional diz respeito à atividade administrativa de cobrança. Vedada, então, seria a ação de *exigir*. Nesse caso, porém, estaria mal colocado o verbo "aumentar". Quem cobra, ou *exige*, cobra ou exige o que já foi criado ou aumentado. Assim, é inconstitucional a cobrança, ou exigência, de tributo que não tenha sido *criado* por lei, ou, tratando-se de aumento, se o tributo não tiver sido *aumentado* por lei.

Ocorre que nos dias atuais não se conhece caso de tributo que não seja cobrado, ou exigido, sem que esteja previsto em alguma norma. Assim, é razoável afirmar que a vedação constitucional em exame volta-se mesmo é para o ato de instituir, ou criar. A instituição, ou criação, do tributo há de ser feita por *lei*. Esse é o sentido que o elemento sistemático da interpretação recomenda para a norma constitucional em questão.

Seja como for, não há, na verdade, diferença de ordem prática entre vedar a instituição de tributo por meio de norma que não seja lei e vedar a exigência, ou cobrança, de tributo que não tenha sido instituído, ou aumentado, por lei. Resta saber o que significa *instituir* ou *criar* um tributo, pois de quase nada valeria saber que o tributo só pode ser instituído, ou criado, por lei se não se sabe o que quer dizer *instituir*, ou *criar*.

A questão de saber em que consiste a *instituição* ou *criação* do tributo reside essencialmente em saber se o legislador pode atribuir a outros órgãos do Estado funções normativas no pertinente à definição de elementos essenciais da obrigação tributária.

Criar um tributo é modificar o Direito vigente. É instituir norma jurídica. Assim, só tem competência para fazê-lo o órgão dotado de competência legislativa. Isso é afirmado por quase todas as Constituições do mundo, como informa Victor Uckmar, arrolando os dispositivos de expressivo número de Países. Segundo Uckmar, só a Constituição da antiga União das Repúblicas Socialistas Soviéticas não estabelecia expressamente o princípio da legalidade tributária.[32]

---

32. Victor Uckmar, *Princípios Comuns de Direito Constitucional Tributário*, cit., São Paulo, Ed. RT, 1976, pp. 24-29; 2ª ed., São Paulo, Malheiros Editores, 1999, pp. 31-39.

A questão essencial, porém, reside em saber se o legislador pode, ao instituir o tributo, apenas dizer, em lei, que determinado tributo é criado, deixando a cargo da Administração a tarefa de definir o núcleo da hipótese de incidência da norma tributária, a base de cálculo e a alíquota do tributo, bem como indicar os elementos necessários à identificação dos sujeitos passivos da obrigação tributária.

Colocada essa questão no plano universal, o que se verifica é que os Parlamentos geralmente não têm condição de exercer a função normativa. A propósito deste assunto, doutrina Victor Uckmar:

> A atribuição aos órgãos legislativos da competência para ditar normas em matéria tributária deveria significar – seguindo rigidamente o princípio da separação dos Poderes – a exclusão de todo e qualquer poder normativo por parte do Executivo. Porém, a experiência demonstra que os Parlamentos não têm a possibilidade – seja pela quantidade de trabalho que devem realizar, seja pelo insuficiente conhecimento dos problemas práticos e dos pormenores – de exercer por inteiro a função legislativa, que, portanto, vai sendo confiada, sempre com maior frequência e amplitude, ao Executivo.[33]

Há quem sustente que *criar* não é definir todos os elementos da relação tributária. É o que se viu na doutrina espanhola de Eusebio González García, que referimos quando estudamos legalidade e a tipicidade (item 2.3.3). Com todo o respeito, porém, não nos parece correta essa doutrina, mesmo que não tenhamos em vista as peculiaridades do Direito Brasileiro.

Referindo-se ao art. 23 da Constituição da Itália, doutrina Micheli:

> Se a reserva da lei posta pelo art. 23 é somente relativa, isso significa que as normas tributárias podem vir contidas também em atos normativos que não sejam leis e que não tenham eficácia de lei; em outros termos, que a disciplina do exercício da potestade de imposição possa ser, pelo menos em parte, contida em atos diversos da lei (ou a esta equivalente). É de se ver, portanto, qual seja o significado preciso da expressão da Constituição pela qual nenhum tributo pode ser instituído senão com base na lei. A esse propósito a Corte Constitucional expressou-se muitas vezes, no sentido de que é suficiente a determinação por parte da lei de alguns elementos básicos do tributo, e critérios para a determinação dos outros. Tal tendência,

---

33. Victor Uckmar, *Princípios Comuns de Direito Constitucional Tributário*, cit., São Paulo, Ed. RT, 1976, p. 30; 2ª ed., São Paulo, Malheiros Editores, 1999, p. 39.

apoiada também pela doutrina, não persuade completamente, pois o preceito constitucional não se limita a estabelecer que o tributo deve ser instituído com base na lei, mas diz com precisão que tal prestação coativa não pode ser imposta "senão com base na lei". O que implica a necessidade de que a lei instituiva do tributo deva conter todos os elementos idôneos a estabelecer o conteúdo da prestação, excluindo, portanto, qualquer arbítrio por parte do Executivo a esse respeito.[34]

No sistema jurídico brasileiro, antes da vigente Constituição, já o princípio da legalidade estava posto, de sorte que não se podia admitir qualquer delegação legislativa no pertinente à definição da hipótese de incidência tributária, em todos os seus aspectos. A lei que institui ou aumenta tributo – afirmou, com propriedade, Roque Carrazza – "deve alojar todos os elementos e supostos da relação jurídica (hipótese de incidência, base imponível, alíquota etc.), não se admitindo, de forma alguma, a delegação ao Poder Executivo da faculdade de defini-los, ainda que em parte".[35]

O alcance do princípio da legalidade define-se, assim, pela interpretação do texto constitucional, fundamentalmente no pertinente ao significado do verbo "criar", ou "instituir". O que foi *criado*, ou *instituído*, existe, e, como tal, pode ser conhecido. Admitir que a lei apenas se reporte ao tributo, deixando a definição de qualquer elemento essencial de sua hipótese de incidência, ou de seu mandamento, a ser feita em norma infralegal é admitir que a lei apenas comece o processo de criação ou instituição do tributo, desmentindo o afirmado pela Constituição.

O *princípio da legalidade* – repita-se – exige que todos os elementos necessários à determinação da relação jurídica tributária, ou, mais exatamente, todos os elementos da obrigação tributária principal, residam na lei. Nesse mesmo sentido é a lição dos mais autorizados tributaristas brasileiros, entre os quais podem ser citados: Amílcar de Araújo Falcão,[36] Aliomar Baleeiro,[37] Ruy Barbosa Nogueira,[38] Geraldo Ata-

---

34. Gian Antonio Micheli, *Curso de Direito Tributário*, trad. de Marco Aurélio Greco e Pedro Luciano Marrey Jr., São Paulo, Ed. RT, 1978, p. 19.
35. Roque Antonio Carrazza, *O Regulamento no Direito Tributário Brasileiro*, São Paulo, Ed. RT, 1981, p. 95.
36. Amílcar de Araújo Falcão, *O Fato Gerador da Obrigação Tributária*, 2ª ed., São Paulo, Ed. RT, 1971, p. 37.
37. Aliomar Baleeiro, *Direito Tributário Brasileiro*, 10ª ed., Rio de Janeiro, Forense, 1981, p. 409.
38. Ruy Barbosa Nogueira, *Curso de Direito Tributário*, 6ª ed., São Paulo, Saraiva, 1986, p. 154.

liba,[39] Ives Gandra da Silva Martins,[40] Bernardo Ribeiro de Moraes,[41] Fábio Fanucchi,[42] Aires Fernandino Barreto,[43] Dejalma de Campos[44] e Yonne Dolácio de Oliveira.[45]

Por isso mesmo, nas ementas de vários acórdãos que lavramos em nossa rápida passagem pelo Tribunal Federal de Recursos/TFR fizemos constar:

> A lei que delega atribuição para fixar alíquota de tributo viola o princípio constitucional da legalidade, segundo o qual só a lei pode criar tributo, vale dizer, definir o respectivo fato gerador em todos os seus aspectos.[46]

Realmente, é fácil compreender que, embora esteja na Constituição Federal, bem pouco valeria a regra a dizer que *só a lei pode instituir tributo* se o legislador pudesse transferir essa atribuição, no todo ou em parte, para outro órgão estatal, desprovido, segundo a Constituição, de competência para legislar.

Não vale o argumento de que a lei pode limitar-se a dizer que o tributo fica criado, reportando-se simplesmente ao núcleo de sua hipótese de incidência, posto que o Poder Executivo, com fundamento em seu poder regulamentar, estaria autorizado a estabelecer todos os elementos necessários à *fiel execução da lei*. Como assevera, com inteira propriedade, Roque Antonio Carrazza, invocando Jarach, equivocam-se "os que apregoam que o chefe do Executivo, no que tange aos tributos, pode terminar a obra do legislador, regulamentando tudo aquilo que ele

---

39. Geraldo Ataliba, *Hipótese de Incidência Tributária*, 3ª ed., São Paulo, Ed. RT, 1984, p. 109 (na 4ª ed., 1990, p. 118); 6ª ed., 17ª tir., São Paulo, Malheiros Editores, 2018, pp. 118-119.

40. Ives Gandra da Silva Martins, "O princípio da legalidade no direito tributário brasileiro", *Caderno de Pesquisas Tributárias*, São Paulo, CEEU/Resenha Tributária, 1981, p. 336.

41. Bernardo Ribeiro de Moraes, *Compêndio de Direito Tributário*, Rio de Janeiro, Forense, 1984, pp. 398-399.

42. Fábio Fanucchi, *Curso de Direito Tributário Brasileiro*, cit., vol. I, p. 125.

43. Aires Fernandino Barreto, "Princípio da legalidade e mapas de valores", *Caderno de Pesquisas Tributárias*, São Paulo, 1981, p. 39.

44. Dejalma de Campos, "O princípio da legalidade no direito tributário", cit., *Caderno de Pesquisas Tributárias*, 1981, p. 231.

45. Yonne Dolácio de Oliveira, "Legislação tributária, tipo legal tributário", em Hamilton Dias de Souza, Henry Tilbery e Ives Gandra da Silva Martins (coords.), *Comentários ao Código Tributário Nacional*, São Paulo, José Bushatsky Editor, 1976, p. 141.

46. TFR, AC 143.769-RJ, *DJU* 24.10.1988, p. 27.520.

se limitou a descrever com traços largos. Falando pela via ordinária, o poder regulamentar serve para *ressaltar* alguns *conceitos menos claros* contidos na lei, mas não para lhes agregar novos componentes ou, o que é pior, para defini-los a partir do nada".[47]

O regulamento, realmente, nada mais é que uma *interpretação* dada pelo chefe do Poder Executivo às normas contidas na lei. Não mais que isso. Assim, vincula apenas quem esteja subordinado hierarquicamente a ele. Pode apenas adotar, diante de conceitos vagos, uma das interpretações *razoáveis* da norma em que tais conceitos estejam encartados. E assim deve ser, para que fique assegurado tratamento igual para todos os contribuintes, evitando-se que as diversas autoridades da Administração Tributária adotem cada qual a interpretação que lhe pareça melhor. Não pode, todavia, o regulamento, ou qualquer outra norma que não seja lei, criar nenhum dos elementos essenciais da obrigação tributária principal.

Na lei não deve estar presente apenas a *hipótese de incidência* tributária. No dizer de Paulo de Barros Carvalho, a lei deve enunciar *os elementos indispensáveis à compostura do vínculo obrigacional*.[48] Assim, o que a lei deve prever não é apenas a hipótese de incidência, em todos os seus aspectos. Deve estabelecer tudo quanto seja necessário à existência da relação obrigacional tributária. Deve prever, portanto, a hipótese de incidência e o consequente mandamento. A descrição do fato temporal e da correspondente prestação, com todos os seus elementos essenciais, e, ainda, a *sanção* para o caso da não prestação.

O questionamento a respeito da contribuição para o Seguro de Acidentes de Trabalho/SAT presta-se como excelente exemplo. O TRF-2ª Região tem decidido que não é necessário constar da lei a definição dos graus de risco e da atividade preponderante. Já, os TRFs das 1ª, 3ª, 4ª e 5ª Regiões afirmam ser contrária ao princípio da legalidade a previsão de tais elementos apenas em ato infralegal.[49]

Seja como for, em nosso sistema jurídico não se admite tributo que não tenha sido criado por dispositivo de lei, expressa de forma clara neste sentido. Não pode o intérprete extrair das dobras da norma jurídica, por mais adequado que seja o método de interpretação utilizado, a existência de uma obrigação tributária. Neste sentido já se manifestou o STJ, afirmando que:

---

47. Roque Antonio Carrazza, *O Regulamento no Direito Tributário Brasileiro*, cit., p. 95.
48. Paulo de Barros Carvalho, *Curso de Direito Tributário*, São Paulo, Saraiva, 1985, p. 20.
49. *Revista Dialética de Direito Tributário* 80/218-219, São Paulo, Dialética.

O sistema tributário impede a criação de obrigação tributária por interpretação jurisprudencial. Em consequência, a tributação pressupõe lei que a defina quanto aos elementos do seu fato gerador, da sua base imponível e da alíquota devida, expressando, ainda, quem são os sujeitos ativos e passivos.[50]

Explicado o significado da expressão "exigir ou aumentar tributo", no contexto do princípio da legalidade tributária, expresso no art. 150, I, da CF/1988, vejamos, agora, o que significa a palavra "lei" nesse mesmo contexto.

2.5.3 Significado da palavra "lei"

Como acontece com as palavras em geral, a palavra "lei" tem vários significados. Mesmo no campo da Ciência do Direito a palavra lei é plurissignificativa. Há quem sustente, por exemplo, ser *lei* a *norma social obrigatória* – definição demasiadamente genérica e, por isto mesmo, insuficiente.

Na doutrina jurídica encontramos referências à lei em sentido formal e à lei em sentido material. "Em sentido formal, lei é o ato jurídico produzido pelo órgão estatal competente para exercer a função legislativa, com observância do processo para tanto estabelecido pela Constituição. Lei, em sentido material, é a norma geral abstrata."[51] Lei em sentido material é a norma jurídica, o ato jurídico de caráter hipotético, simples previsão, ou modelo de conduta, que a doutrina tradicional afirmar ser dotado de abstratividade e generalidade. Assim, uma lei, como tal produzida pelo órgão estatal competente para exercer a função legislativa, com observância do processo constitucionalmente estabelecido para esse fim, que simplesmente autorize o chefe do Poder Executivo a criar uma empresa pública, por exemplo, ou determine a concessão de uma aposentadoria a determinada pessoa, é lei em sentido formal, mas não é lei em sentido material. Em nosso ordenamento jurídico existem várias prescrições jurídicas que, não obstante tenham a forma de lei, são desprovidas de caráter normativo, porque dizem respeito a uma situação particular. A Lei 7.145, de 23.11.1983, que reajusta a pensão da viúva do ex-magistrado Francisco Campos, é um exemplo de lei cuja prescrição não tem caráter hipotético. Por outro lado, uma prescrição dotada de

---

50. STJ, item 3 da ementa do acórdão proferido no REsp 417.821-RS, rel. Min. Luiz Fux, j. 7.11.2002.

51. Hugo de Brito Machado, *O Conceito de Tributo no Direito Brasileiro*, cit., p. 68.

hipoteticidade, ou, como afirma geralmente a doutrina tradicional, como um regimento de um tribunal, ou de uma universidade, é uma lei em sentido material.

Por isto se diz que *lei*, mesmo no âmbito da Ciência do Direito, tem um sentido amplo e outro restrito. Neste sentido já escrevemos:

> Assim, a palavra "lei" tem um sentido *amplo* e outro *restrito*. Lei, em sentido amplo, é qualquer ato jurídico que se compreenda no conceito de lei em sentido formal ou em sentido material. Basta que seja lei *formalmente*, ou *materialmente*, para ser lei em sentido amplo. Já, em sentido restrito só é lei aquela que o seja tanto em sentido formal como em sentido material.[52]

A nosso ver, quando a Constituição estabelece que somente a lei pode criar tributo, a palavra "lei" está ali empregada em sentido restrito. Há de ser lei tanto em sentido *formal* como em sentido *material*. E abrange tanto a lei *ordinária* como a lei *complementar*, que se distinguem uma da outra apenas pela exigência de quórum qualificado para aprovação da lei complementar.

Ressalte-se que a vigente Constituição Federal reserva certas matérias à lei complementar, vale dizer, determinadas matérias só podem ser tratadas por lei complementar. Assim é que, por exemplo, para a criação de tributos de sua competência residual e para a criação de empréstimos compulsórios a União Federal deve utilizar a lei complementar, e não a lei ordinária, em face da exigência expressa dos arts. 154, I, e 148, respectivamente, da CF.

Registre-se que a Constituição Federal/1988 previu a utilização das denominadas medidas provisórias, que são atos normativos, editados pelo Poder Executivo, com força de lei.

2.5.4 *Medidas provisórias*

2.5.4.1 Questões superadas

Com a Emenda Constitucional 32, de 11.11.2001, foram introduzidas restrições à edição de medidas provisórias, com o quê ficaram superadas algumas controvérsias doutrinárias, entre as quais, no que importa ao direito tributário, as questões que dizem respeito: (a) à questão fundamental de saber se a medida provisória é, ou não, instrumento

---

52. Hugo de Brito Machado, *Curso de Direito Tributário*, cit., 38ª ed., p. 79.

hábil para a criação ou aumento de tributo; (b) à questão do alcance do princípio da anterioridade, seja anual, seja de 90 dias; (c) à questão das matérias reservadas à lei complementar; e, ainda, (d) à questão de direito Intertemporal relativa às medidas provisórias não convertidas em lei e não reeditadas.

Tais questões foram superadas, pelo menos aparentemente, embora outras possam ser suscitadas em face do vigente regime jurídico das medidas provisórias. Não se pode, porém, deixar de lamentar que um texto tão claro como é o do art. 62 e seu parágrafo único da CF, em sua redação originária, tenha sido objeto de tantos abusos, e que tais abusos não tenham sido reprimidos pelo Judiciário, como se espera que aconteça em um verdadeiro Estado de Direito.

2.5.4.2 O vigente regime jurídico

Melhor teria sido o controle efetivo da edição de medidas provisórias pelo STF, pois a Emenda Constitucional 32/2001, ao estabelecer restrições que seriam desnecessárias se a Corte Maior não tivesse admitido o abuso nas edições e principalmente nas reedições de medidas provisórias, terminou legitimando aquelas práticas indevidas. De todo modo, temos outro regime constitucional para as medidas provisórias, que seguramente ainda não é o ideal, mas tem alguns aspectos positivos.

Examinemos, pois, as inovações que mais diretamente interessam ao direito tributário.

2.5.4.3 Instituição e majoração de tributos

Questionou-se a respeito da validade da instituição e da majoração de tributos por meio de medida provisória. Não obstante o respeito que tenho pelas manifestações em sentido diverso, sempre entendi que a resposta a essa questão não podia ser oferecida apenas com a interpretação literal do dispositivo que afirma o princípio da legalidade. Deveria ser buscada – isto, sim – no contexto da Constituição, e sem ignorarmos os pressupostos da relevância e da urgência. Por isto sustentei que somente o imposto extraordinário de guerra e o empréstimo compulsório de emergência podiam ser instituídos por esta espécie normativa.

Nos termos do art. 62 da CF, com a redação que lhe deu a Emenda 32/2001, em caso de relevância e urgência o Presidente da República poderá adotar medidas provisórias, com força de lei, devendo submetê-las de imediato ao Congresso Nacional. Estão mantidos, portanto, os pressupostos da relevância e da urgência para a edição válida de medida provisória. Por isto, é razoável entender que tanto a instituição como o aumento de tributo por medida provisória só são válidos se presentes tais pressupostos – o que se pode considerar ocorrente nos casos em que haja necessidade da instituição ou do aumento do tributo em final de exercício, para que a cobrança correspondente possa dar-se no exercício seguinte.

Ao cuidar da anterioridade ao exercício financeiro, porém, a Emenda 32/2001 terminou por vedar a instituição por medida provisória de impostos submetidos a esse importante princípio constitucional. Agora, a rigor, as medidas provisórias já não podem instituir nem aumentar impostos, salvo aqueles excluídos do princípio da anterioridade tributária, prestando-se apenas como instrumento para iniciar o processo legislativo para sua instituição ou aumento. É assim porque a medida provisória que implique instituição ou majoração de impostos, exceto os previstos nos arts. 153, I, II, IV e V, e 154, II, só produzirá efeitos no exercício financeiro seguinte se houver sido convertida em lei até o último dia daquele em que foi editada. E como a lei somente se completa com sua publicação oficial, isto quer dizer que os impostos sujeitos ao princípio da anterioridade, que só podem ser cobrados a partir do exercício seguinte àquele em que ocorrer a publicação da lei que os instituiu ou aumentou, só por lei podem ser instituídos ou aumentados.

A norma do § 2º do art. 62 da CF, introduzida pela Emenda 32, que exige lei do exercício anterior para autorizar a cobrança dos impostos sujeitos ao princípio da anterioridade, tem natureza meramente interpretativa. O Congresso Nacional apenas disse o que deveria ter sido dito há muito tempo pelos tribunais, especialmente pela Corte Maior. Assim, aplica-se também às taxas e contribuições sujeitas ao princípio da anterioridade, nos termos do art. 150, III, "b", da CF.

Pela mesma razão, a anterioridade de 90 dias a que se sujeitam as contribuições sociais, por força do art. 195, § 6º, da CF, há se ser contada a partir da publicação da lei em que se tenha convertido a medida provisória.

2.5.4.4   Matérias reservadas à lei complementar

Com as alterações introduzidas no texto constitucional pela Emenda 32/2001, algumas matérias já não podem ser tratadas por medidas provisórias, destacando-se entre estas, porque relevante na relação de tributação, a que diz respeito à reserva de lei complementar.

Assim, todas as matérias que só por lei complementar podem ser tratadas já não podem ser objeto de medidas provisórias.

2.5.5 Tipicidade e capacidade contributiva

Há quem sustente que, havendo capacidade contributiva, deve haver tributo. Tal assertiva, porém, é válida apenas como uma diretriz para o legislador. Este, realmente, deve colher manifestações de capacidade contributiva para a criação dos tributos, e ainda assim pode deixar de utilizar como suporte de tributos determinados fatos que evidenciam capacidade contributiva sem que isto implique violação de qualquer princípio constitucional. O que ele não pode é criar tributo para ser pago por quem não tenha capacidade contributiva. O fato gerador do tributo deve ser, sempre, um fato-signo presuntivo de capacidade contributiva, pois nossa Constituição deu caráter jurídico a esse princípio, de sorte que o legislador está juridicamente obrigado a escolher para a composição da hipótese de incidência das regras jurídicas tributárias fatos que sejam signos presuntivos daquela capacidade.[53]

Há, todavia, quem sustente que o intérprete da lei tributária deve ampliar os conceitos nesta utilizados, de sorte a ensejar que a existência do tributo alcance todos os fatos reveladores de capacidade contributiva que de algum modo se possam assemelhar ao fato descrito como hipótese de incidência tributária. Assim é que, enquanto a doutrina tradicionalmente tem sustentado que a palavra "mercadoria" significa o bem móvel corpóreo destinado ao comércio (Carvalho de Mendonça, Waldemar Ferreira, Fran Martins e Aliomar Baleeiro, entre muitos outros autores de grande nomeada), o mestre Marco Aurélio Greco, por exemplo, sustenta que a palavra "mercadoria" na hipótese de incidência do ICMS deve ser entendida em sentido amplo, capaz de abranger todos os bens (corpóreos e incorpóreos) que sejam objeto de negócios jurídicos de que participem comerciantes (inclusive banqueiros).[54]

Segundo Greco, a não ser assim, "inúmeras manifestações de capacidade econômica podem deixar de estar submetidas a este imposto, embora ele vise a onerar amplamente o tráfico de bens".[55] Ocorre que a Constituição, ao mesmo tempo em que determina a observância do

---

53. Cf.: Alfredo Augusto Becker, *Teoria Geral do Direito Tributário*, São Paulo, Saraiva, 1963, p. 481.
54. Marco Aurélio Greco, *Internet e Direito*, São Paulo, Dialética, 2000, p. 88.
55. Idem, p. 82.

princípio da capacidade econômica na tributação,[56] determina também que é vedado à União, aos Estados, ao Distrito Federal e aos Municípios exigir ou aumentar tributo sem lei que o estabeleça.[57] E o Código Tributário Nacional, ao cuidar da interpretação e da integração da legislação tributária, estabelece que o emprego da analogia não poderá resultar na exigência de tributo não previsto em lei. Assim, é evidente que a observância do princípio da capacidade contributiva há de ser exigida do legislador. Este é que, ao instituir o tributo, definindo sua hipótese de incidência, deve ter em consideração a capacidade econômica de seu sujeito passivo, ou a capacidade contributiva.

Por outro lado, os princípios constitucionais constituem garantia do cidadão contra o Estado, e não o contrário. Assim, o princípio da capacidade contributiva é uma garantia de que não será de ninguém exigido tributo além de sua capacidade contributiva. Esse princípio de nenhum modo pode significar o oposto dessa garantia. Jamais pode significar que, havendo capacidade contributiva, será sempre devido tributo, independentemente dos limites decorrentes do princípio da legalidade.

Os que preconizam a ampliação dos tributos para além dos limites da estrita legalidade costumam utilizar o argumento segundo o qual o Brasil é um Estado Social, não se podendo admitir interpretações próprias do individualismo liberal. O argumento, porém, é equivocado, porque a estrita legalidade, embora originada do liberalismo individualista, serve, e muito bem, ao Estado Social, cujas ações devem ser pautadas na lei e não no arbítrio.

Realmente, os que afirmam estar superado o princípio da estrita legalidade estão em mora para com os governados, na medida em que elaboraram doutrina ampliativa dos poderes dos governantes e se esqueceram de que estes – homens, e não entidades santificadas – tendem a abusar desses poderes, sendo indispensável, pois, a definição legal de seus limites.

Em síntese, o princípio da legalidade tributária, que inclui, como já aqui demonstrado, o princípio da tipicidade, impõe que se conclua pela impossibilidade de admitir o tributo apenas porque presente a capacidade contributiva. E pela mesma razão impõe ao intérprete das normas de tributação que se abstenha de ampliá-las ampliando os conceitos nelas albergados.

56. CF/1988, art. 145, § 1º.
57. CF/1988, art. 150, I.

O legislador deve obedecer ao princípio da capacidade econômica, ou capacidade contributiva, descrevendo como hipótese de incidência das leis tributárias fatos que sejam signos presuntivos daquela capacidade. Se descumpre esse princípio, e descreve como hipótese de incidência de lei tributária fato do qual de nenhum modo pode decorrer dita presunção, está produzindo lei inconstitucional.

2.6 Exceções ao princípio da legalidade

As exceções ao princípio da legalidade são somente aquelas previstas na própria Constituição Federal.[58] O legislador ordinário não pode estabelecer exceções a princípio jurídico com sede constitucional, pela razão óbvia de que permitir que o fizesse seria permitir que alterasse a Constituição.

No pertinente à instituição de tributos, pode-se afirmar que o princípio da legalidade não admite exceção alguma. Todo e qualquer tributo há de ser instituído por *lei* – conceito no qual se incluem as medidas provisórias, observadas as restrições peculiares a essa espécie normativa.

As exceções ao princípio da legalidade, assim, dizem respeito apenas à majoração de tributos, e mesmo esta só é admitida dentro de certos limites fixados em lei. Nesses termos, as exceções ao princípio da legalidade são as mencionadas no § 1º do art. 153 da CF, que faculta ao Poder Executivo, atendidas as condições e os limites estabelecidos em lei, alterar as alíquotas dos impostos sobre: (a) importação de produtos estrangeiros; (b) exportação, para o exterior, de produtos nacionais ou nacionalizados; (c) produtos industrializados; e (d) operações de crédito, câmbio e seguro, ou relativas a títulos ou valores mobiliários.

Destaque-se que essa faculdade concedida ao Poder Executivo *refere-se apenas a alíquotas*. Na Constituição anterior ela compreendia também a alteração das bases de cálculo. Aliás, desde a Emenda 18 à Constituição/1946 foi atribuída ao Poder Executivo a faculdade de alterar *as alíquotas e as bases de cálculo* de alguns impostos, que por isto mesmo passaram a ser conhecidos como impostos *flexíveis*. Na vigência da referida Emenda, com fundamento na qual foi elaborado o Código Tributário Nacional, eram flexíveis os Impostos de Importação, de Exportação (art. 7º, § 1º) e sobre Operações de Crédito, Câmbio e Seguro ou Relativas a Títulos ou Valores Mobiliários (art. 14, § 1º). Não o IPI.

---

58. Bernardo Ribeiro de Moraes, *Compêndio de Direito Tributário Brasileiro*, cit., p. 399.

Com a Constituição/1967 passou a ser flexível o IPI, mas perdeu essa qualificação o Imposto sobre Operações de Crédito, Câmbio e Seguros ou Relativas a Títulos ou Valores Mobiliários. Com a Emenda 1/1969 tornaram-se *flexíveis* os quatro impostos.

Não se há de confundir as exceções ao princípio da legalidade com as exceções ao princípio da anterioridade. As primeiras estão previstas no § 1º do art. 153, enquanto as últimas estão estabelecidas no § 1º do art. 150. Realmente, ao formular exceção ao princípio da legalidade, a norma do § 1º do art. 153 da CF facultou aumentos de impostos por instrumento diverso da lei. O elemento relevante, nessa norma considerado, foi o *instrumento*, e não o *tempo*. Já, a norma do § 1º do art. 150, ao formular exceção ao princípio da anterioridade, afastou exigência relativa ao *tempo*, vedou a cobrança do tributo *no mesmo exercício* em que tenha sido publicada a lei que o instituiu ou aumentou.

Destaque-se que o Imposto Extraordinário de Guerra não configura exceção ao princípio da legalidade, o que reforça o entendimento por nós há muito tempo sustentado de que ele pode ser instituído por medida provisória. Figura, todavia, entre as exceções ao princípio da anterioridade, posto que as próprias circunstâncias que autorizam sua instituição indicam sua incompatibilidade com tal princípio.

É importante notar que a Constituição Federal/1988, ao estabelecer a possibilidade de adoção de medidas provisórias pelo Presidente da República, corrigiu o defeito técnico consistente na falta de previsão da forma de instituição do Imposto Extraordinário de Guerra e do Empréstimo Compulsório para atender a despesas extraordinárias decorrentes de guerra externa ou calamidade pública. As Constituições anteriores eram omissas nesse ponto. É certo que na vigência da Constituição anterior já o problema encontrava solução na possibilidade de edição de decreto-lei pelo Presidente da República. De todo modo, a fórmula adotada pela Constituição/1988 é tecnicamente mais adequada.

Realmente, a situação de guerra externa ou sua iminência é exemplo típico de situação que justifica o uso, pelo Presidente da República, de sua competência para editar medidas provisórias com força de lei, nos termos do art. 62 da vigente CF.

A faculdade atribuída ao Poder Executivo de alterar as alíquotas dos mencionados impostos não consubstancia poder discricionário. O ato pelo qual é exercida é plenamente vinculado, posto que deve ser praticado "atendidas as condições e os limites estabelecidos em lei". Primeiro é preciso que a lei estabeleça as condições, que ensejam modificação de alíquotas e determine os limites dentro dos quais essa alteração é admitida. Sem lei o Poder Executivo não poderá exercer a faculdade em referência.

2.7 Análise do art. 97 do CTN

2.7.1 Norma explicitante do princípio da legalidade

Temos sustentado, já faz muito tempo, que o art. 97 do CTN constitui explicitação do preceito constitucional segundo o qual nenhum tributo pode ser exigido ou aumentado sem que a lei o estabeleça.[59] No dizer autorizado de Ulhôa Canto, "a Comissão que elaborou o Anteprojeto entendeu que o Código Tributário Nacional deveria ser explícito na enumeração pormenorizada de todos os elementos que, pela sua importância para o nascimento da obrigação tributária, a respectiva exteriorização e a constituição do resultante crédito tributário, deveriam ser matéria submetida ao princípio da reserva de lei".[60]

Na verdade, o princípio da legalidade deve ser entendido com a explicitação constante do art. 97 do CTN. Sem tal explicitação o princípio constitucional seria praticamente inútil.

2.7.2 Instituição de tributo ou sua extinção

A instituição de tributos e a extinção destes constituem matérias de reserva absoluta de lei; e, sendo assim, só a lei pode definir os elementos essenciais da relação jurídica da tributação.

A palavra "lei", nesse contexto, inclui as medidas provisórias, observadas as limitações próprias dessa espécie normativa.

Os elementos essenciais da relação jurídica tributária estão na hipótese de incidência da regra de tributação e no seu mandamento. Isto é pacífico. Divergências, porém, podem ser colocadas em relação à questão de saber em que consiste exatamente a hipótese de incidência e em que consiste exatamente o mandamento, porque a lei não os coloca de forma didática. Como ensina Geraldo Ataliba,

> Ao intérprete cabe reconhecer e identificar os diversos elementos da h.i., aplicando as noções científicas no seu trabalho exegético.

---

59. Hugo de Brito Machado, *Curso de Direito Tributário*, São Paulo, Resenha Tributária, 1978, p. 32.

60. Gilberto de Ulhôa Canto e Fábio de Sousa Coutinho, "O princípio da legalidade", *Caderno de Pesquisas Tributárias*, São Paulo, CEEU/Resenha Tributária, 1981, p. 296.

Não incumbe ao legislador desdobrar sinoticamente, de forma didática, seus comandos e preceitos, esquematizando-os para facilitar a tarefa do hermeneuta. O legislador não é cientista, nem didata. Esgota sua tarefa formulando a hipótese e o respectivo comando, como melhor lhe pareça.[61]

Na hipótese de incidência da norma de tributação temos o núcleo, ou aspecto nuclear ou material, e ainda os aspectos pessoal ou subjetivo, temporal e espacial. No mandamento da norma de tributação temos, em regra, a *alíquota* e o *prazo* para o pagamento do tributo.

Alguns desses elementos estão explicitamente indicados no art. 97 do CTN como integrantes da denominada reserva legal. Outros, como o prazo, constituem objeto de controvérsias doutrinárias nem sempre bem resolvidas pelos tribunais.

Seja como for, tais elementos estão induvidosamente contidos na instituição do tributo. Neste sentido, Vittorio Cassone é incisivo:

> Se a lei, por exemplo, ao instituir um tributo, deixar de fixar a alíquota, não terá criado imposto algum, e esta falha não poderá ser suprida pelo Executivo através de decreto regulamentar dessa lei; terá o Legislativo de completar, com outra lei.[62]

A extinção do tributo também é matéria da reserva legal, mas quanto a esta nenhuma dificuldade se coloca, pois é muito fácil saber o que quer dizer "extinção". O que, na verdade, é difícil é a ocorrência de hipótese de extinção de tributo. O que às vezes ocorre é a transformação de um tributo em outro, com ligeiras modificações em seu regime jurídico, e às vezes com mudança apenas no nome.

Finalmente, em tema de extinção do tributo não existem razões para os cuidados que se há de ter na análise da norma que o institui. A extinção é sempre benéfica para o cidadão, de sorte que não envolve problemas jurídicos, sabido que o Direito existe para proteger o cidadão contra os abusos do poder.

2.7.3 *Majoração de tributos e sua redução*

Quase tão importante quanto a instituição é a majoração do tributo. A rigor, se a instituição do tributo só pode ser feita por lei, e esta

---

61. Geraldo Ataliba, *Hipótese de Incidência Tributária*, cit., 4ª ed., p. 76; 6ª ed., 17ª tir., p. 79.
62. Vittorio Cassone, *Direito Tributário*, São Paulo, Atlas, 1985, p. 71.

define todos os elementos essenciais da relação obrigacional tributária, é evidente que só a lei pode majorar o tributo, pois esta implica necessariamente mudança da lei, e isto só por outra lei pode ocorrer. De igual modo, a redução, implicando, como necessariamente implica, alteração da lei que instituiu o tributo, só por outra lei pode ocorrer.

Desnecessária, portanto, a afirmação de que a majoração e a redução do tributo constituem matéria da reserva legal. Ocorre que de uma mudança no regime jurídico de um tributo, sem o objetivo explícito de aumentá-lo, pode decorrer substancial majoração deste. É o que se verificou, por exemplo, com o Imposto sobre Circulação de Mercadorias e Prestação de Serviços/ICMS, no qual a substituição tributária, que em princípio não poderia implicar majoração, na prática aumentou significativamente esse Imposto, permitindo que o mesmo seja calculado sobre uma base inteiramente arbitrária, ressuscitando a antiga e odiosa pauta fiscal.

As ressalvas contidas na parte final do inciso II do art. 97 do CTN dizem respeito aos impostos que, em razão do regime jurídico específico ao qual se submetem, comportam alteração de suas alíquotas pelo Poder Executivo.

2.7.4 Fato gerador da obrigação tributária principal

A ressalva constante do art. 97, III, do CTN perdeu sentido por não ser mais vigente seu art. 52. Prevalece, portanto, a regra segundo a qual somente a lei pode estabelecer a definição do fato gerador da obrigação tributária principal.

Definir o fato gerador é descrever a hipótese de incidência da norma tributária. É descrever a situação de fato que, se e quando concretizada no mundo fenomênico, faz nascer a obrigação tributária. Nessa descrição a lei indica, ainda que implicitamente, o critério para dimensionar o aspecto nuclear ou material do fato gerador e o aspecto subjetivo ou pessoal deste. Em outras palavras, ainda que implicitamente, ficam indicados a base de cálculo e o sujeito passivo da obrigação. Considerando-se a distinção que existe entre obrigação tributária principal e obrigação tributária acessória, coloca-se a questão de saber se também a descrição do fato gerador da obrigação tributária acessória está no campo da reserva legal. Temos sustentado que não, posto que o art. 97 do CTN, ao enumerar as matérias que somente por lei podem ser disciplinadas, refere-se ao fato gerador da obrigação tributária principal, e não ao fato gerador da obrigação acessória.

Sobre este assunto já produzimos texto analisando os dispositivos do Código Tributário Nacional e explicando por que as obrigações tributárias acessórias não se submetem ao princípio da legalidade.[63]

É necessário, porém, distinguirmos as obrigações tributárias acessórias de outros deveres administrativos instituídos por lei no interesse da Administração Tributária, porque estes somente por lei podem ser instituídos. Embora as obrigações tributárias acessórias e outros deveres administrativos diversos daquelas sejam instituídos no interesse da arrecadação ou da fiscalização dos tributos,[64] existe um distinção em face da qual se admite sejam as típicas obrigações tributárias acessórias instituídas pela "legislação", como diz o art. 113, § 2º, do CTN, e não apenas por lei. Só em face dessa distinção é que se admite se refira o inciso III do art. 97 apenas ao fato gerador da obrigação tributária principal.

Realmente, nem todos os deveres administrativos impostos a contribuintes e a terceiros no interesse da Administração Tributária configuram obrigações tributárias acessórias. E somente as obrigações tributárias acessórias podem ser instituídas por normas de natureza simplesmente regulamentar. Não aqueles outros deveres administrativos que, não obstante instituídos no interesse da Administração Tributária, não se caracterizam como obrigações tributárias acessórias.

As obrigações tributárias acessórias são aquelas cujo cumprimento é um meio para o cumprimento da obrigação tributária principal, e por isto mesmo as regras que das mesmas se ocupam têm natureza de simples regulamento.

2.7.5 Prazo para pagamento do tributo

Questão importante consiste em saber se entre os elementos essenciais da relação obrigacional tributária está o *prazo* para pagamento do tributo. Geraldo Ataliba e José Artur Lima Gonçalves, examinando o art. 66 da Lei 7.450/1985, que atribui ao Ministro da Fazenda competência para fixar prazos de pagamento das receitas compulsórias da União, desenvolvem vasta argumentação demonstrando a inconstitucionalidade desse dispositivo legal, em texto no qual afirmam:

> Pelo simples fato de que o fenômeno inflacionário não era capaz de produzir mutações substanciais na quantificação do *quantum de-*

---

63. Hugo de Brito Machado, "Obrigação tributária acessória e o princípio da legalidade", em Valdir de Oliveira Rocha (coord.), *Grandes Questões Atuais do Direito Tributário*, São Paulo, Dialética, 2014, pp. 191-200.
64. Código Tributário Nacional, art. 113, § 2º.

beatur até há pouco tempo atrás, o tratamento doutrinário do alcance do princípio da legalidade da tributação passou ao largo da questão do prazo de recolhimento da expressão pecuniária objeto da relação jurídico-tributária.

O prazo de recolhimento do *quantum* objeto da obrigação tributária integra o aspecto ou critério quantitativo da respectiva hipótese de incidência, possuindo a virtude de alterar-lhe a capacidade de afetar, mais ou menos gravosamente, a esfera patrimonial do cidadão.[65]

E concluem o referido texto afirmando, taxativamente, que:

> Não pode, portanto, o Poder Executivo alterar o prazo de recolhimento de tributos federais com base no art. 66 da Lei 7.450/85, pois ela não preenche os requisitos constitucionais exigidos para que a lei abra oportunidade à atuação administrativa neste campo.[66]

O STF já decidiu que a fixação do prazo para pagamento do tributo não é matéria da reserva legal. Entretanto, se uma lei o estabelece, fica este *legalizado*, de sorte que não pode ser alterado a não ser por *lei*. Neste sentido é o acórdão que porta a seguinte ementa:

> *Ementa:* Tributário – IPI – Art. 66 da Lei n. 7.450/1985, que autorizou o Ministro da Fazenda a fixar prazo de recolhimento do IPI, e Portaria n. 266/88/MF, pela qual dito prazo foi fixado pela mencionada autoridade – Acórdão que teve os referidos atos por inconstitucionais.
> Elemento do tributo em apreço que, conquanto não submetido pela Constituição ao princípio da reserva legal, fora legalizado pela Lei n. 4.502/1964 e assim permaneceu até a edição da Lei n. 7.450/1985, que, no art. 66, o deslegalizou, permitindo que sua fixação ou alteração se processe por meio de legislação tributária (CTN, art. 160), expressão que compreende não apenas as leis, mas também os decretos e as normas complementares (CTN, art. 96).
> Orientação contrariada pelo acórdão recorrido.
> Recurso conhecido e provido.[67]

Eduardo Sabbag reporta-se a opiniões doutrinárias e sustenta que a fixação do prazo deve ser considerada matéria de reserva legal, mesmo

---

65. Geraldo Ataliba e José Artur Lima Gonçalves, "Carga tributária e prazo de recolhimento de tributos", *RDTributário* 45/25, São Paulo, Ed. RT, 1988.

66. Idem, p. 31.

67. STF, RE 140.669-1-PE, rel. Min. Ilmar Galvão, j. 2.12.1998, *DJU* 14.5.2001 e 18.5.2001.

sem previsão expressa no art. 97 do CTN. Entretanto, considerando a orientação fixada pelo STF, recomenda que em concursos públicos seja adotada a lista taxativa dos elementos da lei, pois este tem sido o entendimento adotado pelas principais bancas examinadoras.[68] Sua opinião está assim expressa:

> De nossa parte, estamos em que o prazo para recolhimento do tributo, conquanto ausente da lista exaustiva dos elementos configuradores da reserva legal, constante do art. 97 do CTN, apresenta-se como rudimento substancial para a completude da lei tributária, ao indicar o átimo de tempo em que se deve adimplir, com pontualidade, a obrigação tributária. Deixar tal determinação ao alvedrio do Poder Executivo, ao sabor da discricionariedade, é sufragar o perene estádio de insegurança jurídica, acintosa ao elemento axiológico justificador da estrita legalidade.[69]

A nosso ver, o prazo para pagamento de qualquer tributo é matéria que se submete ao princípio da legalidade, e portanto só lei pode estabelecer esse prazo. O legislador não pode delegar essa atribuição ao Poder Executivo. Se o faz, viola a Constituição Federal.

2.7.6 Fixação de alíquota e base de cálculo

Nos termos do inciso IV do art. 97 do CTN, "somente a lei pode estabelecer a fixação da alíquota do tributo e da sua base de cálculo, ressalvado o disposto nos arts. 21, 26, 39, 57 e 65". As ressalvas dizem respeito aos Impostos de Importação, de Exportação, sobre transmissão de bens imóveis/ITBI, sobre circulação de mercadorias/ICMS e sobre operações financeiras/IOF, mas devem ser vistas com as reservas que decorrem das alterações já verificadas em nosso sistema tributário, inclusive no plano constitucional. Assim, devemos estar lembrados de que a Constituição Federal/1988, diversamente do que faziam as anteriores, não autoriza as alterações da base de cálculo, restando, assim, sem efeito a ressalva nessa parte. E, quanto à alíquota, a ressalva somente se aplica para as majorações já referidas no inciso II do art. 97 do CTN.

A fixação da alíquota do tributo é parte essencial do mandamento da norma que o institui. Não se pode dizer instituído um tributo sem que a lei estabeleça a alíquota correspondente – salvo, é claro, tratando-se

---

68. Eduardo Sabbag, *Curso de Direito Tributário*, São Paulo, Saraiva, 2009, pp. 29-31.
69. Idem, p. 31.

de tributo estabelecido em valores fixos, pois em tal caso não existirá cálculo a ser feito.

Já, a fixação da base de cálculo do tributo é inerente à própria descrição do aspecto material de seu fato gerador. Assim, um imposto cujo fato gerador seja a aquisição da renda há de ter como base de cálculo o montante da renda. Um imposto cujo fato gerador seja a propriedade de um imóvel há de ter como base de cálculo o valor desse imóvel – e assim por diante. É a base de cálculo que, a rigor, define a natureza específica do imposto a que se refere.

2.7.7 Cominação de penalidades

Nos termos do inciso V do art. 97 do CTN, "somente a lei pode estabelecer: (...); V – a cominação de penalidades para ações ou omissões contrárias a seus dispositivos, ou para outras infrações nela definidas". A adequada compreensão desse dispositivo demanda sua interpretação em conjunto com o estabelecido no inciso III do mesmo art. 97, que coloca no campo da reserva legal a definição do fato gerador da obrigação principal, mas não o da obrigação acessória.

Realmente, o inciso V faz referência a penalidades para ações ou omissões contrárias a dispositivos de lei e também a penalidades para outras infrações nela definidas. Toda ação ou omissão contrária a um dispositivo de lei constitui infração. Existem, porém, "outras infrações nela definidas", que são exatamente as consubstanciadas em ações ou omissões contrárias a dispositivos da legislação tributária inferior que estabelece as denominadas obrigações acessórias. Essa legislação tributária inferior certamente não pode definir infrações, nem muito menos cominar penalidades para os que as cometerem. Ela define as obrigações acessórias. A lei definirá as infrações consubstanciadas no descumprimento de tais obrigações.

É de grande importância ressaltarmos que as penalidades fixadas em razão do valor do tributo ou do fato tributável dizem respeito a infrações que impliquem o não pagamento desse tributo. Não pagamento que em certos casos pode ser presumido pelo não cumprimento de determinada obrigação acessória. Seja como for, se o não pagamento é apenas presumido, o contribuinte tem sempre o direito de comprovar que se deu o pagamento e, assim, afastar a presunção, caso em que não lhe pode ser aplicada multa proporcional ao valor do tributo ou do fato tributável.

Para os casos nos quais o tributo tenha sido pago a penalidade pelo descumprimento de obrigação acessória há de ser fixa e de valor moderado, porque, afinal de contas, a obrigação tributária não cumprida foi simplesmente uma obrigação acessória Ainda quando a lei específica não estabeleça tal distinção, ela deve ser respeitada, porque decorre de princípios fundamentais de lógica jurídica, além de ter apoio na norma expressa do art. 112 do CTN.

2.7.8 Exclusão, suspensão e extinção de créditos tributários

Nos termos do inciso VI do art. 97 do CTN, somente a lei pode estabelecer "as hipóteses de exclusão, suspensão e extinção de créditos tributários ou de dispensa ou redução de penalidades". Esse dispositivo diz respeito à garantia do interesse público. Visa a evitar a concessão de favores pelas autoridades da Administração Tributária. Considerando-se, porém, que o princípio da legalidade é uma garantia do contribuinte contra os abusos do Poder Público, ele tem de ser interpretado em seus devidos termos. Se mediante uma norma infralegal é regulada uma das hipóteses enumeradas, essa regulação é válida em relação ao contribuinte. Produz todos os seus efeitos jurídicos na relação tributária. A violação do princípio da legalidade, no caso, terá simplesmente o efeito de responsabilizar a autoridade administrativa pelos danos decorrentes, que podem ser cobrados pelo próprio ente público ou por qualquer cidadão, utilizando-se este da ação popular.

2.7.9 Majoração de tributo pela modificação de sua base de cálculo

Nos termos do § 1º do art. 97 do CTN, "equipara-se à majoração do tributo a modificação de sua base de cálculo, que importe em torná-lo mais oneroso". Trata-se de norma meramente explicitante, que tem importante efeito didático especialmente diante dos que atribuem ao elemento literal importância maior do que ele realmente tem, e esquecem o elemento lógico da norma jurídica.

Realmente, se somente a lei pode aumentar o tributo, como está dito no inciso II do art. 97, é evidente que somente a lei pode tornar o tributo mais oneroso, seja por qual meio for – inclusive, portanto, pela alteração de sua base de cálculo.

2.7.10 Atualização monetária da base de cálculo do tributo

Entretanto, esclarece o § 2º do mesmo art. 97 do CTN, não constitui majoração do tributo, neste contexto, "a atualização do valor monetário da respectiva base de cálculo". Esclarece, sim, porque, na verdade, a atualização do valor monetário, seja da base de cálculo, seja do próprio tributo, não constitui aumento deste. Isso, porém, não quer dizer que seja possível a atualização do valor monetário do tributo sem lei que o determine, nem quer dizer que seja possível a atualização do valor monetário do tributo se o sistema jurídico não garante a atualização do valor monetário de outras obrigações, especialmente daquelas em que o Estado é devedor. O § 2º do art. 97 do CTN há de ser interpretado sem afastamento dos princípios jurídicos fundamentais, entre eles o princípio da isonomia.

A rigor, o que está dito no § 2º do art. 97 do CTN é que não há necessidade de lei para estabelecer índices ou percentuais de atualização monetária. Aliás, esses índices não podem ser arbitrariamente estabelecidos por lei. Eles devem ser compatíveis com a realidade econômica, pois o § 2º do art. 97 refere-se a atualização do valor monetário, o que quer dizer atualização da expressão monetária, para fazê-la correspondente ao valor real da moeda – ou, em outras palavras, para manter o valor real da base de cálculo, que, se não atualizado, estaria reduzido pelo desgaste do valor da moeda decorrente da inflação.

2.8 Posição hierárquica dos tratados internacionais

2.8.1 Importância do critério hierárquico

Para preservação da hierarquia do sistema jurídico, a doutrina cuidou de estabelecer critérios destinados à superação de eventuais antinomias entre as normas que o integram. Um desses critérios é o hierárquico, segundo o qual a antinomia entre normas de posições hierárquicas diversas é superada pela prevalência da norma de posição hierárquica superior.

A importância desse critério, como facilmente se percebe, resulta do prestígio que se confere às normas jurídicas em razão da posição hierárquica por elas ocupada no ordenamento normativo. Posição que decorre do grau de poder do qual é dotado o órgão do qual a norma promana.

Assim, como o poder máximo do Estado é atribuído à Assembleia Constituinte, a posição hierárquica mais elevada no ordenamento normativo estatal é ocupada pela Constituição. Em seguida coloca-se o órgão ao qual a Constituição atribui o poder de nela introduzir emendas, o denominado poder constitucional derivado, ou reformador. Mais abaixo fica o órgão estatal dotado de Poder Legislativo, e assim por diante.

2.8.2 Primado dos tratados internacionais

No plano ideal, imaginando-se uma ordem jurídica perfeita, não há dúvida de que os tratados internacionais devem estar em primeiro plano hierárquico. Nada justifica que alguém possa participar da elaboração multilateral de uma norma e depois sustentar a prevalência de atos normativos anteriores, seus, em conflito com aquela norma multilateral voluntariamente produzida. Muito menos que, por ato unilateral seu, possa depois dispor de modo diverso, sem se haver desligado da norma multilateral pela via hábil.

O respeito aos contratos, na verdade, decorre de um princípio ético. Por isso mesmo é que, embora não exista norma destinada a assegurar o primado dos tratados internacionais, ele constitui uma proposição doutrinária.[70]

Não obstante, a questão da posição hierárquica dos tratados internacionais não tem sido resolvida de modo uniforme, sento certo que a sociedade internacional vê cada um de seus integrantes ditar, no que lhe concerne, as regras de composição entre o Direito internacional e o de produção doméstica.

2.8.3 Tratados internacionais e Constituição

Não se pode deixar de considerar que no plano do direito positivo a Constituição é o fundamento último da ordem normativa. Assim, e considerando-se que a própria competência para a celebração dos tratados decorre da Constituição de cada Estado, é razoável admitir a prevalência desta, como lei fundamental de cada Estado. No dizer de Rezek:

> Dificilmente uma dessas leis fundamentais desprezaria, neste momento histórico, o ideal de segurança e estabilidade jurídica a ponto de subpor-se, a si mesma, ao produto normativo dos compromissos exteriores do Estado. Assim, posto o primado da Constituição em confronto com a norma *pacta sunt servanda*, é corrente que se preserve a autoridade da lei fundamental do Estado, ainda que isto signifique a prática de um ilícito pelo qual, no plano externo, deve aquele responder.[71]

---

70. Cf.: J. F. Rezek, *Direito Internacional Público*, 5ª ed., São Paulo, Saraiva, 1995, p. 103.

71. Idem, pp. 103-104.

A Constituição, como obra do poder constituinte originário, desconhece qualquer direito positivo anterior. Tudo o que havia de jurídico antes é desconstituído, pois a elaboração de uma Constituição pressupõe a ruptura da ordem jurídica anterior. Ela inaugura uma nova ordem jurídica. Constitui um novo Estado, podendo recepcionar, ou não, dados jurídicos anteriores com os quais em princípio o constituinte originário não tem nenhum compromisso. Por isso mesmo, a doutrina distingue o poder constituinte originário do poder constituinte derivado, ou reformador. No dizer autorizado de Paulo Bonavides:

> O primeiro faz a Constituição e não se prende a limites formais: é essencialmente político ou, se quiserem, extrajurídico.
>
> O segundo se insere na Constituição, é órgão constitucional, conhece limitações tácitas e expressas, e se define como poder primacialmente jurídico, que tem por objeto a reforma do texto constitucional. (...).[72]

É exatamente por ser a Constituição produzida pelo poder constituinte originário que ela pode validamente dispor de modo diverso do estabelecido em tratado internacional, ao qual, evidentemente, não estará vinculado o novo Estado por ela então constituído.

Registre-se que, sendo o tratado internacional posterior à Constituição, para valer no plano interno não pode com ela estar em conflito. A não ser assim, estar-se-ia atribuindo à autoridade que o celebra o poder de reformar a Constituição de seu País.

2.8.4 Tratados internacionais e leis infraconstitucionais internas

Não nos parece razoável a tese segundo a qual as leis internas de um País podem validamente dispor contrariando o estabelecido em tratados internacionais dos quais participe. O comportamento de qualquer pessoa que contraria um contrato por ela firmado configura ato ilícito. Do mesmo modo, a feitura de uma norma interna pelo Estado contrariando um tratado internacional por ele firmado é um ato ilícito. Não apenas um ato contrário à Ética, mas contrário também ao próprio direito positivo. E, como tal, não pode prevalecer no mundo jurídico.

É certo que se admite a prevalência da Constituição de um País sobre um tratado internacional por ele firmado, embora se considere

---

72. Paulo Bonavides, *Curso de Direito Constitucional*, 33ª ed., São Paulo, Malheiros Editores, 2018, p. 148.

que a elaboração de uma Constituição dispondo em sentido contrário ao estabelecido em um tratado configura um ilícito. Assim, pode parecer incoerente sustentar a invalidade de uma lei interna pelo fato de ser ela contrária a um tratado internacional. Ela seria ilícita no plano internacional, mas seria válida no plano interno. Na verdade, porém, não é assim. Há uma diferença importante entre a Constituição e a lei, nesse aspecto.

A Constituição, como obra do poder constituinte originário, não pode ser considerada válida ou inválida, porque prescinde de fundamento em qualquer outra norma. Ela inaugura a ordem jurídica. Não existe como se possa aferir sua validade ou invalidade em face do sistema de normas, no qual ela está na posição hierárquica mais elevada. Assim, se dispõe de modo contrário a um tratado internacional, configura ato ilícito no plano do Direito internacional, mas no plano interno segue sendo válida.

2.8.5 Hierarquia das normas no direito positivo

Com ressalva da Constituição, que, como vimos, é produto de um poder que não reconhece limites jurídicos formais, a questão da hierarquia das normas jurídicas é sempre uma questão de direito positivo, e, assim, depende do que a seu respeito estabeleça o próprio direito positivo de cada País.

Nada impede que a Constituição de um País atribua ao tratado internacional posição hierárquica equivalente à das emendas constitucionais. Esse é um problema do Direito de cada País.

Assim, vamos examinar a questão da posição hierárquica dos tratados internacionais em relação às normas infraconstitucionais em face do estabelecido em nosso sistema normativo, e vamos dar ênfase a essa questão no âmbito do direito tributário, posto que é isto que nos interessa mais de perto para a adequada compreensão do disposto no art. 98 do CTN.

2.9 Antinomias entre o tratado e a lei interna em matéria tributária

2.9.1 O art. 98 do CTN

O art. 98 do CTN estabelece que "os tratados e convenções internacionais *revogam* ou *modificam* a legislação tributária interna, e serão observados pela que lhes sobrevenha" (grifos nossos). Há impropriedade terminológica nessa disposição legal. Na verdade, um tratado internacional não *revoga* nem *modifica* a legislação interna. Prevalece, é certo, sobre a legislação interna, mas não a revoga nem modifica. Realmente, a lei revogada não volta a ter vigência pela revogação da lei que a revogou. Denunciado um tratado, todavia, a lei interna com ele incompatível estará restabelecida, em pleno vigor. Tem-se que procurar, assim, o significado da regra legal em foco. O que ela pretende dizer é que os tratados e convenções internacionais prevalecem sobre a legislação interna, seja anterior ou, mesmo, posterior.

Diogo Leite de Campos e Mônica Horta Neves Leite de Campos examinaram o assunto no Direito Português e esclarecem que "a circunstância de um tratado se sobrepor à lei interna não pressupõe uma revogação desta. A lei interna mantém sua eficácia em todos os casos não previstos no tratado. Trata-se de uma derrogação, normalmente parcial".[73]

Há quem sustente que, em face do que estabelece o art. 49, I, da vigente CF, o Congresso Nacional pode legislar contrariamente às normas albergadas pelos tratados internacionais. Dizem que, embora não devesse ser assim, em face dos princípios do Direito internacional, assim é em face de nossa Constituição, e somente com uma reforma desta se poderia assegurar a prevalência dos tratados internacionais sobre a lei tributária interna.

Tal argumento, porém, não nos parece procedente. É certo que o art. 49, I, da CF atribui ao Congresso Nacional competência exclusiva para "resolver definitivamente sobre tratados, acordos ou atos internacionais que acarretem encargos ou compromissos gravosos ao patrimônio nacional". Isto, porém, não quer dizer que o Congresso possa alterar ou revogar normas albergadas por tratados internacionais que ele aprovou pela via competente do decreto legislativo.

O art. 49, I, da CF há de ser interpretado em consonância com seu art. 84, VIII. Enquanto o primeiro atribui ao Congresso Nacional competência exclusiva para resolver definitivamente sobre os tratados internacionais, o último atribui privativamente ao Presidente da República competência para celebrá-los, embora estejam estes sujeitos ao referendo do Congresso. O Presidente da República, como chefe do Poder Executivo, tem competência privativa para celebrar os tratados internacionais. Já o Congresso Nacional tem competência exclusiva para resolver definitivamente sobre os mesmos.

---

73. Diogo Leite de Campos e Mônica Horta Neves Leite de Campos, *Direito Tributário*, Coimbra, Livraria Almedina, 1997, p. 261.

Assim, celebrado um tratado internacional, pelo Presidente da República, e aprovado este pelo Congresso, não podem um nem o outro, isoladamente, desfazê-lo. O conteúdo normativo dos tratados não pode ser alterado por lei interna com fundamento no art. 49 da CF. As atribuições do Congresso Nacional, previstas no art. 49, são para a prática de atos diversos daquele de produção normativa.

O desfazimento de um tratado internacional deve obedecer a procedimento próprio, que não se confunde com o procedimento legislativo, e vincula necessariamente os órgãos competentes para a celebração e o desfazimento dos tratados.

2.9.2 Jurisprudência do STF

A jurisprudência do STF, infelizmente, contaminou-se pela divergência em torno da questão de saber como devem ser resolvidas as antinomias entre um tratado internacional e uma lei interna.

Entretanto, prevaleceu o bom-senso quando o STF decidiu pela prevalência dos tratados internacionais sobre a lei interna, acolhendo, assim, a norma do art. 98 do CTN. Considerou a Corte Maior que o referido dispositivo tem caráter nacional e que, por isto mesmo, é válida a concessão de isenção de tributo estadual pela União mediante tratado internacional. Voltaremos ao assunto adiante, ao estudarmos especificamente o tema dos tratados internacionais e as isenções de tributos estaduais e municipais.

Agora parece que a jurisprudência do STF finalmente se firmou no sentido da supremacia dos tratados internacionais em relação às leis internas.

2.10 Tratados internacionais e isenção de impostos estaduais e municipais

2.10.1 Distinção entre um ato do Brasil e um ato da União Federal

Para entendermos adequadamente a questão da concessão de isenção do ICMS pelo Brasil mediante um tratado internacional, é importante que tenhamos presente a distinção que existe entre a União Federal, enquanto pessoa jurídica de direito público interno, e o Brasil, enquanto Estado no plano internacional.

Essa distinção é da maior importância para a concessão de isenção do ICMS mediante tratado internacional e evitarmos a confusão que tem sido feita em torno do assunto pelo fato de serem os tratados internacionais celebrados pela União.

2.10.2 Isenções do ICMS concedidas mediante tratado internacional

Ciente da distinção que se há de ter presente entre um ato da União Federal enquanto pessoa jurídica de direito público interno e um ato da União Federal enquanto pessoa jurídica de Direito internacional, fica fácil enfrentarmos a interessante questão de saber se pode a União, por meio de um tratado internacional, isentar de impostos estaduais e municipais.

Há quem sustente que sim, com o argumento de que o tratado seria uma lei interna do Estado Brasileiro, e não simplesmente da União, obrigando a esta da mesma forma que obriga aos demais entes que formam a República Federativa do Brasil.[74]

Há, todavia, quem ofereça resposta negativa a essa questão.[75] Tese, esta, prestigiada pelo STJ, que decidiu:

> Isenção – Tratado internacional. O STJ tem decisão no sentido de que a União não pode isentar do ICMS mediante tratado internacional, sem lei do Estado, porque "o art. 98 do CTN deve ser interpretado com base no panorama jurídico imposto pelo novo Sistema Tributário Nacional".[76]

A nosso ver, o art. 98 do CTN não é inconstitucional. Está em pleno vigor, e declara os tratados internacional superiores à lei tributária interna. Seja ela federal, estadual ou municipal. Não há dúvida, portanto, de que uma norma albergada por um tratado internacional que institui isenção de impostos estaduais e municipais é plenamente válida e se sobrepõe a normas de leis internas em sentido contrário.

---

74. Daniela Ribeiro de Gusmão, "A concessão pela União de isenções relativas a tributos estaduais e municipais – Possibilidade no âmbito dos tratados internacionais", *Revista Trimestral de Jurisprudência dos Estados* 168/19, São Paulo, Jurid Vellenich, janeiro-fevereiro/1999.

75. Edgard Neves da Silva, "Tratados e convenções internacionais – Outorga de isenção – Imposto Municipal Sobre Serviços", *Revista da Faculdade de Direito de São Bernardo do Campo* 5/44-53.

76. STJ, 1ª Turma, REsp 90.871-PE, rel. Min. José Delgado, decisão de 17.6.1997, DJU-1 20.10.97, p. 52.977, e *Repertório IOB de Jurisprudência* 5/1998, 1ª quinzena de março/1998, p. 97, texto 1/11.982.

Merece respeito, é certo, a tese em sentido contrário. Vedado, como é, à União conceder isenção de tributos estaduais e municipais,[77] é razoável entender que essa vedação há de ser respeitada ainda quando a norma isentiva seja veiculada por um tratado internacional. Por isso mesmo, aliás, na Proposta de Emenda Constitucional com a qual o Governo pretendeu, em 1995, alterar o Sistema Tributário foi colocada uma norma fazendo ressalva àquela vedação para isenções previstas em tratado, convenção ou ato internacional do qual o Brasil seja signatário.[78]

Mesmo assim, preferimos admitir a possibilidade de concessão de isenção de impostos estaduais e municipais mediante tratado internacional. Não se pode deixar de considerar que os tratados internacionais, embora celebrados por órgão da União, na verdade são atos da soberania externa praticados pelo Estado Brasileiro, que há de ser visto por um prisma diferente do que se vê a União como órgão de soberania interna. Nos atos internacionais a União representa toda a Nação, na qual se incluem, obviamente, os Estados-membros e os Municípios.

Por tal razão, Valdir de Oliveira Rocha afirma que

> as isenções de quaisquer tributos podem ser decorrentes de tratados internacionais; se concedidas antes da nova Constituição, foram por ela recepcionadas. Tratado é lei interna do Estado Brasileiro, e não simplesmente da União; assim, obriga a esta como aos demais entes que formam a República Federativa do Brasil.[79]

No mesmo sentido manifesta-se, com inteira propriedade, Valério de Oliveira Mazzuoli, que doutrina:

---

77. CF, art. 151, III.

78. Proposta de Emenda Constitucional 175/1995, apresentada pelo Presidente da República com a Mensagem 888, de 23.8.1995, na qual é sugerida para o inciso III do art. 151 da CF a redação seguinte: "III – instituir isenção de tributo da competência dos Estados, do Distrito Federal ou dos Municípios, salvo quanto prevista em tratado, convenção ou ato internacional do qual o Brasil seja signatário".

79. Valdir de Oliveira Rocha, "Tratados internacionais e vigência das isenções por eles concedidas, em face da Constituição de 1988", *Repertório IOB de Jurisprudência* 5/1991, texto 1/3.964. Fundamentando seu entendimento, Oliveira Rocha invoca lição de Miguel Reale, a dizer: "Geralmente se pratica o erro de pensar que o Estado Brasileiro é a União, quando a União é efetivamente um dos aspectos internos do Estado Brasileiro. Para quem focaliza o Brasil, digamos assim, considerando-o de fora, como um todo, não existem Municípios nem Estados, nem União: existe apenas e tão somente a pessoa jurídica unitária do Estado Brasileiro" (*Lições Preliminares de Direito*, 13ª ed., São Paulo, Saraiva, 1986, p. 235).

Nos termos do art. 18 da Constituição de 1988, os Estados e Municípios brasileiros são entes dotados de autonomia, podendo assim legislar em matéria tributária em assuntos de sua competência, levando em consideração os seus interesses particulares caso a caso. Daí então a regra do art. 151, inciso III, do texto constitucional, segundo a qual é vedado à União "instituir isenções de tributos da competência dos Estados, do Distrito Federal ou dos Municípios". Com base nesse dispositivo fica a questão de saber se a vedação da União de isentar tributos estaduais, distritais ou municipais se estende aos tratados internacionais firmados pela República Federativa do Brasil com outros Países.[80]

E, depois de registrar manifestação do STJ em sentido afirmativo da vedação, Mazzuoli esclarece:

> Segundo entendemos, tal posicionamento jurisprudencial encontra-se equivocado, uma vez que não é a União que celebra tratados, mas sim a República Federativa do Brasil, da qual a União é apenas parte. Em verdade, o comando do legislador constituinte que proíbe a concessão de isenções heterônomas (aquelas concedidas por normas emanadas de pessoa pública que não é titular da competência para instituir o tributo) está direcionado tão somente à União (que é pessoa jurídica de Direito interno) e não à República Federativa do Brasil (que é pessoa jurídica de Direito internacional, à qual o texto constitucional dá competência para assumir compromissos exteriores). É a República Federativa do Brasil, e não a União (que é, assim como os Estados e Municípios, apenas um dos componentes da República), que tem personalidade jurídica de direito das gentes e, portanto, pode celebrar tratados internacionais com outros Estados soberanos. É clara a regra constitucional do art. 1º da Carta Magna de 1988, segundo a qual a República Federativa do Brasil é "formada pela União indissolúvel dos Estados e Municípios e do Distrito Federal". Assim, quando se celebra um tratado internacional, ainda que prevendo determinada isenção que, internamente, seria da competência tributária dos Estados ou Municípios, o ente que o está celebrando é a *República Federativa do Brasil*, da qual a União, os Estados e os Municípios apenas fazem parte. Portanto, a representação externa da Nação é *única* e não fracionada, razão pela qual a Constituição não atribuiu aos componentes da Federação personalidade jurídica de direito internacional público. Quando o Presidente da República celebra um tratado internacional (à luz do art. 84, inciso VIII, da Cons-

---

80. Valério de Oliveira Mazzuoli, *Curso de Direito Internacional Público*, 2ª ed., São Paulo, Ed. RT, 2007, p. 320.

CONCEITOS IMPORTANTES NA LEGISLAÇÃO TRIBUTÁRIA 65

tituição) o faz não como chefe de governo (figura de Direito interno) mas como chefe de Estado (figura de Direito internacional), com competência para disciplinar quaisquer dos seus interesses, sejam eles do conjunto federativo (interesses da União) ou de cada um dos componentes da Federação (interesses dos Estados e dos Municípios).[81]

O STF, que se havia manifestado no sentido de que os tratados internacionais equivalem à lei ordinária, em julgamento que começou com a decisão de sua 1ª Turma, em 14.12.1998, de submeter o caso ao Plenário, finalmente acolheu a tese que temos adotado, e afirmou que o art. 98 do CTN "possui caráter nacional, com eficácia para a União, os Estados e os Municípios" (voto do Min. Ilmar Galvão). O acórdão, unânime, porta a seguinte ementa:

>Direito tributário – Recepção pela Constituição da República de 1988 do Acordo Geral de Tarifas e Comércio – Isenção de tributo estadual prevista em tratado internacional firmado pela República Federativa do Brasil – Art. 151, inciso III, da Constituição da República – Art. 98 do CTN – Não caracterização de isenção heterônoma – Recurso extraordinário conhecido e provido.
>
>1. A isenção de tributos estaduais previstos no Acordo Geral de Tarifas e Comércio para as mercadorias importadas dos Países signatários quando o similar nacional tiver o mesmo benefício foi recepcionada pela Constituição da República de 1988.
>
>2. O art. 98 do CTN "possui caráter nacional, com eficácia para a União, os Estados e os Municípios" (voto do eminente Min. Ilmar Galvão).
>
>3. No Direito internacional apenas a República Federativa do Brasil tem competência para firmar tratados (art. 52, § 2º, da Constituição da República), dela não dispondo a União, os Estados ou os Municípios. O Presidente da República não subscreve tratados como chefe de governo, mas como chefe de Estado, o que descaracteriza a existência de uma isenção heterônoma, vedada pelo art. 151, inciso III, da Constituição.
>
>4. Recurso extraordinário conhecido e provido.[82]

Esse julgado consubstancia tese que sempre defendemos. Desde 1999 temos afirmado a inconsistência da tese acolhida pelo STF, escrevendo:

---

81. Idem, pp. 320-321.
82. STF, Plenário, RE 229.096-0-RS, rel. originário Min. Ilmar Galvão, rela. para o acórdão Min. Carmen Lúcia, j. 16.8.2007, v.u., *DJe* 065, divulgação em 10.4.2008, publicação em 11.4.2008.

Argumenta-se, em defesa do entendimento da Corte Maior, que a elaboração legislativa cabe ao Congresso Nacional (CF, art. 44) e tal competência não pode ser tolhida por tratados internacionais, até porque compete privativamente ao Congresso Nacional resolver definitivamente sobre estes quando acarretem encargos ou compromissos gravosos ao patrimônio nacional (art. 49, I). O argumento, porém, é inconsistente. As normas da Constituição, como qualquer outra do sistema jurídico, devem ser interpretadas com atenção para o contexto. Nenhuma deve ser interpretada isoladamente. A norma que atribui ao Congresso Nacional a função legislativa e a que lhe atribui competência privativa para resolver definitivamente sobre tratados internacionais devem ser entendidas em harmonia com norma, da mesma Constituição, que atribui ao Presidente da República competência para iniciar o processo legislativo na forma e nos casos nela previstos (CF, art. 84, III) e também para celebrar tratados, convenções e atos internacionais, sujeitos a referendo do Congresso Nacional (CF, art. 84, VIII). Os tratados internacionais, portanto, devem ser respeitados pelo Congresso Nacional que os referenda, e somente devem ser alterados pela via própria. Não por leis internas.

Por outro lado, a alteração, por lei interna, de um tratado internacional não tem apoio no princípio da moralidade, que deve presidir também as relações internacionais. Alterando, por leis internas, regras de tratado internacional, o País perde credibilidade.

Assim, temos fortalecido o nosso entendimento no sentido de que os tratados internacionais não podem ser revogados por lei interna. Tanto no plano da Ciência do Direito como no plano ético.[83]

Realmente, tanto no plano da Ciência do Direito como no plano da Ética, não se pode mesmo admitir que um País subscreva um tratado internacional contendo determinadas regras e no plano interno estabeleça regras diferentes para reger os mesmos fatos, e pretenda que suas regras internas prevaleçam sobre aquelas albergadas pelo tratado que firmou. Como afirma Júlio César Rossi, com inteira propriedade:

> O art. 98 do CTN tão somente ratifica a superioridade do Direito internacional frente à legislação interna estatal, mantendo a integridade das disposições da Convenção de Viena sobre o Direito dos Tratados que recentemente foi ratificada pelo Brasil, passando, agora, sem qualquer mácula, a reger a sistemática de internalização dos tratados em nossa República.[84]

---

83. Hugo de Brito Machado, *Curso de Direito Tributário*, 16ª ed., São Paulo, Malheiros Editores, 1999, pp. 68-69; v. 38ª ed., cit., p. 87.

84. Júlio César Rossi, "Os tratados internacionais e a sua superioridade: a interpretação do art. 98 do Código Tributário Nacional à luz da Convenção de Viena sobre o

Em síntese, não pode haver dúvida quanto à superioridade hierárquica dos tratados internacionais em relação às leis internas, tanto em face do que estabelece o art. 98 do CTN, que, embora com terminologia inadequada, afirma a prevalência destes sobre as leis internas, anteriores e posteriores à sua celebração, como porque é sabido que a União, quando os celebra, opera em nome de todo o Estado Brasileiro.

Direito dos Tratados", *Revista Dialética de Direito Tributário* 186/52, São Paulo, Dialética, março/2011.

3
Vigência da Legislação Tributária

3.1 Vigência e outros conceitos de Teoria Geral do Direito: 3.1.1 Importância e entrelaçamento dos conceitos – 3.1.2 Incidência – 3.1.3 Vigência – 3.1.4 Observância – 3.1.5 Eficácia – 3.1.6 Aplicação. 3.2 Vigência e aplicação no Código Tributário Nacional: 3.2.1 Direito intertemporal – 3.2.2 Regra geral sobre vigência da legislação tributária – 3.2.3 Regras especiais sobre vigência e sobre aplicação da legislação tributária. 3.3 Vigência das leis no espaço: 3.3.1 Princípio da territorialidade – 3.3.2 Vigência extraterritorial. 3.4 Fontes da vigência extraterritorial: 3.4.1 Significado da expressão "fonte da vigência" – 3.4.2 Convênio como fonte de vigência extraterritorial da legislação tributária – 3.4.3 Lei federal como fonte da vigência extraterritorial. 3.5 Norma supletiva para a legislação tributária: 3.5.1 Norma supletiva – 3.5.2 Sentido da norma do art. 103 – 3.5.3 Normas supletivas ou complementares da legislação tributária. 3.6 Os princípios da anterioridade e da anualidade: 3.6.1 Distinção essencial entre anterioridade e anualidade – 3.6.2 Minimizando a importância da anualidade – 3.6.3 Anualidade e a jurisprudência do STF – 3.6.4 Anterioridade e irretroatividade da lei tributária – 3.6.5 Instituição ou majoração de tributo – 3.6.6 Anterioridade tributária e revogação de isenções – 3.6.7 O princípio da irretroatividade e seu amesquinhamento.

3.1 Vigência e outros conceitos de Teoria Geral do Direito

3.1.1 Importância e entrelaçamento dos conceitos

É inegável a importância de conceitos da Teoria Geral do Direito para a adequada compreensão das leis, sejam estas leis tributárias ou leis de qualquer outra área do ordenamento jurídico. Assim, sem desconhecer as inúmeras divergências que podem ser constatadas na doutrina jurídica, vamos enumerar, aqui, alguns conceitos que nos parecem muito importantes para a compreensão não apenas do dispositivo do Código Tributário Nacional que se refere a vigência, mas de outros que a seguir serão comentados.

São de grande importância os conceitos de *incidência, vigência, observância, eficácia* e *aplicação*, entre outros. Por outro lado, esses conceitos são de tal modo entrelaçados que se torna praticamente impossível enunciar cada um deles sem que se precise, nesse enunciado, utilizar um ou mais dos outros. A ordem desses enunciados é extremamente problemática, de sorte que o melhor talvez seja, mesmo, não nos preocuparmos com ela, expondo as ideias de modo a que a compreensão de cada conceito, possivelmente prejudicada de início pela referência a conceitos ainda não esclarecidos, reste a final alcançada na medida em que a exposição se completa.

Vamos começar explicando o que quer dizer *incidência*, para que depois se possa entender o que é *vigência*.

3.1.2 Incidência

A estrutura de uma norma jurídica pode ser assim expressa:

> Dado o fato temporal, deve ser a prestação, ou dada a não prestação, deve ser a sanção.

Toda norma jurídica tem a estrutura acima indicada. Toda norma jurídica completa, não se incluindo nesse conceito a norma dita não autônoma, ou norma que não tem, isoladamente, a estrutura de uma norma e, por isto mesmo, para existir como tal, precisa unir-se a outra norma para ser uma norma completa.

Assim, podemos dizer que toda norma jurídica tem sua hipótese de incidência, isto é, a descrição do fato que, se e quando acontece, faz com que se produza no mundo da abstração jurídica um efeito jurídico, um dever de prestar algo, previsto na norma. A hipótese de incidência da norma é, portanto, uma situação hipoteticamente nela descrita. A concretização dessa hipótese é o que na definição acima denominamos *fato temporal*. A prestação é aquele algo a ser prestado em cumprimento do dever jurídico que nasce da concretização da hipótese de incidência, isto é, do *fato temporal*. A não prestação é o não cumprimento do dever, e a sanção é a consequência desse não cumprimento do dever.

A fórmula acima enunciada, portanto, deve ser assim entendida: *dado o fato temporal*, isto é, ocorrida no mundo fenomênico a situação descrita na norma como sua hipótese de incidência, *deve ser a prestação*, isto é, deve ocorrer no mundo fenomênico o efeito previsto, deve ser ao cumpridor do dever assegurada a prestação, e, *dada a não prestação*, ao não cumpridor do dever há de ser imposta uma consequência desse não cumprimento, isto é, *deve ser a sanção*.

Em direito tributário podemos dizer que a hipótese de incidência de uma norma tributária em sentido estrito – vale dizer, uma norma que institui um tributo – é o que os tributaristas denominam *hipótese de incidência tributária*. E sua concretização no mundo dos fatos é o que os tributaristas denominam *fato gerador do tributo*.

A norma albergada na lei que institui o Imposto de Renda pode ser assim analisada: dado *o fato temporal*, isto é, o fato de *alguém ganhar renda acima de certo limite*, deve ser *a prestação*, isto é, *esse alguém deve pagar o imposto*, e, dada *a não prestação*, isto é, se esse alguém *não paga o imposto*, deve ser *a sanção*, isto é, *a imposição de penalidades e execução forçada da dívida tributária*. Diz-se que ocorre a *incidência*, então, quando alguém ganha renda acima de certo limite. Incide a *norma*, ou, na linguagem dos tributaristas, incide o *tributo*.

Diz-se que ocorre a *incidência* da norma quando se concretiza a hipótese nela prevista, vale dizer, no mundo fenomênico acontece o fato na norma descrito como sua *hipótese de incidência*. A incidência da norma transforma o *fato* em *fato jurídico*. Em outras palavras: a incidência da norma qualifica juridicamente o fato. Atribui a este um significado jurídico.

Dizer-se que determinado fato é *fato gerador* de um tributo significa dizer que aquele fato recebe da lei esse significado jurídico, vale dizer, o significado de fonte da relação jurídica tributária, que se instaura com sua concretização.

Os fatos geralmente têm significados não jurídicos, que resultam de seu conhecimento sob outros aspectos, conhecimento próprio de outras áreas do saber humano. E podem ter significados *jurídicos*, que resultam de seu conhecimento no mundo do Direito, vale dizer, conhecimento especificamente jurídico. Esses significados, o não jurídico e o jurídico, podem coincidir ou não. Quando não coincidem é que surge a dificuldade para as pessoas que não são dotadas de conhecimento jurídico. Elas geralmente querem interpretar os fatos a partir dos seus significados não jurídicos.

O conhecimento se diz *especificamente jurídico* exatamente porque existem para os fatos significados jurídicos que podem ser diversos dos significados não jurídicos, ou naturais, daqueles fatos.

3.1.3 Vigência

3.1.3.1 Vigência como aptidão para incidir

A compreensão do que seja *vigência* fica mais fácil quando se sabe o que é incidência, porque *vigência é a aptidão para incidir*, vale dizer, para dar significado jurídico aos fatos, para produzir efeitos jurídicos no plano abstrato. Para qualificar juridicamente os fatos, atribuindo a estes significado especificamente jurídico.

Realmente, se uma lei é vigente, para que incida basta a ocorrência, no mundo fenomênico, do fato ou situação de fato descrito em sua hipótese de incidência. Se a lei é vigente e ocorre a situação nela prevista como hipótese de incidência, inevitavelmente incide.

Sobre o assunto doutrinou Pontes de Miranda:

> A incidência da lei, pois que se passa no mundo dos pensamentos e nele tem de ser atendida, opera-se no lugar, tempo e outros "pontos" do mundo em que tenha de ocorrer, segundo as regras jurídicas. É, portanto, infalível. Tal o jurídico, em sua especialidade, frente aos outros processos sociais de adaptação.[1]

3.1.3.2 Vigência, sua duração e a validade técnico-formal

A vigência não se confunde com a duração da vigência, nem com a validade técnico-formal, embora desta possa decorrer. Desatentos à distinção entre vigência e sua duração, alguns se referem à vigência como "termo utilizado para fixar o período de disponibilidade de norma jurídica, sua dimensão temporal".[2] Outros confundem vigência com validade, o que é inadmissível.

Segundo Miguel Reale, "a validade de uma norma de Direito pode ser vista sob três aspectos: o da validade formal ou técnico-jurídica (vigência), o da validade social (eficácia ou efetividade) e o da validade ética (fundamento)".[3] Para o eminente jusfilósofo: "Vigência ou validade formal é a executoriedade compulsória de uma regra de Direito, por haver preenchido os requisitos essenciais à sua feitura ou elaboração".[4]

---

1. Pontes de Miranda, *Tratado de Direito Privado*, 3ª ed., t. I, Rio de Janeiro, Borsói, 1970, p. 16.

2. Arnaldo Vasconcelos, *Teoria da Norma Jurídica*, 6ª ed., São Paulo, Malheiros Editores, 2006, p. 240.

3. Miguel Reale, *Lições Preliminares de Direito*, 17ª ed., São Paulo, Saraiva, 1990, p. 105.

4. Idem, p. 108.

Nesta mesma linha, Arnaldo Vasconcelos ensina: "Define-se a vigência como instância de validade técnico-formal, (...)".[5]

Não obstante situada a vigência nas cercanias do que Arnaldo Vasconcelos denomina "instância de validade", que em sua obra compreende as questões pertinentes a juridicidade, positividade, vigência e eficácia, separando-as das questões pertinentes a justiça e legitimidade, que integram o que denomina "instâncias de valor", parece-nos que *vigência* designa algo diverso de validade técnico-formal. Vigência e validade são conceitos distintos e inconfundíveis.

Na busca do significado da palavra "vigência", referido à lei, temos de examinar a realidade do que acontece no sistema jurídico. Temos de conhecer o que ela designa, para verificar se a designação é adequada.

Uma lei, elaborada pelo Congresso Nacional, com observância do procedimento próprio, sancionada pelo Presidente da República e publicada no *Diário Oficial*, e cujo conteúdo não contraria a Constituição, tem, sem dúvida, validade técnico-formal. Sua vigência, porém, dependerá sempre de uma norma que a determine. Norma que é para esse fim indispensável, e que pode estar contida na própria lei de cuja vigência se cuida ou pode estar contida em outra lei, mas em qualquer caso é indispensável. Por isto mesmo, a Lei Complementar 95, de 26.2.1998, que dispõe sobre a elaboração, a redação, a alteração e a consolidação das leis, conforme determina o parágrafo único do art. 59 da CF, estabelece:

> Art. 8º. A vigência da lei será indicada de forma expressa e de modo a contemplar prazo razoável para que dela se tenha amplo conhecimento, reservada a cláusula "entra em vigor na data de sua publicação" para as leis de pequena repercussão.

Vê-se, pois, que a vigência é coisa diversa da validade técnico-formal. Enquanto a validade técnico-formal decorre simplesmente do fato de haver sido a lei elaborada com observância da Constituição, a vigência decorre de determinação de norma integrante do ordenamento, que pode ser veiculada pela própria lei à qual diz respeito. Por isto mesmo, uma lei pode ser válida e não ser vigente. No período que vai da publicação até o início da vigência a lei certamente ainda não é vigente, embora tenha validade técnico-formal.

Por outro lado, uma lei pode não ter validade técnico-formal, posto que contraria a Constituição, e não obstante ser vigente. É vigente por-

---

5. Arnaldo Vasconcelos, *Teoria da Norma Jurídica*, cit., 6ª ed., p. 240.

que foi posta a incidir pelo órgão competente segundo a ordem jurídica. Sua invalidade, porém, pode vir a ser alegada, e declarada, pelo órgão competente, e desconstituídos os fatos jurídicos decorrentes de sua incidência. Isto é outra questão.

3.1.3.3 Vigência e publicidade da lei

Já nos pareceu que a publicidade seria condição de vigência das leis. A doutrina tradicional ensina que a publicação da lei é requisito essencial da obrigatoriedade.[6] Em outras palavras, diz-se que a publicação de uma lei é condição indispensável para que esta entre em vigor. É condição de vigência da lei.[7] Na verdade, toda lei, para ter vigência, precisa antes ser publicada. A publicidade, porém, é condição da própria existência da lei. É a última etapa de seu processo de elaboração. Com a publicação a lei ingressa no mundo jurídico. Passa a existir para o Direito.

A necessidade de publicação é intuitiva. Enquanto esta não acontecer – assevera, com inteira propriedade Hésio Fernandes Pinheiro –, "o que existe, até então, é uma lei em potencial, despida de força obrigatória".[8] Despida – dizemos nós – de possibilidade de vigência, posto que sem publicação a vigência não pode começar. Por isto, hoje entendemos que a publicação faz parte do processo legislativo, sendo, assim, requisito para a própria *existência* da lei. "A lei existe desde a sua publicação" – como assevera Oscar Tenório.[9]

A publicidade não faz a lei conhecida de todos. A ideia de que todos conhecem a lei porque esta é publicada está muito longe da realidade. No Brasil, por exemplo, nem mesmo os melhores juristas conhecem todas as leis. Segundo a doutrina tradicional, haveria uma presunção de conhecimento geral das leis em face da publicidade. Não nos parece, porém, que a publicação seja importante porque autoriza essa presunção. Como esclarece Del Vecchio, a publicação destina-se menos a obter o conhecimento geral e efetivo da lei por todos do que a dar a cada um a

---

6. Hermes Lima, *Introdução à Ciência do Direito*, 28ª ed., Rio de Janeiro, Freitas Bastos, 1986, p. 124.

7. José de Oliveira Ascensão, *O Direito – Introdução e Teoria Geral*, Lisboa, Fundação Calouste Gulbenkian, 1978, p. 249.

8. Hésio Fernandes Pinheiro, *Técnica Legislativa*, 2ª ed., Rio de Janeiro/São Paulo, Freitas Bastos, 1962, p. 131.

9. Oscar Tenório, *Lei de Introdução ao Código Civil Brasileiro*, 2ª ed., Rio de Janeiro, Borsói, 1955, p. 29.

possibilidade real de obter esse conhecimento. E essa possibilidade fica inequivocamente assegurada com a publicação.[10]

A publicação das leis geralmente é feita mediante jornal oficial. No dizer de Ascensão, a publicidade dos textos de leis por outros meios, como a fixação destes à porta das igrejas, por exemplo, teve função idêntica. Pouco a pouco – diz o eminente jurista lusitano –, "sobressaiu de entre todos um processo que, se não oferece o máximo de eficácia, oferece um máximo de certeza: a publicação num jornal oficial".[11]

A necessidade de publicação situa-se no plano da Teoria Geral do Direito, e entre nós é dever do Presidente da República "fazer publicar as leis".[12] A forma de publicação é regulada pelo próprio direito positivo. No Brasil tal publicação há de ser feita no *Diário Oficial da União*, que é o órgão de publicação dos atos do Poder Público. "Vale o texto que nele se publica."[13] É inteiramente irrelevante a publicação por outros meios, ainda que mais eficientes, pois o direito positivo brasileiro optou pela presunção de conhecimento, ou, melhor dizendo, pela garantia de que todos dispõem de uma fonte desse conhecimento, que todos devem ter, e assim estabeleceu que tudo quanto se destina ao conhecimento de todos é publicado no *Diário Oficial*.

Pela mesma razão por que se presume de todos conhecida uma lei publicada no *Diário Oficial*, presume-se desconhecida uma outra nele não publicada, embora publicada por outros meios. No dizer de Ascensão,

> sempre que for estabelecida uma forma de publicação que condicione a entrada em vigor, essa não pode ser substituída por nenhuma outra. Pode a aprovação da lei ter sido divulgada amplamente pela imprensa e pelo rádio, mesmo que com a indicação do dia em que entra em vigor, que isso não se verificará enquanto a forma legal de publicação se não observar. Inversamente, uma lei cuja publicação legal tenha passado despercebida não deixa de ser plenamente vinculante.[14]

Questão de grande interesse prático reside em saber se a data a ser considerada para demarcar o início da vigência é aquela inserida no *Diário Oficial* ou aquela na qual o mesmo efetivamente é levado a público.

---

10. Giorgio Del Vecchio, *Lições de Filosofia do Direito*, 4ª ed., t. 2, trad. de Antônio José Brandão, Coimbra, Arménio Amado Editor, 1972, p. 153.
11. José de Oliveira Ascensão, *O Direito – Introdução e Teoria Geral*, cit., p. 248.
12. CF/1988, art. 84, IV.
13. Oscar Tenório, *Lei de Introdução ao Código Civil Brasileiro*, cit., 2ª ed., p. 28.
14. José de Oliveira Ascensão, *O Direito – Introdução e Teoria Geral*, cit., p. 249.

Há quem sustente que a data impressa no órgão oficial deve ser admitida como a da publicação.[15] Não nos parece correto, *data maxima venia*, esse entendimento. A data da publicação é a data da efetiva circulação do órgão oficial. Se esta é diversa da que consta impressa no órgão oficial, suscita-se uma questão de fato a ser superada pelos meios de prova geralmente aceitos. A data impressa no órgão oficial presume-se que seja a data de sua circulação, mas é sempre possível a prova em sentido contrário.[16]

Admitir que a data da publicação é aquela inscrita no órgão oficial é dar aos governantes, que têm o poder de manipular esse órgão, o poder de afirmar publicada uma lei que na verdade não o foi. A data da publicação, portanto, é a data da efetiva circulação do órgão oficial no qual a lei é veiculada.

3.1.4 Observância

A incidência da norma é automática, mas a observância depende da vontade daquele ou daqueles aos quais a norma diz respeito. A observância é conduta que alguém pode adotar ou não, quando ocorre a incidência. Enquanto a incidência se situa no campo da abstração jurídica, a observância situa-se no plano da concreção do Direito. Pode ocorrer ou não.

Tendo ocorrido a incidência da norma, pode ocorrer sua observância, que não se confunde com aplicação. "O indivíduo que cumpre o dever que lhe é imposto por uma norma jurídica observa a norma jurídica; o indivíduo que, em caso de violação do Direito, efectiva a sanção estatuída na norma jurídica aplica a norma."[17] *Observância* é a conduta do destinatário da norma que realiza seu mandamento. *Aplicação* é con-

---

15. Idem, p. 253.
16. Segundo José de Oliveira Ascensão, o Supremo Tribunal Administrativo português já decidiu que "a data de publicação de uma lei não é a que figura no jornal oficial onde é inserta, mas sim a data em que esse jornal é posto à disposição do público", pois "publicar não significa inserir ou imprimir, mas fazer saber ao público, dar a conhecer a todos". Opõe-se, é certo, àquele entendimento, sustentando que o mesmo implica a "desproteção de quem porventura confiou na data formalmente atribuída ao diploma e actuou na convicção de que ele estava em vigor". Para ele, "a data impressa no jornal é um atestado oficial, que deve merecer crédito". Seus argumentos, como facilmente se percebe, são insubsistentes. O primeiro, porque a situação nele figurada é logicamente impossível. Se alguém toma conhecimento da data que consta da publicação oficial é porque já está de posse do jornal oficial. Isto só acontece depois de sua efetiva circulação, não se podendo, portanto, cogitar daquela situação. O segundo, porque o "merecer crédito" é simples situação de fato. O "atestado oficial" merece crédito, não há dúvida, até que se prove o contrário.
17. Hans Kelsen, *Teoria Pura do Direito*, 3ª ed., trad. de João Batista Machado, Coimbra, Arménio Amado Editor, 1974, p. 173.

duta de alguém que impõe a outrem o mandamento da regra jurídica, ou consequência outra de sua inobservância. Na conduta do contribuinte que, diante da ocorrência do fato imponível, paga o tributo há observância. Na conduta da autoridade da Administração Tributária que, diante do não pagamento do tributo, efetua o respectivo lançamento de ofício, e faz a cobrança correspondente, há aplicação, e há observância da regra de direito administrativo que estabelece este seu dever de agir.

Diz-se que ocorre a observância quando o indivíduo adota a conduta que lhe é imposta pela norma jurídica, e a não observância ocorre quando o indivíduo adota conduta diversa daquela que lhe é imposta pela norma. A observância não se confunde com a aplicação, pois, embora ocorra observância por parte do indivíduo que realiza a aplicação, a norma aplicada é outra, é uma norma diversa daquela que é aplicada, como adiante será explicado.

3.1.5 *Eficácia*

Enquanto a vigência é a aptidão para incidir e, assim, produzir efeito jurídico no plano da abstração, a eficácia é a aptidão para produzir efeito no mundo dos fatos, no plano da concreção do Direito. A distinção entre vigência e eficácia mostra-se muito clara quando raciocinamos com os dois planos nos quais o Direito pode ser apreciado. No plano da abstração temos a vigência, no plano da concreção temos a eficácia.

Eficácia é a aptidão que a norma pode ter, e pode não ter, para produzir efeito no mundo dos fatos, no mundo concreto. Diversamente da vigência, a eficácia é sempre relativa. Uma lei é ou não é vigente. Não existe uma lei mais ou menos vigente. Já, a eficácia pode, sim, ser maior ou menor. Assim, uma lei pode ser mais ou menos eficaz. Aliás, é difícil encontrarmos um exemplo de lei sempre e totalmente eficaz, como também é difícil encontrarmos um exemplo de lei que seja sempre e totalmente ineficaz.

Enquanto a vigência da lei depende do próprio legislador, que a determina como lhe parecer mais adequado, a eficácia da lei depende de sua aceitação pela comunidade. Podemos, mesmo, afirmar que a eficácia de uma lei é, em princípio, diretamente proporcional à sua aceitação pela comunidade.

3.1.6 *Aplicação*

Já vimos que a observância é a conduta que alguém pode adotar ou não em face da incidência da norma. A *observância* é diferente da *aplicação*, embora na maioria dos compêndios não se veja registrada essa diferença. A observância, assim como o dever jurídico, situa-se na esfera da liberdade. Cumpre-se o dever, observa-se a norma, querendo. Quem não quer não cumpre o dever. Não observa a norma. Todos temos liberdade para tanto.

Por isto se diz que a *observância* está na esfera da liberdade.

Se aquele que aufere a renda tributável paga espontaneamente o tributo devido diz-se que se deu a *observância* da norma. Observância, portanto, é o cumprimento espontâneo do dever que a norma atribui àquele que se encontra em sua hipótese definido como sujeito passivo da relação jurídica correspondente.

O dever jurídico, porém, não se confunde com a responsabilidade, que enseja a coercibilidade e a aplicação da norma e a sanção.

Se aquele que aufere a renda não observa a norma tributária e não paga o tributo devido, a autoridade competente deve fazer o lançamento e a respectiva cobrança do tributo e da penalidade correspondente, com o quê estará ocorrendo a *aplicação* da norma tributária. A aplicação, portanto, é a conduta de alguém que impõe a outro a consequência prevista.

Dada a não prestação, isto é, quando aquele que auferiu a renda não pagou espontaneamente o tributo, deve ser a sansão, isto é, a multa e a execução forçada.

Note-se que a conduta daquele que *aplica* uma norma é, ao mesmo tempo, uma observância de outra norma. A autoridade da Administração Tributária que faz o lançamento do tributo está *observando* a norma que lhe atribui o dever de agir em tais circunstâncias. Está aplicando *a norma da lei tributária* que incidiu e por isto tornou devido o imposto não pago espontaneamente, e está *observando a norma administrativa* que lhe atribui o dever de lançar e cobrar o tributo em tais circunstâncias.

Para que seja cabível o lançamento, com a consequente cobrança do tributo e da penalidade pecuniária correspondente, o sujeito passivo há de ter, além do dever de pagar o tributo, que não cumpriu, também a *responsabilidade*, que é o estado de sujeição, e, assim, não está na esfera da liberdade, mas na esfera da coerção.

A *responsabilidade* é o estado de sujeição. Alguém é *responsável* quando está sujeito às consequências do não cumprimento do dever jurídico. Já, a coercibilidade consiste na possibilidade de coagir alguém para que cumpra o seu dever. A coercibilidade liga-se diretamente à responsabilidade, e indiretamente ao dever jurídico.

3.2 Vigência e aplicação no Código Tributário Nacional

3.2.1 Direito intertemporal

Denomina-se *direito intertemporal* o conjunto das normas que disciplinam a vigência e a aplicação das leis tendo em vista o tempo em que são editadas e o tempo dos fatos sobre os quais podem ou não incidir, e aos quais podem ou não ser aplicadas.

O CTN disciplinou, em seus arts. 101 a 104, a vigência da legislação tributária, e nos arts. 105 e 106 sua aplicação. A análise desses dispositivos é de grande importância, posto que a lei vigente nem sempre é aplicável aos fatos a ela contemporâneos, o que explica a distinta disciplina, no Código, da vigência e da aplicação da legislação tributária.

Realmente, ser vigente é estar pronta para incidir, e em princípio é aplicável a lei que, por ser vigente à época do fato, incidiu. Todavia, como ensina com inteira propriedade Paulo de Barros Carvalho, "norma vigente pode não ser aplicável, assim como se dá a aplicação de regras jurídicas que não estão em vigor".[18]

Diz o Código Tributário Nacional que o lançamento tributário reporta-se à data da ocorrência do fato gerador e rege-se pela lei então vigente, ainda que posteriormente modificada ou revogada.[19] Essa é a regra geral. Aplica-se a lei contemporânea do fato. A lei que, sendo vigente à época de sua ocorrência, incidiu. No que se refere à penalidade, todavia, a regra é outra. Se depois da prática do ilícito fiscal surgiu *lei mais benigna*, que está em vigor na data do lançamento respectivo, é esta que se aplica. Não aquela vigente na data da prática do ilícito. Se a lei nova é mais severa, porém, aplica-se a lei vigente na data do ilícito.

Em síntese, a regra geral de direito intertemporal é: no que diz respeito ao tributo aplica-se a lei contemporânea ao respectivo fato tributável; e no que diz respeito à penalidade aplica-se a lei mais benigna.

As normas que se ocupam da questão de saber qual é a lei aplicável quando tenha havido mudança na lei que regula determinado fato tributável constituem o denominado direito intertemporal. A questão da aplicação das leis tributárias é, portanto, uma questão de direito intertemporal, que, a rigor, não é simplesmente uma questão pertinente à vigência das leis.

---

18. Paulo de Barros Carvalho, *Curso de Direito Tributário*, 4ª ed., São Paulo, Saraiva, 1991, p. 67.

19. CTN, art. 144.

3.2.2 Regra geral sobre vigência da legislação tributária

O art. 101 do CTN estabelece que "a vigência, no espaço e no tempo, da legislação tributária rege-se pelas disposições legais aplicáveis às normas jurídicas em geral", ressalvadas as disposições do próprio Código sobre o assunto.

Nos termos da Lei de Introdução às Normas do Direito Brasileiro, salvo disposição contrária, a lei começa a vigorar em todo o País 45 dias depois de oficialmente publicada.[20] As leis geralmente indicam expressamente a data em que se inicia a respectiva vigência, albergando dispositivo a dizer que "esta lei entra em vigor na data de sua publicação, revogadas as disposições em contrário".

A Lei Complementar 95, de 26.2.1998, estabelece que o início da vigência da lei será indicado de forma expressa e de modo a contemplar prazo razoável para que da mesma se tenha amplo conhecimento, reservada a cláusula "entra em vigor na data de sua publicação"[21] para as leis de pequena repercussão. E, assim, pode ser colocada a questão de saber se com isto ficou revogada a regra da Lei de Introdução segundo a qual, salvo disposição em contrário, a lei entra em vigor em todo o País 45 dias depois de publicada. A nosso ver, todavia, a atribuição, feita ao legislador, do dever de indicar expressamente, em cada lei, a data do início de sua vigência é perfeitamente compatível com a regra antiga, que continua útil para os casos nos quais o legislador não cumpra aquele dever.

Ressalte-se que eventual inexatidão formal de norma elaborada mediante processo legislativo regular não constitui escusa válida para seu descumprimento.[22] O fato de não constar de uma lei a cláusula indicadora do início de sua vigência pode ser considerado uma inexatidão formal, que não constitui escusa válida para o descumprimento da lei. Diante da omissão, aplica-se a norma antiga, que subsiste, até porque é necessária para a superação do impasse criado pela ausência da cláusula de início da vigência da lei.

Seja como for, o início da vigência da lei tributária, em princípio, ocorre na data indicada pela própria lei; e na eventual ausência dessa indicação, 45 dias depois de oficialmente publicada.

---

20. Decreto-lei 4.657, de 4.9.1942, com ementa alterada pela Lei 12.376, de 30.12.2010.
21. Lei Complementar 95, de 26.2.1998, art. 8º.
22. Lei Complementar 95, de 26.2.1998, art. 18.

A duração da vigência é em princípio indeterminada. Assim, se não há determinação em sentido contrário, a legislação tributária vigora até que se verifique sua alteração ou revogação.

3.2.3 Regras especiais sobre vigência e sobre aplicação da legislação tributária

O CTN estabelece, em seus arts. 102 a 104, regras especiais sobre a vigência da legislação tributária no tempo e no espaço, às quais adiante vamos nos reportar. Estabelece também, em seus arts. 105 e 106, regras sobre a aplicação da legislação tributária, às quais nos reportaremos no capítulo seguinte, ao tratarmos da aplicação da lei tributária.

É certo que não devemos confundir *vigência* com *aplicação*, e que, por isto mesmo, não devemos falar de vigência retroativa, pois o que eventualmente pode ocorrer é a aplicação da lei a fatos do passado, mas a vigência desta, como aptidão para produzir efeitos jurídicos no plano normativo, não pode ocorrer antes de sua existência.

3.3 Vigência das leis no espaço

3.3.1 Princípio da territorialidade

Segundo o princípio da territorialidade das leis, estas vigoram apenas no território da entidade estatal que as edita. Não há, portanto, norma do direito positivo que o afirme. É um princípio universal que tem prevalecido plenamente, tanto no Direito internacional como no Direito interno de cada País.

O art. 102 do CTN estabelece que:

> Art. 102. A legislação tributária dos Estados, do Distrito Federal e dos Municípios vigora, no País, fora dos respectivos territórios, nos limites em que lhe reconheçam extraterritorialidade os convênios de que participem, ou do que disponham esta ou outras leis de normas gerais expedidas pela União.

Esta norma, porém, é de natureza indiscutivelmente excepcional, porque a vigência extraterritorial das leis é, na verdade, excepcional.

3.3.2 Vigência extraterritorial

Excepcionalmente a legislação tributária dos Estados, do Distrito Federal e dos Municípios pode ter vigência fora dos respectivos territórios. Segundo o art. 102 do CTN, há pouco transcrito, a vigência extraterritorial das leis de direito público interno – vale dizer, as leis dos Estados, do Distrito Federal e dos Municípios – pode dar-se: (a) em virtude de convênios dos quais as referidas entidades participem; e, ainda, (b) em decorrência de dispositivos do Código Tributário Nacional ou de outras leis federais.

Os convênios a que se refere o art. 102 do CTN são atos de colaboração entre as pessoas jurídicas nele referidas, que em geral cuidam da fiscalização e do controle da arrecadação de impostos, e podem conter normas tanto a respeito de troca de informações como a respeito da própria atividade de fiscalização. Eles não se confundem com os convênios firmados nos termos da Lei Complementar 24, de 7.1.1975.

3.4 Fontes da vigência extraterritorial

3.4.1 Significado da expressão "fonte da vigência"

Como fonte da vigência extraterritorial da legislação tributária, neste contexto, devemos entender o ato normativo que atribui vigência extraterritorial a um ato normativo compreendido no conceito de legislação tributária. Assim, nos termos do art. 102 do CTN, temos que a fonte da vigência extraterritorial da legislação tributária pode ser um convênio entre as pessoas jurídicas de direito público nele indicadas e também o próprio Código Tributário Nacional ou outra lei federal.

3.4.2 Convênio como fonte de vigência extraterritorial da legislação tributária

É importante distinguir certas situações que eventualmente podem ser objeto de convênio interestadual para estabelecer a vigência extraterritorial a que se refere o art. 102 do CTN, porque pode haver situação na qual essa providência não é juridicamente possível. Assim, uma coisa é a norma de um convênio estabelecer que certas normas veiculadas mediante atos infralegais por um Estado passem a ter vigência também em outros. Coisa diversa é um convênio estabelecer que uma lei tributária editada por um Estado passará a ter vigência também no território de outros. No primeiro caso cuida-se de providência juridicamente possível, que tem amparo no art. 102 do CTN. No segundo, porém, cuida-se de providência juridicamente inadmissível, porque afronta o princípio da legalidade.

Realmente, cada uma das pessoas jurídicas de direito público às quais se refere o art. 102 do CTN tem seu Poder Legislativo, e a este compete elaborar as leis tributárias respectivas. Sendo o convênio a que se refere o art. 102 celebrado pelo Poder Executivo, certamente não pode este utilizar tal instrumento para importar leis de outro Estado, livrando-se da submissão ao princípio da legalidade. Em outras palavras: o princípio da legalidade não se satisfaz com a adoção de leis importadas. Ele exige lei do próprio ente que tributa.

Tratando-se, porém, da adoção de normas infralegais importadas de outro Estado, nada se pode opor à vigência extraterritorial, posto que são normas editadas pelo Poder Executivo, o mesmo que decide fazer a importação. Daí se conclui que apenas os atos normativos infralegais podem ter vigência extraterritorial em decorrência de convênios interestaduais, nos termos do art. 102 do CTN.

3.4.3 Lei federal como fonte da vigência extraterritorial

Em princípio, nenhuma lei federal pode atribuir vigência extraterritorial a um ato normativo de um Estado, ou do Distrito Federal ou de um Município. A autonomia de que desfruta cada uma dessas pessoas jurídicas de direito público não o permite.

Admitindo-se, porém, que uma lei federal pode, nos termos do art. 102 do CTN, atribuir vigência extraterritorial a uma lei estadual ou municipal, suscita-se a questão de saber se a lei compreendida na expressão "outras leis", no art. 102 do CTN, é uma *lei ordinária* ou uma *lei complementar*.

O Código Tributário Nacional não é uma lei complementar, embora a matéria nela tratada seja, hoje, própria dessa espécie normativa, o que impede seja ele alterado por lei ordinária. Mas resta a questão de saber se a expressão "outras leis", constante do art. 102, diz respeito a outras leis *ordinárias* ou outras leis *complementares*.

Prefiro entender que, em face da Constituição Federal/1988 nenhuma lei federal pode atribuir vigência extraterritorial a leis estaduais ou municipais. Mas, admitida essa possibilidade, penso que a lei federal que atribui vigência extraterritorial a leis estaduais ou municipais só pode ser uma lei complementar que cuide de normas gerais de direito tributário, e, assim, possa ter fundamento no art. 146, III, da CF.

3.5 Norma supletiva para a legislação tributária

3.5.1 Norma supletiva

Pode ocorrer que uma norma complementar da legislação tributária não diga quando tem início sua vigência. Por isto mesmo, o CTN, que em seu art. 100 enumerou as normas complementares da legislação tributária – vale dizer, as normas supletivas –, em seu art. 103 cuidou de estabelecer uma norma supletiva a indicar o início da vigência daquelas, a dizer que, salvo disposição em contrário, entram em vigor: (a) os atos administrativos a que se refere o inciso I do art. 100, na data da sua publicação; (b) as decisões a que se refere o inciso II do art. 100, quanto a seus efeitos normativos, 30 dias após a data de sua publicação. Quanto aos convênios, tem-se que, se neles próprios não há previsão do início da vigência, essa previsão há de estar em alguma outra norma a eles pertinente.

Aliás, a "disposição em contrário" pode estar contida no próprio ato normativo de cujo início de vigência se cogite, vale dizer, no ato a que se refere cada um dos incisos do art. 103, e pode estar em qualquer outra norma pertinente.

3.5.2 Sentido da norma do art. 103

Se não existisse o art. 103 do CTN, na hipótese de omissão em um dos atos normativos a que se referem os seus incisos ter-se-ia de buscar na Lei de Introdução às Normas do Direito Brasileiro a solução para a questão de saber quando se iniciaria a vigência do ato normativo omisso a esse respeito.

O sentido da norma supletiva em questão, portanto, não é apenas o de suprir lacunas. Ela tem o sentido de suprir essas lacunas de forma particular, vale dizer, estabelecendo normas específicas diversas daquelas que se poderiam obter para esse fim na Lei de Introdução às Normas do Direito Brasileiro.

O art. 103 do CTN, assim, constitui norma supletiva especificamente aplicável às *normas complementares da legislação tributária*.

3.5.3 Normas supletivas ou complementares da legislação tributária

São normas supletivas ou complementares da legislação tributária, objeto das remissões feitas nos incisos do art. 103 do CTN, os atos administrativos indicados em seu art. 100, que podem ser divididos em três grupos, a saber:

Primeiro – Todos os atos administrativos de caráter normativo emitidos pelas autoridades da Administração Tributária, tenham os nomes que tiverem, tais como portarias, ordens de serviço, instruções. Tais atos entram em vigor na data por eles indicada, que certamente não pode, em regra, ser anterior à respectiva publicação. Excepcionalmente, se em benefício do particular, o início da vigência pode ser anterior à publicação. E se o próprio ato normativo de que se cuida não indicar a data em que tem início sua vigência, esta começará na data da publicação. Ou, mais exatamente, no dia seguinte ao de sua publicação.

Segundo – As decisões que tenham, nos termos da lei, efeitos normativos entram em vigor 30 dias depois da respectiva publicação. Quando se diz que "entram em vigor" se está cuidando dos seus efeitos normativos, e não dos efeitos que tais decisões produzem em relação às partes nos respectivos processos. Quanto a estas não se trata de efeitos normativos, mas de efeitos concretos de ato administrativo, e esses efeitos concretos se produzem a partir da respectiva intimação.

Terceiro – Os convênios que entre si celebrem a União, os Estados, o Distrito Federal e os Municípios entram em vigor na data neles previstas. Tratando-se de efeitos normativos, certamente essa data não pode ser anterior à respectiva publicação.

3.6 Os princípios da anterioridade e da anualidade

3.6.1 Distinção essencial entre anterioridade e anualidade

O princípio da *anterioridade da lei tributária* não se confunde com o princípio da *anualidade do tributo*, não obstante tal confusão ainda seja encontrada em muitos doutrinadores e na jurisprudência, inclusive do STF. Entre esses dois princípios, na verdade, existe uma distinção essencial, que precisa ser esclarecida.

O princípio da anualidade vigorava na Constituição/1946.[23] Foi abolido pela Emenda Constitucional 18/1965 e restaurado pela Constituição/1967.[24] Com a Emenda 1/1969 o princípio foi mais uma vez abolido, e, não obstante seja excelente instrumento de fortalecimento do Poder Legislativo, não foi restabelecido pela Constituição/1988, que tem entre suas virtudes precisamente o restabelecimento do prestígio do Congresso Nacional.

Anualidade é qualidade daquilo que é anual. O princípio da anualidade exige a autorização anual do Poder Legislativo para que o tributo possa ser cobrado. Já, anterioridade é qualidade daquilo que é anterior. O princípio da anterioridade tributária exige a instituição do tributo antes

---

23. Constituição/1946, art. 141, § 34.
24. Constituição/1967, art. 150, § 28.

do início do exercício financeiro em que é cobrado. Como se vê, são princípios inconfundíveis.

Pelo princípio da anualidade o tributo não pode ser cobrado, em cada exercício, sem que esteja prevista sua cobrança no respectivo orçamento. A previsão orçamentária funciona como autorização anual do Congresso Nacional. Distingue-se, assim, nitidamente, do princípio da anterioridade, pelo qual o tributo não será cobrado em cada exercício sem que a lei que o criou ou aumentou tenha sido publicada no exercício anterior.

Aliomar Baleeiro, um dos maiores tributaristas brasileiros de todos os tempos, quando Ministro do STF defendeu ardorosamente o princípio da anualidade em seu voto na Repr 861-MG.[25]

A fórmula preconizada por Nereu Ramos e invocada por Baleeiro no voto em referência consubstancia magistralmente a ideia da autorização anual. A lei instituidora do tributo pode ter vigência indeterminada, mas a cobrança do tributo, em cada exercício, fica a depender de autorização do Parlamento, que é concedida pela lei orçamentária anual.

3.6.2 Minimizando a importância da anualidade

Na "Exposição de Motivos" da Emenda Constitucional 18/1965 o Min. Octávio Gouveia de Bulhões tentou minimizar a importância do princípio da anualidade tributária, sustentando não ser lógica sua imposição, em face da possibilidade de alteração das despesas públicas no curso do ano. Neste sentido, escreveu Bulhões:

> Há juristas que consideram como "baluarte tradicional da democracia" a inclusão do imposto no Orçamento, para fins de sua cobrança. Foi o ponto de vista que prevaleceu na Constituição de 1946.
>
> Não creio que essa exigência constitucional venha a criar embaraços ao legislador ordinário para lançar impostos de caráter monetário, desvinculando os do Orçamento, uma vez que, por natureza, são instrumentos fiscais extraorçamentários. Todavia, não vejo muita lógica na proposição constitucional de subordinar a exigência tributária à inclusão no Orçamento, embora compreenda que na recomendação do constituinte houvesse o propósito de disciplinar a conduta financeira do administrador, em benefício do País e em respeito ao sacrifício do contribuinte. Mas, se a Constituição prevê a

---

25. Voto do Min. Aliomar Baleeiro na Repr 861-MG, publicada em *Representações por Inconstitucionalidade*, Brasília, Subsecretaria de Edições Técnicas do Senado Federal, 1976, pp. 506-507.

possibilidade de aumento de despesas durante a execução orçamentária, é indispensável que admita, também, o aumento da receita de impostos. Se a Constituição pretende garantir o contribuinte contra qualquer acréscimo tributário durante a vigência de um exercício financeiro, deve, igualmente, vedar qualquer possibilidade de aumento de despesas durante esse período. Entretanto, ao permitir o acréscimo de despesas, como realisticamente o fez a Constituição de 1946, e, ao mesmo tempo, adotar terminante proibição de acréscimo de receita tributária, a Constituição imprime à execução orçamentária uma tendência inflacionária, que não pode deixar de ser corrigida.[26]

O argumento é aparentemente valioso, mas só aparentemente. É que as despesas são fixadas em cifras determinadas, e o aumento destas precisa ser previsto, pois sem tal previsão não será possível a execução da despesa mesmo que existam os recursos financeiros disponíveis. Já, a receita, embora também prevista em cifras, pode ser maior independentemente do aumento dos tributos. Assim, o fato de a Constituição proibir o aumento do tributo no curso do exercício financeiro e ao mesmo tempo permitir o aumento de despesas não quer dizer que tal aumento deva ser financiado com emissão de moeda, como pareceu ao Min. Bulhões. Pode muito bem o aumento de despesas ser coberto pela arrecadação de valores acima dos previstos no orçamento. Aliás, assim é que deveria, mesmo, ser entendida a permissão para o aumento de despesas. Ele só deveria ser aprovado pelo Congresso Nacional na hipótese de disponibilidade de recursos financeiros para sua efetivação.

3.6.3 Anualidade e a jurisprudência do STF

O exame da jurisprudência anteriormente à Constituição/1988 mostra que o STF interpretava o princípio da *anualidade* como simples exigência de que a lei que instituía ou aumentava o tributo devia ter sido publicada antes do início do exercício no qual esse tributo era cobrado. Reduzia, como se vê, o princípio da anualidade, cujo conteúdo ficava praticamente com o mesmo alcance do princípio da anterioridade.

Quanto à anterioridade, aliás, o STF também decidiu de modo a reduzir o verdadeiro conteúdo do princípio, ao entender que a revogação de uma isenção não configura criação de tributo. Neste ponto, aliás, negou vigência ao art. 104, III, do CTN, como adiante vamos demonstrar, estudando especificamente o princípio da anterioridade e a revogação das isenções.

---

26. *Emendas à Constituição de 1946*, n. 18, "Reforma tributária", Brasília, Biblioteca da Câmara dos Deputados, 1966, p. 50.

Com a Constituição/1988 esperava-se que o princípio da anualidade voltasse a vigorar, expresso, aliás, de modo a evitar a interpretação distorcida que lhe dera a Corte Maior, posto que é um notável instrumento de fortalecimento do Poder Legislativo, de raízes nitidamente democráticas.

3.6.4 Anterioridade e irretroatividade da lei tributária

O princípio da anterioridade da lei tributária também não se confunde com o princípio da irretroatividade. O primeiro é um princípio peculiar ao direito tributário. Como ficou demonstrado, ele impõe a exigência de publicação da lei antes do início do exercício financeiro no qual se vai operar a cobrança do tributo. O segundo é um princípio fundamental do Direito, tão abrangente e universal que se pode dizer, mesmo, integrante da própria essência do jurídico. Nas relações entre o Estado e o cidadão não se pode admitir a retroatividade em prejuízo deste último, seja a que pretexto for. Nenhuma norma jurídica pode retroagir para prejudicar o cidadão.

Tamanha é a importância do princípio da irretroatividade, que ele tem sido albergado por todas as Constituições modernas. A retroatividade das leis a critério do legislador ordinário consubstancia sério perigo para a segurança jurídica, de sorte que só nos Estados autoritários, não Democráticos, tem sido admitida. No Brasil somente a Constituição/1937, sabidamente autoritária, admitiu que a retroatividade das leis ficasse a critério do legislador ordinário.

A este propósito, veja-se a lição de Cláudio Pacheco, que escreveu:

> No Brasil tem prevalecido, com uma única interrupção, a continuidade de vigência constitucional do princípio da irretroatividade das leis. Quando se instaurava a nossa ordem constitucional, depois da proclamação da Independência, a Constituição do Império, em seu art. 179, n. 3º, já preceituava que a disposição da lei "não terá efeito retroativo". A Constituição de 1891, em seu art. 11, n. 3º, vedava, tanto aos Estados como à União, "prescrever leis retroativas".
>
> A Constituição de 1934, dando ao preceito um certo caráter discriminatório e ao mesmo tempo optativo no campo das doutrinas divergentes, como adiante veremos, dispõe que "a lei não prejudicará o direito adquirido, o ato jurídico perfeito e a coisa julgada".'
>
> Essa mesma redação veio a repetir-se na Constituição de 1946, depois que a Constituição de 1937, omissa e muda, rompeu a continuidade da vigência constitucional do princípio, deixando de consignar qualquer disposição a respeito. A razão constitucional dessa

omissão não foi apenas a da abstenção ou da indiferença, pois foi, deliberadamente, a de um sentido negativo, conforme explicou o Sr. Francisco Campos, com a dupla autoridade de principal elaborador dessa Constituição e de Ministro da Justiça do governo ditatorial. Ele o disse em entrevista concedida ao *Jornal do Comércio*, em 16.1.1938, conforme está bem claro neste trecho:

"A supressão, no texto constitucional, do princípio da irretroatividade das leis não significa, de modo nenhum, a adoção do princípio contrário, isto é, da retroatividade.

"Não é na Constituição, mas na lei civil, que esse princípio deve figurar. A não retroatividade é tão somente uma norma de interpretação, uma regra de hermenêutica, e por ela se entende que o intérprete, ou o juiz, não pode aplicar a lei nova às relações jurídicas já consumadas na vigência da lei antiga.

"Não deve, porém, esse princípio constituir uma limitação ao Poder Legislativo quando circunstâncias especiais exigirem a revisão das relações jurídicas acabadas, o legislador não pode ficar privado da faculdade de promulgar leis retroativas, pois o Estado, como guarda supremo do interesse coletivo, não deve atar as próprias mãos pelo receio de, em certas contingências, ter que ferir ou contrariar direitos individuais. A não retroatividade das leis, postulada como proibição ao Poder Legislativo, não passa de um exagero do individualismo jurídico e sobretudo do individualismo econômico, que reclamam rigorosa neutralidade do Estado no domínio do comércio jurídico."

Como se vê, é sempre o objetivo de reconquista de um teor de arbítrio para o poder estatal, em nome de supostas imposições coletivas e de pretenso benefício de ampliado intervencionismo governamental na esfera das relações jurídicas e econômicas.[27]

Dizem que o preço da democracia é a eterna vigilância. Em um Estado de Direito Democrático não se pode admitir a retroatividade das normas jurídicas. "A irretroatividade defende o povo; a retroatividade expõe-no à prepotência."[28]

3.6.5 *Instituição ou majoração de tributo*

Os três incisos do art. 104 do CTN são, a rigor, complementares um do outro. No primeiro é feita referência a dispositivos de lei que

---

27. Cláudio Pacheco, *Tratado das Constituições Brasileiras*, vol. X, Rio de Janeiro, Freitas Bastos, 1965, pp. 12-13.
28. Pontes de Miranda, *Comentários à Constituição de 1967*, t. V, São Paulo, Ed. RT, 1968, p. 20.

"*instituem* ou *majoram*" o tributo. Instituir ou majorar por qualquer forma, evidentemente. Tanto pode haver instituição como majoração mediante a definição de novas hipóteses de incidência, como mediante a supressão de hipótese de isenção, como mediante o aumento da base de cálculo ou da alíquota correspondente. Não importa o meio, ou forma, que o legislador tenha utilizado para criar ou aumentar o ônus tributário; o dispositivo legal que o fizer somente entrará em vigor no primeiro dia do exercício financeiro seguinte àquele em que for publicado.

Temos sustentado a absoluta insuficiência do elemento literal na interpretação das normas jurídicas, e a cada dia mais forte se faz nossa convicção neste sentido. Tivemos uma violação flagrante do princípio da anterioridade de 90 dias que a Constituição exige para a criação ou alteração de contribuições de previdência social. Violação flagrante do preceito albergado pelo art. 195, § 6º, da CF, que foi encoberta por argumento fundado exclusivamente no elemento literal.

Estamos nos referindo à prorrogação da cobrança da Contribuição Provisória sobre Movimentação Financeira, a CPMF. Emenda constitucional que estabeleceu dita prorrogação, em sua redação aprovada pela Câmara dos Deputados, impunha a observância da anterioridade, mas no Senado Federal deu-se a supressão do correspondente dispositivo, ao argumento de que, não se tratando de criação nem de aumento do tributo, não se haveria de cogitar da antecedência de 90 dias.

Observe-se que o art. 195, § 6º, da CF diz que as contribuições de previdência social só poderão ser exigidas depois de decorridos 90 dias da data da publicação da lei que as houver *instituído* ou *modificado*. É evidente que houve modificação da CPMF, ao menos quanto ao prazo de vigência da norma que autoriza sua cobrança. Assim, o próprio elemento literal desautoriza a interpretação que a final prevaleceu, em meio a pressões do Governo, com ameaça de cortes no Orçamento. E o elemento finalístico com maior força desautoriza aquela interpretação, posto que a finalidade do princípio da anterioridade consiste precisamente em evitar seja cobrado tributo não previsto com a antecedência indicada. No caso, os contribuintes, que estavam certos do fim da cobrança da CPMF, foram surpreendidos com sua prorrogação, da mesma forma que seriam surpreendidos com sua instituição ou aumento.

Por outro lado, a definição de novas hipóteses de incidência de um tributo é uma forma de se promover sua majoração, pois implica fazer com que o tributo atinja fatos antes não atingidos por ele, vale dizer, fatos não tributados. A intenção do legislador parece ter sido afastar o argumento literalista com o qual alguém poderia pretender justificar a incidência imediata de norma definidora de nova hipótese de incidência de um tributo ao argumento de que este não estaria sendo instituído, porque já existente, nem majorado, porque suas bases de cálculo e alíquota permaneceriam inalteradas.

O mau de dispositivos dessa natureza é que eles prestigiam o elemento literal. Ao pretender superá-lo, terminam abrindo espaço para novas e intermináveis colocações nas quais será ele utilizado. Melhor, portanto, nos parece ser a utilização de expressões da maior abrangência, em vez de desdobramentos casuísticos.

3.6.6 Anterioridade tributária e revogação de isenções

O art. 104, III, do CTN submete ao princípio da anterioridade as leis que extinguem ou reduzem isenções, salvo se a lei dispuser de maneira mais favorável ao contribuinte, e observado o disposto no art. 178, que estabelece:

> Art. 178. A isenção, salvo se concedida por prazo certo e em função de determinadas condições, pode ser revogada a qualquer tempo, observado o disposto no inciso III do art. 104.

Como se vê, os arts. 104, III, e 178 do CTN completam-se, a dizer que a revogação de isenções se submete ao princípio da anterioridade da lei tributária.

3.6.7 O princípio da irretroatividade e seu amesquinhamento

O princípio da irretroatividade das leis tributárias tem seus fundamentos estudados pela doutrina jurídica.

Sabemos todos que a irretroatividade das leis é princípio jurídico fundamental. Faz parte da própria essência do Direito, de sorte que sua preservação é indispensável à própria integridade e utilidade do sistema jurídico. Um sistema de leis retroativas seria a própria negação do que há de mais essencial no Direito. A negação da própria essência do jurídico.

O Direito corporifica e realiza os valores da Humanidade, entre os quais se destaca a segurança, indispensável, mesmo, para a realização de todos os demais. Indispensável à própria ideia de Estado de Direito, sendo certo que "a retroatividade da lei poderia ser encarada como contradição do Estado consigo próprio, pois que, se de um lado ele faz repousar a estabilidade das relações e direitos sobre a garantia e proteção das leis que ele próprio emana, de outro lado, ele mesmo não pode retirar essa estabilidade com a edição de leis retroativas".[29]

Na primorosa lição de José Luís Shaw, transcrita e traduzida por Maria Luíza Pessoa de Mendonça, em sua excelente monografia sobre o tema:

> Se nos perguntarmos por quê e para quê os homens estabelecem o Direito e tratamos de descobrir o sentido germinal do Direito a fim de aprendermos a sua essência, dar-nos-emos conta de que a motivação radical que determinou a existência do Direito não deriva das altas regiões dos valores éticos superiores, senão de um valor de categoria inferior, a saber: a segurança na vida social. O Direito surge, precisamente, como instância determinadora daquilo a que o homem tem que se ater em suas relações com os demais: certeza, mas não só certeza teórica (saber o que deve fazer) senão também certeza prática, quer dizer, segurança, saber que isto tenderá forçosamente a ocorrer porque será imposto pela força, se preciso for, inexoravelmente.[30]

Cuida-se, aliás, de princípio da mais fácil compreensão. Se o legislador pudesse editar leis retroativas, ninguém saberia mais como se comportar, porque deixaria de confiar na lei, que a qualquer momento poderia ser alterada, com reflexos nos fatos já ocorridos, tornando-se, desta forma, praticamente inexistente o padrão do certo e do errado.

Pode-se, por isto mesmo, com Vicente Ráo, sustentar que o princípio da irretroatividade atende a necessidade essencial do próprio ser humano:

> A inviolabilidade do passado é princípio que encontra fundamento na própria natureza do ser humano, pois, segundo as sábias palavras de Portalis, o homem, que não ocupa senão um ponto no tempo e no espaço, seria o mais infeliz dos seres se não se pudesse julgar seguro sequer quanto à sua vida passada. Por essa parte de sua existência já carregou todo o peso de seu destino? O passado pode deixar dissabores, mas põe termo a todas as incertezas. Na ordem do Universo e da Natureza, só o futuro é incerto, e esta própria incerteza é suavizada pela esperança, a fiel companheira de nossa fraqueza.

---

29. Maria Luíza Vianna Pessoa de Mendonça, *O Princípio Constitucional da Irretroatividade da Lei – A Irretroatividade da Lei Tributária*, Belo Horizonte, Del Rey, 1996, p. 62.

30. José Luís Shaw, citado e traduzido por Maria Luíza Vianna Pessoa de Mendonça, *O Princípio Constitucional da Irretroatividade da Lei – A Irretroatividade da Lei Tributária*, cit., p. 63.

Seria agravar a triste condição da Humanidade querer mudar, através do sistema da legislação, o sistema da Natureza, procurando, para o tempo que já se foi, fazer reviver as nossas dores, sem nos restituir as nossas esperanças.[31]

Por tais razões é que os sistemas jurídicos dos Países civilizados consagram o princípio da irretroatividade das leis. "As leis, como regra fundamental, não retroagem, porque só assim os direitos e situações gerados na vigência delas gozam de estabilidade e segurança."[32]

Como forma de garantir a estabilidade das relações jurídicas, o princípio da irretroatividade há de ser universal. Editada uma lei, sem referência à sua aplicação ao passado, certamente só ao futuro será aplicável. E, se o legislador pretender disciplinar fatos já ocorridos, o que excepcionalmente pode fazer, terá de respeitar o ato jurídico perfeito, o direito adquirido e a coisa julgada, porque no Brasil isto constitui expressa determinação constitucional.

Apesar de tudo isto, como o Poder Público sempre procura uma forma de arrecadar mais, ainda que violando princípios jurídicos favoráveis ao contribuinte, temos em nosso País exemplos de violação do princípio da irretroatividade.

Entre os exemplos de amesquinhamento do princípio da irretroatividade da lei tributária podemos citar um que diz respeito ao Imposto de Importação. Já por várias vezes foram elevadas alíquotas desse Imposto, e o Fisco tem cobrado o Imposto calculado com alíquotas majoradas mesmo em relação a produtos que se encontravam já no território nacional no momento da majoração, como ocorreu com a importação de automóveis. E, em face da questão suscitada, o Judiciário infelizmente adotou a interpretação literal do art. 150, III, "a", da CF, considerando que a vedação ali mencionada é para que não sejam cobrados impostos em relação a fatos geradores ocorridos antes do início da vigência da lei que os houver instituído ou aumentado, mas se afastou do literalismo, para entender que o fato gerador do Imposto de Importação é o desembaraço aduaneiro dos bens, e não a importação destes, que se consuma com a entrada destes no território nacional.

---

31. Vicente Ráo, *O Direito e a Vida dos Direitos*, citado por Celso Ribeiro Bastos, *Curso de Direito Constitucional*, 18ª ed., São Paulo, Saraiva, 1997, p. 216.
32. Hermes Lima, *Introdução à Ciência do Direito*, cit., 28ª ed., p. 143.

4
Aplicação da Legislação Tributária

4.1 Aplicação imediata e aplicação retroativa: 4.1.1 Distinção entre o retroativo e o imediato – 4.1.2 Sentido da aplicação imediata no art. 105 do CTN – 4.1.3 Encurtamento do prazo para pagamento – 4.1.4 Crítica à expressão "fatos geradores pendentes". 4.2 Princípio da anterioridade e Imposto de Renda: 4.2.1 Princípio da anualidade. Nossa sugestão – 4.2.2 Princípio da anterioridade. Nossa sugestão – 4.2.3 Princípio da anterioridade e elaboração constitucional – 4.2.4 Fato gerador pendente – 4.2.5 Fato gerador pendente e visão formalista do Direito – 4.2.6 Fato gerador pendente e a segurança jurídica. 4.3 Aplicação imediata e Imposto de Renda. 4.4 Anualidade e prestígio do Congresso Nacional: 4.4.1 Distinção entre os princípios da anterioridade e da anualidade – 4.4.2 Anualidade e separação dos Poderes do Estado. 4.5 Aplicação retroativa da lei tributária: 4.5.1 Norma excepcional – 4.5.2 Hipóteses de aplicação retroativa. 4.6 Lei expressamente interpretativa: 4.6.1 Disputa doutrinária – 4.6.2 Crítica à expressão "lei interpretativa" – 4.6.3 A regra do art. 106 do CTN – 4.6.4 Reflexões sobre a lei interpretativa em matéria tributária – 4.6.5 Constituição Federal e art. 106, I, do CTN – 4.6.6 Lei que não inova no mundo normativo – 4.6.7 Exemplo de lei interpretativa – 4.6.8 Exclusão de penalidades – 4.6.9 Garantia constitucional da irretroatividade – 4.6.10 Irretroatividade da nova interpretação. 4.7 Retroatividade benigna: 4.7.1 Influência do direito penal – 4.7.2 Ato não definitivamente julgado – 4.7.3 Retroatividade benigna e contribuições de previdência social.

4.1 Aplicação imediata e aplicação retroativa

4.1.1 Distinção entre o retroativo e o imediato

Diz-se que a aplicação da lei é *retroativa* quando se desconsidera a lei que incidiu sobre o fato, porque este já está consumado, e se aplica uma lei nova, que não incidiu sobre ele porque surgiu, teve iniciada sua vigência, depois que o fato estava consumado. Diz-se que a aplicação da lei é *imediata* quando o fato estava em curso, ainda não se completara, no momento em que a lei nova é editada.

Em certos casos a aplicação imediata configura retroatividade em grau mínimo, posto que alcança fatos já ocorridos e que estavam a depende de outros fatos para produzirem plenamente seus efeitos jurídicos.

4.1.2 Sentido da aplicação imediata no art. 105 do CTN

O art. 105 do CTN, ao dizer que "a legislação tributária aplica-se imediatamente aos fatos geradores futuros e aos pendentes", consagra a retroatividade em grau mínimo, que, tratando-se de um ônus, que é o tributo, efetivamente não se justifica. Por isto mesmo já escrevemos:

> A rigor, a norma do art. 105, que admite a aplicação da lei ao fato gerador pendente, não foi recepcionada pela Constituição Federal de 1988, porque configura evidente hipótese de retroatividade no que diz respeito aos elementos já consumados.
>
> Tratando-se do Imposto de Renda, tendo-se em vista a segurança jurídica, a lei nova que agrava o ônus do contribuinte somente deve ser aplicada aos fatos ainda não iniciados. Em outras palavras, a lei que agrava os encargos do contribuinte somente deve ser aplicada no ano seguinte ao de sua publicação.[1]

Também se pode entender como fato gerador *pendente* aquele que diz respeito a uma situação que perdura no tempo, como acontece com os fatos geradores dos Impostos sobre a Propriedade Predial e Territorial Urbana e sobre a Propriedade Territorial Rural. Nesse caso, seria possível dizer que durante todo o ano o fato gerador estaria pendente, somente se consumando no final do ano. Preferimos, porém, dizer que em tais situações que perduram no tempo, como a lei estabelece a periodicidade do tributo, a lei aplicável é a que está em vigor antes de iniciado o período a ser considerado para a cobrança. Nesse sentido, aliás, já decidiu o STF em relação ao Imposto Predial e Territorial Urbano/IPTU, entendendo que há afronta ao princípio da anterioridade se índices de valorização do imóvel a serem utilizados no cálculo do Imposto não constam da lei publicada no exercício anterior, mas de um anexo publicado no mesmo ano em que ocorre a cobrança do imposto.[2]

---

1. Hugo de Brito Machado, *Curso de Direito Tributário*, 38ª ed., São Paulo, Malheiros Editores, 2017, p. 100.
2. STF, RE 182.191, rel. Min. Ilmar Galvão, *DJU* 16.2.1996, citado em Mariano Seabra de Godoi (coord.), *Sistema Tributário Nacional na Jurisprudência do STF*, São Paulo, Dialética, 2002, p. 226.

O art. 105 do CTN também foi invocado para justificar a cobrança do Imposto de Renda com base na lei publicada no final do ano em que se deram os fatos sobre os quais incide, ao argumento de que durante o ano o fato gerador do Imposto estaria pendente, somente se consumando no último dia. Voltaremos ao assunto ao estudarmos o significado da expressão "fatos geradores pendentes".

4.1.3 Encurtamento do prazo para pagamento

Caso típico de aplicação retroativa de lei tributária deu-se com o encurtamento do prazo para pagamento do Imposto sobre Circulação de Mercadorias e Prestação de Serviços/ICMS. O STJ chegou a decidir que "a fixação da data de recolhimento alcança apenas os tributos gerados após a adoção da nova data".[3] Esse entendimento foi adotado em outros julgados, e ficou muito bem expresso na seguinte ementa:

> Tributário – ICMS – Prazo de recolhimento – CTN, arts. 96, 105, 106, 116 e 144 – Decreto estadual n. 33.188/1991.
>
> Consubstanciando a saída da mercadoria o fato gerador, inacolhível a pretensão do Fisco Estadual, com o Decreto n. 32.833/1991, de antecipar o prazo de vencimento do ICMS apurado no mês de janeiro de 1991, infringindo os arts. 105, 116 e 144 do CTN, com ofensivos reflexos ao disposto no art. 5º, XXXVI, da CF.
>
> Demonstrada a antecipação pela lei nova (art. 96 do CTN, Decretos ns. 32.833/1991 e 33.142/1991) do prazo de vencimento, objetivo gravame ao contribuinte, titular do direito subjetivo adquirido da incidência da legislação tributária apropriada à data do fato gerador (arts. 116 e 144 do CTN), se lhe reconhece que devem ser cumpridos os prazos da legislação anterior, até a data da vigência do Decreto estadual n. 32.833/1991.
>
> Recurso improvido. Decisão por maioria.[4]

Não obstante seja incensurável esse entendimento, terminou prevalecendo no STJ a tese contrária, em julgamento assim ementado:

> Tributário – ICMS – Decreto do Estado de São Paulo N. 32.630/1990 – Antecipação do prazo de recolhimento – Aplicação

---

3. STJ, 1ª Turma, REsp 35.704-SP, rel. Min. Humberto Gomes de Barros, j. 13.4.1994, *DJU* 23.5.1994, p. 12.562, citado em Vladimir Passos de Freitas (coord.), *Código Tributário Nacional Comentado*, São Paulo, Ed. RT, 1999, p. 454.

4. STJ, 1ª Turma, REsp 38.173-SP, rel. Min. Milton Luiz Pereira, j. 7.11.1994, *DJU* 5.12.1994, p. 33.530, citado em Vladimir Passos de Freitas (coord.), *Código Tributário Nacional Comentado*, 4ª ed., São Paulo, Ed. RT, 2007, p. 553.

aos fatos geradores ocorridos antes da edição do decreto – Decisão da Seção – Ressalva do entendimento do Relator. A Egrégia 1ª Seção desta Corte, no julgamento dos EDv em REsp n. 28.423-9-SP, uniformizou a jurisprudência seguindo o entendimento da 2ª Turma no sentido de que a aplicação aos fatos geradores já ocorridos da alteração do prazo de recolhimento não contraria a legislação tributária "porquanto fato gerador e recolhimento do tributo são coisas distintas, ocorrendo em épocas diversas; daí que a regra jurídica referente a um não pode ser, singelamente, estendida ao outro" – Ressalva do entendimento do Relator – Recurso improvido – Decisão unânime, sendo que os Exmos. Srs. Mins. César Asfor Rocha, Humberto Gomes de Barros e Milton Luiz Pereira ressalvaram seus pontos de vista.[5]

Como facilmente se vê, essa decisão é apenas aparentemente correta. Na verdade, fato gerador e recolhimento do tributo são coisas distintas. Ocorre que o dever de pagar é uma consequência – aliás, a consequência essencial do fato gerador –, e, como tal, se deve regular pela lei vigente na data em que se consuma o fato gerador. O prazo para o pagamento é um dos elementos integrantes do dever de pagar. Na data em que se consuma o fato gerador do tributo incide a lei então vigente, que dispõe quanto à apuração do valor a ser pago e também quanto ao prazo para esse pagamento. A aplicação de lei que encurtou esse prazo depois de consumado o fato gerador do tributo é evidente aplicação retroativa. Aplicação que alcança e altera efeito de fato já anteriormente consumado.

É certo que, em face da expressão literal do art. 150, III, "a", da CF, se pode admitir a interpretação adotada pela maioria dos ministros do STJ. Entretanto, sabemos todos que a interpretação simplesmente literal é insuficiente. A norma que prescreve a irretroatividade das leis tributárias tem a finalidade de evitar surpresas para o contribuinte com a instituição de ônus inesperado, para que ele possa planejar suas atividades com razoável grau de segurança. Ocorrido o fato gerador do tributo, ao contribuinte deve ser assegurado o direito de suportar os efeitos correspondentes dentro do que àquela data estava por ele programado. O encurtamento do prazo surpreende o contribuinte, que pode não estar preparado para fazer o recolhimento no prazo menor fixado depois da data em que nasceu a obrigação de pagar.

5. STJ, 1ª Turma, REsp 64.716-SP, rel. Ministro César Asfor Rocha, j. 19.6.1995, *DJU* 28.8.1995, p. 26.578, citado em Vladimir Passos de Freitas (coord.), *Código Tributário Nacional Comentado*, cit., 4ª ed., p. 553.

Com a ocorrência do fato gerador do tributo consuma-se uma situação de fato cujos efeitos jurídicos devem ser aqueles previstos nas leis então em vigor. Não em leis posteriores. Os contribuintes, especialmente as empresas, elaboram programação financeira, fluxo de caixa, de sorte a poderem aproveitar da melhor forma os recursos financeiros com os quais trabalham. Assim, a obrigação de pagar o tributo antes da data anteriormente estabelecida pode, em certos casos, levar uma empresa a situação financeira difícil e até mesmo à quebra. Absolutamente injustificável, portanto, a aplicação retroativa da lei que encurta o prazo para pagamento de tributo cujo fato gerador já está consumado antes do início de sua vigência.

4.1.4 Crítica à expressão "fatos geradores pendentes"

A expressão "fatos geradores pendentes" tem sido alvo de críticas da doutrina. Luciano Amaro, em primorosa lição, que não se pode deixar de transcrever, assevera:

> O que merece reparo, no texto do art. 105, é a referência aos fatos *pendentes*, que seriam os fatos cuja ocorrência já teria tido início mas ainda não se teria completado. No passado pretendeu-se que as normas do Imposto de Renda, incidindo sobre o fato gerador periódico (em geral, correspondente ao ano civil), poderiam ser editadas até o final do período para aplicar-se à renda que se estava formando desde o primeiro dia do período. O art. 105 teria pretendido endossar esse entendimento. Essa aplicação, evidentemente retro-operante, da lei nunca teve respaldo constitucional. Com efeito, se o fato dito *pendente* for gerador de tributo e sua ocorrência já tiver tido início, em certa data, a lei tributária posterior a essa data que pretender atingir tal fato estará sendo retroativa. Mesmo abstraindo o princípio da anterioridade, a lei editada após ter início o período de formação da renda, se aplicada para gravá-la, estaria lançando efeitos sobre o passado. Se se trata (como é o caso do Imposto de Renda) de tributo sujeito ao princípio da anterioridade, com maior razão a lei só poderá entender-se com fatos não apenas *futuros*, mas, além disso, ocorridos em exercícios futuros.[6]

A crítica deve ser dirigida à norma. Não propriamente à expressão "fatos (...) pendentes", nela contida. É razoável admitir-se que o fato gerador do Imposto de Renda é um fato complexo, porque composto de

---

6. Luciano Amaro, *Direito Tributário Brasileiro*, 4ª ed., São Paulo, Saraiva, 1999, pp. 188-189.

um conjunto de fatos, e também é periódico, porque o conjunto de fatos que o compõem acontece durante certo período. Começa a acontecer no dia 1º de janeiro e se completa no dia 31 de dezembro de cada ano.

O fato gerador do Imposto de Renda é fato gerador do acréscimo patrimonial que se verifica em determinado período. É um fato *complexo*, porque se compõe de diversos fatos, tais como receitas, custos e despesas. Fatos diversos, com natureza econômica diversa, portanto. É também um fato continuado, porque demora a se completar. Demora, em regra, o período de um ano.

Não há dúvida, porém, de que, uma vez iniciado esse fato, a lei tributária a ele aplicável há de ser a que já estava em vigor antes de seu início. Aplicar ao fato já iniciado lei que só depois entrou em vigor é fazer aplicação retroativa, com evidente violação do disposto no art. 150, III, "a", da CF/1988.

O que alguns entenderam, porém, é que a lei só não pode alcançar o fato que esteja consumado na data em que entra em vigor. Assim, a prevalecer esse entendimento, não haveria retroatividade na aplicação da lei tributária a fato gerador pendente.

4.2 Princípio da anterioridade e Imposto de Renda

4.2.1 Princípio da anualidade. Nossa sugestão

Com a Constituição/1988 esperava-se que o princípio da anualidade voltasse a vigorar, expresso, aliás, de modo a evitar a interpretação distorcida que lhe dera o STF, posto que é notável instrumento de fortalecimento do Poder Legislativo, de raízes profundamente democráticas. Entre as sugestões que oferecemos à Assembleia Nacional Constituinte, por ocasião de palestra feita perante a Subcomissão incumbida de elaborar o projeto do Sistema Tributário, estava a de se dar ao dispositivo constitucional pertinente a seguinte redação:

> É vedado à União, aos Estados, ao Distrito Federal e aos Municípios: (...); II – cobrar tributo que, embora instituído por lei anterior ao exercício financeiro, não esteja previsto no orçamento respectivo, ressalvados os casos previstos nesta Constituição.[7]

Nossa sugestão, ouvida apenas por um reduzidíssimo número de constituintes, não foi acolhida. O princípio da anualidade não consta,

---

7. Hugo de Brito Machado, "Constituinte e Reforma Tributária", *Revista de Finanças Públicas* 370/27, Brasília/DF, Ministério da Fazenda, 1988.

bem ou mal expresso, da Constituição/1988 – o que é lamentável, sob todos os aspectos.

4.2.2 Princípio da anterioridade. Nossa sugestão

O dispositivo da vigente Constituição em que está consubstanciado o princípio da anterioridade praticamente reproduz o da Constituição anterior, corrigindo, porém, um defeito técnico. Na Constituição anterior estava dito que nenhum tributo "será cobrado, em cada exercício, sem que a lei que o houver instituído ou aumentado esteja em vigor antes do início do exercício financeiro, (...)". Essa redação defeituosa deu margem a alguns problemas, mas o STF terminou por entender que a expressão "esteja em vigor", nesse contexto, significava ter sido publicada.[8]

Essa orientação jurisprudencial estava correta, tanto pelos fundamentos na mesma invocados como, e especialmente, do ponto de vista estritamente jurídico, porque corrigia defeito evidente de redação da norma constitucional, para cuja constatação basta que se tenha medianos conhecimentos de Teoria Geral do Direito.

Realmente, se uma lei é vigente, pode, por isto mesmo, incidir. Para tanto, basta que se concretize seu suporte fático. Em outras palavras: basta que aconteça a situação de fato nela prevista para que a lei incida. E, se incide, pode e deve ser aplicada. Havia, portanto, absoluta incoerência na norma constitucional que exigia, como condição para ser aplicada em determinado exercício, o estar *em vigor* antes dele.

De boa técnica, portanto, o dispositivo da atual Constituição, que veda a cobrança de tributos no mesmo exercício financeiro em que tenha sido publicada a lei que os instituiu ou aumentou.

É lamentável, porém, que o legislador constituinte não tenha resolvido de uma vez por todas a questão da anterioridade em relação ao Imposto de Renda. Como esse tributo é geralmente cobrado em um exercício financeiro com base em fatos ocorridos no exercício anterior, há o problema de saber se é possível sua cobrança em um exercício com fundamento em lei que tenha sido publicada no final do denominado ano-base.

Essa questão foi muito discutida na vigência da Constituição anterior, tendo resolvido o STF que o fato gerador do Imposto de Renda se completa somente no dia 31 de dezembro do ano-base, e, assim, a lei que até essa data tenha sido publicada poderá ser aplicada no cálculo do

---

8. STF, RE 85.829-SP, rel. Min. Cordeiro Guerra, *RTJ* 80/296-300.

Imposto correspondente, nos termos do art. 105 do CTN, segundo o qual a lei tributária aplica-se imediatamente aos fatos geradores pendentes, "assim entendidos aqueles cuja ocorrência tenha tido início mas não esteja completa (...)" (Súmula 584). Tal entendimento, porém, contou com a forte oposição de expressivos doutrinadores, destacando-se, a este propósito, excelente monografia de Luciano da Silva Amaro, na qual sustenta aquele ilustre tributarista ser "grosseira contrafação do ditame constitucional a aplicação que a lei ordinária, com o aval da doutrina e da jurisprudência, tem dado à anualidade e à anterioridade nos arraiais do Imposto de Renda, ao pretender que esses princípios estão cumpridos desde que o lançamento e a arrecadação do Imposto se operem no ano seguinte ao da lei (material ou de meios, conforme o princípio que esteja em causa)".[9]

Com a vigente Constituição esperava-se mais adequado disciplinamento para tal questão, o que, infelizmente, não ocorreu. Nos termos da sugestão por nós oferecida à Assembleia Nacional Constituinte, a questão deveria ficar disciplinada no próprio dispositivo em que é atribuída competência à União Federal. Neste seria dito competir à União instituir Imposto sobre Renda e Proventos de Qualquer Natureza, que se regerá por lei anterior ao respectivo período-base.[10] Assim estaria afastada a discussão a respeito de quando ocorre o fato gerador do Imposto de Renda, garantindo-se efetivamente a irretroatividade da lei.

4.2.3 *Princípio da anterioridade e elaboração constitucional*

É importante notar que a redação dos dispositivos em que se consubstancia o princípio da anterioridade na vigente Constituição sofreu algumas alterações durante o processo de elaboração constitucional. Assim é que na primeira versão do Anteprojeto da Subcomissão de Tributos, Participação e Distribuição das Receitas o princípio estava consubstanciado na vedação à União, aos Estados, ao Distrito Federal e aos Municípios da cobrança de tributos (art. 7º, III):

> a) em relação a fatos geradores ocorridos antes do início da vigência da lei que os houver instituído ou aumentado; b) sobre o patrimônio ou renda, se a lei correspondente não tiver sido publicada

---

9. Luciano da Silva Amaro, "O Imposto de Renda e os princípios da irretroatividade e da anterioridade", *Resenha Tributária* 1.3 "Imposto de Renda – Comentários", 3º trimestre/1983, p. 579, e *RDTributário* 12-26/152, São Paulo, Ed. RT.

10. Hugo de Brito Machado, "Constituinte e Reforma Tributária", cit., *Revista de Finanças Públicas* 370/27.

antes do início do período em que se registrem os elementos de fato, nela indicados, para determinação e quantificação da respectiva base de cálculo; c) não alcançados pelo disposto na letra anterior, antes de decorridos 90 dias da publicação da respectiva lei".

Na redação a final adotada pela mencionada Subcomissão observou-se apenas a alteração na letra "a", onde a expressão "o houver instituído" foi corrigida para "os houver instituído".

Na redação aprovada pela Comissão do Sistema Tributário, Orçamento e Finanças os dispositivos constantes das alíneas "b" e "c" ficaram assim:

b) sobre patrimônio, renda ou proventos, se a lei correspondente não houver sido publicada antes do início do período em que ocorrerem os elementos de fato nela indicados como componentes do fato gerador e determinantes da base de cálculo; c) não alcançados pelo disposto na alínea "b", no mesmo exercício financeiro em que hajam sido instituídos ou aumentados.

Dessas alterações, como se vê, só a da alínea "c" modificou significativamente o alcance do dispositivo. As alterações da alínea "b" apenas aperfeiçoaram sua redação.

No Projeto da Comissão de Sistematização, publicado no *Diário da Constituinte* do dia 15.7.1987, bem como no Substitutivo do Relator, publicado em setembro/1987, a matéria ficou tratada em apenas duas alíneas, assim redigidas:

a) em relação a fatos geradores ocorridos antes do início da vigência da lei que os houver instituído ou aumentado; b) no mesmo exercício financeiro em que haja sido publicada a lei que os instituir ou aumentar.

Nosso entendimento, *data maxima venia*, é no sentido de que os referidos dispositivos devem ser interpretados à luz da doutrina de Luciano da Silva Amaro, que, elaborada à luz da Constituição anterior, permanece rigorosamente atual.

Seja como for, tanto em relação às pessoas físicas como em relação às pessoas jurídicas, a lei aplicável para determinação do Imposto de Renda em cada exercício há de ser, por força do disposto no art. 150, III, "a", da CF, a que já esteja em vigor desde o primeiro dia do período em que se forma a renda tributável, vale dizer, o denominado ano-base.

4.2.4 Fato gerador pendente

Diverge a doutrina a respeito da questão de saber se pode existir, ou não, um fato gerador pendente. Aliomar Baleeiro, comentando o art. 105 do CTN, definiu e explicou:

> Fato gerador pendente é aquele que se iniciou mas ainda não se completou pela inexistência de todas as circunstâncias materiais necessárias e indispensáveis à produção de seus efeitos ou desde que se não tenha constituído a situação jurídica em que ele assenta (art. 116 do CTN). Em tais termos, a lei nova, desde que que vigente, alcança o fato gerador pendente. Mas não o alcançará se não realizadas ainda aquelas circunstâncias materiais necessárias e indispensáveis à produção dos efeitos naturais do tal fato ou se ainda se não constituiu a situação jurídica que o legislador elegeu. O fato gerador pode ser complexo ou compósito, porque formado de vários elementos simultâneos ou sucessivos. Integra-se destes e, por isso, só está realizado quando os essenciais se realizam.[11]

Valter Barbosa Corrêa, por seu turno, diz que não é o fato gerador a situação cuja ocorrência tenha tido início mas não esteja completa. Vale dizer: o fato gerador pendente, como qualquer outro fato gerador, tem de se completar para adquirir o perfil completo de fato gerador. E Valdir de Oliveira Rocha, depois de registrar essa divergência, atribui razão a Barbosa Corrêa, "pois ou se tem o fato gerador consumado ou não se o tem".[12]

A nosso ver, a polêmica em referência não tem razão de ser. Ao se referir a fato gerador pendente o art. 105 do CTN pretendeu abranger precisamente aquelas situações que, iniciadas, ainda não estavam prontas a produzir os efeitos próprios do fato gerador do tributo. Na falta de expressão mais apropriada, referiu-se a "fato gerador pendente", mas seu significado resta evidente do contexto em que a norma se encarta.

É inegável que são fatos geradores de tributos em cuja composição entram diversos fatos. São os fatos geradores complexos. E estes podem ser contemporâneos ou sucessivos. Se contemporâneos, não existe o problema de Direito intertemporal. Se sucessivos, coloca-se a questão de saber se a lei que entra em vigor depois que aconteceram alguns desses fatos-elementos do fato gerador do tributo, mas não todos, incide

---

11. Aliomar Baleeiro, *Direito Tributário Brasileiro*, 10ª ed., 9ª tir., Rio de Janeiro, Forense, 1993, p. 424.
12. Valdir de Oliveira Rocha, em Ives Gandra da Silva Martins (coord.), *Comentários ao Código Tributário Nacional*, 3ª ed., vol. 2, São Paulo, Saraiva, 2002, p. 62.

ou não. Essa é a verdadeira questão, que, aliás, não é peculiar ao tema aqui abordado. É questão essencial em todo o denominado Direito intertemporal e está presente sempre que se discute a respeito do direito adquirido.

Tal como na formação do direito adquirido, pode-se ter uma série de fatos cuja concretização demora certo período mais ou menos longo de tempo também na formação do fato gerador do tributo, que nada mais é senão um fato jurígeno, pode-se ter uma série de fatos cuja concretização não ocorre em um só instante, mas demora e se prolonga por período mais ou menos longo.

A questão essencial – repita-se – está em saber se devemos considerar a lei aplicável desde o instante em que se inicia ou a lei que entra em vigor enquanto não termina esse período durante o qual se concretizam os fatos geradores do direito. Na linguagem do direito tributário, a questão essencial está em saber se é aplicável a lei vigente na data em se inicia a ocorrência dos fatos que entram na composição do denominado fato gerador do tributo, ou se é a lei que entra em vigor antes que termine a ocorrência desses fatos.

Em outras palavras: a questão essencial é a de saber se a lei nova incide para a formação da relação tributária mesmo que os fatos relevantes para essa formação já estejam em curso.

4.2.5 Fato gerador pendente e visão formalista do Direito

Pode-se sustentar que não incide, porque os fatos já ocorridos, embora ainda insuficientes para caracterizar o fato gerador do tributo, são de relevo nessa caracterização e não podem ser desconsiderados como fatos consumados. A aplicação da lei a eles posterior seria aplicação retroativa, inadmissível, por implicar comprometimento da segurança jurídica que ao Direito cabe preservar.

Pode-se, todavia, sustentar que incide, porque o fato gerador do tributo é categoria incindível. Não podem ser considerados os fatos já ocorridos, ainda que essenciais à caracterização do fato gerador, porque, enquanto não estão presentes todos os seus elementos, ele ainda não está consumado. E, se o fato gerado ainda não está consumado, a lei pode alcançá-lo, sem que se possa dizer que ela está sendo aplicada retroativamente. Esta é a posição de autores como Maria Luíza Vianna Pessoa Mendonça, que analisa diversas manifestações doutrinárias e jurisprudenciais, para concluir que não vê "fundamento para a afirmação que se tem feito segundo a qual, em razão do que se acha disposto no art. 150,

III, 'b', da CF, estaria parcialmente revogado (na sua parte final) o art. 105 do CTN".[13]

A tese segundo a qual a lei somente será retroativa se atingir fato gerador de tributo já consumado é irreparável se adotarmos uma visão formalista do Direito. O fato gerador de tributo que ainda não se completou, ou fato gerador pendente, ensejaria apenas uma expectativa de direito para o contribuinte. Não ainda um direito deste de ter aquela situação tratada segundo a lei tributária então vigente. E a expectativa de direito não mereceria amparo contra a aplicação de lei que viesse a surgir antes de consumado o direito.

Em certos casos, porém, os fatos que são elementos do fato gerador do tributo são de tal relevância que a desconsideração destes no trato da questão da retroatividade, ao argumento de que o fato gerador do tributo ainda não está consumado, torna praticamente inútil o princípio da irretroatividade da lei tributária. Em outras palavras: a garantia efetiva de segurança jurídica exige que sejam considerados no trato da questão intertemporal todos os fatos relevantes na composição do fato gerador do tributo.

Por paradoxal que possa parecer, embora o formalismo jurídico seja um instrumento de proteção da segurança, a visão estritamente formal na compreensão do princípio da irretroatividade das leis, de sorte a se excluir de sua proteção as expectativas de direito, em certos casos implica o aniquilamento dessa mesma segurança que o formalismo quer proteger.

4.2.6 *Fato gerador pendente e a segurança jurídica*

O fato gerador pendente – repita-se – é aquele que ainda não se completou. Composto de vários fatos, alguns deles já aconteceram, mas ainda estão por ocorrer alguns outros que entram na composição do fato gerador do tributo.

A questão que na verdade se deve colocar consiste em saber se o princípio da irretroatividade das leis tributárias deve levar em conta, ou não, aqueles fatos já consumados, mesmo quando eles não significam ainda a situação a situação de fato necessária e suficiente para fazer nascer a obrigação tributária.

---

13. Maria Luíza Vianna Pessoa de Mendonça, *O Princípio Constitucional da Irretroatividade da Lei – A Irretroatividade da Lei Tributária*, cit., Belo Horizonte, Del Rey, 1996, pp. 300-327.

APLICAÇÃO DA LEGISLAÇÃO TRIBUTÁRIA

A nosso ver, a retroatividade opera-se tanto quando a lei alcança fatos geradores já consumados como quando alcança fatos geradores pendentes dos quais já estão consumados fatos economicamente relevantes, especialmente quando a consumação do fato gerador do tributo se faz já irreversível, em face das circunstâncias naturais presentes na situação de fato já consumada.

Mesmo autores que sustentam, como já registramos, não ser o art. 105 do CTN incompatível com o princípio da irretroatividade das leis tributárias asseveram que tal princípio deve amparar as expectativas de direito. É o caso de Maria Luíza Vianna Pessoa de Mendonça, que escreve:

> A irretroatividade da lei se dá seja quando uma lei pretende ter atuação sobre o passado (eficácia *ex tunc*), seja quando, embora pretenda vigorar para o futuro (eficácia *ex nunc*), alcança os efeitos de situações, direitos ou relações que se desenvolveram no passado mas ainda existem quando entrou em vigor; quer dizer, neste último caso, os efeitos da lei nova ligam-se a pressupostos ou relações iniciados no passado, relativamente aos quais os cidadãos tem expectativa de não serem perturbados pelos novos preceitos.[14]

É certo que, tratando-se de um fato gerador de tributo integrado por vários fatos econômicos, o significado jurídico tributário – vale dizer, o efeito de fazer nascer a relação obrigacional tributária –, a rigor, somente é produzido quando acontece o último dos fatos indispensáveis à integração do fato gerador do tributo. Mas não se pode admitir que os fatos já ocorridos sejam inteiramente desprovidos de significado e de efeitos jurídicos, pois isto implica amesquinhar o princípio da segurança jurídica.

Mesmo tratando-se de fato gerador dito instantâneo, como é o caso do fato gerador do Imposto de Importação, não é razoável adotar essa visão exageradamente formalista do Direito, que despreza inteiramente os fatos antecedentes, a ele inevitavelmente ligados. Não é razoável admitir que um empresário, tendo realizado a importação de mercadorias para as quais o Imposto tem alíquota de 10%, seja obrigado a pagar esse Imposto com alíquota várias vezes maior se a elevação ocorreu quando as mercadorias já estavam no território nacional. O desembaraço aduaneiro das mercadorias não pode ser visto como fato inteiramente isolado de seus antecedentes, sob pena de restar praticamente inútil, em tal situação, o princípio da irretroatividade da lei tributária.

14. Idem, p. 62.

4.3 Aplicação imediata e Imposto de Renda

Embora já tenhamos estudado a questão da aplicação imediata relativamente ao Imposto de Renda, e já nos reportamos à Súmula 584 do STF, voltamos ao tema, considerando que em nosso sistema tributário o Imposto de Renda é o melhor exemplo de tributo em torno do qual devemos examinar este assunto.

O Imposto sobre Renda e Proventos de Qualquer Natureza é um dos impostos que têm fato gerador continuado, vale dizer, fato gerador que ocorre durante todo o ano, de sorte que a partir de 1º de janeiro e até o dia 31 de dezembro ele pode ser considerado fato gerador pendente, e, sendo assim, a lei publicada em qualquer dia do ano, até mesmo no final do mês de dezembro, seria aplicável aos rendimentos auferidos durante todo o ano.

O STF chegou mesmo a sumular sua jurisprudência no sentido de que "ao Imposto de Renda calculado sobre os rendimentos do ano-base aplica-se a lei vigente no exercício financeiro em que deve ser apresentada a declaração".[15]

Essa orientação jurisprudencial mereceu acerba crítica da doutrina. Na verdade, aplicar a lei que entrou em vigor no último dia do ano aos rendimentos auferidos durante todo o ano é, indiscutivelmente, aplicar a lei retroativamente. Não é possível admitir a ideia de que o fato gerador, enquanto não se completa, pode ser redefinido por lei nova, ainda que apenas em seu aspecto dimensível, vale dizer, nos elementos base de cálculo e alíquota.

O fato gerador já iniciado deve ser alcançado pela lei em vigor desde antes de seu início, pois somente assim estará garantida a segurança jurídica. Assim, a Súmula 584 do STF merece a crítica a ela feita por Luciano Amaro, que escreveu:

> Em ensaio publicado em 1983 desenvolvemos as razões pelas quais consideramos equivocada a lição tradicional de nossa doutrina e a jurisprudência consagrada pela Súmula 584 do STF, que entendiam aplicável a lei editada até o final do período de apuração para reger todos os fatos ocorridos, ainda que anteriores à lei.
>
> Nesse estudo, que traduziu tese que expuséramos e fora aprovada nas XI Jornadas Latino-Americanas de Direito Tributário, realizadas no Rio de Janeiro, em maio de 1983, sustentamos que: (a) o princípio da irretroatividade exige lei anterior ao fato gerador, ou seja,

---

15. Súmula 584 do STF.

lei anterior ao período de formação do fato gerador; (b) tratando-se de tributo sujeito à anterioridade, a lei há de preceder o ano em que *ocorram os fastos* (sobre que incida o tributo) e não apenas o exercício de pagamento do tributo. Geraldo Ataliba (que dera seu apoio à tese nas XI Jornadas) e Cléber Giardino defenderam também a necessidade de lei anterior ao período de formação do lucro.

Só a apressada leitura da Constituição, que vedava a "cobrança" de tributo no mesmo exercício de sua criação ou aumento, poderia aceitar que bastaria, para respeitar o princípio, que o momento da arrecadação ou pagamento do tributo criado ou aumentado fosse deslocado para o exercício seguinte, podendo ser atingidos os fatos ocorridos no próprio exercício de edição da lei.

Não tivemos dúvida em sustentar, no referido estudo, que o princípio da anterioridade exige lei prévia em relação ao exercício de *ocorrência dos fatos* que darão origem à obrigação tributária. Henry Tilbery considerou "ambiciosa" a tese, e Sacha Calmon Navarro Coelho, endossando a conclusão, compreendeu, indulgentemente, nossa verberação contra a Súmula 584.

Diversos autores, no X Simpósio de Direito Tributário, realizado em São Paulo, em 1986, já endossavam essa posição. Carlos da Rocha Guimarães; Ives Gandra da Silva Martins; Antônio Manoel Gonçalves; José Eduardo Soares de Mello; Waldir Silveira Mello; Ilves José de Miranda Guimarães; Ricardo Mariz de Oliveira, entendendo que a Lei 7.450/1985 superou o problema, também acolheu a necessidade de a lei preceder o exercício de ocorrência do fato gerador. Hugo de Brito Machado, embora considerasse que a tese encartada na Súmula 584 do STF não fosse a melhor, acatava-a porque "a última palavra é do Supremo". Alguns autores, no mesmo Simpósio, contentam-se com a precedência da lei em relação ao exercício da arrecadação do Imposto.

Alberto Xavier, em estudo percuciente, já sustentava que a lei do Imposto de Renda não pode retroagir para ser aplicada a fatos anteriores à sua entrada em vigor, mas admitia que o fato gerador pudesse ser seccionado, para aplicar imediatamente a lei nova à porção do fato gerador que se implementasse na vigência da lei, o que não implicaria desrespeito à anterioridade, referida ao exercício de *cobrança*. Posteriormente o jurista passou também a sustentar a tese de que a anterioridade exige não apenas lei anterior ao exercício em que o tributo será arrecadado, mas sim lei anterior ao *exercício de ocorrência dos fatos materiais* que integram a situação fática tributável.

A questão, hoje, parece pacificada na doutrina e na prática legislativa, tendo-se sensibilizado, igualmente, a jurisprudência, que mudou o posicionamento estratificado na antiga Súmula 584 do STF, primeiro para situações nas quais a lei, editada em determinado ano, pretendia sua aplicação a período já encerrado dentro desse ano e, depois, também para as hipóteses em que a lei previu sua aplicação a período que ainda estava em curso no momento de sua edição.

A conjugação dos princípios da irretroatividade e da anterioridade leva, todavia, em relação aos tributos com fatos geradores periódicos, à inaplicabilidade da lei editada no curso de certo exercício financeiro em todas as seguintes situações: (a) fato gerador aperfeiçoado antes da lei; (b) fato gerador em curso no momento da edição da lei; (c) fato gerador cujo período seja posterior à lei mas que se inicie no mesmo exercício de edição da lei (hipótese em que a lei não seria retroativa, mas atentaria contra o princípio da *anterioridade*).[16]

Na verdade, não podemos deixar de admitir que em qualquer País existe um órgão que dá a última palavra a respeito de uma questão posta, e em nosso caso esse órgão é o STF, de sorte que o entendimento adotado pela Súmula 584 deve ser considerado o certo, ainda que apenas para efeitos práticos.

Não temos dúvida, porém, de que a tese de Luciano Amaro é da maior consistência. Nós a adotamos sem nenhuma restrição. Cumpre-nos, porém, ressaltar que o amesquinhamento do princípio da irretroatividade da lei em matéria tributária não se limitou ao Imposto de Renda. Também no que diz respeito ao Imposto de Importação, quando o Decreto-lei 37, de 18.11.1966, embora tendo definido como fato gerador desse Imposto a entrada da mercadoria no território nacional, estabeleceu que tratando-se de mercadoria despachada para consumo esse fato gerador considera-se ocorrido na data do registro, na repartição aduaneira, da Declaração de Importação. E no caso da importação de veículos automotores deu-se a cobrança do tributo com alíquota elevada depois que as mercadorias estavam no porto brasileiro. E, como a finalidade do aumento de alíquota era desestimular a importação de veículos automotores, estava claro que essa finalidade não seria alcançada, porque a importação já estava consumada.

4.4 *Anualidade e prestígio do Congresso Nacional*

4.4.1 *Distinção entre os princípios da anterioridade e da anualidade*

O princípio da *anterioridade da lei tributária* não se confunde com o princípio da *anualidade do tributo*, não obstante em muitos dou-

---

16. Luciano Amaro, *Direito Tributário Brasileiro*, cit., 4ª ed., pp. 125-130.

trinadores e na jurisprudência ainda se constate certa confusão a esse respeito. Anterioridade é qualidade daquilo que é anterior. O princípio constitucional da anterioridade exige que o tributo seja instituído ou aumentado antes do exercício financeiro em que é cobrado. Anualidade é qualidade daquilo que é anual. O princípio da anualidade exige a autorização anual do Poder Legislativo para que o tributo possa ser cobrado. São, portanto, princípios inconfundíveis.

O princípio da anualidade não se destina apenas a garantir ao contribuinte a possibilidade de planejamento anual de suas atividades. Para tanto bastaria o princípio da anterioridade, sem as exageradas ressalvas que praticamente o invalidam. O princípio da anualidade tributária é, na verdade, elemento essencial na repartição dos Poderes do Estado, capaz de assegurar o prestígio que tem faltado ao Congresso Nacional.

O Min. Aliomar Baleeiro, em memorável voto proferido no STF, reportou-se ao princípio da anualidade, asseverando que, em 1946, Nereu Ramos representava o pensamento da maioria na Assembleia Constituinte quando dizia: "Quero que o Orçamento condicione a cobrança dos impostos decretados em leis anteriores a ele".[17]

4.4.2 Anualidade e separação dos Poderes do Estado

A ideia da necessidade de autorização anual para a cobrança dos tributos é antiga e já se fez presente na obra de Montesquieu, como um aspecto importante de sua teoria da separação dos Poderes do Estado, quanto ele afirmou:

> Se o Poder Legislativo estatui, não de ano em ano, mas para sempre, sobre a arrecadação do dinheiro público, corre o risco de perder sua liberdade, porque o Poder Executivo não mais dependerá dele...[18]

Essa ideia, por sua notável importância, fez-se uma das colunas-mestras do moderno constitucionalismo, no que concerne às finanças públicas e ao orçamento, na edificação do Estado de Direito.[19] Cedeu, é certo, diante das pressões decorrentes da hipertrofia do Estado provedor,

---

17. STF, Rp 861-MG, em *Representações por Inconstitucionalidade*, Brasília, Senado Federal, 1976, pp. 506-507.
18. Montesquieu, *O Espírito das Leis*, 2ª ed., trad. de Fernando Henrique Cardoso e Leôncio Martins Rodrigues, Brasília, Editora UnB, 1995, p. 124.
19. Cf.: Fernando Sainz de Bujanda, *Lecciones de Derecho Financiero*, 6ª ed., Madri, Universidad Complutense, 1988, pp. 416-417.

que tudo prometia fazer e por isto precisava cada vez mais de recursos financeiros; mas, uma vez amortecido o efeito pendular, que levara demasiado longe o poder de tributar, deve ser restabelecido o ponto de equilíbrio entre os Poderes do Estado, para que se torne viável a liberdade de iniciativa econômica, fazendo-se efetivo o prestígio das instituições democráticas, entre as quais merece destaque o Poder Legislativo.

Se o Executivo é mais forte porque tem a bolsa e as armas, é importante que o suprimento dessa bolsa, pelo povo, fique condicionado à aprovação anual do Orçamento, pelo Legislativo que o representa, de sorte que não fiquem os parlamentares sempre à mercê do príncipe. Assim, quando tantas emendas estão sendo feitas à Constituição, é hora de incluir em uma delas dispositivo condicionando a cobrança dos tributos à previsão orçamentária anual.

4.5 Aplicação retroativa da lei tributária

4.5.1 Norma excepcional

A retroatividade das leis em geral é absolutamente inadmissível. Norma fundamental do Direito dos povos civilizados é a irretroatividade, que é, indiscutivelmente, notável instrumento de realização do valor *segurança jurídica*, e por isto mesmo é da própria essência das normas jurídicas em geral.

Realmente, as normas jurídicas em geral aplicam-se apenas a atos e fatos futuros, vale dizer, atos e fatos que acontecem depois de se haver iniciado a vigência da norma. Assim, ao dizer o art. 106 do CTN que "a lei aplica-se a ato ou fato pretérito" nas hipóteses que menciona, alberga norma excepcional, que incide tão somente naquelas hipóteses taxativamente estabelecidas.

Isto não quer dizer que não existam outras situações nas quais a lei tributária pode ser aplicada retroativamente. Tais situações, porém, dependem da própria natureza do conteúdo da norma ou de disposições expressas preconizando a retroatividade, que não ultrapassem limitações constitucionais.

Temos de distinguir a aplicação retroativa prevista no art. 106 do CTN, que independe de previsão legal específica, da aplicação retroativa prevista em cada caso pela lei que do mesmo se ocupa. Quando se diz que a norma albergada pelo art. 106 do CTN é excepcional, e por isto somente incide nas hipóteses nela taxativamente estabelecidas, não se está afirmando que dispositivos de leis da União, dos Estados, do Distrito

Federal e dos Municípios não possam prescrever aplicação retroativa em outros casos. Isto é possível, desde que que respeitados os dispositivos constitucionais.

4.5.2 Hipóteses de aplicação retroativa

Embora a retroatividade seja sempre excepcional, temos no direito tributário diversas hipóteses de aplicação retroativa, que podemos classificar em duas categorias. A primeira delas é a que decorre da própria natureza da lei, como se dá, por exemplo, com a lei que concede anistia. A segunda, a que decorre de dispositivo expresso de lei, para cuja edição o legislador se submete à limitação constitucional.

A segunda dessas duas categorias de retroatividade compreende a retroatividade prevista em dispositivos específicos de leis federais, estaduais ou municipais, e a retroatividade preconizada como norma geral de direito tributário é a de que trata o art. 106 do CTN.

Nos termos do art. 106 do CTN, aplica-se retroativamente a lei – vale dizer, aplica-se a lei a atos e fatos já consumados – quando seja expressamente interpretativa, excluída a aplicação de penalidades pela infração dos dispositivos interpretados. E, ainda, tratando-se de ato não definitivamente julgado, nos casos em que: (a) deixe de defini-lo como infração, ou, então, em outras palavras, deixe de tratá-lo como contrário a qualquer exigência de ação ou omissão e não tenha sido fraudulento, nem tenha implicado falta de pagamento do tributo; e (b) comine penalidade menos severa.

Segundo o art. 106 do CTN, portanto, são duas as hipóteses de aplicação retroativa da lei tributária, a saber: a hipótese de *lei expressamente interpretativa* e a hipótese de *lei punitiva mais favorável ao acusado*, que denominamos *retroatividade benigna*. Quanto a esta última não existem divergências dignas de nota; mas quanto à retroatividade da lei interpretativa existem profundas divergências, que vamos examinar a seguir.

4.6 Lei expressamente interpretativa

4.6.1 Disputa doutrinária

A doutrina é controvertida a respeito do tema das leis interpretativas. Enquanto alguns afirmam que não existe lei interpretativa, no sentido de lei que não inova no mundo jurídico, porque apenas esclarece o significado de lei antecedente, outros afirmam que existe, sim, lei que não inova mas simplesmente esclarece o que já estava em lei anterior.

Com o art. 106 do CTN o legislador adotou posição intermediária que se pode ter como conciliadora das correntes doutrinárias em choque. Admitiu a existência das leis interpretativas e prescreveu a aplicação destas a atos e fatos pretéritos, excluindo a aplicação de penalidades pela infração dos dispositivos interpretados. Isto quer dizer que em nenhuma hipótese poderá haver penalidade em decorrência da aplicação de uma lei interpretativa a fatos anteriores ao início de sua vigência.

4.6.2 Crítica à expressão "lei interpretativa"

Está longe de ser pacífica a possibilidade de lei interpretativa que, só por ser interpretativa, possa retroagir. Os que se filiam às ideias positivistas geralmente não a admitem. O notável Pontes de Miranda, por exemplo, doutrina:

> Nas democracias, com o princípio da irretroatividade da lei, a interpretação autêntica (...) não tem outro prestígio que o de qualquer peso a mais que lhe possa vir da procedência: o corpo legislativo somente pode, hoje, fazer lei para o futuro; não para trás, ainda que a pretexto de interpretar lei feita.[20]

Eduardo Espínola e Eduardo Espínola Filho examinam a questão da lei interpretativa perante o Direito intertemporal no Direito vigente de vários Países, e a final afirmam que em nosso direito positivo a lei interpretativa, ainda que assim expressamente rotulada, não tem, só por ser interpretativa, a virtude de retroagir em detrimento de situações jurídicas definitivamente constituídas.

Refutam a tese de Serpa Lopes segundo a qual as leis interpretativas, por sua própria natureza, têm efeitos retroativos. E argumentam, invocando o art. 1º, § 4º, da Lei de Introdução às Normas do Direito Brasileiro, que,

> se a simples retificação, a mera correção da lei em vigor, feita com a republicação tão somente, não pode retroagir, seria absurdo e gritantemente ilógico dar esse efeito a uma verdadeira lei nova, que se apresenta com o intuito de interpretar a anterior.[21]

---

20. Pontes de Miranda, *Tratado de Direito Privado*, 3ª ed., t. I, Rio de Janeiro, Borsói, 1970, p. XIII.
21. Eduardo Espínola e Eduardo Espínola Filho, *A Lei de Introdução ao Código Civil Brasileiro*, 3ª ed., Rio de Janeiro, Renovar, 1999, p. 300.

Essa doutrina tem sido expressamente acolhida por eminentes tributaristas, como se vê dos que se manifestaram sobre a questão da lei interpretativa em face do art. 106, I, do CTN.

4.6.3 A regra do art. 106 do CTN

Reportando-se à regra do art. 106 do CTN, Roque Antonio Carrazza, por exemplo, assevera:

> Há quem queira – seguindo na traça do art. 106, I, do CTN – que a lei tributária *interpretativa* retroage até a data da entrada em vigor da lei tributária *interpretada*. Discordamos, até porque, no rigor dos princípios, não há leis interpretativas. A uma lei não é dado interpretar uma outra lei. A lei é o direito objetivo e inova inauguralmente a ordem jurídica. A função de interpretar leis é cometida a seus aplicadores, basicamente ao Poder Judiciário, que aplica as leis aos casos concretos submetidos à sua apreciação, definitivamente e com força institucional. (...).[22]

Invocando a lição de Carrazza, o Min. Carlos Mário Velloso, do STF, manifesta-se também pela impossibilidade de lei tributária interpretativa.[23]

Nessa mesma linha, Luciano Amaro desfere severa crítica ao art. 106, I, do CTN, escrevendo:

> O Código Tributário Nacional imaginou ser possível abrir a possibilidade de retroação das leis ditas *interpretativas*, a pretexto de que, tratando-se de "interpretação autêntica" (ditada pelo próprio legislador), a lei nova "apenas" objetivaria "aclarar" o sentido da lei anterior, devendo, por essas razões, aplicar-se o preceito interpretativo retroativamente, desde o momento em que principiou a vigorar a lei interpretada. Nessa linha, diz o Código que a lei se aplica a ato ou fato pretérito, em qualquer caso, quando seja *expressamente interpretativa*, excluída a aplicação de penalidades à infração dos dispositivos interpretados (art. 106, I).
>
> Por conseguinte, uma lei interpretativa retroagiria sempre ("em qualquer caso", diz o Código Tributário Nacional), exceto para ensejar punição pelo descumprimento do preceito interpretado (ressalva

---

22. Roque Antonio Carrazza, *Curso de Direito Constitucional Tributário*, 31ª ed., São Paulo, Malheiros Editores, 2017, pp. 399-400.
23. Carlos Mário da Silva Velloso, *Temas de Direito Público*, Belo Horizonte, Del Rey, 1994, pp. 298-299.

o mesmo dispositivo). Segundo o equivocado preceito do Código, mesmo a incidência de tributo aclarado pela lei nova retroagiria à data de vigência da lei velha. A lei nova, tal qual o parecer do jurista ou a sentença do juiz, voltaria no tempo para dizer, em relação ao fato passado, qual o Direito aplicável (ou como se aplicar o Direito da época), inclusive para dispor, por exemplo, que o fato "a" se deva entender compreendido na regra de tributação da lei "x", estando, pois, a ocorrência concreta desse fato, desde a vigência dessa lei, sujeita ao tributo por ela criado.

A doutrina tem se dedicado à tarefa impossível de conciliar a retroação da lei interpretativa com o princípio constitucional da irretroatividade, afirmando que a lei interpretativa deve limitar-se a "esclarecer" o conteúdo da lei interpretada, sem criar obrigações novas, pois isso seria inconstitucional.

Segundo já afirmamos noutra ocasião, a lei "interpretativa" sofre todas as limitações aplicáveis às leis retroativas, e, portanto, é inútil.

Com efeito, a dita "lei interpretativa" não consegue escapar do dilema: ou ela inova o Direito anterior (e, por isso, é retroativa, com as consequências daí decorrentes), ou ela se limita a repetir o que já diz a lei anterior (e, nesse caso, nenhum fundamento lógico haveria nem para a retroação da lei, nem, a rigor, para sua edição).

Não se use o sofisma de que a lei interpretativa estaria "apenas" dizendo como deve ser aplicada (inclusive pelo juiz) a lei anterior, nem se argumente que o legislador estaria "somente" elucidando o que ele teria pretendido dizer com a lei anterior.

Ocorre que, de um lado, o legislador, nas matérias que se contêm no campo da irretroatividade, só legisla para o futuro. De outro lado, dar ao legislador funções interpretativas, vinculantes para o Judiciário na apreciação de fatos concretos anteriormente ocorridos, implicaria conceder àquele a atribuição de dizer o Direito aplicável aos casos concretos, tarefa precipuamente conferida pela Constituição ao Poder Judiciário. Mais uma vez, não se escapa ao dilema: ou a lei nova dá ao preceito interpretado o mesmo sentido que o juiz infere desse preceito, ou não; no primeiro caso, a lei é inócua; no segundo, é inoperante, por retroativa (ou porque usurpa função jurisdicional).

Por isso, quer se olhe a lei interpretativa como uma substituição retroativa do preceito obscuro da lei velha pelo preceito aclarado da lei nova, quer seja ela encarada como uma determinação ao juiz ou ao aplicador da lei para que julgue ou aplique a lei velha em tal ou qual sentido, estaremos sempre diante de uma lei nova que pretende regrar o passado, sendo, pois, aplicáveis todas as restrições oponíveis às leis retroativas.

Em suma, somente nos casos onde possa atuar lei retroativa é possível a atuação de lei interpretativa, o que evidencia a inutilidade desta.[24]

Valdir de Oliveira Rocha, por seu turno, assevera que

> a lei tributária poderá ter instituído tributo utilizando-se de conceito indeterminado (na sua base de cálculo, por exemplo), isto é, com um núcleo de determinação e um halo conceitual (...). Suponha-se, por exemplo, lei tributária que indique uma grandeza, como base de cálculo, sem determinar-lhe o conceito, determinação que poderia resultar, por hipótese, de uma definição procedida por lei posterior, observado o limite do núcleo conceitual (...); determinação do conceito, assim procedida, obrigaria o juiz, sim, respeitada a coisa julgada. A eventual divergência com a posição de Luciano Amaro, se assim pode ser entendida, estará em que penso que a expressão "interpretar", que figura no art. 106, I, do CTN, deve ser lida como "determinadora de conceito".[25]

Ruy Barbosa Nogueira admite a lei interpretativa em matéria tributária, mas sustenta que ela não pode gravosamente retro-operar no campo dos elementos constitutivos do fato gerador, que é direito material, embora possa limitar o poder estatal nessa área, dispondo sobre aspectos de equidade, remissão, anistia – enfim, de suavizações, jamais de agravações retroativas em relação a obrigações tributárias principais.[26]

Paulo de Barros Carvalho defende a irretroatividade como "imperativo da segurança do Direito", e afirma que "fere a consciência jurídica das Nações civilizadas a ideia de que a lei possa colher fatos pretéritos, já consolidados e cujos efeitos se canalizam regularmente em consonância com as diretrizes da ordem constitucional". Entretanto, parece admitir a validade da norma do art. 106, I, do CTN, que se reporta à lei expressamente interpretativa, pois – em suas palavras – "ocasiões há em que se concede ao legislador a possibilidade de atribuir às leis sentido retroativo". E, ainda, a propósito do dispositivo em questão, escreve:

> O inciso I alude às chamadas leis interpretativas, que, em qualquer caso, assumindo expressamente esse caráter, podem ser

---

24. Luciano Amaro, *Direito Tributário Brasileiro*, cit., 4ª ed., pp. 190-191.
25. Valdir de Oliveira Rocha, em Ives Gandra da Silva Martins (coord.), *Comentários ao Código Tributário Nacional*, 3ª ed., vol. 2, São Paulo, Saraiva, 2002, p. 64.
26. Ruy Barbosa Nogueira, *Curso de Direito Tributário*, 13ª ed., São Paulo, Saraiva, 1994, p. 85.

aplicadas a atos ou fatos pretéritos, mas excluindo-se a aplicação de penalidades à infração dos dispositivos interpretados. As leis interpretativas exibem um traço bem peculiar, na medida em que não visam à criação de novas regras de conduta para a sociedade, circunscrevendo seus objetivos ao esclarecimento de dúvidas levantadas pelos termos da linguagem da lei interpretada. Encaradas sob esse ângulo, despem-se da natureza inovadora que acompanha a atividade legislativa, retroagindo ao início da vigência da lei interpretada, explicando com fórmulas elucidativas sua mensagem antes obscura.[27]

José Jayme de Macedo Oliveira, não obstante se revele conhecedor das objeções feitas pela doutrina à lei interpretativa, termina por admitir sua aplicação retroativa, salvo para imposição de ônus de natureza punitiva. Em suas palavras:

> Diz-se interpretativa a lei que, de modo expresso, propõe-se a determinar o sentido de norma contida em lei anterior. Envolve-se na chamada interpretação autêntica (legal ou legislativa), eis que feita pelos próprios órgãos que elaboram o emblema legal precedente. Sua legitimidade sofre críticas acerbas, no entendimento de que intérpretes verdadeiros são a doutrina e os tribunais; sua inconveniência está em que ela necessita de interpretação e, se visa à interpretação, deveria atender a certos regramentos lógico-jurídicos, o que não ocorre em ditas leis interpretativas.
>
> A característica básica das leis interpretativas repousa em sua eficácia retroativa, ou seja, já que não criam novas normas de conduta e restringem-se a esclarecer dúvidas existentes na lei interpretada, retroagem ao início da vigência desta, respeitado, por óbvio, o comando constitucional atinente à coisa julgada (CF/1988, art. 5º, XXXVI). E essa retroatividade é facilmente explicável: se o legislador entender que o sentido da norma por ele anteriormente editada é aquele que vem expresso em uma norma posterior, não se pode aceitar que a lei interpretada até certa data tenha um significado, e a partir da data da lei interpretativa tenha outro. Uma lei não pode, por definição, admitir dois entendimentos, dois significados diferentes.
>
> E é essa retroatividade que o presente inciso do art. 106 disciplina, acentuando que a lei só é interpretativa no caso de textualmente consignar esse caráter, e decretando a não inflição de penalidade quanto às infrações da lei anterior, configuradas face a entendimento do sujeito passivo diverso do expresso na nova lei de interpretação; em outros termos: o ato praticado seguiu inteligência da norma

---

27. Paulo de Barros Carvalho, *Curso de Direito Tributário*, 13ª ed., São Paulo, Saraiva, 2000, p. 92.

anterior, inferida antes da lei interpretativa e com esta conflitante. Sujeita-se, nesse caso, o contribuinte ao recolhimento do imposto acaso devido, aos acréscimos moratórios e correcionais, jamais aos de natureza punitiva.[28]

4.6.4 *Reflexões sobre a lei interpretativa em matéria tributária*

Pelas manifestações doutrinárias que acabamos de transcrever, vê-se que a questão não é simples. Se, por um lado, se pode admitir, em tese, uma lei meramente interpretativa, que não cria norma nova, por outro lado, na prática, é difícil admitir que ela seria útil. Se tudo o que está contido na lei interpretativa já estava contido na lei interpretada, o tributo já poderia ser regularmente cobrado em face da primeira. Se tal possibilidade não existia, e passou a existir com a lei interpretativa, é difícil admitir que o conteúdo desta não seja de algum modo diverso do conteúdo da lei interpretada, e, portanto, inovador.

A questão realmente está na retroatividade. Lei interpretativa apenas para esclarecer a partir dela o sentido de lei anterior, ou uma lei nova, é apenas uma questão de técnica legislativa. Chega-se sempre ao mesmo resultado.

Essa postura doutrinária é, sem dúvida, muito consistente e merece todo o respeito. Ela alberga, porém, uma posição extremada, muito rigorosa, no que diz respeito à divisão de poderes entre o Judiciário e o Legislativo e uma crença de que a interpretação judicial das leis é uniforme. Embora pareça incontestável no plano da lógica formal, pode-se a ela contrapor o argumento de que, não tendo sido declarada a inconstitucionalidade do art. 106, I, do CTN, contra esse dispositivo não pode prevalecer um entendimento doutrinário, por mais respeitável que seja.

É certo que, em vez da afirmação da inconstitucionalidade do art. 106, I, do CTN, que coloca o problema da necessidade de declaração formal pelo STF, pode-se sustentar que o referido dispositivo não foi recepcionado pela Constituição Federal/1988. Como se vê, no plano da lógica formal essa disputa pode ir ainda muito longe.

Contestação mais consistente, porém, da doutrina que nega a possibilidade de leis interpretativas, ou a retroatividade destas por serem interpretativas, e, assim, nega validade ao inciso I do art. 106 do CTN, pode ser feita com o argumento de que ela se afasta da realidade e, a pre-

---

28. José Jayme de Macedo Oliveira, *Código Tributário Nacional – Comentários, Doutrina, Jurisprudência*, São Paulo, Saraiva, 1998, p. 259.

texto de prestigiar a segurança jurídica, atinge em cheio outro princípio fundamental do Direito, que é o princípio da isonomia.

Com efeito, a referida doutrina afasta-se da realidade, porque não existe em nosso ordenamento jurídico essa divisão estanque, completa, de funções legislativas e jurisdicionais, nem é uniforme a interpretação da lei pelo Judiciário. Muito pelo contrário. Em nosso ordenamento jurídico existem inúmeras interpretações nas funções dos três Poderes do Estado, o que tem sido considerado salutar na estrutura do Estado. E a aplicação judicial da lei tem demonstrado que muita vez o sentido desta realmente está, em muitos casos, a exigir a edição de lei nova esclarecedora do sentido da anterior.

É claro que se pode considerar natural a divergência entre os juízes. Talvez por isso, aliás, muitos são contra a instituição de súmulas vinculantes com as quais o próprio Poder Judiciário tentaria reduzi-la. Não se pode, todavia, negar que o fato de muitas questões iguais serem objeto de decisões judiciais diversas pode albergar lesão grave ao princípio da isonomia, que, tanto quanto o da irretroatividade das leis, realiza valores fundamentais que ao Direito cabe preservar.

É razoável, portanto, admitir que o legislador, uma vez instaurada a divergência a respeito da interpretação de uma lei, possa editar lei nova com o objetivo de esclarecer o sentido e o alcance da lei anterior, aplicando-se o entendimento consagrado na lei nova para a solução dos casos ocorridos desde o início da vigência da lei interpretada. Com isso se evitariam os longos e penosos processos judiciários, que se arrastam por muitos e muitos anos, envolvendo, inclusive, ações rescisórias, com os quais as partes buscam o tratamento isonômico.

A nosso ver, em face do que se pode observar na aplicação das leis pelos tribunais, temos de meditar sobre se o mal decorrente de se admitir a retroatividade das leis interpretativas nos moldes do art. 106, I, do CTN não será menor que o decorrente das decisões divergentes em face da mesma lei. Especialmente porque se sabe que nem sempre se consegue alcançar a uniformização, mesmo diante dos tribunais de última instância, e o que se tem em não raros casos é a lesão flagrante do princípio da isonomia praticada pelo Poder Judiciário.

Não estamos afirmando que o uso da lei interpretativa seja capaz de evitar inteiramente essas lesões à isonomia, mas nos parece que ela pode reduzir significativamente tais ocorrências.

Por tais razões, entendemos que a questão da existência da denominada lei interpretativa deve ser objeto de profunda meditação do jurista, que não deve rejeitá-la apenas com fundamento na lógica formal. Afinal, a possível lesão ao princípio da segurança jurídica que sua retroatividade pode ocasionar poderá ser compensada com a realização do princípio da isonomia, que seu emprego adequado pode proporcionar.

Seja como for, a retroatividade da lei interpretativa há de ser admitida em termos. Jamais para prejudicar direito do cidadão em face do Estado. Nem se pode considerar interpretativa lei que modifica interpretação já firmada pelo Judiciário, porque é deste, como sua função típica, a missão de interpretar a lei que a motivou.

A Lei Complementar 118, de 9.2.2005, oferece interessante exemplo de lei interpretativa. Ou, mais exatamente, um exemplo de lei contendo dispositivo expressamente interpretativo, que provocou manifestações doutrinárias e jurisprudenciais interessantes, suscitando questões sobre as quais vamos adiante nos manifestar.

4.6.5 Constituição Federal e art. 106, I, do CTN

Tendo em vista que o art. 150, III, "a", da CF veda a cobrança de tributo "em relação a fatos geradores ocorridos antes do início da vigência da lei que os houver instituído ou aumentado", coloca-se a questão de saber se o art. 106, I, do CTN está, ou não, em conflito com esse dispositivo constitucional, ao estabelecer a retroatividade da lei interpretativa em matéria tributária.

4.6.6 Lei que não inova no mundo normativo

Admitindo-se a existência de lei interpretativa, pode ser esta definida como lei que não inova no mundo normativo, limitando-se a esclarecer dúvida surgida a respeito do significado e do alcance de lei anterior.

Alguém poderá dizer que o esclarecer é inovar. Tinha-se antes regra de significado duvidoso, e tem-se agora regra de significado claro. A exclusão da dúvida é uma novidade no ordenamento. É sempre possível discutirmos qualquer coisa a partir da linguagem, que, embora indispensável, é sempre um instrumento muito problemático. De todo modo, quando afirmamos que a lei interpretativa apenas remove dúvidas quanto ao significado de lei anterior, tem-se de considerar que essas dúvidas tinham sido expostas claramente em decisões das quais constem manifestações divergentes a respeito do sentido da lei então aplicada.

Não se pode admitir que o legislador, a pretexto de interpretar uma lei, edite outra atribuindo à anterior significado que nela ninguém tinha visto. Só é lei interpretativa aquela que adota um dos significados possíveis da lei anterior. Em especial, significado que tenha sido enunciado em manifestações jurisprudenciais reiteradas, em contraposição a outras manifestações que atribuam significado diverso para a mesma lei.

Como podemos verificar de texto doutrinário já por nós transcrito, há quem sustente que lei interpretativa é apenas aquela que, de modo expresso, se propõe a determinar o sentido de norma contida em lei anterior.[29] A nosso ver, basta, para que uma lei seja interpretativa, que não estabeleça regra jurídica nova, limitando-se a atribuir um sentido mais claro a dispositivo de lei anterior. Não é necessário dizer expressamente que apenas está interpretando a lei anterior. Sendo possível encontrar na lei anterior a regra jurídica contida na lei nova que apenas se expressa de forma mais clara, tem-se uma lei interpretativa. Por outro lado, mesmo dizendo expressamente que apenas interpreta lei anterior, se alberga regra naquela inexistente não será realmente uma lei interpretativa.

4.6.7 Exemplo de lei interpretativa

Como Juiz Federal no Ceará, decidimos que o art. 19 do Decreto-lei 1.598/1977, embora sem o dizer expressamente, é uma norma interpretativa, e nosso entendimento foi confirmado pelo antigo Tribunal Federal de Recursos/TFR, mantendo sentença na qual admitimos a incidência do Imposto de Renda sobre a parte das receitas financeiras excedente das despesas da mesma natureza.[30]

Todavia, o mesmo TFR negou ao citado dispositivo legal natureza de lei interpretativa, recusando ao mesmo efeitos retroativos. Na súmula de sua jurisprudência ele o disse, ao estabelecer que "o gozo dos benefícios fiscais dos arts. 13 e 14 da Lei n. 4.329, de 1963, até o advento do Decreto-lei n. 1.598, de 1977, não se restringia aos rendimentos industriais ou agrícolas do empreendimento".[31]

Esse enunciado jurisprudencial, todavia, parece-nos albergar um equívoco. Se admitirmos que o art. 19 do Decreto-lei 1.598/1977 tem

---

29. José Jayme de Macedo Oliveira, *Código Tributário Nacional – Comentários, Doutrina, Jurisprudência*, cit., p. 259.
30. TFR, REO 82.156-CE, *DJU* 22.10.1987, pp. 23.052-23.053, com a seguinte ementa: "Tributário – Empresa industrial instalada na Zona da SUDENE, beneficiária de isenção fiscal – Receitas financeiras tributadas na forma preconizada no art. 19 do Decreto-lei n. 1.598/1977 – Norma que tem nítido espírito interpretativo, aplicando-se, por isso, a fatos pretéritos (art. 106 do CTN) – Receitas financeiras tributadas apenas no que exceder as despesas da mesma natureza – Sentença confirmada".
31. TFR, Súmula 164.

natureza simplesmente interpretativa, justifica-se sua aplicação para restringir o alcance dos incentivos fiscais que vinham sendo concedidos com alcance indevido, maior do que permitia a lei anterior.

Essas questões, todavia, em virtude do tempo já decorrido, perderam qualquer importância prática, razão pela qual vamos terminar aqui o seu exame.

4.6.8 Exclusão de penalidades

Existindo dúvida quanto ao significado de uma lei, capaz de justificar a iniciativa do legislador de fazer outra lei para espancar as ambiguidades existentes no texto da lei anterior, não é justo que se venha a punir quem se comportou de uma ou de outra forma dentre aquelas que podiam ser consideradas corretas em face do texto antigo. Daí por que deve ser excluída a aplicação de penalidades a quem se comportou de uma ou de outra das formas que em face da lei anterior podiam ser admitidas como corretas.

Tal exclusão, porém, não é absoluta, como poderia parecer da leitura do art. 106 do CTN. Ela diz respeito à má interpretação da lei, não à sua total inobservância. Admitamos, por exemplo, que em face de algum dispositivo da legislação do IPI se tenha dúvida sobre o documento a ser emitido, se o documento "a" ou o documento "b", e que uma lei expressamente interpretativa diga que no caso deve ser emitido o documento "b". Não se aplicará qualquer penalidade a quem tenha emitido o documento "a". Mas quem não emitiu documento nenhum, nem "a", nem "b", está sujeito à penalidade. Não lhe aproveita a exclusão de que trata o art. 106 do Código. Nesse sentido é a lição de Sérgio Feltrin Corrêa, que afirma:

> O afastamento de penalidade, todavia, não deve ser considerado como pronta decorrência do surgimento de uma lei interpretativa. É fundamental seja levado em conta que a penalidade destina-se à formação de uma melhor consciência social e, em tais condições, não será justificada se o lapso cometido pelo contribuinte, ao revés de posicionado sob o abrigo de uma compreensão razoável do sentido que buscou emprestar à lei velha, decorreu de clara inobservância aos seus termos.[32]

Realmente, a não aplicação de sanção a quem tenha interpretado a lei anterior de modo diverso do que veio a ser estabelecido na lei nova

---

32. Sérgio Feltrin Corrêa, em Vladimir Passos de Freitas (coord.), *Código Tributário Nacional Comentado*, cit., 1999, p. 456.

resulta de haver o próprio legislador admitido que legislou com impropriedade. Não é um perdão para quem descumpre a lei, mas o reconhecimento de que a obscuridade ou imprecisão da lei anterior permitia, sim, aquela interpretação que a lei nova afastou.

Adiante veremos a influência do direito penal na concepção da retroatividade nas hipóteses previstas no inciso II do art. 106 do CTN.

4.6.9 Garantia constitucional da irretroatividade

Reconhecemos a necessidade de profundas reflexões em torno da questão da lei interpretativa. Entretanto, estamos certos de que admitir sua retroatividade nos termos do art. 106, I, do CTN significa uma abertura para abusos por parte do legislador. E essa abertura torna-se tanto mais perigosa quanto maior seja, como tem sido, a influência do Poder Executivo sobre o legislador.

Em matéria tributária, onde é intenso o interesse no aumento da arrecadação, é extremamente perigosa a possibilidade de retroatividade de leis que regulam a determinação do montante do tributo, ao argumento de que essas leis são apenas interpretativas.

É razoável admitir a retroatividade das leis interpretativas quando da aplicação destas resulte redução de ônus tributários. Em tais casos, a Fazenda Pública, que tem inegável influência no processo legislativo, estaria abrindo mão da interpretação a ela mais favorável, em proveito da eliminação dos conflitos na relação tributária. Não é razoável, porém, admitir a retroatividade das leis ditas interpretativas quando da aplicação destas resulte agravamento de ônus tributário.

Por isso, preferimos concluir que as leis ditas interpretativas devem ser aplicadas retroativamente para reduzir o ônus tributário, mas não podem ser aplicadas retroativamente em detrimento do contribuinte. Assim restam minimizada a lesão ao princípio da isonomia e inteiramente preservada a garantia da irretroatividade.

4.6.10 Irretroatividade da nova interpretação

É importante observarmos que a lei veda expressamente a aplicação retroativa de nova interpretação que a Administração Pública venha a adotar de qualquer norma administrativa cuja aplicação lhe caiba fazer. Essa diretriz hermenêutica com certeza aplica-se também às normas tributárias, mas em qualquer caso essa irretroatividade deve funcionar como proteção ao particular, seja o contribuinte, seja o cidadão particular em geral, pois o princípio da irretroatividade das leis, em que se fundamenta, é garantia constitucional instituída para a proteção do particular contra o arbítrio da autoridade.

Temos afirmado repetidas vezes que as autoridades da Administração Tributária, como qualquer titular de poder, buscam sempre contornar os limites que a ordem jurídica lhes impõe. E não raramente o legislador, em troca de favores do Governo, curva-se aos desejos dessas autoridades, em detrimento do verdadeiro interesse público, que consiste no respeito aos direitos fundamentais dos cidadãos. A Lei Complementar 118/2005 oferece interessante exemplo de situação na qual, com o apoio do legislador, autoridades da Administração Tributária pretenderam contornar limites postos pela jurisprudência ao exercício do poder de tributar.

Estabeleceu interpretação para o art. 168 do CTN, a dizer que no contexto desse dispositivo a extinção do crédito tributário ocorre, no caso de tributo sujeito a lançamento por homologação, no momento do pagamento antecipado. E determinou, quanto a essa interpretação, a observância da regra do art. 106, I, do CTN – vale dizer, determinou sua aplicação retroativa. Ocorre que, no caso, o dispositivo já fora objeto de interpretação posta em jurisprudência firmada pelo STJ, de sorte que, a rigor, não se pode falar de lei interpretativa. O que se tem, no caso, é uma alteração do disposto no art. 168 do CTN, que passa a considerar como marco inicial do prazo nele referido o pagamento, em vez da extinção do crédito tributário. E sem qualquer possibilidade de aplicação retroativa.[33]

Admitir-se a retroatividade de qualquer lei que o legislador batize como expressamente interpretativa seria colocar nas mãos do legislador um instrumento para violar a garantia, que, a rigor, integra a própria essência do Direito, na medida em que preserva a segurança que, ao lado da justiça, cumpre ao Direito preservar, como valores fundamentais da Humanidade.

Felizmente pacificou-se no STJ a jurisprudência no sentido da inconstitucionalidade do art. 4º da Lei Complementar 118/2005. E não se pode negar que admitir retroatividade de uma lei apenas porque o legislador afirma ter a mesma caráter interpretativo, quando o dispositivo supostamente interpretado já vem sendo objeto de jurisprudência pacificada, é permitir que o legislador usurpe uma função do Judiciário.

---

33. V. o que sobre o assunto escrevemos em "A questão da lei interpretativa na Lei Complementar 118/2005", *Revista Dialética de Direito Tributário* 116/52-68, São Paulo, Dialética, maio/2005.

4.7 Retroatividade benigna

4.7.1 Influência do direito penal

A denominada retroatividade benigna da lei tributária concernente a penalidades é a manifestação, no âmbito do direito tributário, de um princípio fundamental do direito penal que determina a aplicação retroativa da lei mais favorável ao réu ou acusado.

No direito penal a retroatividade da lei mais favorável é imperativo constitucional[34] e alcança, sem qualquer restrição, todos os fatos, não encontrando limites sequer na coisa julgada. Retroatividade plena que está expressa em norma segundo a qual "a lei posterior, que de qualquer modo favoreça o agente, aplica-se aos fatos anteriores, ainda que decididos por sentença condenatória transitada em julgado".[35]

É certo que ao estudarmos as normas gerais da legislação tributária, evidentemente, não estamos no campo do direito penal, mas a influência deste se faz sentir onde quer que se cogite de normas a respeito de penalidades. Por isto mesmo, podemos afirmar que a regra expressa em nosso Código Penal estabelecendo a denominada retroatividade benigna é regra própria do direito punitivo, que vai além do campo do direito penal.

4.7.2 Ato não definitivamente julgado

Ato não definitivamente julgado é tanto aquele que não foi posto em questão como aquele que, tendo sido questionado, a questão que o envolveu ainda não foi definitivamente resolvida. Assim, se o contribuinte cometeu uma infração à legislação tributária e surgiu lei nova mais favorável, como tal compreendida em uma das hipóteses previstas no inciso III do art. 106 do CTN, essa lei nova aplica-se ao fato, de sorte que, havendo ação fiscal para aplicação da penalidade respectiva, deve o agente fiscal iniciar a ação fiscal desde logo com auto de infração no qual já indicará a aplicação da lei nova, mais favorável. Por outro lado, se lavrado o auto de infração ainda na vigência da lei antiga mais severa, a lei nova mais favorável deve ser aplicada pela autoridade julgadora.

Não há qualquer diferença entre as hipóteses da alínea "a" e da alínea "b" do inciso III do art. 106 do CTN. Na verdade, tanto faz deixar de definir um ato como infração como deixar de tratar esse ato como contrário a qualquer exigência de ação ou omissão. Por isto parece-nos que a retroatividade benigna ocorre em duas hipóteses. Primeira, quando

---

34. CF/1988, art. 5º, XI.
35. CP, art. 2º, parágrafo único.

a lei nova deixa de tratar o ato como infração da legislação tributária. E, segunda, quando comine a quem o pratica penalidade menos severa.

É razoável também dizer que se aplica retroativamente a lei que de qualquer forma favorece o contribuinte no que diz respeito a sanções por infrações à legislação tributária. Neste sentido manifestou-se o então Conselho Superior de Recursos Fiscais do Ministério da Fazenda/CSRF-MF, em julgamento no qual afirmou:

> Aplica-se retroativamente a norma que, conceituando reincidência de maneira mais favorável ao infrator, por limitar o lapso de tempo de cometimento da nova infração em relação à anterior, implica no desagravamento da penalidade.[36]

Resta esclarecermos o que se deve entender por "não definitivamente julgado", se o que ainda não foi objeto de julgamento definitivo na esfera administrativa ou o que ainda não foi objeto de julgamento por decisão com trânsito em julgado.

O STJ manifestou-se já no sentido de que "a expressão 'ato não definitivamente julgado', constante do art. 106 do CTN, alcança o âmbito administrativo e também o judicial".[37] E o STF manifestou-se no mesmo sentido, afirmando que, "se a decisão administrativa ainda pode ser submetida ao crivo do Judiciário, e para este houve recurso do contribuinte, não há de se ter o ato como definitivamente julgado, sendo esta a interpretação que há de dar-se ao art. 106, III, 'c', do CTN".[38]

Ato não definitivamente julgado, portanto, é aquele que ainda pode ser questionado. E assim hão de ser considerados tanto aquele que não foi colocado como objeto de controvérsia administrativa ou judicial como aquele que, tendo sido questionado, não é ainda objeto de decisão judicial com trânsito em julgado.

Ato apreciado em processo administrativo, mesmo com decisão definitiva na via administrativa, ainda não é definitivamente julgado, mesmo que não tenha havido iniciativa do contribuinte de ingressar em juízo para questioná-lo. Basta que ainda seja possível o questionamento. Assim, promovida a execução fiscal de crédito tributário no qual se incluem penalidades, se surge lei nova que as torna menos onerosas, essa

---

36. CSRF-MF, Ac. 02-0.346, rel. Cons. Roberto Barbosa de Castro, *DJU* 20.2.1997, citado por José Jaime de Macedo Oliveira em seu livro *Código Tributário Nacional – Comentários, Doutrina, Jurisprudência*, cit., p. 261.

37. STJ, 2ª Turma, REsp 180.979-SP, rel. Min. Ari Pargendler, j. 27.10.1998, *DJU*-1 15.3.1999, e *Repertório IOB de Jurisprudência* 10/99, col. 1, p. 288, texto n. 1/13.499.

38. STF, 2ª Turma, RE 95.900-BA, rel. Min. Aldir Passarinho, *RTJ* 114/249.

lei nova retroage. O limite à aplicação retroativa, portanto, é, na verdade, a coisa julgada.

O STJ já decidiu que mesmo no curso da execução fiscal já em fase de liquidação se aplica retroativamente a lei mais favorável:

> O art. 106 do CTN admite a retroatividade, em favor do contribuinte, da lei mais benigna nos casos não definitivamente julgados. Sobrevindo, no curso da execução fiscal, o Decreto n. 2.471, de 1988, que reduziu a multa moratória de 100% para 20%, e sendo possível a reestruturação do cálculo de liquidação, é possível a aplicação da lei mais benigna, sem ofensa aos princípios gerais do direito tributário. Na execução fiscal, as decisões finais correspondem às fases da arrematação, da adjudicação ou remissão, ainda não oportunizadas, ou, de outra feita, com a extinção do processo, nos termos do art. 794 do CPC[39] [*CPC/1973 – art. 924 do CPC/2015*].

A rigor, não deve ser assim. O sentido da expressão "ato não definitivamente julgado", albergada pelo art. 106 do CTN, é o de ato cujo significado jurídico ainda está pendente de decisão judicial definitiva. Ato cujo significado jurídico ainda não está definido pelo Poder Judiciário. Assim, se foram já apreciados os embargos e a decisão transitou em julgado, ou se não são mais cabíveis os embargos e a execução está em fase de liquidação, a lei nova que atribua sentido novo ao ato, em princípio, a ele não é mais aplicável.

A interpretação adotada pelo STJ, entretanto, tem bom fundamento doutrinário, na medida em que considera deva prevalecer sempre na interpretação de normas punitivas o critério que prevalece no direito penal. No âmbito deste, Nelson Hungria defende a retroatividade da norma penal benigna mesmo contra a coisa julgada. Assim é que se reporta à opinião restritiva de Carlos Maximiliano para dizer:

> Carlos Maximiliano faz uma velada censura à indiscrição do legislador penal brasileiro, que, ao admitir a retroatividade *in mitius*, desatende ao princípio da *santidade da* **res judicata**, ainda quando não se trate de *abolitio criminis*. Não lhe assiste razão. Nos *altares* do direito penal a coisa julgada é santa de prestígio muito relativo.[40]

---

39. STJ, 1ª Turma, rel. Ministro Demócrito Reinaldo, *DJU* 25.11.1996, citado por José Jaime de Macedo Oliveira em seu livro *Código Tributário Nacional – Comentários, Doutrina, Jurisprudência*, cit., pp. 258-259.

40. Nelson Hungria, *Comentários ao Código Penal*, 4ª ed., vol. 1, t. 1, Rio de Janeiro, Forense, 1958, pp. 110-111.

Não se pode esquecer que as garantias constitucionais em geral são destinadas à proteção dos governados contra o arbítrio do governante. Assim, em princípio não são invocáveis a favor do Estado. E, no caso da irretroatividade das leis, tem-se de considerar que, afinal, quem faz a lei é o Estado. Se admite tratar o infrator de forma menos severa, é razoável que o tratamento menos severo deve ser aplicável também, na medida em que os fatos o permitam, mesmo contrariando a coisa julgada.

4.7.3 Retroatividade benigna e contribuições de previdência social

Temos sustentado que as contribuições de previdência social são tributo que ganha especificidade exatamente em razão de se destinarem ao financiamento da seguridade social. Não se aplica ao caso o art. 4º do CTN, porque a Constituição Federal/1988 não o permite, porque atribui às contribuições de seguridade social natureza jurídica específica, em função da destinação que estabelece, de sorte que nenhuma dúvida pode haver a esse respeito. Por isto mesmo, o STF manifestou-se já no sentido de que as contribuições de seguridade social constituem exceção à regra do art. 4º do CTN.

Podem ser apontados como razões da polêmica em torno da questão de saber se as contribuições de seguridade social são, ou não são, tributo, primeiro, o interesse das entidades que as arrecadam de fugir à aplicação de certas normas do Código Tributário Nacional, como acontece, por exemplo, quando se trata de prescrição, matéria tratada na lei específica das contribuições de seguridade social em desrespeito ao estabelecido no Código Tributário Nacional. E, ainda, o fato de algumas leis, especialmente aquelas que cuidam de crimes contra a ordem tributária, fazerem referência aos tributos e às contribuições como se fossem coisas diversas de tributo.

Seja como for, é indiscutível, a nosso ver, que as contribuições se integram no gênero tributo e se submetem às normas do Código Tributário Nacional, salvo, é claro, as particularidades estabelecidas pela própria Constituição Federal.

A aplicação retroativa da lei mais benigna sobre penalidades aos casos ainda não definitivamente julgados, como estabelecido no art. 106, é um exemplo de aplicação das normas do Código Tributário Nacional em matéria de contribuições de seguridade social. Neste sentido manifestou-se já o STJ, em acórdão que porta a seguinte ementa:

> Embargos à execução fiscal – Débitos para com a previdência – Multa – Redução – Art. 35 da Lei n. 8.212/1991 – Aplicação da legislação mais benéfica ao devedor.

1. Ainda não definitivamente julgado o feito, o devedor tem direito à redução da multa, nos termos do art. 35 da Lei n. 9.528/1997.
2. No confronto entre duas normas, aplica-se a regra do art. 106, II, "c", do CTN, por ser a dívida previdenciária de natureza tributária.
3. Recurso especial não conhecido.[41]

Pena é que os órgãos públicos insistam em defender teses indefensáveis, já repelidas pela jurisprudência, como aconteceu no caso aqui referido em que o STJ não tomou conhecimento do recurso por ser o mesmo absolutamente incabível. É atitude inteiramente injustificável, que desgraçadamente contribui para a demora no julgamento dos feitos, porque multiplica indefinidamente o número de ações e de recursos que praticamente inviabilizam o Poder Judiciário, e com isso degradam a própria ordem jurídica.

---

41. STJ, 2ª Turma, REsp 381.753-RS, rela. Min. Eliana Calmon, j. 26.3.2002, *DJU*-1 6.5.2002, p. 282, e *Repertório IOB de Jurisprudência* 12/2002, 2ª quinzena de junho/2002, col. 1, p. 424.

5
Interpretação e Integração da Legislação Tributária

5.1 Normas sobre interpretação e integração: 5.1.1 Interferência do legislador – 5.1.2 Validade das normas sobre interpretação e integração – 5.1.3 Utilidade de normas sobre interpretação e integração. 5.2 Interpretação da norma jurídica: 5.2.1 Vários sentidos da palavra "interpretação" – 5.2.2 Interpretação e aplicação – 5.2.3 Observância da norma. 5.3 Elementos da interpretação: 5.3.1 Elemento literal – 5.3.2 Elemento histórico – 5.3.3 Elemento lógico-sistêmico – 5.3.4 Elemento teleológico. 5.4 Interpretação tópica: 5.4.1 Posições extremadas – 5.4.2 Conciliação dos elementos tópico e sistêmico – 5.4.3 Interpretação tópica e princípio da razoabilidade. 5.5 Interpretação e fundamento ético da norma: 5.5.1 Insuficiência dos elementos de interpretação – 5.5.2 Fundamento ético – 5.5.3 Injustiça e inconstitucionalidade. 5.6 Não especificidade da interpretação das normas tributárias: 5.6.1 Teses favoráveis à especificidade – 5.6.2 Tributação e restrições ao direito de propriedade – 5.6.3 Norma jurídica e interesse público – 5.6.4 Substância e forma na interpretação da norma – 5.6.5 Tributação e poder – 5.6.6 Tributo e interesse público – 5.6.7 Caráter odioso da relação tributária – 5.6.8 Normas de tributação como normas jurídicas – 5.6.9 Superação definitiva do "na dúvida a favor do Fisco". 5.7 Interpretação e doutrina jurídica: 5.7.1 Aplicação e doutrina – 5.7.2 Conhecimento das normas e dos fatos – 5.7.3 Tarefa da doutrina. 5.8 Integração da legislação tributária: 5.8.1 Interpretação e integração – 5.8.2 Ideia de lacuna no ordenamento jurídico – 5.8.3 Lacunas falsas, políticas ou ideológicas – 5.8.4 Lacunas verdadeiras ou técnicas – 5.8.5 As lacunas no ordenamento jurídico brasileiro – 5.8.6 Meios de integração – 5.8.7 A integração e o princípio da legalidade. 5.9 Institutos, conceitos e formas de direito privado: 5.9.1 Unidade do Direito – 5.9.2 Princípios gerais de direito privado e lei tributária – 5.9.3 Conceitos do direito privado e lei tributária – 5.9.4 Abuso de institutos, conceitos e formas de direito privado. 5.10 Interpretação econômica: 5.10.1 A substância e a forma na interpretação – 5.10.2 A inalterabilidade dos conceitos da Constituição – 5.10.3 A supremacia constitucional. 5.11 Interpretação literal: 5.11.1 O elemento literal na interpretação – 5.11.2 Manifestações doutrinárias sobre o elemento literal – 5.11.3 Absurdos a que conduz a interpretação literal – 5.11.4 Significado da norma do art. 111 do CTN – 5.11.5 Interpretação segundo a Constituição Federal. 5.12 Interpretação benigna: 5.12.1 A regra do art. 112 do CTN – 5.12.2 Definição de infrações – 5.12.3 Cominação de penalidades – 5.12.4 Hipóteses de interpretação benigna.

5.1 Normas sobre interpretação e integração

5.1.1 Interferência do legislador

Não são necessárias normas sobre interpretação de normas. O Direito intertemporal comporta tratamento normativo, mas isto não ocorre com a atividade do intérprete, que há de ser livre de regras, salvo quando se trata de interpretação como atividade criadora.

Realmente, a palavra "interpretação" tem vários significados, como adiante vamos explicar, de sorte que essa liberdade a que nos referimos está presente na interpretação se entendida esta como ato de conhecimento, mas não está presente na interpretação como ato de criação do Direito. Assim, tanto pode o legislador estabelecer o significado a ser atribuído a determinados conceitos como pode estabelecer certos critérios a serem utilizados na determinação do sentido das normas pelos órgãos que as aplicam. Será, sem dúvida, uma interferência do legislador, mas interferência que se justifica, porque parte de quem pode até fazer a própria norma.

As normas sobre interpretação de normas podem ser de parca utilidade, mas não são desprovidas de validade no sentido jurídico formal. Como normas produzidas por quem pode produzir normas, elas são válidas, embora tenham eficácia duvidosa em muitos casos.

5.1.2 Validade das normas sobre interpretação e integração

No campo do direito tributário tem sido afirmada a invalidade das normas que dispõem a respeito da interpretação. Assim é que Ricardo Lobo Torres assevera:

> Da ambiguidade, da insuficiência e da redundância das normas sobre interpretação e integração da legislação tributária, que as tornam inúteis e carentes elas próprias de interpretação, resulta a sua *invalidade*.
>
> Ademais, aquelas normas se tornam inválidas porque têm a eficácia comprometida pelo caráter ideológico que possuem e sua legitimidade conspurcada pelo desequilíbrio que introduzem nos sistemas de valores jurídicos e dos Poderes do Estado.[1]

Mais uma vez, porém, a questão nos parece situar-se muito mais nos conceitos do que na tese em cujo enunciado eles se encartam. Na

---

1. Ricardo Lobo Torres, *Normas de Interpretação e Integração do Direito Tributário*, Rio de Janeiro, Forense, 1991, p. 127.

verdade, as normas sobre interpretação e integração da legislação tributária são válidas. Nessa afirmação, porém, estamos nos referindo à validade em sentido jurídico formal, e não à validade no sentido de *eficácia*, ou de legitimidade, como quer Lobo Torres.

Por outro lado, se atribuirmos à palavra "validade" o sentido amplo que lhe atribui Ricardo Lobo Torres, teremos de concluir que as normas jurídicas em geral, e não apenas as que cuidam de interpretação e integração da legislação tributária, podem ser consideradas sem validade, ou de validade extremamente discutível. Preferimos, portanto, tratar como conceitos distintos a *validade*, a *vigência* e a *eficácia*, pois isto nos permite resolver a questão de forma mais fácil e mais adequada.

Assim é que por *validade* entendemos a aptidão para integrar o sistema jurídico, decorrente da conformidade da norma com as normas superiores do sistema. Por *vigência* entendemos a aptidão para incidir, e, assim, produzir efeitos no plano da abstração jurídica, qualidade que é dada pelas próprias normas do sistema às normas escritas que o integram. E por *eficácia* entendemos a aptidão produzir efeitos no plano da concreção jurídica, vale dizer, no mundo dos fatos.

Sobre a validade das normas jurídicas já escrevemos:

> Não está muito clara na doutrina a distinção entre a *existência* e a *validade* de uma norma jurídica. Podemos, todavia, identificar a existência tendo em vista o aspecto formal da norma, e em especial a competência do órgão que a produziu. Em se tratando de uma lei federal, em nosso ordenamento jurídico, por exemplo, podemos dizer que ela existe quando tenha sido produzida pelo Congresso Nacional, com observância do procedimento para esse fim estabelecido. Já a validade pode ser identificada tendo-se em vista a observância das normas nas quais a lei tem fundamento.
>
> Adotamos, para esse fim, a ideia de que o ordenamento jurídico é escalonado e que uma norma tem sempre o seu fundamento de validade em uma norma superior. Assim, a norma veiculada em uma lei é válida se está em harmonia com a Constituição. A norma veiculada no regulamento é válida se está em harmonia com a lei, e assim por diante.
>
> É possível que uma lei exista, porque foi aprovada pelo órgão legislativo competente, mas não seja válida, porque não está em harmonia com a Constituição. O *existir* depende apenas da obediência ao princípio da competência e do procedimento adequado, enquanto o *valer* depende da inteira harmonia com as normas superiores.[2]

---

2. Hugo de Brito Machado, *Introdução ao Estudo do Direito*, 3ª ed., São Paulo, Atlas, 2012, p. 74.

Bem entendido o que é vigência, vê-se logo que esta não se confunde com eficácia, que é a aptidão para produzir efeitos no plano da concreção jurídica. A vigência é afirmada pelo próprio sistema jurídico, independentemente do que no mundo fenomênico possa ser tido como efeito da norma. Eficácia é efeito da norma no mundo dos fatos, situando-se, portanto, no plano da concreção jurídica. A norma pode ser eficaz porque é espontaneamente observada, e pode ser eficaz porque é aplicada.

Importante, também, é a distinção que existe entre vigência e eficácia. Vigência é a aptidão para incidir. É atributo dado à lei pelo direito positivo. Uma lei elaborada com observância do procedimento próprio, que se completa com a respectiva publicação, é existente. Sua vigência, porém, depende do que a esse respeito dispuser ela própria ou outra norma integrante do ordenamento jurídico-positivo.

Não se deve confundir, outrossim, a vigência com o período de vigência da lei, embora a palavra "vigência" também designe tal período. A vida, como atributo do homem, não se confunde com sua duração, com sua dimensão temporal.

Saber se uma lei é vigente, quando tem início e quando termina sua vigência são questões pertinentes à Ciência do Direito, que podem ser esclarecidas com o simples conhecimento do sistema de normas. Saber se uma lei é eficaz, ou não, ou porque é mais ou menos eficaz, são questões pertinentes à Sociologia Jurídica, cujo esclarecimento depende da observação dos fatos, depende da observação daquilo que, no mundo fenomênico, pode ser considerado como efeito da norma.

Vigência é qualidade que não admite graduação. Está ou não está na lei. Não existe lei mais vigente do que outra. A eficácia, diversamente, é qualidade sempre relativa. Existem leis mais eficazes do que outras. Pode-se dizer que não existe lei absolutamente desprovida de eficácia, como não existe lei absolutamente eficaz.

Wilson de Souza Campos Batalha utiliza a palavra "validade" no sentido de vigência, mas distingue desta, acertadamente, a eficácia, termo ao qual empresta o sentido que nos parece mais adequado. Diz ele:

> Não é porque ocorram violações do ordenamento jurídico que este deixa de ser válido; continua a ser válido mesmo que as sanções estabelecidas pelas normas não sejam invariavelmente aplicadas. A validade é problema exclusivo do plano normativo, independente dos fatos. A eficácia, entretanto, é correspondência do plano normativo ao plano fático ou ontológico. Embora diversos sejam os dois

planos, há um ponto-limite em que a perda da eficácia acarreta a perda da validade.

A lei, ou norma jurídica em geral, pelo simples fato de existir e ser aplicável em consonância com a Norma Fundamental, tem validade (vigência), deve-ser (conceito normativo).

Sua eficácia depende do fato de ser respeitada. Para que a ordem jurídica seja eficaz não basta que seja válida ou vigente: é necessário um mínimo de observância (circunstância de fato).[3]

O desconhecimento da distinção que existe entre *vigência* e *eficácia* tem levado o legislador a cometer equívocos. O parágrafo único do art. 62 da CF/1988 é exemplo disto, pois ali está a palavra "eficácia" com o sentido de vigência.

Realmente, a medida provisória mencionada no texto constitucional em referência não perde a eficácia, pois norma nenhuma perde porque outra norma o determine. A medida provisória, no caso, perde a vigência. Deixa de ser vigente, desde sua edição. Deixa de ser apta para dar significado jurídico aos fatos, sendo razoável, aliás, entender-se que as relações jurídicas então constituídas ficarão em pendência, no aguardo de regulamentação pelo Congresso Nacional.

As normas sobre interpretação e integração da legislação tributária, ainda que ambíguas e carentes de interpretação, na verdade são válidas na medida em que tenham sido produzidas pelo órgão competente para esse fim, com observância do procedimento para tanto estabelecido pela norma superior. Validade é conceito jurídico formal que nada tem a ver com a aptidão para produção de efeitos no mundo fenomênico. A ambiguidade pode lhes comprometer a eficácia, mas não a validade.

5.1.3 *Utilidade de normas sobre interpretação e integração*

Embora possam ter, em certos casos, sua eficácia comprometida pela ambiguidade, pela insuficiência e pela redundância, como assevera Ricardo Lobo Torres,[4] as normas sobre interpretação e integração muita vez produzem inegável efeito didático. Elas influem, às vezes decisivamente, na interpretação e na aplicação das normas da legislação tributária. São, portanto, úteis e, por isto mesmo, eficazes.

---

3. Wilson de Souza Campos Batalha, *Introdução ao Estudo do Direito*, 2ª ed., Rio de Janeiro, Forense, 1986, p. 390.

4. Ricardo Lobo Torres, *Normas de Interpretação e Integração do Direito Tributário*, cit., p. 127.

Exemplo de situação na qual uma norma sobre interpretação exerceu decisiva influência na jurisprudência do STF foi o da correção monetária na repetição do indébito tributário, assunto do qual vamos tratar quando estudarmos a integração da legislação tributária.

É certo que a questão da correção monetária está hoje superada, mas o exemplo serve para demonstrar a utilidade da norma de integração, que se revela válida e eficaz.

5.2 Interpretação da norma jurídica

5.2.1 Vários sentidos da palavra "interpretação"

A palavra "interpretação" tem muitos significados. Ela pode ser utilizada para expressar uma atividade que o aplicador de uma prescrição jurídica desenvolve, buscando determinar seu significado e seu alcance. Pode significar também o resultado dessa atividade, a própria expressão do sentido e do alcance de uma prescrição jurídica.

A palavra "interpretação" pode ser utilizada em sentido amplo, para designar a busca da solução jurídica para determinado caso, e em sentido restrito, para designar apenas a busca do significado de uma prescrição jurídica que está explícita no ordenamento.

Em outras palavras: interpretação, em sentido amplo, abrange a busca de solução para um caso concreto, tanto naquelas situações nas quais o intérprete está diante de uma prescrição jurídica dirigida ao caso como diante de uma situação na qual não existe uma prescrição específica, e se coloca, então, a questão de saber se deve ser considerada a existência de uma lacuna, e qual deve ser o meio para a superação desta. Neste sentido amplo, portanto, a palavra "interpretação" abrange a determinação do significado e do alcance da prescrição jurídica, que é a interpretação em sentido estrito, e, ainda, a determinação e a superação das lacunas, que é a integração do sistema jurídico. Já, em sentido restrito, a palavra "interpretação" significa simplesmente a busca do conhecimento de uma prescrição jurídica, ou uma forma de expressão desse conhecimento.

A interpretação não é exclusiva dos estudos jurídicos. Pelo contrário, é palavra bastante utilizada em outras áreas do conhecimento, e nem sempre quer dizer a busca do significado. Interpreta-se tudo. Objetos materiais, animados ou inanimados, sinais luminosos, sons, condutas, qualquer coisa, e não apenas expressões orais ou escritas de alguma coisa. Interpretar, neste sentido, é conhecer. Ou procurar conhecer.

Interpretar é também expressar. Um cantor, por exemplo, faz a interpretação de uma canção quando a apresenta, a seu modo, em seu estilo de cantar. Um músico, igualmente, interpreta uma partitura e, assim, produz os sons que na mesma estão graficamente representados. Em qualquer desses significados, porém, há sempre a indicação de que a interpretação é uma forma de expressão.

No Direito também é assim. A interpretação de um enunciado jurídico qualquer, seja este um princípio (que pode ser observado em maior ou menor grau, na medida das possibilidades fáticas e jurídicas), seja uma regra (que apenas pode ser observada ou não observada), seja ele um comando ou ordem (prescrição para o caso concreto), é sempre uma forma de manifestação, do princípio, da regra ou do comando ou ordem.

5.2.2 Interpretação e aplicação

É de grande importância para o jurista a capacidade para distinguir. Oportuno, portanto, insistirmos na distinção que há entre interpretação e aplicação da norma jurídica, sobretudo porque tal distinção tem sido negada, à consideração de serem aplicação e interpretação absolutamente indissociáveis.[5]

Há quem diga, mesmo, que não se aplica a norma sem interpretá-la, a não ser em casos especiais de normas técnicas; nem se interpreta a norma sem aplicá-la, salvo casos especialíssimos de controle de constitucionalidade.[6] É certo que não se aplica uma norma sem antes interpretá-la, mas é possível, e frequentemente acontece, a interpretação sem aplicação.

Aliás, como em quase todas as querelas em torno de questões jurídicas, o problema parece estar mais nos conceitos que na tese. A divergência, no caso, a rigor situa-se no significado que se atribui às palavras "interpretação" e "aplicação". Para Kelsen existem duas espécies de interpretação, a saber: a interpretação como ato de conhecimento, ou interpretação científica, pura determinação cognoscitiva do sentido das normas, e a interpretação como ato de vontade, ou interpretação autêntica, realizada pelos órgãos aplicadores do Direito.[7] É evidente que, se

---

5. Heleno Taveira Tôrres, *Direito Tributário e Autonomia Privada*, tese apresentada ao Concurso de Livre-Docência do Departamento de Direito Econômico e Financeiro da Faculdade de Direito de São Paulo, São Paulo, 2002, p. 204.

6. Ricardo Lobo Torres, *Normas de Interpretação e Integração do Direito Tributário*, cit., p. 21.

7. Hans Kelsen, *Teoria Pura do Direito*, Coimbra, Arménio Amado Editor, 1979, pp. 469-473.

nos referimos à interpretação no sentido kelseniano de interpretação autêntica, não se cogitará de distinção entre interpretação e aplicação da norma. O ato de vontade praticado pelo órgão aplicador da norma na verdade envolve o conhecimento e a aplicação. Entretanto, se nos referirmos à interpretação como ato de conhecimento, aí teremos a clara distinção entre interpretação e aplicação, embora esta última sempre dependa da primeira.

Preferimos, porque nos parece mais adequado para facilitar a transmissão das ideias em torno das questões jurídicas, distinguir interpretação de aplicação. Assim, entendemos a interpretação como ato de conhecimento e a aplicação como ato de vontade que deve ser fundado no conhecimento decorrente da interpretação.

É possível, porém, interpretação como ato de conhecimento que não se destine a ensejar a aplicação, como acontece quando alguém interpreta uma norma não para aplicá-la, mas simplesmente para observá-la. E para compreender melhor essa afirmação é importante distinguirmos a aplicação da observância da norma, como a seguir se verá.

5.2.3 Observância da norma

A observância é diferente da aplicação, embora na maioria dos compêndios de direito tributário não se veja registrada essa diferença. A observância, como o dever jurídico, situa-se na esfera da liberdade. Cumpre-se o dever, observa-se a norma, querendo. Quem não quer não cumpre o dever. Não observa a norma. Todos nós temos liberdade para tanto.

Por isto é que se diz que a observância se situa na esfera da liberdade.

Se aquele que aufere a renda tributável paga espontaneamente o tributo devido, diz-se que se deu a observância da norma. Observância, portanto, é o cumprimento espontâneo do dever que a norma atribui a alguém. A norma de tributação atribui ao sujeito passivo da obrigação tributária o dever de pagar o tributo. O pagamento deste é ato de *observância* da norma.

Se aquele que aufere a renda não observa a prescrição normativa e não paga o tributo devido, a autoridade competente deve fazer o lançamento e a respectiva cobrança do tributo e da penalidade correspondente, com o quê estará ocorrendo a *aplicação* da norma. A aplicação, portanto, é a conduta de alguém que impõe a outro a consequência prevista na norma. Dada a não prestação, isto é, quando aquele que auferiu a renda não pagou espontaneamente o tributo, deve-ser a sanção, isto é, a multa e a execução forçada.

Note-se que a conduta daquele que *aplica* uma norma é, ao mesmo tempo, uma *observância* de outra norma. A autoridade da Administração Tributária que faz o lançamento do tributo com a penalidade correspondente está *observando* a norma que lhe atribui o dever de agir em tais circunstâncias e está *aplicando* a norma tributária, vale dizer, a norma de cuja incidência resultou devido o tributo que não foi pago espontaneamente. Em outras palavras: ao fazer o lançamento a autoridade da Administração Tributária está *aplicando a norma tributária* de cuja incidência resultou o tributo não pago espontaneamente e está *observando a norma administrativa* que lhe atribui o dever de lançar e cobrar o mencionado tributo.

Para que seja cabível o lançamento, com a consequente cobrança do tributo e da penalidade pecuniária correspondente, o sujeito passivo há de ter, além do dever de pagar o tributo, que não cumpriu, também a *responsabilidade*, que é o estado de sujeição, e, assim, não está na esfera da liberdade, mas na esfera da coerção.

A *responsabilidade* é o estado de sujeição. Alguém é juridicamente responsável na medida em que está sujeito às consequências do não cumprimento do *dever* jurídico. Já, a coercibilidade consiste na possibilidade de coagir alguém para que cumpra seu dever. Sua existência liga-se diretamente à responsabilidade, e só indiretamente ao dever.

A propósito da distinção entre o dever jurídico e a responsabilidade, nos estudos do direito tributário é da maior importância o que estabelecem os arts. 128 a 138 do CTN, que tratam dessa matéria, vale dizer, estabelecem normas gerais a respeito da responsabilidade tributária – tema que estudaremos mais adiante, em capítulo tratando específica e exclusivamente das questões relativas à responsabilidade tributária.

5.3 Elementos da interpretação

5.3.1 Elemento literal

Toda norma jurídica, e, mais amplamente, toda prescrição jurídica, é expressa em palavras. Assim, o elemento literal, ou gramatical, tem indiscutível importância. Mais exatamente, o elemento literal é absolutamente imprescindível na determinação do significado e do alcance de todas as expressões do Direito. Se tivermos diante de nós a Constituição do Japão, nem podemos saber que se trata de uma Constituição, a menos que tenhamos conhecimento do idioma japonês.

O trabalho do intérprete, ao valer-se do elemento literal, limita-se à pesquisa do significado gramatical das palavras. Seu principal instrumento de trabalho será o dicionário da língua em que está escrita a prescrição jurídica. Importante será o significado etimológico das palavras e expressões da linguagem.

Entretanto, por mais importante que seja o elemento literal, na verdade ele é insuficiente. A maioria das palavras tem mais de um significado, e muitas vezes até mesmo frases inteiras podem ter significados completamente diferentes, a depender do contexto no qual estejam encartadas. A expressão "o banco quebrou", por exemplo, sendo pronunciada em uma oficina de objetos para as pessoas sentarem, quando um desses objetos está sendo submetido a teste de resistência significa, com toda certeza, que um desses objetos se partiu. A mesma expressão, porém, pronunciada pelo Ministro da Fazenda em uma conferência para executivos financeiros seguramente significa que uma instituição financeira faliu.

Muitos outros exemplos poderíamos citar de palavras e de expressões cujo significado depende do contexto. Não apenas do contexto da palavra na frase, ou da frase no texto em que se encarta, mas também do contexto ambiental ou existencial.

Por isto, em face da insuficiência do elemento literal, outros elementos devem ser utilizados pelo intérprete para a adequada determinação do sentido e do alcance das expressões do Direito.

5.3.2 Elemento histórico

O elemento histórico fornece ao intérprete indicações que podem ser muito valiosas na determinação do significado das expressões do Direito. Esse elemento diz respeito à situação da prescrição jurídica em determinado momento histórico. Em sua utilização o intérprete há de examinar o Direito anterior, comparando a norma ou prescrição jurídica antecedente no regramento do assunto.

O elemento histórico também pode ser encarado em relação ao processo de formação da prescrição jurídica da qual se pretende determinar o significado e o alcance. Tratando-se de uma lei, o intérprete buscará subsídios nos trabalhos legislativos, examinando o anteprojeto, o projeto, as emendas ao mesmo oferecidas na Casa Legislativa que o aprovou, os debates parlamentares e todos os passos do processo legislativo correspondente.

5.3.3 Elemento lógico-sistêmico

O elemento lógico-sistêmico sugere que o significado das prescrições jurídicas seja determinado tendo-se em vista a posição no ordenamento jurídico daquela prescrição cujo sentido se quer determinar. O sentido de uma prescrição jurídica há de ser coerente com as demais prescrições contidas no sistema. Tratando-se de um dispositivo de lei, tem-se de examinar os demais dispositivos da mesma lei, bem como de outras pertinentes ao assunto, bem assim das prescrições jurídicas hierarquicamente superiores.

A consideração do Direito como um sistema de prescrições é, então, de fundamental importância. Os significados e o alcance de uma norma, ou de uma prescrição concreta, são sempre limitados pelas demais prescrições contidas no sistema. A coerência do sistema impede que se atribua a uma norma que o integra sentido que produza momentos de incongruência.

Na utilização do elemento lógico-sistêmico, o intérprete deve ter sempre em vista que o Direito é um sistema de prescrições, vale dizer, de normas e de ordens, e, sendo sistema, há de ser harmonioso. Buscará, então, o sentido e o alcance das prescrições que o integram de sorte a preservar a coerência, e para tanto terá em conta a cronologia e a hierarquia, como critérios para a superação de possíveis incompatibilidades entre as várias formas de manifestação do Direito. E, como se trata de um sistema hierarquizado, o intérprete há de ter em conta a posição hierárquica da prescrição jurídica cujo sentido está buscando determinar, de sorte que o princípio hierárquico reste sempre preservado.

5.3.4 Elemento teleológico

O elemento teleológico, ou finalístico, é também de fundamental importância na atividade do intérprete. Esse elemento sugere ao intérprete que investigue sempre a finalidade da prescrição jurídica cujo sentido e alcance quer determinar, além de ter sempre em vista a finalidade do próprio Direito como sistema de limites.

Parte-se, então, do princípio de que o Direito tem por finalidade essencial limitar o poder, em qualquer de suas formas de manifestação. Toda norma é um limite de poder, e como tal deve ser interpretada. Além dessa finalidade genérica, cada norma e cada prescrição jurídica concreta têm finalidade específica. O sentido da norma ou da prescrição jurídica concreta há de ser determinado tendo-se sempre em vista essa finalidade, de sorte a se evitar a sua frustração.

5.4 Interpretação tópica

5.4.1 Posições extremadas

Entende-se por interpretação tópica aquela que, ao determinar o sentido e o alcance de uma prescrição jurídica, empresta especial relevo ao caso concreto, visualizando, assim, a prescrição de forma localizada.

Pode parecer que a visão do Direito como sistema, preconizando a erronia da interpretação de dispositivos legais isolados, não se compadece com sua visão tópica, que preconiza a busca de soluções jurídicas em função do caso concreto. Haveria um antagonismo entre a sistemática e a tópica, como doutrinas jurídicas ou, mais exatamente, como teorias da interpretação das normas jurídicas.

Esse antagonismo é registrado por Paulo Bonavides, um dos mais exímios cultores da Teoria e da Filosofia do Direito. Reportando-se às reações e críticas à tópica, escreve o eminente professor:

> A tópica provocou também fortes reações críticas e doutrinárias. As mais contundentes procederam de juristas preocupados com a metodologia do Direito, sobretudo aqueles inclinados a uma visão sistemática da Ciência Jurídica. Fizeram ressaltar na controvérsia a oposição da tópica a todas as concepções de sistema, quando em verdade o que a *ars inveniendi* não admite é o sistema fechado, lógico-dedutivo. (...).[8]

5.4.2 Conciliação dos elementos tópico e sistêmico

Importante é observarmos que nem a ideia de sistema está superada, nem existe verdadeiro antagonismo entre a sistemática e a tópica, concebida cada uma dessas ideias nos seus devidos termos, ambas tendentes à realização da justiça.

Realmente, como assevera Bonavides, completando a lição acima transcrita, "o caráter antissistema da tópica, apontado pela crítica, não desfez o prestígio da nova técnica, que prospera como base de reformulação a muitas correntes devotadas ao problema metodológico e principalmente ao trabalho interpretativo da Ciência do Direito".[9] Mas isso não quer dizer o desprestígio da ideia do Direito como sistema. Muito pelo contrário, a tópica deve ser vista, sem os exageros próprios dos que

---

8. Paulo Bonavides, *Curso de Direito Constitucional*, 33ª ed., São Paulo, Malheiros Editores, 2018, p. 504.
9. Idem, ibidem.

defendem ideias novas ou aparentemente novas, como um aperfeiçoamento das ideias preconizadas pelos que veem no Direito um sistema, também estas podadas dos excessos naturais contidos em algumas afirmações daqueles que viram nos defensores da tópica seus adversários.

Sistemática e tópica, como métodos de interpretação do Direito, na verdade completam-se, na busca de realização da justiça, em sua forma mais expressiva, que é a isonomia.

Como ensina Canaris, de todas as definições de sistema emergem as ideias de *ordenação* e de *unidade*.[10] E essas ideias carecem – diz aquele eminente jusfilósofo – de confirmação que se deve fundamentar na própria essência do Direito.[11]

Tanto a ordem como a unidade radicam, como demonstra Canaris, na ideia de Direito, porque inerentes ao postulado universal da justiça, de tratar os iguais de modo igual e os diferentes de forma diferente, na medida de suas diferenças.[12]

Sendo assim, há de se concluir que a tópica, na verdade, completa a ideia do Direito como sistema, na medida em que, preconizando a necessidade de atenção do intérprete para o caso concreto, nada mais está fazendo do que mostrar a necessidade de atenção para as diferenças de cada caso, a exigirem tratamento diferente.

A solução tópica, na verdade, não prescinde da ideia de sistema, mas a aperfeiçoa, realizando a igualdade como proporcionalidade, ou igualdade geométrica, que é um aperfeiçoamento da ideia antiga de igualdade horizontal, ou aritmética. Sem a visão do sistema, em sua unidade, não se pode sequer identificar as peculiaridades do caso particular, porque, como ensina Leibniz, "nadie conoce a fondo cosa alguna concreta si no es sabedor o conoce profundamente el universal".[13]

5.4.3 *Interpretação tópica e princípio da razoabilidade*

Em muitas situações as peculiaridades de determinado caso mostram que não é razoável aplicar a ele a norma feita para a generalidade dos casos idênticos. Assim, pode-se afirmar que também o princípio da

---

10. Cf.: Claus-Wilheim Canaris, *Pensamento Sistemático e Conceito de Sistema na Ciência do Direito*, trad. de António Menezes Cordeiro, Lisboa, Fundação Calouste Gulbenkian, 1996, p. 12.
11. Idem, p. 18.
12. Idem, ibidem.
13. Gottfried Wilhelm Leibniz, *Los Elementos del Derecho Natural*, trad. de Tomás Guillen Vera, Madri, Tecnos, 1991, p. 85.

razoabilidade presta-se como fundamento para a utilização do elemento tópico.

Aliás, uma visão mais acurada do princípio da isonomia, que o põe abrangente do princípio da razoabilidade, mostra muito bem a necessidade de se levar em conta as peculiaridades de cada caso, sob pena de se estar negando a isonomia a pretexto de praticá-la. Certamente não basta a afirmação de que se trata de caso com peculiaridades próprias para justificar o tratamento jurídico diferenciado. É necessária a demonstração de que em face daquelas peculiaridades não é razoável a aplicação da regra feita para generalidade dos casos. Em outras palavras: é o princípio da razoabilidade que nos orienta para a constatação das situações que exigem tratamento diferenciado, ou tópico. O princípio da razoabilidade deve ser visto sempre como fundamento da interpretação tópica.

5.5 Interpretação e fundamento ético da norma

5.5.1 Insuficiência dos elementos de interpretação

A experiência nos tem mostrado que o intérprete encontra nos elementos geralmente utilizados na atividade hermenêutica instrumentos para demonstrar que uma norma tem o significado que lhe aprouver. Ao contrário do que à primeira vista pode parecer, o elemento literal é absolutamente insuficiente, e muita vez se presta para fundamentar conclusões as mais absurdas pelas quais optou o intérprete.

Existem inúmeras obras de excelente feitura a demonstrarem a insuficiência do elemento literal na interpretação da norma jurídica. Basta, porém, que se leia *La Interpretación Literal de la Ley*, de Vernengo,[14] ou os primeiros capítulos de *Notas sobre Derecho y Lenguaje*,[15] de Carrió, para que não se tenha mais nenhuma dúvida quanto à insuficiência desse elemento da interpretação. Elemento da maior importância, certamente, mas tão insuficiente quanto é importante.

5.5.2 Fundamento ético

A única forma de se conseguir a realização dos fins essenciais do Direito – vale dizer, a realização dos valores da segurança e da justiça

---

14. Roberto J. Vernengo, *La Interpretación Literal de la Ley*, 2ª ed., Buenos Aires, Abeledo-Perrot, 1994.

15. Genaro R. Carrió, *Notas sobre Derecho y Lenguaje*, 4ª ed., Buenos Aires, Abeledo-Perrot, 1994.

– é buscar o fundamento ético da norma para, a partir dele, optar pelas interpretações possíveis da mesma.

Infelizmente, muitos ainda pensam, talvez sob a influência do pensamento positivista normativista, que é possível a elaboração de normas jurídicas capazes de regular as relações conflituosas entre os homens. O positivista normativista parece ter feito à Humanidade o grande mal de acreditarmos que o Direito pode prescindir da Ética. Norberto Bobbio, talvez por isso, em seu *Dicionário de Política*, não fez o registro das palavras "moral" e "ética".

O esforço do legislador tem sido imenso. Para solucionar qualquer problema faz-se uma lei nova. Especialmente no que diz respeito às relações do cidadão com o Estado, a edição desenfreada de normas chega a tornar impraticável o conhecimento seguro do conteúdo destas.

Dando seu testemunho dessa verdadeira crise do Direito, escreve García de Enterría:

> Ello alcanza un relieve especial precisamente en el ámbito del derecho administrativo, movilizado a estos efectos tanto por ser en su ámbito donde preferentemente se articulan y ordenan esas políticas públicas singulares, como por un dato estructural básico de sus organizaciones, su carácter burocrático, fuente última de las iniciativas legislativas y reglamentarias. La contingencia y la provisionalidad marcan, por ello, el ingente e incesante conjunto normativo en que se manifiesta el ordenamiento en grado incomparablemente superior que en cualquier otro sector del Derecho (sobre todo si incluimos en él, como estructuralmente es obrigado, el derecho financiero y tributario y el derecho de la seguridad social). El uso sistemático en este campo de la potestad reglamentaria (de utilización tan fácil para la burocracia) hace especialmente fluido el proceso de elaboración y cambio normativo, hasta el punto de hacer de este problema uno de los más relevante en la aplicación e interpretación del ordenamiento administrativo.[16]

Parece que os órgãos do Estado, e em especial a Administração Tributária, tiram proveito dessa situação. O Fisco parece viver mais comodamente em um mundo de incerteza normativa. Dotado de onipresente poder regulamentar e ainda como principal formulador de projetos de leis, introduz ordinariamente novas normas de cuja utilidade e significado nem sempre tem consciência, dando a todos a impressão de preferir

---

16. Eduardo García de Enterría, *Justicia y Seguridad Jurídica en un Mundo de Leyes Desbocadas*, Madri, Civitas, 1999, pp. 51-52.

a incerteza e a insegurança para exercer seu poder. Não produz normas para atender a uma necessidade objetiva e geral, mas por impulsos imediatos e impensados dos serviços burocráticos.[17] Tanto assim é que não tem cumprido o dever que lhe impõe o art. 212 do CTN, de consolidar anualmente em texto único, mediante decreto, a legislação referente a cada tributo.

Como titular do poder estatal, ao qual, por bem ou por mal, se hão de submeter os contribuintes, o Fisco não se preocupa com o conteúdo ético das normas de tributação. Não busca uma tributação justa. Quer simplesmente aumentar a cada dia o volume dos recursos financeiros arrecadados, e não importa se somos o segundo País do mundo em desigualdade na distribuição da riqueza.

Tudo isso nos leva a concluir que somente um grande esforço dos juristas no sentido de exigir fundamentação ética para as normas poderá recolocar o Direito em sua posição de especial instrumento da harmonia social. Como assevera Larenz, parece certo que "solo puede asegurar una paz jurídica duradera un Derecho que se oriente hacia lo justo, tal como lo podemos conocer, y que se sitúe bajo la clara exigencia, perpetua, para todos aquellos que lo aplican y configuran, de ser un Derecho justo".[18]

Preconizamos, portanto, como princípio fundamental a ser utilizado pelo intérprete das normas jurídicas, inclusive e especialmente das normas de tributação, o princípio de justiça, a busca do fundamento ético do sistema normativo.

5.5.3 Injustiça e inconstitucionalidade

É importante lembrarmos que em nosso direito positivo a injustiça é contrária à Constituição. Uma lei ou sentença injusta é uma prescrição jurídica inconstitucional.

Não se nega a dificuldade ou, mesmo, a impraticabilidade de se estabelecer em todos os casos o que é uma lei injusta. De todo modo, se nos parece que a aplicação de determinada lei a certo caso sob sua apreciação implica flagrante injustiça, podem certamente os magistrados, e, mais que isto, eles devem, deixar de aplicá-la, declarando-a inconstitucional.

17. Idem, pp. 97-98.
18. Karl Larenz, *Derecho Justo: Fundamentos de Ética Jurídica*, Madri, Civitas, 1993, p. 202.

É que, nos termos da vigente Constituição Federal, um dos objetivos fundamentais de nossa República é construir uma sociedade livre, *justa* e solidária.[19] O legislador, ao editar uma lei considerada injusta, está contrariando esse objetivo, pois está contribuindo para a construção de uma sociedade *injusta*. Está, portanto, violando norma expressa e clara de nossa Constituição.

Pode ser duvidosa a questão de saber se realmente determinada lei é *injusta*. Uns podem achar que sim, e outros que não. Nossa tese não pretende superar essa questão, que, na verdade, é muito difícil. O que estamos afirmando – e o fazemos com absoluta convicção, é que, sendo *injusta*, a lei é *inconstitucional*.

Pode-se admitir que um juiz não acate a alegação de injustiça de determinada lei. Que não a tenha como injusta. Entretanto, não se pode admitir que ele, mesmo acolhendo a alegação de que a lei é injusta, ainda assim deixe de acolher a pretensão da parte no sentido de não aplicação da mesma por ser inconstitucional.

Note-se que não é rara em sentenças e acórdãos a afirmação de que determinado dispositivo de lei é realmente injusto, mas nada se pode fazer contra isso no âmbito da atividade jurisdicional. O problema da injustiça da lei, segundo os julgadores que fazem tal afirmação, teria de ser resolvido pelo legislador.

Trata-se de tese inteiramente inaceitável, porque, a rigor, a lei, para ser válida, há de ser justa. Notável a este propósito é a lição de Santo Agostinho, a saber:

> Afastada a justiça, que são, na verdade, os reinos senão grandes quadrilhas de ladrões? Que é que são, na verdade, as quadrilhas de ladrões senão pequenos reinos? Estas são bandos de gente que se submete ao comando de um chefe, que se vincula por um pacto social e reparte a presa segundo a lei por ele aceita. Se este mal for engrossando pela afluência de numerosos homens perdidos, a ponto de ocuparem territórios, constituírem sedes, ocuparem cidades e subjugarem povos, arroga-se então abertamente o título de reino, título que lhe confere aos olhos de todos não a renúncia à cupidez, mas a garantia da impunidade. Foi o que com finura e verdade respondeu a Alexandre Magno certo pirata que tinha sido aprisionado. De facto, quando o Rei perguntou ao homem que lhe parecia isso de infestar os mares, respondeu ele com franca audácia: "O mesmo que a ti parece isso de infestar todo o mundo; mas a mim, porque o faço com um

---

19. CF/1988, art. 3º, I.

pequeno navio, chamam-me ladrão; e a ti, porque o fazes com uma grande armada, chamam-te imperador".[20]

Importante, porém, é compreendermos que em face da Constituição Federal/1988 não se faz necessária a invocação do Direito Natural para fundamentar a tese de que a justiça é condição de validade da lei. Basta--nos a invocação do direito positivo. A lei que não seja justa é desprovida de validade por expressa disposição constitucional.

Neste sentido já escrevemos:

> Em nosso ordenamento jurídico, se não há como afirmar a invalidade do próprio ordenamento em face da presença de antinomias, é razoável afirmar-se que estas, na medida em que geram injustiça, podem ser reputadas inconstitucionais, e portanto desprovidas de validade. Resta, assim, autorizada a interpretação que desconsidera uma das normas antinômicas, tendo como aplicável a que ao intérprete parecer mais justa.
>
> Aliás, é razoável afirmar-se que em nosso sistema jurídico uma lei injusta é inconstitucional, porque temos na Constituição Federal de 1988 dispositivo segundo o qual um dos objetivos fundamentais da República Federativa do Brasil é construir uma sociedade livre, justa e solidária.[21]

Assim, pode-se concluir que a injustiça da lei pode prestar-se como fundamento para a interposição do recurso extraordinário. O julgado que aplicar uma lei considerada injusta viola o art. 3º, I, da CF, e por isto mesmo enseja a interposição do recurso extraordinário, que há de ser conhecido pelo STF, a menos que este adote o entendimento segundo o qual a lei em questão não é injusta ou, então, que a injustiça não implica inconstitucionalidade. Posição, como se vê, que é contrária à tese que sustentamos.

5.6 Não especificidade da interpretação das normas tributárias

5.6.1 Teses favoráveis à especificidade

Os que defendem a especificidade da interpretação das normas do direito tributário sustentam, basicamente, duas teses, entre si opostas.

---

20. Santo Agostinho, *A Cidade de Deus*, trad. de J. Dias Pereira, Lisboa, Fundação Calouste Gulbenkian, 1991, p. 383.
21. Hugo de Brito Machado, *Introdução ao Estudo do Direito*, cit., 3ª ed., p. 149.

Uns dizem que a especificidade justifica-se porque essas normas regulam restrições ao direito de propriedade. São normas excepcionais, portanto, e por isso devem ser interpretadas de sorte a que seu alcance seja o mais restrito possível. Na dúvida, o intérprete adotará a interpretação mais favorável ao contribuinte.

Outros, porém, sustentam que a especificidade da interpretação das normas do direito tributário se justifica pelo interesse público. O Estado precisa dos recursos financeiros para o desempenho de suas atividades, e estas são exercidas no interesse público. As normas de tributação, portanto, são normas excepcionais, porque estabelecidas para atender ao interesse público, e, por isso, a dúvida em sua interpretação deve ser sempre resolvida a favor do Fisco.

Essas teses estão, ambas, equivocadas, como adiante será demonstrado.

Há também quem entenda que a denominada interpretação econômica constitui especificidade do direito tributário. Alfredo Augusto Becker, por exemplo, assevera:

> O florescer de estudos sobre o direito tributário primeiro na Alemanha, depois na Itália, França, e agora no Brasil, originou numerosa corrente doutrinária segundo a qual dever-se-ia ter como princípio geral dominante (e não como regra excepcional) o princípio de que o direito tributário, ao fazer referência a institutos e conceitos de direito privado, desejaria transmitir ao intérprete aplicador da lei tributária não a peculiar estrutura jurídica daquele instituto ou conceito – mas o fato econômico que lhe corresponde.
>
> Esta doutrina, com algumas restrições e peculiaridades, é esposada por Amílcar de Araújo Falcão, que foi quem, até hoje, com melhor precisão e clareza, mostrou os cânones fundamentais desta doutrina.[22]

Também há equívoco na afirmação de que a interpretação econômica constitui peculiaridade apenas concernente às normas do direito tributário. Ela, na verdade, não passa de uma forma de colocação do problema da substância e da forma no Direito, como adiante será explicado.

5.6.2 Tributação e restrições ao direito de propriedade

A tributação pode não ser considerada uma restrição ao direito de propriedade, desde que se admita a tese de Vanoni, que ensina:

---

22. Alfredo Augusto Becker, *Teoria Geral do Direito Tributário*, São Paulo, Saraiva, 1963, p. 114.

El concepto de tributo que hemos formulado permite superar, junto al perjuicio de la odiosidad del tributo, la opinión de que la imposición limita y restringe la libertad y los derechos de los particulares.

Como ya hemos dicho, estrechamente ligado al nacimiento del Estado aparece el abstracto poder de pedir a los particulares los medios para realizar sus propios fines, si bien es indiferente si y cómo, en los diversos momentos de su existencia, el Estado actúe en concreto tal poder. Pellegrino Rossi ya afirmó que, admitido el principio de la necesidad de la vida en sociedad, de ello se desprende directamente lo absurdo que resulta concebir la actividad dirigida a la obtención de los medios necesarios para el mantenimiento de la organización social como una limitación de la actividad individual.

Partiendo del concepto de Derecho se llega a resultados análogos. Si verdaderamente el Derecho es norma de conducta, no existe Derecho sin Estado que lo mantenga y, en consecuencia, no existe personalidad jurídica del particular sin ordenamiento jurídico que la regule y reconozca. La facultad del Estado de obtener los medios necesarios para su propia existencia y, por ende, para la tutela y el mantenimiento del ordenamiento jurídico se perfila así como un elemento esencial de la misma afirmación del Derecho.

La actividad financiera, lejos de ser una actividad que limita los derechos y la personalidad del particular, constituye su presupuesto necesario, puesto que sin tal actividad no existiría Estado y sin Estado no existiría Derecho. Con otras palabras, decir que el tributo limita la personalidad jurídica equivale a afirmar que la existencia misma del Estado constituye un límite de los derechos del particular. El hombre libre de cualquier obligación tributaria tan sólo es pensable al margen de la convivencia social, pero semejante abstracción, si quizá favorece al filósofo, no reviste ninguna autoridad para el jurista, que estudia al hombre en el real desarrollo de sus relaciones con los otros individuos.[23]

A aceitação dessa tese de Vanoni depende da postura filosófica de cada um no que concerne ao Direito e ao Estado. Se entendermos que Direito é apenas o positivo, ela pode ser aceita facilmente, ainda que se possa, mesmo assim, considerar que de algum modo o tributo constitui uma limitação. A verdadeira questão terminará sendo, como tantas outras, apenas terminológica. Residirá em saber se como "limite" ou "restrição" devemos entender apenas o que se coloca depois do surgimento

---

23. Ezio Vanoni, *Naturaleza e Interpretación de las Leyes Tributarias*, trad. de Juan Martín Queralt, Madri, Fábrica Nacional de Moneda y Timbre, 1973, pp. 183-184.

da coisa, ou se tais palavras podem ser utilizadas para designar algo que surge com a própria coisa. Em outras palavras: a verdadeira questão está em saber se o dever de pagar tributo pode ser considerado uma limitação aos direitos do cidadão, ou se não se trata de limitação pelo fato de haver nascido junto ou de ser uma condição indispensável à própria existência desses direitos.

A nosso ver, são limites, ou restrições, tanto os colocados depois do surgimento como aqueles com os quais a coisa se origina, especialmente se podemos imaginar essa coisa em dimensão mais ampla. E o fato de serem condições essenciais para a existência da coisa também não exclui a ideia de limite ou restrição.

De todo modo, o que mais importa para demonstrar a inexistência de especificidade na interpretação das normas da legislação tributária é o fato de que se trata de normas *jurídicas*, e que o direito tributário surgiu da necessidade de colocação de limites ao poder tributário do Estado, transformando a relação de poder em relação jurídica. Antes, porém, de aprofundarmos o exame dessa tese, vamos abordar as questões do interesse público e da interpretação econômica como responsáveis pela especificidade da interpretação das normas de tributação.

5.6.3 *Norma jurídica e interesse público*

De que o interesse público deve ser levado em conta na interpretação das normas jurídicas não há dúvida. Isto, porém, não confere especificidade à interpretação das leis tributárias, porque o interesse público deve ser levado em conta na interpretação das normas jurídicas em geral, e não apenas daquelas albergadas nas leis tributárias.

A questão que se coloca, porém, é a de saber em que consiste o *interesse público* invocado pelos que sustentam a consideração deste como peculiaridade da interpretação das normas tributárias. E neste ponto é importante a distinção que se há de fazer entre o interesse público primário, que se coloca sempre como um objetivo a ser realizado, e o interesse público secundário, ou instrumental, que diz respeito a um meio, e não a um fim.

O Estado não é um fim, mas um meio. O fim é a pessoa humana. O Estado é um instrumento que os homens criaram para a realização do interesse público primário, isto é, o interesse da sociedade. O interesse do Estado enquanto instrumento é sempre secundário.

A tese de Vanoni, que citamos no item anterior, autoriza o raciocínio segundo o qual o tributo é necessário para manter o Estado. E este, para criar e manter o Direito, que é, este, sim, capaz de realizar o interesse público. Não se compreende, pois, que na arrecadação do tributo, atividade-meio ou meramente instrumental, se adote postura que deteriora o objetivo a ser alcançado, vale dizer, o Direito, que o Estado tem o dever de preservar.

Aliás, a distinção entre interesse público primário e interesse público secundário deita raízes na doutrina de Vanoni, como adiante vamos demonstrar.

Outra distinção importante a ser lembrada é a que existe entre o tributo e o direito tributário. O tributo existe porque é indispensável à existência do Estado e do Direito. Ocorre que as relações de tributação poderiam ser – como dizem que há algum tempo eram – simples relações de poder. A pretexto de realizar o interesse público, os governantes cobravam dos governados o tributo que entendiam ser necessário, arbitrariamente. Depois, já em época não muito distante, é que surgiu o direito tributário, exatamente para coibir o arbítrio dos governantes e definir, normativamente, a obrigação tributária.

O tributo, portanto, atende ao interesse do Estado, meramente instrumental ou secundário. O direito tributário, ao interesse da sociedade, que constitui seu fim, sua razão de ser – interesse público primário, portanto.

Nessa linha de pensamento escreve Wilhelm Hartz, Juiz da Corte Federal de Finanças da Alemanha:

> Os interesses do cidadão não são, sem mais, direitos menores do que os do Fisco. O Fisco executa uma tarefa do Estado, mas não é o próprio Estado. Não mais prevalece a concepção em nosso tempo de que o indivíduo não é nada, e o Estado significa tudo, nem de que o Fisco e o Estado são a mesma entidade. Estas ideias nos obrigam a meditar continuamente em todo o complexo de relações entre o Estado e o cidadão no campo do direito tributário e, sobretudo, a ser críticos de certos princípios que a jurisprudência assentou com apoio em ideias surgidas a partir de 1933. Devemos tentar atingir um equilíbrio racional entre os interesses do Fisco e dos cidadãos, buscando-o no espírito da Lei Fundamental, exatamente para permitir que os cidadãos e o seu Estado, em nível elevado, se transformem numa unidade e, dessa forma, as duas partes adquiram segurança.[24]

---

24. Wilhelm Hartz, *Interpretação da Lei Tributária*, trad. de Brandão Machado, São Paulo, Resenha Tributária, 1993, p. 77.

Assim, o interesse público maior, mais significativo, que se há de preservar sempre na tarefa de interpretação das normas jurídicas em geral, inclusive das normas jurídicas de tributação, é o interesse primário. E a tal preservação é indispensável sejam afastadas as tendências, especialmente aquelas que, se alimentadas, terminarão por restabelecer o arbítrio nas relações tributárias, com o retorno à época em que a relação tributária era relação simplesmente de poder.

Dúvida não pode haver, portanto, de que a invocação do interesse público para justificar a interpretação das leis tributárias a favor do Fisco alberga a tendência, absolutamente inaceitável, de retorno à época em que a relação tributária era simples relação de poder, tema ao qual voltaremos logo adiante. Antes, porém, duas palavras são necessárias sobre a interpretação econômica como simples aspecto da questão da relação entre substância e forma na interpretação das normas jurídicas.

5.6.4 Substância e forma na interpretação da norma

É conhecida a divergência entre os que interpretam a norma dando ênfase à forma, prestigiando o elemento literal, sem qualquer preocupação com os fins do Direito nem com a finalidade específica da norma interpretada, e aqueles que a interpretam dando ênfase à substância, prestigiando o elemento teleológico e procurando, acima de tudo, realizar os valores *segurança* e *justiça*.

O tributo incide sobre situações de inegável conteúdo econômico: a renda, os serviços profissionais, a propriedade de bens imóveis ou de veículos automotores, o faturamento das empresas etc. Dar ênfase à substância na interpretação das leis tributárias, portanto, nada mais significa do que considerar o aspecto econômico da realidade a elas subjacente. Assim, não se pode dizer que a denominada interpretação econômica constitui uma especificidade da interpretação das leis tributárias.

Por outro lado, o dar ênfase ao aspecto formal, ou ao aspecto substancial, na interpretação das leis tributárias não pode ser entendido sequer como forma de adotar uma tendência apriorística seja a favor do Fisco ou a favor do contribuinte. É certo que a prevalência dos aspectos pode, em muitos casos, reforçar as garantias jurídicas do contribuinte, mas é inegável que também em muitos casos o prejudica. Também é certo que em muitos casos a prevalência dos aspectos substanciais, valorativos, e em especial econômicos, favorece o Fisco. Mas é igualmente certo que existem casos nos quais a prevalência dos aspectos substanciais na interpretação da lei tributária favorece o contribuinte.

Um exemplo pode ser esclarecedor. Pouco tempo depois da introdução do ICM em nosso sistema tributário, alguns Estados pretenderam cobrar esse Imposto sobre os estoques de empresas no caso de fusão e incorporação. Alegavam ter havido operação relativa à circulação de mercadorias, com mudança da propriedade destas. O Judiciário, porém, terminou acolhendo tese que defendemos, segundo a qual ter-se-ia de dar ênfase à realidade econômica, ao fato, e que no mundo dos fatos nada mudara. Os estoques continuavam nos mesmos estabelecimentos, posto que ocorrera simplesmente mudança na estrutura jurídica das empresas, não operação relativa à circulação de mercadorias.

Voltaremos ao tema logo adiante, ao estudarmos a questão da utilização pelo direito tributário de institutos, conceitos e formas do direito privado.

5.6.5 Tributação e poder

Não se pode esquecer que o tributo nasceu e existiu durante muito tempo albergado por uma relação simplesmente de poder. Embora o direito tributário seja relativamente recente e, a rigor, ainda não esteja consolidado em todo o mundo, o tributo é tão antigo quanto o Poder Público. Por isso mesmo, o eminente tributarista Aliomar Baleeiro escreveu que "o tributo é vetusta e fiel sombra do poder político há mais de 20 séculos. Onde se ergue um governante, ela se projeta sobre o solo de sua dominação. Inúmeros testemunhos, desde a Antiguidade até hoje, excluem qualquer dúvida".[25]

Durante muito tempo a relação de tributação foi simples relação de poder. Pura imposição dos governantes aos governados. Mesmo quando, em tempos relativamente recentes, era prevista em normas houve quem sustentasse o caráter não jurídico dessas normas. E ainda hoje a afirmação de que a norma tributária é *jurídica* pode ser posta em dúvida, dependendo da concepção de cada um a respeito do que significa ser *jurídico*. E, ainda, dependendo da postura axiológica a partir da qual se considere o tributo.

No estudo introdutório à excelente monografia de Vanoni, Juan Martín Queralt explica:

> Uno de los mayores méritos de nuestro autor consistió en la atribución a las normas tributarias del carácter de juridicidad, comba-

---

25. Aliomar Baleeiro, *Limitações Constitucionais ao Poder de Tributar*, 7ª ed., Rio de Janeiro, Forense, 1997, p. 1.

tiendo la posición de Orlando basada, como vimos, en los postulados de la denominada Escuela Histórica del Derecho.

A juicio de Vanoni, el error fundamental que ha propiciado la concepción de la norma tributaria como norma no jurídica, producto exclusivo de la voluntad del Estado, radica en no haber distinguido la doble personalidad en cuanto titular del poder público y en cuanto sujeto de intereses, facetas ambas que en el supuesto de la norma – y, cabría añadir, de tantas otras normas del ordenamiento jurídico público – convergen en el mismo sujeto: el Estado. Mandato e interés, elementos esenciales de toda norma, afirma, convergen en el caso de la norma tributaria en un mismo sujeto y de aquí su conceptuación como producto exclusivo de la supremacía del Poder Público.

Por el contrario, piensa Vanoni que la norma tributaria es una norma general y abstracta, provista de sanción para el caso de incumplimiento y que tutela un interés, el interés del Estado a la obtención de los medios necesarios para la consecución de sus fines, bien entendido que interés del Estado y interés general de sus miembros son, al menos en hipótesis, la misma cosa.

En su concepción de lo que por norma jurídica debe de entenderse, junto a elementos puramente lógico-formales – mandato que tutela un interés y sanción a aplicar en el supuesto de su incumplimiento – introduce un elemento de carácter axiológico, afirmando que el interés concreto protegido por la norma tributaria reviste gran dignidad en cuanto que al facilitar la obtención de medios económicos posibilita la satisfacción de los fines públicos atribuidos al Estado.[26]

Como se vê, o ensinamento de Vanoni pode ser considerado grande avanço, na medida em que introduz uma consideração valorativa ao qualificar o interesse protegido pela norma. Essa qualificação não é suficiente, e até pode dar ensejo a abusos, praticados ao argumento de que o tributo é cobrado no interesse público, justificando-se a ideia de que a interpretação das normas de tributação deve ser sempre favorável ao Fisco.

Assim, é importante que voltemos a questionar o que devemos entender por *interesse público*, buscando, agora, apoio na tese de Vanoni, para demonstrar a distinção que há pouco apontamos entre interesse público primário e interesse público secundário.

---

26. Juan Martín Queralt, "Estudio Introductorio", em Ezio Vanoni, *Naturaleza e Interpretación de las Leyes Tributarias*, trad. de Juan Martín Queralt, Fábrica Nacional de Moneda y Timbre, Madrid, 1973, pp. 31-32.

5.6.6 Tributo e interesse público

De que o tributo atende ao interesse público não há dúvida. Daí, porém, não se pode extrair a conclusão de que as normas de tributação devem ser interpretadas a favor do Fisco. Tratando-se de normas jurídicas, devem elas ser interpretadas tal como as normas jurídicas em geral, sendo cabível a tal propósito a distinção, já por nós apontada, entre interesse público primário e interesse público secundário.

Essa distinção, que é da maior importância para desautorizar a tese dos que sustentam a posição apriorística a favor do Fisco na interpretação das normas tributárias, tem sólido apoio na doutrina de Vanoni, pois, como observou Juan Martín Queralt no trecho há pouco transcrito, que está na obra de Vanoni como "Estudio Introductorio", para afirmar o caráter jurídico da norma tributária Vanoni chamou a atenção para a dupla face do Estado, que é ao mesmo tempo titular do poder público e sujeito de interesses.

O interesse do Estado na obtenção dos meios necessários para a consecução dos seus fins justifica o tributo. Nesse sentido, coincidem o interesse do Estado e o interesse de seus membros, vale dizer, da sociedade. Trata-se, nesse caso, do interesse primário que justifica a edição da norma de tributação, norma que, no dizer de Queralt,

> tutela un interés del Estado a la obtención de los medios necesarios para la consecución de sus fines, bien entendido que interés del Estado e interés general de sus miembros son, al menos en hipótesis, la misma cosa.

É importante, pois, não confundirmos o interesse público primário com o interesse público secundário ou instrumental. O primeiro preside a edição da norma tributária e com ela se exaure. O segundo é o mesmo que comparece no momento de sua aplicação, e que não justifica postura apriorística do intérprete, posto que absolutamente equivalente ao interesse do particular na aplicação de norma jurídica que tutela seu interesse. Em outras palavras: o interesse primário do Estado, enquanto titular do poder de tributar, justifica a edição da norma que institui ou aumenta o tributo, e com ela se exaure. Já, o interesse secundário do Estado pertence a este enquanto pessoa, sujeito de direitos e obrigações na ordem jurídica, e, assim, é igual ao interesse de qualquer outra pessoa na observância e na aplicação daquela norma.

Veja-se, a propósito do argumento do interesse público, geralmente utilizado para justificar práticas arbitrárias da Fazenda Pública, a interessante monografia de Raquel Cavalcante Ramos Machado, na qual a jovem jurista afirma, entre suas conclusões, a de que,

> apesar de ser um conceito verdadeiramente indeterminado, o termo 'interesse público', em um Estado Democrático de Direito, admite uma e única conceituação genérica: é o interesse de que o Estado respeite a Constituição e as demais normas compatíveis com ela. No caso do direito tributário, o interesse público já justifica a criação de normas que regulamentam a criação e a cobrança de tributos, não (...) invocá-lo em outros momentos da relação para autorizar mais ingerência.[27]

5.6.7 Caráter odioso da relação tributária

Não obstante deva o Estado postar-se perante a norma jurídica com o mesmo respeito que esta há de merecer de todos, certo é que na prática isso nem sempre acontece. Os que presentam o Estado na relação de tributação geralmente o colocam nessa relação como titular de poder, e encaram o sujeito passivo dessa relação como submisso ao poder estatal. Essa distância entre aquilo que deve ser e o que realmente ocorre na relação tributária é que faz odiosa essa relação.

Em nosso País temos o valioso testemunho de Sacha Calmon Navarro Coelho, que se manifestou a respeito dessa questão escrevendo:

> A Fazenda Pública no Brasil assume postura medieval, age como se fosse senhora dos negócios privados e adota a regra prática de que todo contribuinte é sonegador até prova em contrário. A presunção é de culpabilidade. De outra parte, é hiperativa na regulamentação das leis, o que faz frequentemente ultra ou *contra legem*. A deslealdade em relação ao contribuinte é permanente. Cobra o indevido e não devolve. Dos princípios constitucionais faz tábula rasa. O tributo passa a ser aplicado como se fosse pena.[28]

A censura do eminente tributarista Sacha Calmon Navarro Coelho à atitude geralmente assumida pela Fazenda Pública em nosso País é incontestável. É atitude de verdadeira senhora dos negócios, que considera todo contribuinte sonegador até que este prove o contrário. E, como

---

27. Raquel Cavalcante Ramos Machado, *Interesse Público e Direitos do Contribuinte*, São Paulo, Dialética, 2007, p. 130.

28. Sacha Calmon Navarro Coelho, *Liminares e Depósitos Antes do Lançamento por Homologação – Decadência e Prescrição*, São Paulo, Dialética, 2000, p. 75.

parte na relação de tributação, provoca divergências que a cada dia mais assoberbam os órgãos de julgamento, administrativos e jurisdicionais.

5.6.8 Normas de tributação como normas jurídicas

É da maior importância entendermos por que as normas de tributação devem ser consideradas *normas jurídicas*. É que a relação de tributação já não é uma relação simplesmente de poder, mas uma relação jurídica, e, como tal, rege-se por normas jurídicas, pois, embora o Estado seja uma pessoa extremamente poderosa, há de se submeter ao Direito no exercício do poder de tributar.

A propósito dessa importante questão, já escrevemos:

No exercício de sua soberania o Estado exige que os indivíduos lhe forneçam os recursos de que necessita. Institui o tributo. O *poder de tributar* nada mais é que um aspecto da soberania estatal, ou uma parcela desta.

Importante, porém, é observar que a *relação de tributação* não é simples relação de *poder*, como alguns têm pretendido que seja. É relação jurídica, embora o seu fundamento seja a soberania do Estado. Sua origem remota foi a imposição do vencedor sobre o vencido. Uma relação de escravidão, portanto. E essa origem espúria, infelizmente, às vezes ainda se mostra presente em nossos dias nas práticas arbitrárias de autoridades da Administração Tributária. Autoridades ainda desprovidas da consciência de que nas comunidades civilizadas a relação tributária é relação jurídica, e que muitas vezes ainda contam com o apoio de falsos juristas, que usam o conhecimento e a inteligência, infelizmente, em defesa do autoritarismo.

Nos dias atuais, entretanto, já não é razoável admitir-se a relação tributária como relação de poder, e por isto mesmo devem ser rechaçadas as teses autoritárias. A ideia de liberdade, que preside nos dias atuais a própria concepção do Estado, há de estar presente, sempre, também na relação de tributação.

Para que fique bem clara essa ideia, vamos definir "relação de poder" e "relação jurídica", embora saibamos que as definições são sempre problemáticas.

Entende-se por *relação de poder* aquela que nasce, desenvolve--se e se extingue segundo a vontade do poderoso, sem observância de qualquer regra que porventura tenha sido preestabelecida. Já, a *relação jurídica* é aquela que nasce, desenvolve-se e se extingue segundo regras preestabelecidas.

Podemos dizer que a relação tributária decorre, sim, do poder estatal, no sentido de que ela é o veículo de realização do poder de tributar, e embora em cada caso seu nascimento, seu desenvolvimento e sua extinção devam se dar de acordo com a lei, afinal é o Estado que faz a lei, sendo o poder de tributar uma forma de soberania.[29]

E, ainda, para explicar o que devemos entender por *relação jurídica*, escrevemos:

> É oportuno lembrar a diferença que existe entre uma relação *simplesmente de poder* e uma relação *jurídica*. A primeira desenvolve-se sem vinculação a qualquer esquema normativo. Quem atua numa relação simplesmente de poder desconhece qualquer norma. Só tem limitações de ordem física, moral, mas não tem nenhum limite jurídico. Já a relação é jurídica quando se desenvolve segundo normas que devem ser observadas. É claro que muita vez essas normas não são realmente observadas, mas isto não retira o caráter jurídico da relação, posto que o prejudicado com essa inobservância pode argui-la para obter a reparação de seu prejuízo. A relação é jurídica precisamente porque os atos na mesma envolvidos *devem ser* praticados com observância das normas que a regulam.[30]

Qualquer estudioso do Direito que de algum modo lida com a relação tributária em nosso País sabe muito bem que essa relação ainda alberga, infelizmente, muito de uma relação de poder e que o direito tributário pode ser considerado ainda em construção.

5.6.9 Superação definitiva do "na dúvida a favor do Fisco"

Não é demais insistirmos em que o princípio *in dubio pro Fisco* não passa de uma formulação do totalitarismo, e, como tal, está definitivamente superado. Reportando-se ao princípio segundo o qual, em consideração ao interesse público, na dúvida a lei deve ser interpretada a favor do Fisco, Eusebio González García, Catedrático de Direito Tributário da Universidade de Salamanca, escreve:

> El otro "viejo error", el principio del *in dubio pro Fisco*, parte de una vieja tesis de la Escuela Francesa de Saleilles, con orígenes asimismo romanistas, de la época de decadencia del Imperio Romano. Este principio tuvo un momento efímero de esplendor con los regí-

---

29 Hugo de Brito Machado, *Curso de Direito Tributário*, 38ª ed., São Paulo, Malheiros Editores, 2017, pp. 27-28.

30. Hugo de Brito Machado, *Os Princípios Jurídicos da Tributação na Constituição de 1988*, São Paulo, Dialética, 2001, p. 18.

menes totalitarios que asolaron Europa en la década de los 30, pero actualmente no es sostenido por la doctrina, casi sin excepciones. En el intento de hacer prevalecer el interés colectivo sobre el individual, lo que esta postura no toma en consideración es que el equilibrio de intereses ya se ha alcanzado, tras su choque inicial tenido en cuenta por el legislador al redactar la norma. En suma, la tarea normativa implica un juego de intereses colectivos e individuales, transformado en el equilibrio, que la ley ha de buscar en cada caso.[31]

Realmente, é inegável que o tributo é necessário para a realização do interesse público primário, ou interesse coletivo. Entretanto, o equilíbrio entre o interesse coletivo e o interesse individual é alcançado com a produção da norma de tributação. Sua interpretação, portanto, há de ser presidida pelo equilíbrio, afastando-se qualquer tendência no sentido de prestigiar o interesse público, porque essa tendência, como afirma González García, é fruto do totalitarismo, que há de ser, para o bem de todos, definitivamente sepultado.

5.7 Interpretação e doutrina jurídica

5.7.1 Aplicação e doutrina

A aplicação da norma é tarefa bem diversa da elaboração doutrinária, embora tanto uma como a outra tenham como pressuposto essencial o conhecimento. A aplicação pode ser tida, como foi por Kelsen, ato de criação normativa. Quem aplica, na verdade, constrói a norma específica para o caso concreto. Já, a elaboração é também tarefa de construção, mas é muito mais de construção do sistema do que de construção de normas individuais.

Não obstante o doutrinador muita vez ofereça esclarecimentos e influa decisivamente na tarefa do aplicador da norma, e por isso mesmo se possa considerar que ele também, de certa forma, constrói a norma específica para o caso concreto, é forçoso reconhecer que seu papel mais importante reside na construção do Direito enquanto sistema, em sua globalidade, na construção do encadeamento lógico entre as normas e na explicação das relações entre elas e os efeitos que umas produzem sobre as outras.

É por isto que muitos consideram a doutrina como fonte do Direito. Não como fonte direta, tal como a lei ou a jurisprudência, mas elemento

---

31. Eusebio González García, *La Interpretación de las Normas Tributarias*, Pamplona, Aranzadi, 1997, pp. 22-23.

formador de conceitos que terminam por influir na formação das leis e na aplicação destas pelos tribunais. É a lição autorizada de Recaséns Siches, que ensina:

> Desde el punto de vista de la génesis de los contenidos jurídicos, suele indicarse también como una de las fuentes habituales del Derecho la doctrina científica y la Filosofía Jurídica; porque se observa cómo, muchas veces, se incorporan al ordenamiento jurídico las opiniones de los jurisconsultos y de los iusfilósofos. Ahora bien, la Ciencia y la Filosofía Jurídicas no funcionan directamente como fuentes del Derecho, sino sólo en la medida en que penetran en otras de las fuentes formalmente reconocidas como tales, por el orden del Estado, es decir, en la medida en que influyen en el pensamiento del legislador, o sobre la elaboración de las decisiones de los órganos jurisdiccionales, tanto de los jueces como de los funcionarios administrativos.[32]

É claro que a doutrina jurídica exerce forte influência na aplicação das leis, mas é indiscutível que doutrinar não é aplicar. Em outras palavras: fazer doutrina e aplicar a lei são coisas que não se confundem.

5.7.2 Conhecimento das normas e dos fatos

Para o desempenho adequado de sua tarefa, o doutrinador precisa, ainda mais que o aplicador das normas, ter profundo conhecimento tanto das normas que deve aplicar como dos fatos. Quanto mais profundo e seguro conhecimento tiver das normas e dos fatos, melhor condição terá de desempenhar sua tarefa.

Conhecer as normas não é conhecer a norma que se vai interpretar. É conhecer, pelo menos, as principais normas do sistema jurídico. Dizemos "principais" porque conhecer todas é impossível., tamanha é a quantidade de normas que integram um sistema jurídico. Conhecer as mais importantes, pelo menos, é indispensável na tarefa de interpretar, porque sem esse conhecimento não é possível a utilização do elemento sistêmico, que é de grande importância na interpretação das normas jurídicas.

Conhecer os fatos também não é conhecer apenas os fatos que se integram no suporte fático da norma a ser interpretada, embora esse conhecimento seja absolutamente indispensável. Aliás, o conhecimento de

---

32. Luis Recaséns Siches, *Introducción al Estudio del Derecho*, 13ª ed., México, Editorial Porrúa, 2000, p. 172.

que precisa o doutrinador não diz respeito propriamente ao suporte fático da norma como realidade concreta. Não diz respeito ao fato como algo concreto, e sim à sua descrição como suposto ou hipótese de incidência da norma. Assim, não basta o conhecimento do fato como realidade, das possibilidades de ocorrência desse fato, que permite estabelecer previsões razoáveis do que é possível ocorrer e das consequências respectivas, estabelecidas na norma. Nesse aspecto, a atividade do doutrinador está mais próxima da legislação do que da aplicação.

O doutrinador precisa conhecer pelo menos os fatos mais importantes que formam o ambiente em que se está, para que se possa ter condições de, entre os vários significados dos conceitos albergados na norma a ser interpretada, optar pelo que seja mais adequado a esse ambiente e, assim, descrever a norma dando a esta o significado adequado à realidade em vista das circunstâncias de tempo e lugar que a cercam.

5.7.3 Tarefa da doutrina

Alguns interpretam normas porque as aplicam, e a interpretação precede necessariamente a aplicação. Outros, porém, interpretam normas como doutrinadores, isto é, não porque as tenham de aplicar e, assim, precisem definir-lhes o significado e o alcance, mas porque querem conhecê-las e descrevê-las como elementos de um sistema, identificando as relações entre umas e outras e os efeitos jurídicos decorrentes da incidência de cada uma. Auxiliam, dessa forma, os que têm de aplicá-las. Fazem a doutrina.

A tarefa da doutrina consiste em descrever as normas, não como peças isoladas, mas como elementos de um sistema.

Paulo de Barros Carvalho faz, com inteira propriedade, "a advertência de que não devemos esperar do legislador a edificação de um sistema logicamente bem construído, harmônico e cheio de sentido integrativo, quando a composição dos Parlamentos é profundamente heterogênea, em termos culturais, intelectuais, sociais, ideológicos e políticos. Essa tarefa difícil está reservada, única e exclusivamente, ao cientista, munido de seu instrumental epistemológico e animado para descrever o direito positivo nas articulações da sua intimidade construtiva, transformando a multiplicidade caótica de normas numa construção congruente e cósmica".[33]

---

33. Paulo de Barros Carvalho, *Curso de Direito Tributário*, 13ª ed., São Paulo, Saraiva, 2000, p. 194.

No desempenho dessa importante tarefa, e como resultado dele, a doutrina é, indiscutivelmente, uma fonte do Direito. Daí sua importância. Sua inegável necessidade como elemento integrador do sistema jurídico.

5.8 Integração da legislação tributária

5.8.1 Interpretação e integração

A interpretação das normas jurídicas pode ser considerada em sentido amplo, como a busca de solução para um caso concreto, e em sentido restrito, como a busca do significado de uma norma. Neste último sentido a interpretação pode ser considerada insuficiente na medida em que se entenda não existir no sistema jurídico uma norma para o caso que se tem a resolver. Em outras palavras: a interpretação pode ser considerada insuficiente porque não existe uma norma para o caso concreto que se tem a resolver, e se diz, então, existir no sistema jurídico uma lacuna. E, assim, quem entenda estar diante de uma lacuna sustenta ser necessário recorrer à denominada *integração*.

Segundo a doutrina tradicional, interpretação é atividade lógica pela qual se determina o significado de uma norma jurídica. O intérprete não cria, não inova, limitando-se a considerar o mandamento legal em toda sua plenitude, declarando-lhe o significado e o alcance. Pode acontecer, porém, que o intérprete entenda não existir regra jurídica para regular certa situação, e que, neste caso, é necessário o recurso a um meio de integração do sistema jurídico que se mostra lacunoso. Integração, portanto, é o meio de que se vale o aplicador da lei para tornar o sistema jurídico inteiro, sem lacuna. Não é atividade de simples declaração do sentido da norma, como a interpretação, mas atividade criadora, embora esse processo criativo esteja diretamente vinculado a normas preexistentes.

Essas ideias, porém, constituem ponto de intermináveis divergências. Há quem sustente que tanto na integração como na interpretação há atividade criadora. Por outro lado, há quem sustente que não há atividade criadora nem na interpretação, nem na integração.

É preferível, por isto, dizer que a interpretação pressupõe a existência de norma expressa e específica para o caso que se tem a resolver. O intérprete, então, determina o significado dessa norma, tendo em vista, especialmente, o sistema em que a mesma se encarta. Já, de integração se cogita quando se esteja na ausência de norma expressa e específica para o caso e se tenha, por isto mesmo, de utilizar um dos meios indicados pela ordem jurídica para preencher a lacuna então constatada.

A rigor, é sempre logicamente possível a aplicação da ordem jurídica a qualquer caso concreto. A falta de norma específica não implica a necessidade de criação dessa norma, pois a decisão poderia ser fundada precisamente na sua ausência. O que acontece é que tal solução pode parecer injusta, e por isto o legislador concede ao aplicador autorização para *criar* uma norma específica. Injustiça, porém, também poderá haver no caso de aplicação de norma específica. Tudo se resume na questão de saber se o legislador deve abdicar, em favor do órgão aplicador do Direito, da competência para formulação de juízos ético-políticos. O legislador brasileiro assim procede, concedendo ao aplicador da lei essa competência. Por isto se diz que nosso direito positivo acolheu a tese das *lacunas*.

O exame do caso e a tarefa de identificar a norma a ele aplicável são atividades de interpretação, em sentido amplo. Se há norma específica, dizer o significado desta é interpretação, em sentido restrito. Se inexiste norma específica, e a autoridade entende, por isto, estar diante de lacuna, a identificação de uma norma que não foi elaborada para aquele tipo de caso mas é aplicável ao caso concreto de que se cuida constitui atividade de integração.

Em síntese, a interpretação, em sentido amplo, é a atividade de conhecimento do sistema jurídico, desenvolvida com o objetivo de resolver o caso concreto, seja pela aplicação de uma norma específica, seja pela aplicação de uma norma mais geral, seja pelo uso de um dos meios de integração. Interpretação, em sentido restrito, é a busca do significado de uma norma. Integração, finalmente, é a identificação de uma norma que, não tendo sido elaborada para casos do tipo que se tem a resolver, a ele se ajusta, em face de um critério autorizado pelo legislador.

Para que se possa cogitar de integração parte-se do pressuposto de que o sistema normativo contém lacunas, cujo preenchimento constitui precisamente o objetivo da integração. Ela presta-se a preencher as lacunas, para tornar o sistema normativo inteiro. Tarefa, aliás, sempre inacabada.

5.8.2 Ideia de lacuna no ordenamento jurídico

A questão das lacunas – ou, então, dito de outro modo, a questão da incompletude do ordenamento jurídico – tem sido objeto de muitas proposições doutrinárias, e sem dúvida oferece material para a elaboração de verdadeiro tratado no âmbito da Teoria Geral do Direito. Assim, a simplificação que fazemos não deve ser entendida como desconsideração às várias doutrinas sobre o assunto. É, na verdade, apenas uma opção que fazemos ao tratar deste importante tema no âmbito da legislação tributária.

Em princípio, do ponto de vista lógico-formal, é possível afirmar, como fez Kelsen, que todo sistema jurídico é completo. Não contém lacunas, pois, como diz o citado Mestre, em sua *Teoria Pura do Direito*, a teoria que afirma a existência de lacunas no ordenamento "funda-se na ignorância do fato de que, quando a ordem jurídica não estatui qualquer dever de um indivíduo de realizar determinada conduta, permite esta condita".[34]

Realmente, no plano da lógica formal não há como refutar a lição de Kelsen, que explica, com inteira propriedade:

> A aplicação da ordem jurídica vigente não é, no caso em que a teoria tradicional admite a existência de uma lacuna, logicamente impossível. Na verdade, não é possível, neste caso, a aplicação de uma norma jurídica singular. Mas é possível a aplicação da ordem jurídica – e isso também é aplicação do Direito. A aplicação do Direito não está logicamente excluída. E, efetivamente, não se costuma de forma alguma presumir a existência de uma "lacuna" em todos os casos nos quais o dever do demandado ou acusado afirmado pelo demandante ou acusador não é estipulado por qualquer norma do Direito vigente. Vistas as coisas mais de perto, verifica-se que a existência de uma lacuna só é presumida quando a ausência de uma tal norma jurídica é considerada pelo órgão aplicador do Direito como indesejável do ponto de vista da política jurídica e, por isso, a aplicação – logicamente possível – do Direito vigente é afastada por esta razão político-jurídica, por ser considerada pelo órgão aplicador do Direito como não equitativa ou desacertada. Porém, a aplicação da ordem jurídica pode ser havida como não equitativa ou desacertada não apenas quando esta não contenha uma norma geral que imponha ao demandado ou acusado uma determinada obrigação, mas também quando ela contenha uma tal norma.[35]

Ocorre que o Direito é, na verdade, um instrumento para a realização de valores, de sorte que o reconhecimento da existência de lacunas, quando a ausência de norma singular implica uma solução não equitativa ou desacertada, não deve ser descartado apenas porque também em face da existência de uma norma singular pode haver também uma solução

---

34. Hans Kelsen, *Teoria Pura do Direito*, 3ª ed., trad. de João Baptista Machado, Coimbra, Arménio Amado Editor, 1974, pp. 338-339.

35. Idem, p. 339.

não equitativa ou desacertada. Melhor é acolhermos a teoria das lacunas como instrumento que nos permite evitar as soluções não equitativas ou desacertadas que decorreriam da ausência de norma singular para o caso, e buscarmos no ordenamento a fórmula adequada para evitar uma solução não equitativa ou desacertada decorrente da existência de uma norma singular.

Não obstante as divergências doutrinárias, podemos afirmar a existência de duas espécies de lacunas no ordenamento jurídico, a saber: (a) as lacunas falsas, políticas ou ideológicas; e (b) as lacunas verdadeiras ou técnicas.

A seguir vamos examinar essas duas espécies de lacunas.

5.8.3 Lacunas falsas, políticas ou ideológicas

Entendida como lacuna a ausência de norma específica para o caso a ser resolvido, que faria necessária a aplicação de uma norma geral, ou do princípio geral negativo, tem-se que nos casos em que a resposta assim oferecida pelo ordenamento à questão não contrarie o plano consubstanciado no ordenamento jurídico para a realização dos valores neste albergados a lacuna é falsa, política ou ideológica.

Ao invocar uma lacuna dessa espécie, o que, na verdade, pretende o aplicador da norma é fundamento para uma decisão diversa daquela que decorreria da aplicação da norma geral, ou do princípio geral negativo. Sua motivação não seria jurídica, mas política ou ideológica.

Em outras palavras, podemos dizer que as lacunas falsas, políticas ou ideológicas são aquelas cujo não preenchimento não leva a um momento de incongruência com o plano de realização dos valores albergados pelo ordenamento jurídico. Essas lacunas são, portanto, ausências de normas específicas para determinados casos, que nem podem ser consideradas falhas no sistema de normas porque o sistema oferece resposta axiologicamente satisfatória mediante a aplicação de uma norma geral, ou do princípio geral negativo, não se fazendo necessário nenhum instrumento de integração.

A falsa lacuna, portanto, embora configurada pela ausência de norma específica, é vista ou sentida apenas por quem gostaria de chegar a uma solução diferente em determinado caso, em lugar da solução decorrente da aplicação da norma geral ou do princípio geral negativo. A utilização de um meio de integração não é admissível. O suprimento da ausência da norma fica a critério do legislador, que poderá editar a norma específica reclamada.

5.8.4 Lacunas verdadeiras ou técnicas

Diversamente, as lacunas verdadeiras, ou técnicas, são aquelas cujo não preenchimento implica um momento de incongruência com o plano de realização dos valores albergados pelo ordenamento jurídico.

Diante de uma lacuna técnica, a solução consistente na aplicação de uma norma geral, ou do princípio geral negativo, será sempre axiologicamente insatisfatória. Resolve, do ponto de visto lógico, mas a solução será insatisfatória, porque será contrária aos valores albergados pelo ordenamento jurídico. Estará em conflito com o valor *justiça*, o valor *segurança* ou outro valor que o ordenamento jurídico consagra.

É certo que sempre se encontra uma resposta no ordenamento jurídico, com a aplicação de uma norma geral ou do princípio geral negativo. "Mas vai-se demasiadamente longe quando secamente se enuncia um 'princípio geral negativo' segundo o qual, sempre que não esteja prevista uma consequência jurídica no direito positivo, a aplicação desta consequência jurídica é *eo ipso* inadmissível."[36] Como o ordenamento jurídico alberga valores, entre os quais o da segurança jurídica e o da justiça, que impõem o tratamento isonômico, a aplicação do princípio geral negativo pode levar ao que Engisch denomina "momento de incongruência com um plano", que se revela pela contradição entre os valores albergados pelo ordenamento jurídico e a resposta a que se chega para certas questões com a aplicação pura e simples do princípio geral negativo.

Examinaremos, a seguir, a questão das lacunas no Direito Brasileiro, buscando demonstrar, com exemplos colhidos em nosso ordenamento jurídico, a importante distinção entre essas duas espécies de lacuna.

5.8.5 As lacunas no ordenamento jurídico brasileiro

O Direito Brasileiro reconhece expressamente a existência de lacunas em nossas leis, tanto que preconiza soluções para o preenchimento ou colmatação destas. Admite claramente que na ausência de norma específica para o caso a solução das questões não deve ocorrer pela aplicação de norma geral, ou do princípio geral negativo, posto que preconiza a integração, que é instrumento complementar da interpretação jurídica, de sorte a evitar que na ausência de norma específica se tenha de aplicar, sempre, a norma geral, ou o princípio geral negativo.

---

36. Karl Engisch, *Introdução ao Pensamento Jurídico*, 7ª ed., trad. de João Baptista Machado, Lisboa, Fundação Calouste Gulbenkian, 1996, p. 282.

Nossa Lei de Introdução às Normas do Direito Brasileiro alberga exemplo de norma expressa de reconhecimento da existência de lacunas. Segundo essa norma, "quando a lei for omissa, o juiz decidirá o caso de acordo com a analogia, os costumes e os princípios gerais de Direito".[37]

A mesma orientação era seguida por nosso antigo Código de Processo Civil, segundo o qual "o juiz não se exime de sentenciar ou despachar alegando lacuna ou obscuridade da lei. No julgamento da lide caber-lhe-á aplicar as normas legais; não as havendo, recorrerá à analogia, aos costumes e aos princípios gerais de Direito".[38] E segue sendo adotada pelo atual Código de Processo Civil, segundo o qual "o juiz não se exime de decidir sob a alegação de lacuna ou obscuridade do ordenamento jurídico".[39]

E, especificamente em matéria tributária, nosso Código Tributário Nacional segue a mesma orientação, estabelecendo que, "na ausência de disposição expressa, a autoridade competente para aplicar a legislação tributária utilizará sucessivamente, na ordem indicada: I – a analogia; II – os princípios gerais de direito tributário; III – os princípios gerais de direito público; IV – a equidade".[40] E cuida de estabelecer limites para o emprego da analogia, dizendo que deste "não poderá resultar a exigência de tributo não previsto em lei",[41] e para o emprego da equidade, dizendo que deste "não poderá resultar a dispensa do pagamento de tributo devido".[42]

É importante, assim, a constatação de que se está diante de uma lacuna para que se possa lançar mão do instrumento que o ordenamento estabelece para esse fim. E, diante da lacuna, identificá-la como verdadeira ou falsa, para decidir se ela deve ser suprida pelo intérprete ou se seu suprimento fica a depender do legislador.

A questão de saber se o contribuinte tem, ou não, direito à correção monetária na restituição de tributo pago indevidamente foi colocada perante o STF, e pode ser examinada aqui como interessante exemplo de lacuna jurídica, prestando-se, inclusive, para uma clara distinção entre lacuna falsa ou política e lacuna verdadeira ou técnica.

Não existia àquela época lei prevendo a correção monetária na restituição do indébito tributário. Era, porém, legalmente prevista a correção monetária para o caso de tributos pagos com atraso e também para

---

37. Decreto-lei 4.657, de 4.9.1942, art. 4º.
38. Lei 5.869, de 11.1.1973, art. 126.
39. Lei 13.105, de 16.3.2015, art. 140.
40. Lei 5.172, de 25.10.1966, art. 108.
41. Lei 5.172, de 25.10.1966, art. 108, § 1º.
42. Lei 5.172, de 25.10.1966, art. 108, § 2º.

o caso de restituição de quantias depositadas pelo contribuinte quando questionava com a Fazenda. Além disto, vinha se tornando cada vez mais generalizada a prática da correção monetária, em face da inflação com índices crescentes.

Assim, deixar de assegurar ao contribuinte o direito à correção monetária na restituição do tributo pago indevidamente criaria um momento de incongruência. Seria uma decisão flagrantemente injusta. Não injusta apenas sob o aspecto subjetivo. Injusta em face da previsão de correção monetária para situações equivalentes, que fazia da ausência da norma específica para o caso uma lacuna verdadeira ou técnica.

Admitamos, porém, que, mesmo diante de elevados índices de inflação, não existisse em nosso ordenamento jurídico a previsão de correção monetária para casos semelhantes. Sendo assim, a ausência de norma determinando a correção monetária na repetição do indébito não poderia ser considerada uma lacuna técnica ou verdadeira. O caso poderia ser resolvido pela aplicação do princípio geral negativo, sem que isto consubstanciasse qualquer incongruência.

O STF resolveu essa questão com a aplicação do princípio da legalidade, invocou norma de nossa Constituição segundo a qual "ninguém será obrigado a fazer ou a deixar de fazer alguma coisa senão em virtude de lei" (inciso II do art. 5º). Como não havia lei determinando aquela correção monetária, a Fazenda Pública não podia ser obrigada a seu pagamento.

Ocorre que tal solução afigurou-se extremamente injusta em face do ordenamento jurídico. Não injusta em sentido subjetivo – repita-se –, mas injusta porque contrária ao ordenamento jurídico considerado em sua totalidade. Havia lei determinando a correção monetária nos casos de pagamentos de tributos em atraso e também para o caso de devolução de valores depositados pelos contribuintes que discutiam a exigência de tributos. Desobrigar a Fazenda de corrigir monetariamente o valor do indébito tributário mostrava-se um tratamento desigual, a privilegiar a Fazenda. Foi possível, assim, afirmar a existência de uma lacuna, e o próprio STF terminou por fazê-lo, modificando sua jurisprudência.

5.8.6 Meios de integração

5.8.6.1 Explicação preliminar

É relevante o papel que a teoria das lacunas representa no Direito moderno. Assim, com a ressalva de que a mesma, na verdade, consubstancia forma quase sempre inconfessada de valoração, posto que a afirmação da existência de lacunas não passa de uma postura ideológica, examinaremos, a seguir, os meios de integração.

O CTN, em seu art. 108, determina que, "na ausência de disposição expressa, a autoridade competente para aplicar a legislação tributária utilizará sucessivamente, na ordem indicada: I – a analogia; II – os princípios gerais de direito tributário; III – os princípios gerais de direito público; IV – a equidade".

Cuida-se, aqui, de integração, e não de interpretação. O aplicador da lei só recorrerá a um dos meios acima indicados na ausência de disposição expressa e específica. A integração preenche essa ausência, isto é, a lacuna existente na legislação. Porque constitui desempenho de atividade excepcional, tendo em vista que a valoração, como atividade política, é predominantemente e em princípio exercida pelo legislador, a *integração* sofre as restrições impostas pelos §§ 1º e 2º do mencionado art. 108, que a doutrina geralmente diz serem decorrentes do princípio da legalidade, e que examinaremos logo adiante.

Note-se que os meios de integração, arrolados no art. 108 do CTN, devem ser empregados na ordem indicada, vale dizer: em primeiro lugar a analogia, depois os princípios gerais de direito tributário, em seguida os princípios gerais de direito público e por último a equidade.

5.8.6.2 Analogia

Analogia é o meio de integração pelo qual o aplicador da lei, diante de lacuna desta, busca solução para o caso em norma pertinente a casos semelhantes, ou análogos. O legislador nem sempre consegue disciplinar expressa e especificamente todas as situações. O mundo fático é complexo e dinâmico, de sorte que é impossível uma lei sem lacunas. Assim, diante de uma situação para a qual não há dispositivo legal específico, aplica-se o dispositivo pertinente a situações semelhantes, idênticas, análogas ou afins.

A dizer o que devemos entender por analogia, como critério para o preenchimento de lacunas do ordenamento jurídico, temos lição clara e primorosa de Francesco Ferrara, que escreveu:

> A analogia consiste na aplicação dum princípio jurídico que a lei põe para certo facto a outro facto não regulado, mas semelhante, sob o aspecto jurídico, ao primeiro.
>
> Perante casos de que o legislador não cogitou, o intérprete busca regulá-los no sentido em que o legislador teria decidido se neles tivesse pensado. E como procurando bem no sistema se podem descobrir

casos análogos já regulados, extrai-se por um processo de abstração a disciplina jurídica que vale para esses, alargando-se até compreender os casos não previstos mas cuja essência jurídica é a mesma.

O procedimento por analogia radica no conceito de que os factos de igual natureza devem ter igual regulamentação, e se um de tais factos encontra já no sistema a sua disciplina, esta forma o *tipo* do qual se deve inferir a disciplina jurídica geral que há de governar os casos afins.[43]

Em matéria tributária é perfeitamente admissível o uso da analogia, respeitado o limite estabelecido pelo § 1º do art. 108 do CTN, que explicita o alcance do princípio da estrita legalidade tributária. Respeitado esse limite, portanto, a analogia presta-se tanto em favor do Fisco como do contribuinte. Qualquer lacuna na legislação tributária pode e deve ser preenchida pelo recurso à analogia, respeitada, repita-se, a limitação decorrente do princípio da legalidade – assunto ao qual voltaremos adiante.

Aliás, é pelo recurso à analogia, nos termos do art. 108, I, do CTN, que o STF tem considerado devida a correção monetária na restituição de tributos pagos indevidamente. A esse respeito já escrevemos:

> Não existia àquela época lei prevendo a correção monetária na restituição do indébito tributário. Era, porém, legalmente prevista a correção monetária para o caso de tributos pagos com atraso e também para o caso de restituição de quantias depositadas pelo contribuinte quando questionava com a Fazenda. Além disto, vinha se tornando cada vez mais generalizada a prática da correção monetária, em face da inflação com índices crescentes.
>
> Assim, deixar de assegurar ao contribuinte o direito à correção monetária na restituição do tributo pago indevidamente criaria um momento de incongruência. Seria uma decisão flagrantemente injusta. Não injusta apenas sob o aspecto subjetivo. Injusta em face da previsão de correção monetária para situações equivalentes, que fazia a ausência da norma específica para o caso uma lacuna verdadeira ou técnica.
>
> Admitamos, porém, que mesmo diante de elevados índices de inflação não existisse em nosso ordenamento jurídico a previsão de correção monetária para casos semelhantes. Em sendo assim, a ausência da norma determinando a correção monetária na repetição do indébito não poderia ser considerada uma lacuna técnica ou verdadeira. O caso poderia ser resolvido pela aplicação do princípio geral negativo, sem que isto consubstanciasse qualquer incongruência.

---

43. Francesco Ferrara, *Interpretação e Aplicação das Leis*, 3ª ed., trad. de Manuel A. Domingues de Andrade, Coimbra, Arménio Amado Editor, 1978, p. 158.

O STF resolveu essa questão com a aplicação do princípio da legalidade, invocou norma de nossa Constituição segundo a qual "ninguém será obrigado a fazer ou a deixar de fazer alguma coisa senão em virtude de lei". Como não havia lei determinando aquela correção monetária, a Fazenda Pública não podia ser obrigada a seu pagamento.

Ocorre que tal situação configurou-se extremamente injusta, em face do ordenamento jurídico. Não injusta em sentido subjetivo, repita-se, mas injusta porque contrária ao ordenamento jurídico considerado em sua totalidade. Havia lei determinando a correção monetária nos casos de pagamentos de tributos em atraso e também para o caso de devolução de valores depositados pelos contribuintes que discutiam a exigência de tributos. Desobrigar a Fazenda de corrigir monetariamente o valor do indébito tributário mostrava-se um tratamento desigual, a privilegiar a Fazenda. Foi possível, assim, afirmar-se a existência de uma lacuna, e o próprio STF terminou por fazê-lo, modificando a sua jurisprudência.[44]

Interessante exemplo de aplicação analógica é o que se refere ao direito do contribuinte de se creditar de ICM – hoje, ICMS – pago indevidamente, desde que tenha pleiteado sua restituição e a autoridade competente não tenha despachado no prazo de 60 dias. A legislação do IPI assegura expressamente esse direito, como se pode ver no art. 33, II, do Regulamento aprovado pelo Decreto 70.162, de 18.2.1972. O IPI é Imposto não cumulativo como o ICMS. A situação é inteiramente análoga, cabendo, portanto, a supressão da lacuna da legislação do ICMS mediante aplicação analógica da disposição legal pertinente ao IPI.

Com o advento das leis federais que tratam do direito à compensação no âmbito dos tributos federais pode-se sustentar que o contribuinte de tributos estaduais e municipais tem, por analogia, o mesmo direito.

Aliás, o tema da compensação é, a rigor, um tema do direito obrigacional comum, civil e comercial, de sorte que deve ser regulado por lei federal. Não é matéria de direito tributário. Por isto, a competência legislativa, no caso, é privativa da União, nos termos do art. 22, I, da vigente CF.

5.8.6.3 Princípios gerais de direito tributário

Não se conseguindo solução para o caso pela analogia, recorre-se, então, aos princípios gerais de direito tributário, que se encontram na Constituição Federal, tais como os princípios: da capacidade contributi-

---

44. Hugo de Brito Machado, *Introdução ao Estudo do Direito*, São Paulo, Dialética, 2000, p. 159. Esse mesmo texto está mantido em edições posteriores, sendo que na 3ª edição está nas pp. 163-164.

va (CF, art. 145, § 1º); da legalidade (CF, art. 150, I); da isonomia (CF, art. 150, II); da anterioridade da lei em relação ao exercício financeiro (CF, art. 150, III, "b"); o da proibição de tributo com efeito de confisco (CF, art. 150, IV); o da proibição de barreiras tributárias interestaduais e intermunicipais (CF, art. 150, V); o das imunidades (CF, art. 150, VI); o das competências privativas (CF, arts. 153 a 156); o da finalidade extrafiscal dos tributos, que justifica a maioria das exceções ao princípio da anterioridade da lei ao exercício financeiro – além de outros que podem estar implícitos nas diversas disposições do denominado direito constitucional tributário.

5.8.6.4 Princípios gerais de direito público

O direito tributário, como ramo do direito público que é, há de procurar neste os princípios aplicáveis aos casos para os quais não disponha de regra legal nem se tenha logrado resolver pela analogia, nem pelos princípios gerais do próprio direito tributário.

Princípios jurídicos são ideias comuns a várias regras. Princípios gerais do direito público são ideias comuns a várias regras desse ramo da Ciência Jurídica. A fonte mais importante destes é a Constituição. Podem ser mencionados: o princípio da isonomia ou da igualdade perante a lei (CF, art. 5º); o da irretroatividade das leis (CF, art. 5º, XXXVI); o da pessoalidade da pena (CF, art. 5º, XLV); o da ampla defesa dos litigantes e dos acusados em geral (CF, art. 5º, LV); o da liberdade profissional (CF, art. 5º, XIII) – entre outros. A doutrina aponta, ainda, princípios como o de que *quem pode o mais, pode o menos*, o dos poderes implícitos, pelo qual quando a Constituição quer os *fins*, concede os *meios* adequados.

5.8.6.5 Equidade

Não é fácil definir equidade, como, em verdade, não é fácil definir coisa alguma. Assim, busquemos, a respeito da equidade, a lição de juristas de reconhecida autoridade.

Pontes de Miranda ensina que "equidade é apenas palavra-válvula com que se dá entrada a todos os elementos intelectuais ou sentimentais que não caibam nos conceitos primaciais do método de interpretação. A vaguidade serve sempre quando se quer o arbítrio, ou quando se pretende deixar a alguém determinar a norma, sem se confessar que se deu a alguém tal poder".[45]

---

45. Pontes de Miranda, citado por Aliomar Baleeiro em *Direito Tributário Brasileiro*, 10ª ed., 9ª tir., Rio de Janeiro, Forense, 1993, p. 440.

Pedro Nunes, por sua vez, define equidade como "sentimento íntimo de justiça, que se funda na igualdade perante a lei, na boa razão e na ética, para suprimir a imperfeição da lei ou modificar criteriosamente o seu rigor, tornando-a mais moderada, benigna e humana, com o efeito estritamente necessário ou mais amoldável à circunstância corrente, de atender a um sem prejudicar a outro".[46]

A palavra "equidade" tem sido usada com diversas significações, das quais podem ser destacadas: (a) tratamento igual; (b) criação de norma pelo magistrado; e (c) mitigação, suavização, dos rigores da lei. É o que demonstra João Batista Moreira, advertindo, porém, que "igualdade não se confunde com equidade. A equidade é o reconhecimento e propiciação da igualdade material".[47]

Pela restrição imposta no § 2º de seu art. 108, no CTN a palavra "equidade" parece ter o significado de suavização, humanização ou benevolência na aplicação do Direito. Sendo a lei omissa, e não se tendo encontrado solução para o caso na analogia, nem nos princípios gerais de direito tributário, nem nos princípios gerais de direito público, a solução há de ser aquela que resultar mais benevolente, mais humana, mais suave. Em outras palavras: a solução há de ser ditada pela equidade.

Parece-nos que a equidade, como instrumento de integração do direito tributário, é precisamente a ideia de justiça que há de inspirar o aplicador desse direito nos casos em que a lei seja insuficiente, lacunosa, para que este estabeleça a norma. Não de forma inteiramente livre, mas dirigido no sentido de encontrar a igualdade material que o legislador, produzindo normas gerais e abstratas, quase sempre não alcança. Assim, se a lei define certo fato como ilícito e não menciona alguma circunstância que, presente, poderá conduzir à conclusão de que tal fato, praticado naquela circunstância, não produz o efeito nocivo que em geral lhe é próprio, ou, então, põe em dúvida a própria natureza do fato, ou sua autoria ou a natureza da penalidade aplicável, temos que nestes casos pode o intérprete considerar lacunosa a lei, aplicando a norma que a equidade autoriza seja, então, elaborada. É precisamente este raciocínio que autoriza ver-se no art. 112 do CTN hipóteses de aplicação da equidade.

Equidade é a ideia que permite transformar aquela igualdade simplesmente formal em igualdade efetiva, substancial, corrigindo-se as

---

46. Pedro Nunes, *Dicionário de Tecnologia Jurídica*, 8ª ed., vol. 1, Rio de Janeiro/São Paulo, Freitas Bastos, 1974, pp. 568-569.
47. João Batista Moreira, "Fundamentos da equidade no direito tributário brasileiro", *RDA* 130/12 e ss., Rio de Janeiro, FGV.

distorções decorrentes da generalidade e da abstração das leis. A objetivação da justiça – ensina Arnaldo Vasconcelos – "far-se-ia pela regra da equidade, segundo Aristóteles o meio hábil de retificar as distorções da injustiça que se contém em toda lei. A finalidade só pode ser esta: humanizar o Direito".[48]

Não é fácil – repita-se – definir equidade. Seja como for, trata-se de palavra geralmente utilizada como referência à justiça no caso concreto. Por ela corrige-se a insuficiência decorrente da generalidade da norma, que, não se prestando para ensejar solução justa no caso concreto, permite que se afirme a existência de lacuna no ordenamento jurídico. A falta de norma específica para cada caso é que enseja a integração por equidade. Distingue-se da analogia porque, enquanto pela analogia se busca suprir a lacuna com uma norma específica destinada a regular situação análoga, com a equidade se busca uma solução para o caso concreto a partir da norma genérica, adaptando-a, inspirado no sentimento de benevolência.

Insistimos, portanto, na tese que vislumbra na restrição imposta pelo § 2º do art. 108 do CTN o propósito de atribuir à palavra "equidade" o sentido de "suavização". Sendo a lei omissa, e não se tendo encontrado solução para o caso na analogia, nem nos princípios gerais de direito tributário, nem nos princípios gerais de direito público, a solução há de ser aquela que, a partir da norma genérica, resultar mais benevolente, mais humana, mais suave. A solução há de ser ditada pela *equidade*.

Realmente, pela equidade pode a autoridade administrativa dispensar penalidade pecuniária, independentemente de lei que o diga. Isto decorre do art. 108, IV, do CTN e não contraria o disposto em seu § 2º, que se refere apenas ao tributo. E mesmo em relação ao tributo a dispensa por equidade é possível, desde que autorizada cm lei, nos termos do art. 172, IV, do mesmo CTN.

5.8.7 *A integração e o princípio da legalidade*

5.8.7.1 Legalidade estrita como limite à integração

É razoável entender que o princípio constitucional da estrita legalidade tributária funciona como rigoroso limite à integração. Ou há lei expressa e específica a definir a hipótese de incidência do tributo, ou não surge a obrigação tributária. Se entendermos que a ocorrência de

---

48. Arnaldo Vasconcelos, *Teoria da Norma Jurídica*, 6ª ed., São Paulo, Malheiros Editores, 2006, p. 246.

determinado fato deveria ensejar a incidência de determinado tributo, porque esse fato é semelhante àquela descrito na hipótese de incidência do tributo, teremos de admitir que se trata do que Engisch considerou uma falsa lacuna, ou lacuna ideológica, ou política, que somente ao legislador cumpre preencher.

É certo que em alguns casos seria possível defender a aplicação da lei que descreve a hipótese de incidência tributária, por analogia, com invocação dos princípios da isonomia e da capacidade contributiva. Daí a enorme relevância do tema, impondo-se o exame mais detalhado da questão do limite ao uso da analogia em nosso direito tributário.

5.8.7.2 Limite à analogia

A doutrina predominante é no sentido de que a lei tributária – vale dizer, a lei que define as hipóteses de incidência tributária – não admite integração analógica. Não se poderia cogitar de lacunas, porque, em face do princípio da legalidade tributária, colocado no altiplano constitucional, não há tributo sem lei anterior que o institua.

Mesmo sem assumir a posição extremada dos que preconizam a interpretação literal das normas de tributação, não se pode deixar de rejeitar a integração analógica dessas normas, porque, na verdade, a aceitação da existência de lacunas na lei de tributação é inteiramente incompatível com o princípio da legalidade. Segundo Jarach, quando a lei estabelece um imposto como resultado de determinado fato imponível, a existência de outros fatos similares não especificamente tributados não pode ensejar análogas obrigações tributárias, porque não se pode presumir que, não se referindo a lei a esses casos similares, os tenha submetido a idêntico imposto. Pelo contrário, a presunção que deve presidir a interpretação é a de que o legislador, ao não tributar quaisquer fatos, os exclui, conscientemente, da tributação. Em suas palavras, "cuando la ley establece un impuesto por verificarse un determinado hecho imponible, la existencia de otros hechos similares no gravados especialmente no puede dar lugar a análogas obligaciones impositivas, porque no se puede presumir que de haber previsto la ley estos casos similares los hubiera sometido a idéntico impuesto. Al contrario, la presunción que debe presidir la interpretación es que el legislador lo que no ha gravado lo previó y lo excluyó, a sabiendas, de la imposición".[49]

---

49. Dino Jarach, *Finanzas Públicas y Derecho Tributario*, 2ª ed., Buenos Aires, Abeledo-Perrot, 1996, p. 318.

É invocável, pois, neste ponto, a doutrina de Engisch, sustentando que a ausência de norma definidora de hipótese de incidência tributária deve corresponder a um *plano* do legislador, ou da lei, e, então, não representa uma "lacuna" que tenha de se apresentar sempre como uma "deficiência" que estamos autorizados a superar.[50]

O CTN acolheu essa doutrina e afastou a controvérsia estabelecendo expressamente, no § 1º do art. 108, que o emprego da analogia não pode resultar na exigência de tributo não previsto em lei. Assim, em nosso direito positivo não se admite a integração analógica da lei que define as hipóteses de incidência tributária.

Quaisquer outros dispositivos da legislação tributária que não imponham ônus para o contribuinte podem ser objeto de integração, por analogia ou por qualquer dos demais meios apontados pelo art. 108 do CTN.

5.8.7.3 Limite à equidade

Nos termos do § 2º do art. 108 do CTN, "o emprego da equidade não poderá resultar na dispensa do pagamento de tributo devido". Essa é a regra dirigida ao aplicador da norma, que certamente não exclui a possibilidade de autorização legislativa em sentido contrário.

Com efeito, o art. 172, IV, do CTN diz que "a lei pode autorizar a autoridade administrativa a conceder remissão total ou parcial do crédito tributário, atendendo: (...); IV – a considerações de equidade, em relação com as características pessoais ou materiais do caso; (...)". Essa regra que autoriza a autoridade a conceder remissão total ou parcial do crédito tributário é perfeitamente compatível com a limitação imposta pelo § 2º do art. 108 do mesmo Código, segundo a qual "o emprego da equidade não poderá resultar na dispensa do pagamento de tributo devido". É que esta limitação dirige-se ao aplicador da lei, mas não ao legislador, que pode, sim, editar regra autorizando a concessão de remissão.

5.9 *Institutos, conceitos e formas de direito privado*

5.9.1 Unidade do Direito

O art. 109 do CTN estabelece que "os princípios gerais de direito privado utilizam-se para a pesquisa da definição, do conteúdo e do alcance de seus institutos, conceitos e formas, mas não para a definição dos respectivos efeitos tributários". Essa disposição é de alcance notável, e

---

50. Karl Engisch, *Introdução ao Pensamento Jurídico*, cit., 7ª ed., p. 281.

deve ser cuidadosamente analisada, sobretudo em face das divergências doutrinárias a respeito da utilização pelo direito tributário dos institutos, conceitos e formas do direito privado.

A questão da autonomia do direito tributário é o ponto nuclear dos debates. Os que sustentam a plena autonomia dizem que os conceitos de direito privado não se prestam para o direito tributário, em cujo âmbito adquirem significação própria, inteiramente desvinculada de suas origens. Já, os que defendem a unidade do Direito sustentam que os conceitos de direito privado têm plena valia no campo do direito tributário, como no de qualquer ramo da Ciência Jurídica.

Na verdade, o Direito é uno. Nenhum ramo do Direito é inteiramente autônomo, desvinculado dos demais. Todavia, em virtude das peculiaridades das relações jurídicas de cada área de atuação, as regras jurídicas assumem características especiais, e também o intérprete deve atentar para o verdadeiro sentido da norma, sem o quê não será alcançado o objetivo colimado.

Em cada ramo do Direito existem peculiaridades em função das quais as normas devem ser interpretadas. No direito civil existem regras com características absolutamente especiais, distintas umas das outras embora integrem o mesmo ramo. Normas do direito das obrigações podem ter peculiaridades bem diferentes de normas do direito de família ou do direito das sucessões. E não se vai, por isto, falar de autonomia de cada um desses sub-ramos do direito civil.

Importante, outrossim, para o adequado entendimento da norma do art. 109 do CTN é que se tenha presente a distinção entre *princípios gerais* de direito privado e *conceitos* de direito privado, pois a falta de percepção dessa distinção tem ensejado muita perplexidade na interpretação desse dispositivo. Por isto, vamos, a seguir, examinar a relação entre os princípios gerais do direito privado e a lei tributária, e depois a relação entre os conceitos de direito privado e a lei tributária.

5.9.2 *Princípios gerais de direito privado e lei tributária*

Segundo a norma do art. 109 do CTN, "os princípios gerais de direito privado utilizam-se para pesquisa da definição, do conteúdo e do alcance de seus institutos, conceitos e formas, mas não para definição dos respectivos efeitos tributários".

Irrepreensível é a doutrina de Luciano Amaro, que, a propósito do art. 109 do CTN, ensina:

O que se dá é que, no direito privado (ou, às vezes, em determinado setor do direito privado), atuam certos princípios, ora visando à proteção de uma das partes no negócio, ora fazendo atuar certa presunção, ora indicando critério de interpretação, ora cominando pena de nulidade, ou ensejando anulabilidade; o setor do direito do trabalho é rico de preceitos tuitivos, informados pelo princípio que protege o hipossuficiente e que direciona os efeitos das relações trabalhistas. Ora, no direito tributário não são invocáveis tais princípios (cuja aplicação se exaure no plano do direito privado) para o efeito de regular a relação jurídico-tributária entre o Fisco e o partícipe da relação privada que seja eleito como sujeito passivo pela lei tributária.

Não obstante tais princípios comandem a definição dos efeitos jurídicos *privados*, as consequências *tributárias* (efeitos jurídicos tributários) são determinadas *sem submissão àqueles princípios*. Assim, por exemplo, o aderente, num contrato de massa, desfruta de uma posição legalmente privilegiada no plano do direito privado (no sentido de que o contrato deve, em regra, ser interpretado a seu favor), mas não goza de nenhuma vantagem perante o Fisco no que respeita à definição dos efeitos tributários oriundos daquele negócio; do mesmo modo, o empregado, hipossuficiente na relação trabalhista, não pode invocar essa condição na relação tributária cujo polo passivo venha a ocupar. A definição dos efeitos tributários oriundos daquelas situações faz-se com abstração de considerações privatísticas, cuja aplicação se esgota na definição da categoria jurídica de direito privado, não obstante ela seja "importada" pelo direito tributário e venha a irradiar, nesse setor, outros efeitos, além dos que possam ser produzidos na sua província de origem.[51]

Note-se a diferença. Uma coisa são os princípios. Outra, os institutos, conceitos e formas. Um princípio de direito privado presta-se para definir o conteúdo e o alcance de um instituto, de um conceito ou de uma forma no direito privado, e esse instituto, conceito ou forma quando utilizado pelo legislador no direito tributário tem, com certeza, os mesmos conteúdo e alcance que tem na sua província de origem.

5.9.3 Conceitos do direito privado e lei tributária

Os princípios gerais do direito privado – repita-se a norma do art. 109 do CTN – utilizam-se para pesquisa da definição, do conteúdo e do alcance de seus institutos, conceitos e formas. Isto que dizer que à luz

---

51. Luciano Amaro, *Direito Tributário Brasileiro*, 11ª ed., São Paulo, Saraiva, 2005, pp. 219-220.

desses princípios é que são definidos os institutos, os conceitos e as formas de direito privado que tenham sido empregados pela lei tributária. Mas não para definição dos respectivos efeitos tributários, diz o art. 109. E com isto quer dizer que a lei tributária pode atribuir os efeitos tributários que bem entender àqueles institutos, conceitos e formas. Ao definir uma hipótese de incidência tributária o legislador pode utilizar um conceito, um instituto ou uma forma de direito privado, atribuindo-lhe expressamente significado e alcance diversos para fins tributários.

Se a lei tributária não alterou expressamente o conteúdo e o alcance do instituto de direito privado por ela utilizado para definir hipótese de incidência tributária, não poderá o intérprete fazê-lo com suposto amparo no art. 109 do CTN. Tem inteira razão Luciano Amaro quando ensina:

> Ao dizer que os princípios de direito privado se aplicam para a pesquisa da definição de institutos desse ramo do Direito, o dispositivo, obviamente, não está querendo disciplinar a interpretação, *no campo do direito privado*, dos institutos desse direito. Isso não é matéria cuja regulação incumba ao direito tributário. Assim, o que o Código Tributário Nacional pretende dizer é que os institutos de direito privado devem ter sua definição, seu conteúdo e seu alcance pesquisados com o instrumental técnico fornecido pelo direito privado, não para efeitos privados (o que seria óbvio e não precisaria, nem caberia, ser dito num código tributário), mas sim *para efeitos tributários*. Ora, em que hipóteses se daria? É claro que nas hipóteses em que tais institutos sejam referidos pela lei tributária na definição de pressupostos de fato de aplicação de normas tributárias, pois – a conclusão é acaciana – somente em tais situações é que interessa ao direito tributário a pesquisa de institutos de direito privado.
> Em suma, o instituto de direito privado é "importado" pelo direito tributário com a mesma conformação que lhe dá o direito privado, sem deformações nem transfigurações. A compra e venda, a locação, a prestação de serviço, a doação, a sociedade, a fusão de sociedades, o sócio, o gerente, a sucessão *causa mortis*, o herdeiro, o legatário, o meeiro, o pai, o filho, o interdito, o empregador, o empregado, o salário, etc., etc., têm conceitos postos pelo direito privado, que ingressam na cidadela do direito tributário sem mudar de roupa e sem outro passaporte que não o preceito da lei tributária que os "importou". Como ensina Becker, com apoio em Emílio Betti e Luigi Vittorio Berliri, o Direito forma um único sistema, onde os conceitos jurídicos têm o mesmo significado, salvo se a lei tiver expressamente alterado tais conceitos, para efeito de certo setor do direito; (...).[52]

---

52. Idem, p. 218.

No mesmo sentido manifestou-se Aliomar Baleeiro a propósito do art. 109 do CTN, embora fazendo a final um questionamento, cuja resposta por ele oferecida confirma nosso entendimento no sentido de que ao legislador, e não ao intérprete, cabe redefinir para fins tributários os institutos, conceitos e formas de direito privado. Em suas palavras:

> O legislador reconhece o império das normas de direito civil e comercial quanto à definição, conteúdo e alcance dos institutos, conceitos e formas consagrados no campo desses dois ramos jurídicos opulentados por 20 séculos de lenta estratificação. A prescrição, a quitação etc. conservam no direito financeiro, quando neste não houver norma expressa em contrário, a mesma conceituação clássica do direito comum. O mesmo ocorre em relação aos contratos e às obrigações em geral.
>
> Mas o direito tributário, reconhecendo tais conceitos e formas, pode atribuir-lhes expressamente efeitos diversos do ponto de vista tributário.
>
> O problema tem especial relevo quanto à escolha dos institutos e, sobretudo, à forma dos atos, por parte dos contribuintes, em busca de minoração ou mesmo eliminação dos gravames fiscais. Por outras palavras, se a lei decreta o tributo, visando a certa manifestação de capacidade econômica, como, por exemplo, a aquisição de imóvel, é lícito ao contribuinte substituir a escritura de compra e venda por uma procuração irrevogável em causa própria, ou por um contrato de locação por prazo longuíssimo e quitação prévia, para fugir ao Imposto de Transmissão *Inter Vivos*? Ou substituir hipoteca pela cláusula de retrovenda, caso a primeira seja duramente tributada?
>
> Alguns escritores, a exemplo de G. Jèze, responderam pela afirmativa, como já referimos. O direito fiscal pode dar-lhes, entretanto, consequências outras.[53]

Em síntese: se um conceito de direito privado é utilizado pelo legislador tributário, sem qualquer referência a seu conteúdo e seu alcance, tal conceito há de ser entendido pelo intérprete tal como está posto no direito privado. Mas a lei tributária – repita-se – pode colher o conceito de direito privado e introduzir nele alterações para fins tributários.

5.9.4 *Abuso de institutos, conceitos e formas de direito privado*

Tem-se de considerar, porém, que o emprego dos institutos, conceitos e formas de direito privado pode ser regular ou abusivo. Não é fácil

---

53. Aliomar Baleeiro, *Direito Tributário Brasileiro*, 11ª ed., Rio de Janeiro, Forense, 1999, p. 685.

estabelecer uma fronteira entre o uso regular e o abuso, mas no exame de cada caso concreto podem ser vistos um e o outro. Aliás, tudo é muito relativo, de sorte que não é possível estabelecer regras inflexíveis, aplicáveis a todos os casos. Só em face das circunstâncias peculiares de cada caso é que se pode avaliar o emprego pelo contribuinte de institutos, conceitos e formas de direito privado, para então decidir se esse emprego foi regular, cabível, aceitável, situando-se no campo da licitude, ou se configura um abuso, que é incabível, inaceitável, situando-se no campo da ilicitude.

A propósito dessa questão dos institutos, conceitos e formas de direito privado no âmbito do direito tributário a doutrina desenvolveu a tese segundo a qual as leis tributárias devem ser interpretadas tendo-se em vista especialmente a realidade econômica subjacente nas relações jurídicas. Na verdade, a denominada interpretação econômica e o uso de institutos, conceitos e formas de direito privado são assuntos inseparáveis.

5.10 Interpretação econômica

5.10.1 A substância e a forma na interpretação

Como há pouco afirmamos, na doutrina do direito tributário desenvolveu-se a teoria da denominada interpretação econômica, que bem poderíamos explicar dizendo que se trata de uma teoria da prevalência da realidade, ou da substância, sobre a forma.

De acordo com a denominada interpretação econômica, admitida por alguns juristas respeitáveis em nosso País, ao que parece influenciados por doutrinadores alemães, o intérprete deve considerar, acima de tudo, os efeitos econômicos dos fatos disciplinados pelas normas tributárias que interpreta. Na relação jurídica tributária existe sempre uma relação econômica subjacente, e esta é que deve indicar o significado da norma. Por isto mesmo, no Anteprojeto do Código Tributário Nacional, elaborado por Graça Aranha e Rubens Gomes de Sousa, chegou a figurar um dispositivo determinando que "a interpretação da legislação tributária visará à sua aplicação não só aos atos ou situações jurídicas nela nominalmente referidos como também àqueles que produzem ou sejam suscetíveis de produzir resultados equivalentes".

Não há dúvida de que o tributo é uma realidade econômica. A relação tributária é de conteúdo econômico inegável. Não se pode, entretanto, afastar os métodos de interpretação e os meios de integração, para buscar o sentido da regra só e exclusivamente tendo-se em vista os efeitos econômicos dos fatos envolvidos na relação de tributação. Tal atitude implicaria negar o Direito, afetando a segurança que o mesmo empresta às relações humanas na sociedade.

A natureza econômica da relação de tributação é importante para o intérprete da lei tributária, porque faz parte integrante do próprio conteúdo de vontade da norma, sendo elemento seguro de indicação do *fim* ou *objetivo* visado pela regra jurídica. Por outro lado, inspira um princípio prevalecente em direito tributário, que é o princípio da *capacidade econômica*, em função do qual se devem orientar tanto o legislador como o intérprete. Assim, quando no direito civil ou no direito comercial é examinada uma compra e venda, o que importa é a validade ou não do contrato e os efeitos que o mesmo produz naquele campo do Direito. As leis civis, ou comerciais, devem ser interpretadas tendo-se em vista a finalidade do contrato de compra e venda e os seus efeitos. Já, no direito tributário a compra e venda é vista como um simples fato. O intérprete das leis tributárias, portanto, deve entender a referência a uma compra e venda não como uma referência a um contrato, e sim como a referência apenas aos efeitos econômicos que esse contrato geralmente produz, sendo irrelevante, portanto, a perquirição a respeito da validade ou invalidade deste. Isto, porém, não quer dizer se um contrato de compra e venda, porque é inválido, for anulado o direito tributário deve ser indiferente a esse anulamento. Muito pelo contrário, se ocorrer a invalidade, e desta decorrer ou a não execução ou o desfazimento do contrato, com o retorno das coisas ao estado de fato anterior, esse retorno ao estado de fato anterior tem total relevo para o direito tributário. É assim, exatamente, porque ao direito tributário importa a realidade econômica, que há de prevalecer sobre a simples forma jurídica.

Por isto mesmo, se uma empresa realiza contratos de seguro, ainda que sem este nome, dela não se pode cobrar o Imposto municipal sobre Serviços de Qualquer Natureza/ISS, mas somente o que porventura incidir sobre seguros. Assim, de empresas que administram os denominados planos de saúde, por exemplo, não podem os Municípios cobrar o ISS, porque os contratos, mesmo que não falem de seguros, na verdade consubstanciam contratos de seguro-saúde. Neles a *álea* é elemento essencial. O cliente paga sua mensalidade independentemente de utilizar qualquer serviço médico ou hospitalar, e tem direito à cobertura das despesas com este, nos termos do contrato, se e quando dele necessitar.

A denominada interpretação econômica, na verdade, não é mais que uma forma de manifestação de preferência pelo substancial, em detrimento do formal. Está presente, assim, com outras denominações, nos diversos setores da Ciência Jurídica.

Com o advento da denominada norma geral antielisão é possível que alguns sustentem que a interpretação econômica está expressamente autorizada em nosso ordenamento jurídico. A questão, porém, não é tão simples como pode parecer.

5.10.2 A inalterabilidade dos conceitos da Constituição

O CTN estabelece:

> Art. 110. A lei tributária não pode alterar a definição, o conteúdo e o alcance de institutos, conceitos e formas de direito privado, utilizados, expressa ou implicitamente, pela Constituição Federal, pelas Constituições dos Estados, ou pelas Leis Orgânicas do Distrito Federal e dos Municípios, para definir ou limitar competências tributárias.

Alguns respeitáveis juristas referem-se ao dispositivo acima transcrito como se fosse ele um delimitador da ação do legislador ordinário no que diz respeito aos possíveis conflitos entre o direito tributário e o direito privado. José Washington Coelho, por exemplo, afirma que "a lei tributária só não pode alterar a definição, o conteúdo e o alcance de institutos, conceitos e formas de direito privado, utilizados pela Constituição Federal, pelas Constituições dos Estados, ou pelas Leis Orgânicas do Distrito Federal e dos Municípios, quando definam ou limitem competências tributárias. Fora desses casos, conclui-se que pode. Também pode quando se tratar de outros diplomas legais, como v.g., Código Civil, Código Comercial etc.".[54]

Mesmo os que afirmam a prevalência dos institutos de direito privado o fazem como se tal resultasse da norma do Código Tributário Nacional,[55] postura que se observa também na jurisprudência, inclusive em julgados do STF.[56]

Há, todavia, um equívoco nas lições desses comentadores, pois, na verdade, o art. 110 do CTN é simples explicitação do que, mesmo em

---

54. José Washington Coelho, *Código Tributário Nacional Interpretado*, Rio de Janeiro, Edições Correio da Manhã, 1968, p. 111.
55. Láudio Camargo Fabretti, *Código Tributário Nacional Comentado*, 3ª ed., São Paulo, Atlas, 2001, p. 140.
56. STF, Plenário, RE 94.580-RS, rel. Min. Djaci Falcão, j. 30.8.1984, *DJU* 7.6.1985, p. 8.890, citado em *Código Tributário Nacional Interpretado*, publicação do Gabinete da *Revista do TRF-1ª Região*, São Paulo, Saraiva, p. 86.

sua ausência, devemos entender em decorrência da supremacia constitucional. Nele não se trata de superar conflitos entre o direito tributário e o direito privado, mas de afirmar a supremacia da Constituição.

A lei não pode alterar os conceitos utilizados pela Constituição, pois isto seria uma forma indireta de invadir a ordem normativa hierarquicamente superior. Sobre o assunto, vejamos a lição de Ruy Barbosa Nogueira, que ensina, com inteira propriedade:

> A disposição do art. 110 tem conexão com a matéria tratada no art. 109, mas na verdade não constitui propriamente regra de interpretação. É antes uma proibição e orientação dirigida ao legislador ordinário, pois reza que "a lei não pode alterar a definição, o conteúdo e o alcance de institutos, conceitos e formas de direito privado utilizados, expressa ou implicitamente, pela Constituição Federal, pelas Constituições dos Estados, ou pelas Leis Orgânicas do Distrito Federal ou dos Municípios, para definir ou limitar competências tributárias".
>
> Por outras palavras, significa que a matéria de *competência* é constitucional, e a lei ordinária não pode nem mesmo por essa forma indireta defini-la ou limitá-la. Também *a contrario sensu* o dispositivo deixa entendido que a lei tributária, respeitando a reserva constitucional e obedecendo às atribuições constitucionais, pode em certos casos modificar e adotar, *para fins tributários*, institutos conceitos e formas de direito privado. Neste caso passarão assim modificadas para o direito tributário. Aliás, na redação do Projeto esse dispositivo correspondia ao parágrafo único do art. 76, que dizia: "A lei tributária poderá modificar expressamente a definição, conteúdo e alcance próprios dos institutos, conceitos e formas a que se refere este artigo, salvo quando expressa ou implicitamente utilizados pela Constituição (...)".[57]

Note-se que o art. 110 do CTN se refere a definições, conceitos e formas. Não se há de limitar seu alcance, portanto, aos casos em que a norma da Constituição tenha formulado uma definição. Basta que tenha utilizado um conceito, ou uma forma, de direito privado. Ou um conceito qualquer, de qualquer área do conhecimento jurídico. Esse conceito não poderá ser alterado pela lei ordinária porque – repita-se – a norma do art. 110 do CTN é mera explicitação.

Realmente, se pudesse a lei ordinária alterar conceitos utilizados nas normas da Constituição, poderia o legislador ordinário, por essa via,

---

57. Ruy Barbosa Nogueira, *Curso de Direito Tributário*, 13ª ed., São Paulo, Saraiva, 1994, pp. 104-105.

alterar a Constituição, modificando o sentido e o alcance de qualquer de suas normas. Sobre o assunto já escrevemos:

> Se um conceito jurídico, seja legal ou doutrinário, é utilizado pela Constituição, não poderá ser alterado pelo legislador ordinário, nem muito menos pelo intérprete. O art. 110 do CTN determina que "a lei tributária não pode alterar a definição, o conteúdo e o alcance de institutos, conceitos e formas de direito privado, utilizados, expressa ou implicitamente, pela Constituição Federal, pelas Constituições dos Estados, ou pelas Leis Orgânicas do Distrito Federal ou dos Municípios, para definir ou limitar competências tributárias". Não o pode a lei, vale repetir, nem muito menos o intérprete. A razão é simples. Se a Constituição referiu-se a um instituto, conceito ou forma de direito privado para definir ou limitar competências tributárias, obviamente esse elemento não pode ser alterado pela lei. Se a Constituição fala de mercadoria ao definir a competência dos Estados para instituir e cobrar o ICMS, o conceito de *mercadoria* há de ser o existente no direito comercial. Admitir-se que o legislador pudesse modificá-lo seria permitir ao legislador alterar a própria Constituição Federal, modificando as competências tributárias ali definidas.
>
> Não se há de exigir que a Constituição tenha estabelecido a definição, o conteúdo e o alcance dos institutos, conceitos e formas para que estes sejam inalteráveis pelo legislador. Basta que tenha utilizado um instituto, um conceito ou uma forma de direito privado para limitar a atividade adaptadora do legislador. Se a Constituição estabelecesse um conceito, evidentemente este seria inalterável pelo legislador, independentemente da regra do Código Tributário Nacional.
>
> Aliás, o art. 110 do CTN tem na verdade um sentido apenas didático, meramente explicitante. Ainda que não existisse, teria de ser como nele está determinado.
>
> Admitir que a lei ordinária redefina conceitos utilizados por qualquer norma da Constituição é admitir que a lei modifique a Constituição. É certo que a lei pode, e deve, reduzir a vaguidade das normas da Constituição, mas, em face da supremacia constitucional, não pode modificar o significado destas.[58]

O art. 110 do CTN, na verdade, reflete a notável visão do grande mestre Rubens Gomes de Sousa, que já à época em que produziu o Anteprojeto desse importante diploma legal, quando no Brasil a doutrina do direito constitucional era ainda quase nenhuma, cuidou de preservar a supremacia constitucional com esse dispositivo, que tem sido de gran-

---

58. Hugo de Brito Machado, *Curso de Direito Tributário*, cit., 38ª ed., p. 113.

de importância na formação do pensamento jurídico nacional, como reconhece Sérgio Feltrin Corrêa ao afirmar que "o legislador atuou com particular sabedoria ao registrar e impor as limitações constantes do art. 110. Ora, sendo impossível redefinir por lei conceitos postos em sede constitucional, risco não haverá de ver-se a Carta, sem cautelas e processos que lhes são próprios, alvo de alterações".[59]

Cuida-se de norma que em sede de teoria jurídica pode ser considerada desnecessária mas que, na prática, tem-se revelado de grande utilidade. Não fora ela, a doutrina e a jurisprudência no Brasil talvez tivessem claudicado em tema de tanto relevo. Aliás, o que apontamos como equívoco – vale dizer, a consideração do art. 110 do CTN como norma que impede a alteração de conceitos da Constituição pelo legislador ordinário – bem revela sua necessidade. Sem aquele fruto da notável visão de Rubens Gomes de Sousa talvez tivesse prevalecido a ideia de que o legislador ordinário pode alterar, para fins tributários, os conceitos de direito privado mesmo quando utilizados pela Constituição para definir ou limitar competências tributárias.

Hoje já não se pode ter dúvida de que o art. 110 do CTN é simples explicitação da supremacia constitucional, posto que desta é que, na verdade, resulta a inalterabilidade dos conceitos utilizados pela Lei Maior. Inalterabilidade que, evidentemente, não está restrita à matéria tributária. Nenhum conceito utilizado em norma da Constituição pode ser alterado pelo legislador ordinário para, por via oblíqua, alterar a norma de superior hierarquia.

5.10.3 *A supremacia constitucional*

Todos falam em supremacia da Constituição. Nos tratados e nas escolas de Direito todos ensinam, e todos aprendem, que a Constituição é a lei suprema, a Lei das Leis. É pacífico o entendimento de que a Constituição de um País é a sua *Carta Magna*. Na prática, todavia, alguns ainda não respeitam as consequências dessa ideia-força tão importante para a organização sociopolítica das Nações.

Em nosso País muitos exemplos podiam ser citados nos quais se negava a supremacia constitucional, seja pela simples desconsideração da norma da Constituição, seja pelo argumento de que tal norma estava a depender de regulamentação, seria norma meramente programática. Em muitos casos restava evidente que, na prática, valiam muito mais as

---

59. Sérgio Feltrin Corrêa, *Código Tributário Nacional Comentado*, São Paulo, Ed. RT, 1999, p. 468.

leis, e até as normas infralegais, do que a Constituição, cuja supremacia, infelizmente, era simplesmente retórica.

Essa mentalidade, felizmente, parece que vem sendo modificada – o que é muito importante, porque a supremacia constitucional é o mais adequado caminho para a realização dos princípios fundamentais do Direito e para a preservação da própria unidade do sistema jurídico, impondo-se, assim, ao intérprete de qualquer norma jurídica, como diretriz fundamental que é.

Neste sentido é a magistral lição de García de Enterría, que em livro publicado no início dos anos 1990 escreveu:

> La supremacía de la Constitución sobre todas las normas y su carácter central en la construcción y en la validez del ordenamiento en su conjunto obligan a interpretar éste en cualquier momento de su aplicación – por operadores públicos o por operadores privados, por tribunales o por órganos administrativos – en el sentido que resulta de los principios y reglas constitucionales, tanto los generales como los específicos a la materia de que se trate.
>
> Este principio es una consecuencia derivada del carácter normativo de la Constitución y de su rango supremo y está reconocido en los sistemas que hacen de ese carácter un postulado básico. Así, en Estados Unidos, todas las leyes y los actos de la Administración han de interpretarse *in harmony with the Constitution*; en Alemania el mismo principio impone *die verfassungskonforme Auslegung von Gesetzen*, la interpretación de las leyes conforme a la Constitución. En ambos casos, como prácticamente en todos los Países con justicia constitucional, el principio es de formulación jurisprudencial.[60]

Outra não tem sido a postura dos mais notáveis juristas brasileiros, para os quais, ainda quando a norma da Constituição seja simplesmente programática, tem-se de considerá-la como elemento valioso na interpretação. Os valores incorporados nas normas da Constituição devem servir como balizas para o intérprete de toda e qualquer norma do sistema jurídico. "Mesmo quando genérica ou programática, a norma constitucional possui, em algum grau, eficácia e operatividade."[61]

Especialmente quando examinamos questões de tributação, devemos ter sempre presente que a supremacia constitucional é a única

---

60. Eduardo García de Enterría, *La Constitución como Norma y el Tribunal Constitucional*, Madri, Civitas, 1991, p. 95.

61. Teori Albino Zavascki, "O Ministério Público e a defesa de direitos individuais homogêneos", *Revista Jurídica* 189/28.

garantia que o Direito pode oferecer contra o arbítrio do Estado quando este se expressa através de lei. Atentos a isto, temos sustentado que o legislador ordinário não é inteiramente livre para formular o conceito tributário de renda, nem pode livremente determinar quais elementos materiais devem ser considerados, ou desconsiderados, na determinação da base de cálculo do Imposto sobre a Renda.

A rigor, não pode o legislador ordinário alterar nenhum dos conceitos que a Constituição utiliza para definir ou limitar competências tributárias. Nos anos 1960 a Comissão de Juristas que elaborou o Anteprojeto do Código Tributário Nacional considerou necessário que este o dissesse expressamente, porque a cultura jurídica nacional ainda não tinha segurança quanto a este aspecto da supremacia constitucional. Hoje, porém, ninguém pode ter dúvida de que o art. 110 do CTN é meramente explicitante e tem efeito apenas didático, pois, na verdade, admitir que a lei ordinária redefina conceitos utilizados por qualquer norma da Constituição é admitir que a lei ordinária modifique a Constituição.

5.11 *Interpretação literal*

5.11.1 *O elemento literal na interpretação*

Não obstante o art. 111 do CTN estabeleça que devem ser interpretadas literalmente as normas que indica, na verdade. o próprio art. 111 não deve ser interpretado literalmente. Deve ser entendido simplesmente como recomendação ao intérprete das normas que indica no sentido de evitar, nos assuntos de que elas tratam, a denominada integração. Em outras palavras: o que esse dispositivo quer dizer é que nos assuntos nele referidos deve sempre haver norma expressa.

Na interpretação das normas jurídicas em geral o elemento literal é absolutamente necessário. Não obstante, ele é também absolutamente insuficiente. A respeito desse tema já escrevemos:

> *Interpretação literal* significa interpretação segundo o significado gramatical ou, melhor, etimológico das palavras que integram o texto. Quer o Código que se atribua prevalência ao elemento gramatical das leis pertinentes à matéria tratada no art. 111, que é matéria excepcional. Realmente, a suspensão, como a exclusão, do crédito tributário e a dispensa do cumprimento de obrigações acessórias constituem exceções. A regra é o pagamento do tributo nos prazos legalmente fixados. A suspensão do crédito, ou, mais exatamente, a *suspensão da exigibilidade* do crédito tributário, constitui exceção.

Também a regra é que todos paguem tributos segundo a capacidade contributiva de cada um. A isenção geralmente constitui exceção a essa regra. Finalmente, a regra é que todos cumpram suas obrigações tributárias acessórias. A dispensa desse cumprimento é excepcional.

O direito excepcional deve ser interpretado literalmente, e este princípio de hermenêutica justifica a regra do art. 111 do CTN, impondo a interpretação literal. Aliás, em absoluta consonância com o art. 111 está a regra do parágrafo único do art. 175, pela qual "a exclusão do crédito tributário não dispensa o cumprimento das obrigações acessórias dependentes da obrigação principal cujo crédito seja excluído".

Ocorre que o elemento literal, como por nós já várias vezes afirmado, é absolutamente insuficiente. Assim, a regra do art. 111 do CTN há de ser entendida no sentido de que as normas reguladoras das matérias ali mencionadas não comportam integração por equidade. Sendo possível mais de uma interpretação, todas razoáveis, ajustadas aos elementos sistemático e teleológico, deve prevalecer aquela que melhor realize os princípios constitucionais e permita a solução que mais se aproxime dos valores essenciais que ao Direito cumpre realizar – a saber, a segurança e a justiça. É inadequado o entendimento segundo o qual a interpretação das normas reguladoras das matérias previstas no art. 111 do CTN não admite outros métodos, ou elementos de interpretação, além do literal. O elemento literal é de pobreza franciscana, e utilizado isoladamente pode levar a verdadeiros absurdos, de sorte que o hermeneuta pode e deve utilizar todos os elementos da interpretação, especialmente o elemento sistemático, absolutamente indispensável em qualquer trabalho sério de interpretação, e ainda o elemento teleológico, de notável valia na interpretação do significado das normas jurídicas.[62]

5.11.2 Manifestações doutrinárias sobre o elemento literal

Doutrinadores autorizados já se manifestaram a respeito da interpretação literal. Entre eles merece referência aquele que, preocupado com o tema, produziu sobre ele excelente monografia, na qual ensina:

> De ahí que si bien interpretar, quizás, no sea simplemente un manipuleo gramatical o lógico de las normas, sino algo más, ese *plus* (pensado bajo rótulos tales como voluntad, creación, acción social, finalidad, valores etc.) no autoriza a pasar por alto los problemas derivados de la labor interpretativa que los juristas suponen concentrada sobre el tenor lingüístico, o sobre el sentido gramatical, de las nor-

62. Hugo de Brito Machado, *Curso de Direito Tributário*, cit., 38ª ed., pp. 115-116.

mas. Entiéndase bien: no pretendo que una interpretación en Derecho se limite a problemas lingüísticos o lógicos. Lo que subrayo es que los otros aspectos que se conviene en destacar – políticos, valorativos, morales etc. – no excluyen que corresponda también hacerse cargo del significado del texto legal que sea, de la misma manera que las múltiples referencias e interpretaciones que acepte un texto literario, o quizás una partitura musical, no eliminan la necesidad de contar, como punto de partida, con una asignación suficiente de sentido al texto mismo.

La interpretación literal de la ley – este título clásico de la labor interpretativa – tiene más bemoles de los que admite quien supone que el sentido literal de la ley se obtiene con un buen conocimiento del lenguaje en que esté redactada y, eventualmente, con alguna ocasional consulta al diccionario que tengamos a mano. La interpretación de toda norma obviamente ha de comenzar por su interpretación literal: no es ésta una perogrullada.

Pienso también que estos problemas iniciales dentro de la problemática de la interpretación jurídica no se agotan – y quizás ni siquiera se aclaren gran cosa – con la mención de las variadas dolencias que se atribuyen a los lenguajes naturales, lenguajes en que normalmente se expresan las normas de los derechos positivos. Por de pronto, muchos de esos achaques – ambigüedad congénita de los términos referenciales, equivocidad de los términos relacionantes, denotación vaga, textura abierta etc. – fácilmente encuentran sus equivalentes en los lenguajes más precisos que puedan proponerse, como en las jergas técnicas de las ciencias e inclusive en ciertos lenguajes simbólicos. Interpretar siempre es una tarea incierta porque, como afirmarían los teóricos de la información, las comunicaciones entre los hombres, sea cual fuere el lenguaje escogido para la transmisión de la información, se efectúa por canales excesivamente ruidosos que alteran el tenor de todo mensaje.[63]

Vê-se que Vernengo, tendo estudado especificamente o tema da interpretação literal, considera que esta não se confunde com a interpretação simplesmente gramatical, ou linguística. Ela tem mais elementos do que admite quem supõe que o sentido literal da lei se obtém com um bom conhecimento da linguagem em que esteja escrita e, eventualmente, com alguma ocasional consulta ao dicionário que tenhamos à mão.

Como ensina Urquiza, não se pode reduzir o problema da interpretação a uma questão gramatical ou a um caso linguístico. Em suas palavras:

---

63. Roberto J. Vernengo, *La Interpretación Literal de la Ley*, cit., 2ª ed., pp. 15-17.

Se debe tener presente la existencia de ciertas limitaciones que han de ser consideradas. Las palabras pueden tener más de un significado y cubrir un variado campo de referencia. Ello implica que la interpretación y sentido de un término específico debe ser buscado dentro del texto, la situación en el contexto general (cultural e histórico) en el que es interpretado.

La interpretación jurídica trasciende la simple averiguación gramatical o literaria, busca establecer el verdadero contenido de la justicia implícita o explícita en la norma, ya que su fin es el que debe prevalecer en una aplicación nacional que avente el riesgo de un formalismo paralizante.

Por otra parte la interpretación jurídica de una ley no debe transformarse en un simple ejercicio gramatical, pues se corre el riesgo de convertir la interpretación, que siempre debe ser jurídica, en un desciframiento o en habilidad legal.[64]

Na mesma linha manifesta-se Bielsa, que, depois de afirmar a utilidade, em algum grau, de todo exame do vocabulário jurídico que contribua para esclarecer e depurar conceitos, defendendo o uso da palavra adequada, ou própria, sobretudo em Direito, adverte, com inteira propriedade:

Convengo en que una cosa es la acepción del diccionario de la lengua y otra la acepción científica o técnica – o a veces consuetudinaria – de un término. Pero, por mucho que debamos respectar o acatar los dictados académicos sobre el idioma, es forzoso haber, en ciertos casos, alguna reserva fundada y justificada. Ciertamente que la significación gramatical o lexicográfica es lo primero; mas hay palabras cuyo empleo razonado y concordante con su etimología, principalmente latina (explicación lexicológica), debe preferirse a cualquier otro, porque sólo ese empleo es de una significación cabal de la idea que se tiene de una institución, elaborada ya por la jurisprudencia, ya por la doctrina, a lo largo de siglos de aplicación más o menos concreta.[65]

Como se vê, eminentes doutrinadores já nos ensinaram ser insuficiente a interpretação simplesmente literal, vale dizer, a interpretação na qual o intérprete fique preso exclusivamente à letra da lei. E sabemos to-

---

64. Fernando G. Sanz de Urquiza, *La Interpretación de las Leyes Tributarias*, Buenos Aires, Abeledo-Perrot, 1990, pp. 15-17.

65. Rafael Bielsa, *Los Conceptos Jurídicos y su Terminología*, 3ª ed., Buenos Aires, Depalma, 1987 (reimpr. 1993), pp. 9-10.

dos que em certos casos essa interpretação exclusivamente literal conduz a verdadeiros absurdos, como a seguir vamos explicar.

5.11.3 Absurdos a que conduz a interpretação literal

Alguns exemplos podem demonstrar que a interpretação da norma jurídica presa ao elemento literal pode conduzir a verdadeiros absurdos. Vamos examinar um desses exemplos, que é citado por Recaséns Siches para demonstrar a insuficiência da lógica tradicional na interpretação, que, segundo ele, deve ser feita à luz da lógica do razoável. Em suas palavras:

> En el andén de una estación ferroviaria de Polonia había un letrero que transcribía un artículo del reglamento de ferrocarriles, cuyo texto rezaba: "Se prohíbe el paso al andén con perros". Sucedió una vez que alguien iba a penetrar en el andén acompañado de un oso. El empleado que vigilaba la puerta le impidió el acceso. Protesta la persona que iba acompañada del oso, diciendo que aquel artículo del reglamento prohibía solamente pasar al andén con perros, pero no con otra clase de animales; y de ese modo surgió un conflicto jurídico, que se centró en torno de la interpretación de aquel artículo del reglamento.
>
> No cabe la menor duda de que, si aplicamos estrictamente los instrumentos de la lógica tradicional, tendremos que reconocer que la persona acompañada del oso tenía indiscutible derecho a entrar ella junto con el oso al andén. No hay modo de incluir a los osos dentro del concepto "perros".[66]

Esse mesmo exemplo tem sido citado por diversos autores de forma mais completa. Dizem que na estação ferroviária havia o letreiro com a indicação de que era proibida a entrada de pessoas acompanhadas de cachorros. Apresentaram-se a pessoa acompanhada de um urso e outra, cega, acompanhada de um cão-guia. O porteiro, com o uso do elemento finalístico, permitiu a entrada do cego com seu cão-guia e impediu a entrada da pessoa que condizia o urso.

A explicação da decisão adotada pelo porteiro é simples. A norma proibindo a entrada de cães tinha por finalidade proteger a segurança e evitar que as pessoas fossem incomodadas pelos cães. O cão-guia, altamente domesticado e treinado para sua função, não ocasionava inse-

---

66. Luis Recaséns Siches, *Tratado General de Filosofía del Derecho*, 16ª ed., México, Editorial Porrúa, 2002, p. 645.

gurança, nem de nenhum modo causava incômodo às pessoas. Já, o urso, embora não literalmente abrangido pela norma, seria alcançado por ela porque causava transtorno às pessoas, incomodando-as, e de certa forma gerava a insegurança que a norma pretendia evitar.

Outro exemplo eloquente da insuficiência do elemento literal é o do hóspede que, ao entrar em um salão do hotel em traje de banho, ouve de um funcionário a advertência: "Senhor, não é permitido permanecer aqui de calção". E, então, prontamente, tira o calção e o entrega ao funcionário, dizendo: "Pronto, não estou mais de calção". Talvez aquele hóspede tivesse estado recentemente em alguma praia de nudismo, onde vira uma placa com idêntica proibição.

5.11.4 Significado da norma do art. 111 do CTN

Não temos dúvida de que o art. 111 do CTN não retira a liberdade do intérprete de procurar em outros elementos da interpretação da norma uma forma de realizar sua finalidade.

Sobre o assunto já escrevemos:

> Ocorre que o elemento literal, como por nós já várias vezes afirmado, é absolutamente insuficiente. Assim, a regra do art. 111 do CTN há de ser entendida no sentido de que as normas reguladoras das matérias ali mencionadas não comportam interpretação ampliativa nem integração por equidade. Sendo possível mais de uma interpretação, todas razoáveis, ajustadas aos elementos sistemático e teleológico, deve prevalecer aquela que mais se aproxime do elemento literal. É inadequado o entendimento segundo o qual a interpretação das normas reguladoras das matérias previstas no art. 111 do CTN não admite outros métodos, ou elementos de interpretação, além do literal. O elemento literal é de pobreza franciscana, e utilizado isoladamente pode levar a verdadeiros absurdos, de sorte que o hermeneuta pode e deve utilizar todos os elementos da interpretação, especialmente o elemento sistemático, absolutamente indispensável em qualquer trabalho sério de interpretação, e ainda o elemento teleológico, de notável valia na determinação do significada das normas jurídicas.
> Há quem afirme que a interpretação *literal* deve ser entendida como interpretação *restritiva*. Isto é um equívoco. Quem interpreta literalmente por certo não amplia o alcance do texto, mas com certeza também não o restringe. Fica no exato alcance que a expressão literal da norma permite. Nem mais, nem menos. Tanto é incorreta a ampliação do alcance, como sua restrição.[67]

---

67. Hugo de Brito Machado, *Curso de Direito Tributário*, cit., 38ª ed., p. 116.

Nosso ponto de vista tem sido acolhido pelo STJ, que, em julgado proferido em 2003, invocando vários precedentes seus, decidiu que "a regra insculpida no art. 111 do CTN, na medida em que a interpretação literal se mostra insuficiente para revelar o verdadeiro sentido das normas tributárias, não pode levar o aplicador do Direito à absurda conclusão de que esteja ele impedido, no seu mister de interpretar e aplicar as normas de Direito, de se valer de uma equilibrada ponderação dos elementos lógico-sistemático, histórico e finalístico ou teleológico que integram a moderna metodologia de interpretação das normas jurídicas".[68]

No julgado em referência o STJ apreciou a questão da isenção do Imposto de Renda relativamente aos proventos de aposentadoria de portador de doença grave especificada em lei. O art. 17, III, da Lei 4.506, de 30.11.1964, refere-se aos proventos da aposentadoria ou reforma motivadas pelas doenças que indica. E, assim, se em sua interpretação fosse considerado exclusivamente o elemento gramatical, prevaleceria a exigência de que a aposentadoria fosse motivada pela doença grave nele indicada, de sorte que a isenção do Imposto de Renda, nele prevista, não abrangeria a situação posta sob julgamento, na qual a doença fora contraída depois da aposentadoria.

Ressalte-se que o próprio Regulamento do Imposto de Renda/RIR consagrou a interpretação adotada pela jurisprudência, que, por conta do elemento finalístico da necessidade de realização do valor justiça, considera abrangidas pela norma de isenção as situações nas quais a doença tenha sido constatada depois da aposentadoria.[69]

5.11.5 Interpretação segundo a Constituição Federal

Quando preconizamos a interpretação do art. 111 do CTN de sorte a permitir a consideração de outros elementos além do estritamente literal, não estamos de nenhum modo desconsiderando a referida norma. Estamos – isto, sim – interpretando-a segundo a Constituição, sem o quê teríamos de considerá-la inconstitucional.

Realmente, a vigente Constituição Federal assegura que constitui objetivo fundamental de nossa República, entre outros, "construir uma sociedade livre, justa e solidária", e ninguém pode desconhecer que a interpretação das normas que integram o ordenamento jurídico e a apli-

---

68. STJ, item 2 da ementa do REsp 411.704-SC, rel. Min. João Otávio de Noronha, j. 18.3.2003, *DJU* 7.4.2003, p. 1.

69. Regulamento do Imposto de Renda/RIR, aprovado pelo Decreto 1.041/1994, art. 40, XXVII.

cação destas nos casos concretos consubstanciam instrumentos os mais valiosos de construção de uma sociedade, não sendo razoável, portanto, que o uso desses instrumentos não esteja sempre buscando a realização da justiça.

Assegura, também, a vigente Constituição que "todos são iguais perante a lei". Assim, na interpretação das normas jurídicas em geral temos de ter sempre presente a ideia de isonomia, e devemos optar sempre pela interpretação que melhor realize esse princípio fundamental do Direito de todos os povos civilizados.

Vê-se, pois, que a norma albergada pelo art. 111 do CTN deve ser interpretada de sorte a não impedir a construção de uma sociedade justa e de sorte a realizar da forma mais completa possível o princípio da isonomia. Assim, a interpretação que lhe damos é, indiscutivelmente, uma interpretação segundo a Constituição.

5.12 Interpretação benigna

5.12.1 A regra do art. 112 do CTN

O CTN estabelece:

> Art. 112. A lei tributária que define infrações, ou lhe comina penalidades, interpreta-se da maneira mais favorável ao acusado, em caso de dúvida quanto: I – à capitulação legal do fato; II – à natureza ou às circunstâncias materiais do fato, ou à natureza ou extensão dos seus efeitos; III – à autoria, imputabilidade ou punibilidade; IV – à natureza da penalidade aplicável, ou à sua graduação.

O princípio *in dubio pro reo* em matéria penal tem sido entendido como orientador do aplicador da lei que tenha dúvida a respeito dos fatos. Se a prova é insuficiente, não é capaz de criar no espírito do julgador a convicção firme de que o réu efetivamente praticou o fato punível que a ele está sendo imputado, deve absolvê-lo.

Nosso CPP é expresso nesse sentido:

> Art. 386. O juiz absolverá o réu, mencionando a causa na parte dispositiva, desde que reconheça: I – estar provada a inexistência do fato; II – não haver prova da existência do fato; III – não constituir o fato infração penal; IV – não existir prova de ter o réu concorrido para a infração penal; V – *não existir prova suficiente para a condenação.* [*Grifos nossos*]

Pelo que está nos três primeiros incisos do art. 386 do CPP, acima transcrito, vê-se que o ônus da prova em matéria penal é do órgão acusador. Para a condenação é necessária a prova da existência do fato imputado ao réu e, além disto, é necessária a prova de ter o réu concorrido para a existência do fato que consubstancia a infração penal. E o último dos incisos do art. 386 do CPP exige, ainda, para a condenação, que a prova seja suficiente, isto é, que em face da prova existente nos autos não exista dúvida nenhuma sobre a existência do fato e de que o réu concorreu para sua existência.

Autorizados doutrinadores sustentam que a dúvida capaz de impedir a condenação é apenas aquela que reside no fato. Não a que diga respeito à norma. O princípio *in dubio pro reo* não seria concernente à interpretação da norma penal, mas tão somente relativo à prova.[70] Mesmo assim, "a tradição doutrinária se orienta no sentido da adoção do princípio *in dubio pro reo* em matéria de interpretação".[71]

O acolhimento do princípio segundo o qual as dúvidas na interpretação da norma penal devem ser resolvidas a favor do réu parece mais razoável e mais condizente com o princípio da presunção de inocência, albergado por nossa Constituição Federal. Para afastar a presunção de inocência é necessária a certeza quanto ao significado da norma, vale dizer, quanto à sua interpretação. Se há dúvida, deve ser considerado não configurado o tipo penal.

Seja como for, é certo que o art. 112 do CTN resulta de influência do direito penal. E tem seu fundamento, tanto quanto a norma do direito penal, na consciência de que a injustiça na punição é extremamente odiosa. Repugna muito mais à consciência do homem médio a condenação de um inocente do que a absolvição de vários culpados.

5.12.2 Definição de infrações

A definição de uma infração é a descrição, na norma, da conduta que, uma vez ocorrida, enseja a aplicação da sanção punitiva. Em outras palavras: a definição da infração é a descrição da hipótese de incidência da norma punitiva.

Qualquer dúvida que se possa ter na interpretação da hipótese de incidência da norma punitiva, portanto, deve ser resolvida a favor do

---

70. Cf.: Damásio E. de Jesus, *Direito Penal*, 17ª ed., vol. I, São Paulo, Saraiva, 1993, p. 36.
71. Idem, p. 37.

acusado. E essas dúvidas podem ocorrer quanto à presença de elementos essenciais da infração que eventualmente não estão explicitamente indicados na norma que a define mas podem ser vistos claramente à luz do elemento teleológico ou finalístico como elementos implícitos na definição.

Assim, por exemplo, se a lei define como infração a *omissão de rendimentos* na declaração feita pelo contribuinte para fins de lançamento do Imposto de Renda, nessa definição não está explícito, mas é evidente, e por isto mesmo está implícito, à luz do elemento teleológico ou finalístico, que os rendimentos omitidos são aqueles sujeitos à incidência do Imposto. A omissão de rendimentos isentos ou não tributáveis não configura a infração de que se cuida.

Muitos exemplos poderiam ser citados. Importante é que se tenha em vista que muitos fatos que a legislação tributária define como infração, na verdade, somente constituem infração se implicarem o não pagamento do tributo elidido por aquele fato.

Ocorre que não basta a definição legal de infrações para que seja possível a aplicação de penalidades. É necessária, também, a cominação dessas penalidades.

5.12.3 Cominação de penalidades

O verbo "cominar", embora não seja registrado em muitos dicionários jurídicos, é muito utilizado em linguagem jurídica.

Na linguagem comum esse verbo é de utilização bastante rara. Tem, segundo os dicionários, o sentido de "ameaçar", embora alguns se refiram à ameaça de aplicação de pena pelo descumprimento de obrigação, atribuindo, assim, à palavra "cominar" um significado muito próximo do que efetivamente tem na linguagem jurídica. Para De Plácido e Silva, em linguagem comum *cominação* significa ação de ameaçar energicamente, e em linguagem jurídica a palavra "cominação" é usada para indicar a ameaça legal de uma pena, de uma prescrição, pelo não cumprimento de uma obrigação, contratual ou de imposição legal. "A *cominação*, assim, mostra a *ameaça* da aplicação da pena ou do preceito, desde que não seja cumprido o ato no prazo que se estabeleceu ao *cominado*".[72] *Cominar* seria "determinar a aplicação de castigo ou pena a indivíduos

---

72. De Plácido e Silva, *Vocabulário Jurídico*, vol. I, Rio de Janeiro, Forense, 1987, p. 462.

que infrinjam a lei ou faltem ao cumprimento de um dever, de uma responsabilidade (...)".[73]

A rigor, *cominar* não é determinar a aplicação, concretamente. É determinar a aplicação hipoteticamente, isto é, se e quando se concretiza a infração. É estabelecer hipoteticamente a penalidade aplicável quando se concretiza a hipótese de incidência da norma punitiva.

5.12.4 Hipóteses de interpretação benigna

Segundo o art. 112 do CTN, "a lei tributária que define infrações, ou lhe comina penalidades" deve ser objeto de interpretação benigna: quanto à capitulação legal do fato; quanto à natureza ou às circunstâncias materiais do fato, ou à natureza ou extensão dos seus efeitos; quanto à autoria, imputabilidade ou punibilidade; e quanto à natureza da penalidade aplicável, ou à sua graduação.

Vejamos, então, quando devemos entender presente uma dessas quatro hipóteses nas quais deve haver interpretação benigna da lei que define infrações ou lhes comina penalidades.

5.12.4.1 Capitulação legal do fato

Existentes as normas definidoras das infrações, quando se concretiza uma situação de fato que pode consubstanciar uma infração surge o problema de se saber qual a norma que incide no caso. Em outras palavras: surge a questão de se saber em qual das descrições existentes se enquadra o fato. A capitulação legal do fato é precisamente esse enquadramento que se há de fazer.

A dúvida que pode haver na capitulação legal do fato pode residir na interpretação da norma que descreve a infração ou no fato que a concretiza. Seja a dúvida residente na interpretação da norma que define a infração, seja a dúvida residente no fato que a consubstancia, tem-se presente a norma do art. 112 do CTN, a determinar que o intérprete adote a solução mais favorável ao acusado. Mesmo assim, para deixar fora de qualquer questionamento o dever do intérprete de adotar a solução mais favorável ao acusado, o Código foi além, e arrolou como outra hipótese de interpretação benigna aquela em que ocorra dúvida quanto à natureza ou às circunstâncias materiais do fato ou à natureza ou extensão de seus efeitos.

---

73. Academia das Ciências de Lisboa, *Dicionário da Língua Portuguesa Contemporânea*, vol. 1, Lisboa, Verbo, 2001, p. 880.

Não é rara a ocorrência de dúvida sobre se um fato eventualmente constatado pela Fiscalização configura o suporte fático de uma ou de outra norma definidora de infração. O fato de um comerciante deixar de emitir nota fiscal, sendo o produto vendido imune aos tributos, pode suscitar a questão de saber se tal fato se capitula na norma que define como infração a venda sem nota fiscal, que tem como elemento implícito o efeito de não pagar o imposto, ou se deve ser capitulado na norma que define como infração o não cumprimento de obrigações acessórias em geral. Dependendo da forma de expressão dessas normas, pode não haver dúvida; mas, se houver, evidentemente, deve a dúvida ser resolvida da maneira mais favorável ao acusado, com a consequente capitulação legal do fato na norma que define a infração sujeita a penalidade menos grave.

Pode ocorrer que a dúvida esteja situada no próprio fato, nas circunstâncias em que o mesmo se deu, ou na efetividade ou, ainda, na natureza ou na extensão dos efeitos do fato. Também nestes casos a dúvida há de ser resolvida da maneira mais favorável ao acusado.

Um exemplo notável de aplicação dessa norma nos foi ofertado pelo STF, ao decidir:

> Não estabelecida, expressamente, a multa de 100% sobre o valor das mercadorias para o caso de o embarque no porto exportador se ter verificado poucos dias após esgotado o tempo fixado na Guia de Exportação, não é possível equiparar essa ocorrência com a falta de Guia de Exportação, para aplicar a pesada multa prevista para aquela hipótese, mesmo porque *a lei tributária que define infrações ou lhes comina penalidades*, dispõe o art. 112 do CTN, *interpreta-se da maneira mais favorável ao acusado, em caso de dúvida quanto à capitulação legal do fato e à natureza da penalidade aplicável*.[74]

Tem-se, aliás, no caso que ensejou tal julgamento do STF mais um exemplo das práticas arbitrárias das autoridades da Administração Tributária. É da maior evidência que uma exportação de mercadorias que embarcam no porto exportador poucos dias após esgotado o prazo fixado na Guia de Exportação não pode, de modo nenhum, ter o mesmo tratamento jurídico aplicável à hipótese de exportação sem a Guia de Exportação legalmente exigida.

---

74. STF, 1ª Turma, RE 90.143, rel. Min. Soares Muñoz, j. 2.3.1979, *DJU* 16.3.1979, p. 1,825, citado por Sérgio Feltrin Corrêa, em Vladimir Passos de Freitas (coord.), *Código Tributário Nacional Comentado*, São Paulo, Ed. RT, 1999, pp. 475-476.

A Guia de Exportação tem, ou deve ter, como todo e qualquer documento, uma finalidade. Com certeza, ela se destina a viabilizar o controle governamental das exportações. Tal finalidade, porém, não fica prejudicada com o transcurso do prazo de validade daquele documento, a ponto de se poder equiparar tal situação àquela, descrita na norma que definiu a infração, de ausência de documento.

5.12.4.2 Natureza e circunstâncias materiais do fato

Com o inciso II do art. 112 o CTN deixou claro que a lei tributária que define infrações ou lhes comina penalidades interpreta-se da maneira mais favorável ao acusado em caso de dúvida quanto à natureza ou às circunstâncias materiais do fato ou à natureza ou extensão de seus efeitos. Evitou, assim, a utilidade de possível interpretação restritiva da norma do inciso I. Preservou o alcance da norma do art. 112, inspirada nos princípios do direito penal, contra a interpretação restritiva do inciso I, segundo o qual a dúvida capaz de ensejar sua incidência seria apenas aquela residente na norma. Deixou claro que a dúvida a ser resolvida a favor do acusado pode ser também aquela residente no fato. Em sua natureza ou em suas circunstâncias materiais e, ainda, na natureza ou na extensão de seus efeitos.

Diz o art. 136 do CTN que, "salvo disposição de lei em contrário, a responsabilidade por infrações da legislação tributária independe da efetividade, da natureza e da extensão dos efeitos do ato". Em outras palavras: a ocorrência de efeitos efetivos do ato que consubstancia a infração, a natureza e a extensão desses efeitos, se existentes, são irrelevantes para que se possa atribuir a alguém a responsabilidade pela infração à lei tributária. Parece, pois, haver incompatibilidade entre aquela norma e a do art. 112, segundo a qual

> a lei tributária que define infrações, ou lhe comina penalidades, interpreta-se da maneira mais favorável ao acusado em caso de dúvida quanto à natureza ou às circunstâncias materiais do fato, ou à natureza ou à extensão dos seus efeitos.

A norma do art. 136 tornaria inócua a do art. 112, II, porque, se a responsabilidade pela infração pode ser atribuída ao acusado de seu cometimento independentemente de ter seu ato efeitos efetivos e independentemente da natureza e da extensão dos seus efeitos, se existentes, não terá nenhum relevo a interpretação favorável ao acusado.

A incompatibilidade, porém, é apenas aparente.

Realmente, o art. 136 começa por fazer a ressalva: "salvo disposição de lei em contrário". Isto quer dizer que se a lei definidora da infração coloca, explicita ou implicitamente, como elemento desta o efeito do ato que a configura, de modo a que sem a efetiva produção de efeitos não estará configurada a infração, essa norma afasta a incidência do art. 136. E neste caso incide o art. 112, consagrando a interpretação benigna para o caso de dúvida quanto à efetividade dos efeitos do ato infrator.

É claro, portanto, que, se o efeito do ato descrito como infração é elementar à configuração desta, qualquer dúvida quanto à efetividade, à natureza e à extensão desse efeito há de ser resolvida com a interpretação favorável ao acusado.

Por outro lado, temos de distinguir entre a configuração da infração à lei tributária e a atribuição a alguém da responsabilidade por seu cometimento. O art. 112 cuida da interpretação da lei que define infrações ou lhes comina penalidades. Já, o art. 136 cuida da atribuição de responsabilidade pela infração. Evidentemente, só se pode cogitar da atribuição de responsabilidade por uma infração se esta estiver configurada. Assim, a questão de saber se a infração está, ou não, configurada é precedente indispensável para que se possa cogitar da atribuição de responsabilidade a alguém por seu cometimento. A norma do art. 112, II, incide no âmbito dessa questão prévia, vale dizer, da questão de saber se a infração está, ou não, configurada. Já. a norma do art. 136 incide em momento posterior, no âmbito da questão de saber quem é o responsável pela infração.

Nessa linha de raciocínio decidiu, com acerto, a 2ª Câmara do Conselho de Recursos Tributários da Fazenda do Ceará, assim:

> ICMS – Emissão de documentos fiscais inidôneos. Há que se decidir pela *parcial procedência* do feito em apreciação, posto que, nada obstante a comprovação inequívoca da inidoneidade das notas fiscais ora discriminadas no Auto de Infração, por ter o prazo de validade para sua emissão expirado, tal irregularidade não resultou em nenhum prejuízo relativamente ao cumprimento da obrigação tributária principal (recolhimento do Imposto). Aplica-se, ao caso concreto, a penalidade preconizada pelo art. 767, inciso IV, alínea "b", do Decreto n. 21.219/1991 – Decisão por maioria de votos, com o voto de desempate da Presidência.[75]

---

75. Resolução da 2ª Câmara do Conselho de Recursos Tributários/SEFAZ, Recurso 00688/1994, sessão de 12.3.1999, publicada na revista *INFORFISCO* 51/21, março/1999.

Indiscutível o acerto dessa decisão, que interpretou a norma definidora da infração à luz do elemento teleológico. Quando a lei exige a emissão de nota fiscal idônea, evidentemente, está visando ao controle efetivo do cumprimento da obrigação tributária principal, vale dizer, ao controle do pagamento do imposto. Assim, se a nota fiscal, mesmo formalmente inidônea, cumpriu muito bem, induvidosamente, sua finalidade, não há razão para impor ao contribuinte multa além daquela aplicável ao simples descumprimento da obrigação acessória.

Mesmo em face de lei tributária que não contenha mais de uma definição de infração, e por isto não se possa questionar a capitulação legal do fato, pode-se chegar a idêntico resultado a partir do inciso IV do art. 112 do CTN, que cuida da situação em que a dúvida resida na natureza ou na graduação da penalidade aplicável, como adiante se verá.

5.12.4.3 Autoria, imputabilidade ou punibilidade

No direito penal, inexistente prova da autoria, dá-se a absolvição com fundamento no art. 386, IV, do CPP. Note-se que a hipótese não se confunde com a insuficiência de prova. Assim, se existirem indícios contra o acusado, não deve o juiz fundamentar a absolvição no inciso IV, mas no inciso VI, porque os indícios constituem meio de prova, embora sejam, em regra, insuficientes para a condenação. É a lição de Mirabete:

> Inexistente a prova da autoria, ou seja, de que o réu tenha dado causa ao resultado por autoria, coautoria ou participação, absolve-se o acusado. É necessário, nesse caso, que não existam contra o réu indício ou presunção de sua colaboração na prática do ilícito; caso contrário a absolvição pode dar-se com fundamento no inciso VI do art. 386.[76]

Autoria, como se vê, deve ser entendida em sentido abrangente da coautoria e da participação. Em outras palavras: a prova que se exige para a condenação é a de que o acusado tenha de algum modo concorrido para a existência do ilícito a ele imputado. A inexistência dessa prova justifica, portanto, a absolvição.

Não se venha dizer que o Fisco não imputa o cometimento de infração a quem não seja seu autor. Imputa, sim. Em nossa atividade profissional já tivemos oportunidade de examinar caso concreto no qual

---

76. Júlio Fabbrini Mirabete, *Código de Processo Penal Interpretado*, 8ª ed., São Paulo, Atlas, 2001, p. 847.

foi lavrado auto de infração contra uma senhora à qual o Fisco Federal imputou a infração consistente na omissão de rendimentos simplesmente por haver constatado um depósito em sua conta bancária de quantia relativamente elevada. A quantia em questão havia sido depositada na conta bancária da autuada por seu marido, que era contribuinte do Imposto de Renda de Pessoa Física, em cuja declaração figurava ela como dependente. Nesse caso, portanto, a autuada não era de nenhum modo autora da infração, que, se efetivamente houve, tinha como autor o marido da autuada. Entretanto, como a conta bancária era da mulher, os agentes do Fisco entenderam que a infração havia sido cometida por ela, e contra ela iniciaram a ação fiscal.

Além da ação fiscal, no caso em referência deu-se também a propositura de ação penal imputando à denunciada o crime de supressão ou redução de tributo, previsto no art. 1º da Lei 8.137/1990, o que configura redobrado absurdo. Absurdo maior porque não havia sequer julgamento, em primeira instância administrativa, apreciando a defesa por ela apresentada, na qual eram demonstradas não apenas a não autoria como também a não incidência do Imposto de Renda sobre a quantia não declarada – o que vale dizer: a irrelevância jurídico-tributária e jurídico-penal do fato em questão.

Tanto a autoridade administrativa, como o auto de infração, como o Ministério Público, com a denúncia, ignoraram inteiramente a norma do art. 112, I e III, do CTN. Se dúvida havia quanto à capitulação legal do fato, que, a rigor, não configurava, mesmo, infração, por se tratar de rendimento não tributável, não podia ter havido sua capitulação como infração; e, se dúvida havia quanto à autoria, não podia ser imputada à autuada a conduta infratora.

Para justificar a condenação a prova da autoria há de ser plena. Havendo dúvida, por mínima que seja, quanto à autoria, o caso é de absolvição. A prova cuja insuficiência enseja a absolvição, nos termos do art. 386, II, do CPP, tanto é a prova da existência do fato como a prova de sua autoria. Por isto mesmo, também no âmbito do direito tributário, tratando-se de ilícito administrativo tributário, havendo dúvida quanto à autoria, essa dúvida deve ser resolvida da maneira mais favorável ao acusado. Nos termos do art. 112, III, do CTN, "a lei tributária que define infrações, ou lhe comina penalidades, interpreta-se da maneira mais favorável ao acusado. em caso de dúvida" quanto à autoria, à imputabilidade ou à punibilidade.

Autoria é a relação entre o sujeito e a conduta a ele imputada. É autor, no sentido amplo em que a palavra está sendo aqui utilizada, aquele que se conduziu de modo a realizar o fato ilícito. Mas não basta ser autor. É preciso que o autor seja imputável. E que seja punível. Por isto, o art. 112, III, do CTN refere-se a autoria, imputabilidade e punibilidade.

Imputabilidade, no dizer de Aníbal Bruno, "é o conjunto de condições pessoais que dão ao agente capacidade para lhe ser juridicamente imputada a prática de um fato punível".[77] Como a capacidade penal é o conjunto de condições para que uma pessoa possa sofrer a sanção penal, ser seu destinatário, convém que se esclareça a distinção entre capacidade e imputabilidade.

A capacidade penal é o conjunto de condições que tornam aquele que praticou o fato definido como crime juridicamente apto a suportar a sanção correspondente. Imputabilidade é esse mesmo conjunto de condições pessoais do agente verificado no momento da prática do fato definido como crime. Não têm importância, aqui, os questionamentos doutrinários em torno desses conceitos, que se aprofundam entre os penalistas.[78] Basta para a compreensão da norma do art. 112, III, do CTN que se saiba que a imputabilidade ali referida é o conjunto de condições pessoais daquele que infringe a norma que define a infração ou lhe comina a penalidade.

A punibilidade, finalmente, resulta de existir lei definindo o fato como infração, cominando ao autor desse fato a penalidade correspondente, ser aquele autor, vale dizer, o agente, imputável (momento do cometimento da conduta) e penalmente capaz (momento da imposição da sanção).

A prova de todas as circunstâncias que geram a punibilidade há de ser completa. Qualquer dúvida a seu respeito deve ser resolvida a favor do acusado. É o que claramente está dito no art. 112, III, do CTN.

5.12.4.4 Natureza e graduação da penalidade

Finalmente, em face do inciso IV do art. 112 do CTN, deve ser solucionada a favor do acusado a dúvida que resida na natureza ou na graduação da penalidade aplicável. Com isto o legislador afastou a possibilidade de amesquinhamento dessa importante norma que poderia ocorrer com a interpretação restritiva da expressão "capitulação legal do

---

77. Aníbal Bruno, *Direito Penal*, 2ª ed., t. 2, Rio de Janeiro, Forense, 1959, p. 39.

78. Para um estudo da imputabilidade no âmbito do direito penal, v.: Eugenio Raúl Zaffaroni, *Tratado de Derecho Penal*, vol. 4, Buenos Aires, Ediar, pp. 109-182; e Carlos Fontán Balestra, *Tratado de Derecho Penal*, t. 2, Buenos Aires, Abeledo-Perrot, 1995, pp. 227-247.

fato". Evidentemente, a capitulação legal do fato geralmente é decisiva na determinação da natureza ou graduação da penalidade. Assim, se alguém conseguir afastar a aplicação da norma do inciso I, com certeza cairá no âmbito de incidência da norma do inciso IV do art. 112 do CTN.

A rigor, porém, as hipóteses são distintas. Pode realmente não haver dúvida quanto à capitulação legal do fato e mesmo assim haver dúvida quanto à natureza ou graduação da penalidade aplicável. Seja como for, o art. 112, com seus quatro incisos, é norma bastante abrangente, de sorte a autorizar o intérprete a solucionar a favor do acusado todas as dúvidas que possam ser colocadas em matéria de penalidades tributárias. Além disto, é razoável entender que o enunciado constante desses quatro incisos não é exaustivo.

Realmente, podemos afirmar, em síntese, que o enunciado constante do art. 112 do CTN não é exaustivo. E, ainda, que o referido enunciado consubstancia norma meramente explicitante, posto que afirma aquilo que há de ser, mesmo na ausência de regra jurídica nesse sentido.

6
Obrigação Tributária

6.1 Conceito e natureza jurídica: 6.1.1 Conceito – 6.1.2 Natureza jurídica. 6.2 Espécies de obrigação tributária: 6.2.1 Obrigação tributária principal – 6.2.2 Obrigação tributária acessória – 6.2.3 Obrigação acessória e acréscimos legais – 6.2.4 Obrigação tributária acessória e legalidade – 6.2.5 Obrigação acessória e abuso do poder-dever de fiscalizar – 6.2.6 Obrigação acessória e direito ao silêncio. 6.3 Consequência do inadimplemento. 6.4 O fato gerador da obrigação tributária: 6.4.1 Fato gerador e hipótese de incidência – 6.4.2 Aspectos do fato gerador – 6.4.3 Espécies de fato gerador da obrigação principal – 6.4.4 Fato gerador da obrigação acessória – 6.4.5 Momento em que se consuma o fato gerador – 6.4.6 Tributação e fatos ilícitos. 6.5 Sujeito ativo da obrigação tributária. 6.6 Sujeito passivo da obrigação tributária. 6.7 Responsabilidade tributária: 6.7.1 Importância dos conceitos na teoria jurídica – 6.7.2 Dever jurídico e responsabilidade – 6.7.3 Responsabilidade tributária no Código Tributário Nacional.

6.1 Conceito e natureza jurídica

6.1.1 Conceito

Obrigação deriva do Latim *obligatio*, do verbo *obligare* ("atar", "ligar", "vincular"), que literalmente exprime a ação de se mostrar atado, ligado ou vinculado a alguma coisa.[1] Em sentido amplo, a palavra "obrigação" é empregada em Direito para designar o vínculo jurídico que liga dois sujeitos de direitos e obrigações.

Na lição de Clóvis Beviláqua, *obrigação* é "relação transitória de direito que nos constrange a dar, fazer ou não fazer alguma coisa economicamente apreciável, em proveito de alguém que, por ato nosso ou de alguém conosco juridicamente relacionado ou em virtude de lei, adquiriu o direito de exigir de nós essa ação ou omissão".[2]

---

1. De Plácido e Silva, *Vocabulário Jurídico*, vol. III, Rio de Janeiro, Forense, 1987, p. 268.

2. Citado por Maria Helena Diniz, em seu *Dicionário Jurídico*, vol. 3, São Paulo, Saraiva, 1998, p. 407.

Na definição de Clóvis Beviláqua acima transcrita, como na de muitos outros autores, vê-se a referência ao conteúdo econômico da obrigação. O objeto da obrigação seria sempre algo economicamente apreciável. E nisto se apoiam alguns tributaristas para dizer que as obrigações tributárias acessórias não são propriamente obrigações, mas simples deveres administrativos.

Preferimos admitir que existem *obrigações* cujo objeto não é economicamente apreciável. Preferimos aceitar, portanto, a terminologia adotada pelo Código Tributário Nacional, que inclui no conceito jurídico de obrigação o vínculo desprovido de conteúdo patrimonial. Adotamos o entendimento segundo o qual o conceito de obrigação há de ser entendido à luz do nosso direito positivo, colhendo a lição de Souto Maior Borges, que ensina:

> Em face do direito positivo brasileiro, não há como extrair a conclusão pela patrimonialidade genérica da obrigação tributária, precisamente porque ele distingue – inauguralmente no Código Tributário Nacional – entre obrigação tributária principal, suscetível de avaliação econômica (art. 113, § 1º), e obrigação tributária acessória, insuscetível de valoração econômica (art. 113, § 2º). Assim sento, tanto as prestações de cunho patrimonial quanto as prestações que não o têm são, pelo direito positivo brasileiro, caracterizadas como obrigacionais.[3]

Souto Maior Borges invoca em apoio de sua opinião a doutrina de Pontes de Miranda, segundo a qual mesmo no âmbito do direito privado não se deve sustentar que a natureza patrimonial seja da essência da obrigação. E, na verdade, Pontes de Miranda escreveu:

> Longe vai o tempo em que se não atendia ao interesse somente moral da prestação, em que se dizia que a prestação tinha de ser patrimonial. O que se deve pode não ter qualquer valor material, como se 'A' obtém de 'B' que o acompanhe ao teatro por ser 'B' de alta família. Nem o interesse é patrimonial, nem a prestação é de valor patrimonial, nem há ilicitude na promessa. Diz-se que é preciso ser suscetível de valoração econômica o que se presta. Se foi estabelecida pena convencional, nem por isso se deu valor econômico à prestação: estipulou-se pena para o caso de inadimplemento. No Direito Brasileiro não há regra jurídica que exija às prestações prometidas o serem avaliáveis em dinheiro.[4]

3. José Souto Maior Borges, *Obrigação Tributária*, São Paulo, Saraiva, 1984, p. 70.
4. Pontes de Miranda, *Tratado de Direito Privado*, 3ª ed., t. XXII, Rio de Janeiro, Borsói, 1971, p. 40.

O uso de terminologia adequada é de fundamental importância na doutrina jurídica, mas não nos parece que possa haver qualquer prejuízo em se admitir o termo "obrigação" para designar o vínculo jurídico desprovido de conteúdo patrimonial. Por isto mesmo, já escrevemos:

> Na obrigação tributária existe o dever do sujeito passivo de pagar o tributo, ou a penalidade pecuniária (obrigação principal) ou, ainda, de fazer, de não fazer ou de tolerar tudo aquilo que a legislação tributária estabelece no interesse da arrecadação ou da fiscalização dos tributos. Essas prestações, todavia, não são desde logo exigíveis pelo sujeito ativo. Tem este apenas o direito de fazer contra o sujeito passivo um lançamento, criando, assim, um crédito. O crédito, este, sim, é exigível. Entendida a palavra "exigível" no sentido de que o crédito pode ser cobrado judicialmente, posto que pode ser inscrito em dívida ativa, e a certidão dessa inscrição é título executivo extrajudicial.
>
> Com estes esclarecimentos, podemos tentar definir a obrigação tributária. Diríamos que ela é *a relação jurídica em virtude da qual o particular* (sujeito passivo) *tem o dever de prestar dinheiro ao Estado* (sujeito ativo), *ou de fazer, não fazer ou tolerar algo no interesse da arrecadação ou da fiscalização dos tributos, e o Estado tem o direito de constituir contra o particular um crédito.*[5]

6.1.2 *Natureza jurídica*

Identificar a natureza jurídica de alguma coisa nada mais significa do que determinar seu regime jurídico, isto é, determinar quais são as normas de Direito que lhe são aplicáveis. Assim, definir a natureza jurídica da obrigação tributária é relevante na medida em que com isto se esclarece que normas se aplicam e que normas não se aplicam a essa obrigação.

Considerando que as obrigações estão há muito catalogadas na teoria jurídica, vamos examinar em qual das categorias existentes pode ser colocada a obrigação tributária, esclarecendo que a classificação ou catalogação das obrigações tem sido feita a partir do objeto e a partir da fonte da qual resultam.

Quanto ao objeto, as obrigações em geral podem ser de dar e de fazer, compreendidas nestas últimas as positivas e as negativas, isto é, as obrigações de fazer, não fazer e tolerar. Esta é a classificação feita pela doutrina, especialmente no âmbito do direito privado.

---

5. Hugo de Brito Machado, *Curso de Direito Tributário*, 38ª ed., São Paulo, Malheiros Editores, 2017, p. 125.

A obrigação tributária *principal* corresponde a uma obrigação de dar. Seu objeto é o pagamento do tributo ou da penalidade pecuniária. Já, as obrigações *acessórias* correspondem a obrigações de fazer (emitir uma nota fiscal, por exemplo), de não fazer (não receber mercadorias sem a documentação legalmente exigida) e de tolerar (admitir a fiscalização de livros e documentos).

Há, todavia, uma particularidade na obrigação tributária principal que deve ser esclarecida. A obrigação tributária principal, para ser exigível, depende de sua liquidação, vale dizer, da determinação do valor do seu objeto. E, uma vez operada essa determinação, pelo lançamento, não mais se fala de obrigação tributária, e sim de crédito tributário, como adiante se verá. Por isto mesmo existe certa dificuldade na determinação da natureza jurídica da obrigação tributária, que, na verdade, assume característica incompatível com os moldes do direito privado. Não chega a ser uma obrigação, em rigoroso sentido jurídico privado, mas uma situação de sujeição do contribuinte, ou responsável tributário, que corresponde ao direito potestativo do Fisco de efetuar o lançamento.

Quem admitir esse raciocínio dirá que a obrigação tributária principal ou acessória é simples situação jurídica de sujeição. Quem preferir ficar com o pensamento geralmente difundido nos compêndios da matéria dirá que *a obrigação tributária principal é obrigação da dar, desprovida de liquidez,* enquanto *a obrigação acessória é obrigação de fazer, não fazer ou tolerar*.

Mais importante, porém, é o exame da natureza jurídica das obrigações tributárias levando-se em consideração a fonte das obrigações. A este propósito, já escrevemos:

> No que diz respeito à fonte de que surgem, as obrigações em geral podem ser: (a) *legais*, quando decorrem diretamente da lei; (b) *contratuais*, quando decorrem de manifestações de vontade; (c) *decorrentes de ato ilícito*, quando nascem da prática de um ato contrário ao Direito.
>
> A obrigação tributária é uma obrigação legal por excelência. Decorre diretamente da lei, sem que a vontade interfira com o seu nascimento. A lei cria o tributo e descreve a hipótese em que o mesmo é devido. Basta que essa hipótese aconteça, tornando-se concreta, para que surja a obrigação tributária, sendo absolutamente irrelevante a vontade das pessoas envolvidas.
>
> As fontes da obrigação tributária são a lei e o fato gerador. A primeira é fonte formal. A segunda é fonte material. Ambas indispensáveis. Não há obrigação tributária sem a descrição legal da hipótese

de seu surgimento. Mas só a descrição legal não basta. É preciso que ocorra o fato descrito na hipótese. A previsão legal – hipótese de incidência – mais a concretização desta – fato gerador – criam a obrigação.

Pode dizer-se que a obrigação principal decorrente do inadimplemento de uma outra obrigação, principal ou acessória, é obrigação decorrente de ato ilícito.[6]

Podemos dizer, portanto, que as obrigações tributárias podem ser decorrentes da lei ou decorrentes de ato ilícito. Jamais elas são decorrentes da vontade. E isto já nos permite excluir do trato das obrigações tributárias as normas relativas a obrigações contratuais ou decorrentes de atos de vontade. E nos permite também distinguir as obrigações às quais se aplicam daquelas às quais não se aplicam as normas próprias do denominado direito punitivo, ou sancionador.

Entre as normas aplicáveis às obrigações decorrentes de atos de vontade merecem especial referência aquelas relativas aos efeitos da confissão. As normas segundo as quais a confissão da dívida afasta a possibilidade de questionamento a respeito destas não se aplicam às obrigações tributárias.

6.2 *Espécies de obrigação tributária*

6.2.1 Obrigação tributária principal

O Código Tributário Nacional estabelece que a obrigação tributária é principal ou acessória e que a obrigação principal surge com a ocorrência do fato gerador, tem por objeto o pagamento do tributo ou penalidade pecuniária e se extingue juntamente com o crédito dela decorrente. Resta-nos esclarecer qual é a distinção essencial entre obrigação principal e obrigação acessória.

Toda e qualquer obrigação jurídica nasce com a ocorrência de um fato previsto em uma norma jurídica como produtor desse efeito. Assim, o surgir com a ocorrência do fato gerador nada nos diz sobre se a obrigação é principal ou acessória. Ter por objeto o pagamento do tributo ou penalidade pecuniária, porém, é uma peculiaridade da obrigação tributária principal, como também é uma característica desta o extinguir-se juntamente com o crédito dela decorrente.

---

6. Idem, p. 128.

Na verdade, crédito tributário e obrigação tributária são a mesma relação obrigacional, só que em momentos distintos. Essa relação obrigacional denomina-se *obrigação tributária* desde seu nascimento, com o fato gerador do tributo, até sua liquidação, que se opera com o lançamento, que lhe confere liquidez e exigibilidade. A partir do lançamento a relação tributária ganha o nome de *crédito tributário*. Em outras palavras: a relação tributária tem o nome de *obrigação tributária* desde seu nascimento até sua liquidação. Depois da liquidação ganha o nome de *crédito tributário*.

Ocorre que o Código Tributário Nacional incluiu na relação de tributação as penalidade pecuniárias, ao dizer que a obrigação tributária principal tem por objeto o pagamento do tributo ou penalidade pecuniária. E, embora tenha neste ponto sido alvo de severas críticas da doutrina,[7] a nosso ver apenas exerceu uma opção de política jurídica que em nada prejudica nem causa qualquer transtorno ao aplicador da lei.

Na verdade, a relação jurídica obrigacional que se estabelece como decorrência do ato ilícito não é uma relação jurídica obrigacional tributária. Entretanto, ao qualificar como *tributária* a obrigação de pagar a penalidade, o legislador não o fez em afronta ao conceito de tributo estabelecido no art. 3º do CTN. A penalidade não se confunde com o tributo. Seu regime jurídico é diverso, especialmente no que concerne ao Direito intertemporal, o que é muito importante e há de ser levado em conta na atividade de apuração do valor do crédito que o ente público tem contra o infrator da norma. Concluída a apuração – vale dizer, terminado o procedimento de aplicação da sanção –, tem-se um crédito do qual o sujeito ativo é o Fisco e o sujeito passivo é o responsável pela infração.

Por outro lado, ninguém afirma existir grave desvio terminológico na expressão "penalidade tributária". Pelo contrário, a qualificação tributária para a penalidade cominada para a infração da lei tributária é pacificamente aceita pela doutrina. Assim, se a penalidade pode ser qualificada como tributária, porque cominada em lei pertinente à tributação, não há por que criticar essa mesma qualificação para a obrigação decorrente do cometimento ilícito. Afinal, o qualificativo "tributário" pode ser entendido como relativo ao tributo, mas ser relativo ao tributo não é o mesmo que ser tributo.

---

7. Cf.: Paulo de Barros Carvalho, *Curso de Direito Tributário*, 13ª ed., São Paulo, Saraiva, 2000, pp. 288-289; Adelmo da Silva Emerenciano, *Procedimentos Fiscalizatórios e a Defesa do Contribuinte*, Campinas/São Paulo, Copola, 1995, p. 94; Sacha Calmon Navarro Coelho, em Carlos Valder do Nascimento (coord.), *Comentários ao Código Tributário Nacional*, 5ª ed., Rio de Janeiro, Forense, 2000, p. 260.

A referência doutrinária à denominada "tributação penal" ou ao "agravamento penal de alíquotas" pode ser feita independentemente do que está dito no § 3º do art. 113 do CTN. Aliás, *tributação penal* nada tem a ver com penalidade pecuniária pelo descumprimento da legislação tributária. Adequada ou não essa expressão, certo é que com ela alguns doutrinadores designam o tributo com função extrafiscal, geralmente muito elevado, destinado a desestimular condutas, como acontece, por exemplo, com o incidente sobre o cigarro. Designa a denominada tributação extrafiscal proibitiva ou, ainda, "os impostos do pecado", como prefere Sérgio Vasques.[8]

Seja como for, certo é que ninguém apontou inconvenientes de ordem prática na terminologia adotada pelo Código Tributário Nacional, nem expressão mais adequada para substituir a utilizada pelo legislador.

Como o Código Tributário Nacional adotou denominações distintas para os dois momentos da relação jurídica obrigacional tributária, dando ao momento anterior à liquidação o nome de *obrigação* e ao momento posterior à liquidação o nome de *crédito*, a inserção do valor da penalidade pecuniária na relação obrigacional depois da liquidação tem apenas a finalidade de ordem prática de viabilizar a reunião desse valor ao valor do tributo, também já devidamente liquidado, para que o total seja objeto de um único procedimento de cobrança, vale dizer, da mesma execução fiscal.

As diferenças quanto aos regimes jurídicos do tributo e da penalidade justificam a separação entre o valor de um e o valor da outra no procedimento de liquidação ou acertamento, que o Código Tributário Nacional denominou "lançamento tributário". Antes, portanto, da existência do crédito que decorre tanto do tributo como da penalidade. Separação que há de persistir até que seja concluída a apuração dos correspondentes valores. Depois desta, porém, a reunião dos valores apurados sob o nome de "crédito tributário", embora não seja perfeita do ponto de vista terminológico, não causa nenhum transtorno ao aplicador da lei, nem qualquer prejuízo às partes a ela submetidas.

Obrigação tributária principal, portanto, tem exatamente o mesmo conteúdo do crédito tributário. É a relação jurídica obrigacional de conteúdo pecuniário. Seu objeto é o crédito da Fazenda Pública, seja ele decorrente do tributo, seja decorrente da aplicação de penalidade pecuniária. Por isto mesmo diz o § 1º do art. 113 do CTN que a obrigação tributária "extingue-se juntamente com o crédito dela decorrente".

---

8. Sérgio Vasques, *Os Impostos do Pecado: o Álcool, o Tabaco, o Jogo e o Fisco*, Coimbra, Livraria Almedina, 1999.

Observe-se, porém, que o crédito tributário somente passa a existir com o lançamento. Isto é da maior importância, especialmente quando se questiona o direito à certidão negativa. Antes de constituído o crédito tributário pelo lançamento, seja em face de um tributo devido, seja em face de uma penalidade pecuniária, não é juridicamente válida a recusa da certidão negativa.

Essa recusa, infelizmente, muitas vezes acontece, pois o Poder Público, na verdade, é o maior descumpridor das regras jurídicas. Entretanto, sua ilegalidade é da maior evidência, pois a certidão em referência apenas atesta que não existe o crédito, o que é indiscutível, porque este não pode existir antes de ser constituído.

6.2.2 Obrigação tributária acessória

A obrigação tributária acessória tem como objeto um fazer, um não fazer ou um tolerar que se faça alguma coisa. O fazer objeto da obrigação tributária acessória, obviamente, é um fazer diverso do legar dinheiro aos cofres públicos, pois este é o objeto da obrigação tributária principal. A obrigação acessória caracteriza-se pelo caráter não pecuniário do seu objeto e pelo caráter de acessoriedade, visto como não tem razão de ser isoladamente, desligada da obrigação tributária principal, cujo adimplemento por seu intermédio é controlado.

Há quem afirme ser imprópria a denominação "obrigação acessória" e prefira a expressão "deveres administrativos". Pode parecer que se trata de simples preferência por palavras diferentes para designar a mesma realidade jurídica, mas na verdade não é assim. A visão privatista, o hábito de manejar conceitos de direito privado, explica a insatisfação com a expressão usada pelo Código Tributário Nacional. Todavia, é importante insistir em que a obrigação tributária *acessória* não é apenas um dever que a Administração impõe ao sujeito passivo da obrigação tributária principal. É essencialmente um dever de natureza instrumental, que nenhuma finalidade pode ter além daquela de viabilizar o controle do adimplemento da obrigação tributária principal. Esse caráter de acessoriedade, nem sempre bem compreendido, é fundamental para a adequada compreensão dessa espécie de obrigação jurídica.

Não se trata de acessoriedade no sentido de ligação a determinada obrigação outra, da qual dependa. Por isto mesmo, a obrigação acessória subsiste ainda quando a obrigação principal à qual se liga ou parece ligar-se imediatamente é inexistente em face de imunidade, não incidência ou de isenção tributária. Salvo, é claro, tratando-se de imunidade subjetiva, posto que tratando-se de imunidade subjetiva das pessoas jurídicas de direito público, por exemplo, inexistirá também a obrigação acessória.

O caráter de acessoriedade há de ser entendido no sentido próprio que tem a obrigação no campo do direito tributário. Uma acessoriedade em relação à obrigação de pagar determinado tributo, exigível em razão de determinado e específico fato-tipo, que realiza uma hipótese de incidência em determinada situação isolada. Acessoriedade no sentido de ser uma obrigação instrumento da outra, que só existe para instrumentalizar a outra. Que não teria sentido de existir sem a outra.

De fato, não teria sentido algum obrigar o comerciante ou o industrial a manter escrituração de todas as compras e de todas as vendas em livros a este fim especificamente destinados e a emitir notas fiscais, nem a manter registros contábeis de todos os fatos relativos a seus patrimônios, se não existissem tributos incidentes sobre a produção e a circulação de mercadorias e sobre a renda de tais pessoas.

Os registros de compras, e de vendas, a emissão de notas fiscais e a contabilização de todos os fatos patrimoniais são instrumentos de controle do cumprimento da obrigação das pessoas jurídicas, e somente por isto, com tal finalidade, são exigidos pela legislação tributária.

Luciano Amaro esclarece:

> A acessoriedade da obrigação dita "acessória" não significa (como se poderia supor, à vista do princípio geral de que o acessório segue o principal) que a obrigação tributária assim qualificada dependa da existência de uma obrigação principal à qual necessariamente se subordine. As obrigações tributárias acessórias (ou formais ou, ainda, instrumentais) objetivam dar meios à Fiscalização Tributária para que esta investigue e controle o recolhimento de tributos (obrigação principal) a que o próprio sujeito passivo da obrigação acessória, ou outra pessoa, esteja, ou possa estar, submetido. Compreendem as obrigações de emitir documentos fiscais, de escriturar livros, de entregar declarações, de não embaraçar a Fiscalização etc.[9]

Na teoria das obrigações tributárias a obrigação tributária acessória classifica-se como uma obrigação de fazer. São exemplos de obrigações acessórias, vamos repetir: a inscrição no cadastro de contribuintes, a escrituração de livros, a emissão de documentos e a prestação de informações ao Fisco.

---

9. Luciano Amaro, *Direito Tributário*, 11ª ed., São Paulo, Saraiva, 2005, p. 249.

6.2.3 Obrigação acessória e acréscimos legais

Por tudo o que se disse no item precedente, está claro que na terminologia do Código Tributário Nacional os geralmente denominados acréscimos legais não são obrigações acessórias, embora como tal possam ser entendidos na terminologia do direito privado. Por isto mesmo, reportando-se ao § 1º do art. 113 do Código em referência, Roque Joaquim Volkweiss adverte quanto ao erro de se pensar que os acréscimos legais constituem obrigação acessória. Em suas palavras:

> Por esse parágrafo vê-se que tanto o *tributo* como a *multa* ou *penalidade pecuniária* (nos casos de infração) já passaram a ser legalmente devidos com a *prática* ou *consumação* dos respectivos fatos geradores (tanto o *tributo* como a *multa* possuem seus fatos geradores, legalmente definidos: o desta é a prática de infração ou ato contrário à lei, e o daquele é a prática de um fato, de conteúdo econômico, capaz de ensejar o nascimento de uma obrigação tributária). O pagamento do montante respectivo, contudo, se dará na época própria, também prevista em lei, devendo, em alguns casos, ser apurado pelo próprio devedor, sujeitando-se a posterior conferência pelo sujeito ativo, e, em outros casos, ser previamente apurado e documentado (lançado) pelo Fisco para, só então, ser exigido ou cobrado.
>
> Erra, pois, quem, diante da regra expressa do transcrito § 1º, raciocina no sentido de que a multa (ou penalidade) *pecuniária*, quando devida em razão da falta de pagamento de tributo, seja uma obrigação acessória. Esse erro é muito comum em concursos públicos, porque o candidato parte do raciocínio de que, se houve descumprimento da lei em razão da falta de pagamento do tributo devido, a multa será uma consequência, um adicional, um *plus*, um acessório. Ser um acréscimo ou acessório ao tributo e ser uma obrigação acessória são situações distintas. A verdade é que, para a obrigação tributária principal, todo e qualquer pagamento que se deva fazer (seja tributo, seja multa ou penalidade pecuniária) integra seu objeto, que podemos resumir em pagar (seja *tributo*, seja *penalidade pecuniária*).[10]

Como decorrência do caráter instrumental das obrigações tributárias acessórias coloca-se a questão de saber se estas podem, ou não, ser instituídas por regulamento. É o que vamos, a seguir, examinar.

---

10. Roque Joaquim Volkweiss, *Direito Tributário Nacional*, 3ª ed., Porto Alegre, Livraria do Advogado, 2002, pp. 222-223.

6.2.4 Obrigação tributária acessória e legalidade

Há quem sustente que as obrigações acessórias "deverão decorrer de previsões legais em estrito senso, ou seja, de leis em sentido formal e material, até porque ninguém está obrigado a fazer ou deixar de fazer senão em virtude de lei, a teor da Constituição da República".[11] Tal assertiva, porém, revela compreensão indevida do que seja uma obrigação tributária acessória e indevida ampliação do sentido da garantia constitucional segundo a qual "ninguém será obrigado a fazer ou a deixar de fazer alguma coisa senão em virtude de lei".[12]

Realmente, se a mencionada garantia constitucional tivesse alcance absoluto, seriam totalmente inúteis todas as prescrições normativas infralegais, de tal sorte que poderiam ser atirados na cesta do lixo todos os regulamentos, portarias e tantos outros atos normativos, sem que isto qualquer falta fizesse ao ordenamento jurídico.

Revela diversa compreensão do que seja a obrigação tributária acessória, porque deixa de colocá-la como dever de natureza meramente instrumental, que apenas indiretamente decorre da lei. A acessoriedade – repita-se –, no sentido de ser instrumental, que não tem sentido de existir sem a existência da obrigação tributária principal.

É certo que muitas obrigações tributárias acessórias estão hoje previstas em lei; mas isto não quer dizer que uma obrigação tributária acessória deva estar necessariamente prevista em lei no sentido estrito. A Constituição Federal atribui ao Presidente da República competência para "sancionar, promulgar e fazer publicar as leis, bem como expedir decretos e regulamentos para sua fiel execução".[13] O decreto e o regulamento certamente criam, validamente, algum tipo de obrigação, pois, a não ser assim, não teriam sentido nenhum. Criam obrigações instrumentais, cuja finalidade, cuja razão de ser, é exatamente tornar a lei exequível.

A lei institui a obrigação de pagar Imposto de Renda para quem auferir rendimentos superiores a certo montante durante o ano. É evidente que o regulamento pode estabelecer para tais pessoas a obrigação de declarar os rendimentos auferidos. Essa obrigação de declarar é instrumental. Sem ela não haveria como tornar efetiva a obrigação de pagar o Imposto. É instituída *para fiel execução da lei*.

---

11. Sacha Calmon Navarro Coelho, em Carlos Valder do Nascimento (coord.), *Comentários ao Código Tributário Nacional*, Rio de Janeiro, Forense, 1997, p. 260.

12. CF/1988, art. 5º, II.

13. CF/1988, art. 84, IV.

Por isto é que se diz que, "ao contrário da obrigação principal, que só pode ser prevista em lei (CTN, arts. 3º e 97, I), as obrigações acessórias podem ser instituídas pela legislação tributária, com o largo alcance que lhe dá o art. 96 do CTN".[14]

A ausência de adequada compreensão desse aspecto da fenomenologia jurídica tem levado juristas eminentes a posições opostas igualmente equivocadas. Uma sustentando que somente a lei, em sentido estrito, pode instituir obrigações tributárias acessórias. Outra sustentando que todos os deveres impostos ao contribuinte configuram obrigações acessórias, e por isto independem de lei. Demonstrado acima o equívoco da primeira, vejamos, a seguir, o equívoco da segunda.

É necessário distinguirmos as obrigações tributárias acessórias de outros deveres administrativos instituídos por lei no interesse da Administração Tributária, porque estes somente por lei podem ser validamente instituídos. Embora as obrigações tributárias acessórias, como outros deveres administrativos, sejam instituídas no interesse da arrecadação ou da fiscalização do pagamento de tributos,[15] existe uma distinção em face da qual se admite que as típicas obrigações tributárias acessórias sejam instituídas pela legislação, como diz o art. 113, § 2º, do CTN, e não apenas por lei. Só em face dessa distinção é que se admite que o inciso III do art. 97 do CTN se refira somente ao fato gerador da obrigação tributária principal.

Na verdade, nem todos os deveres administrativos impostos a contribuintes e a terceiros no interesse da Administração Tributária configuram obrigações tributárias acessórias. Estas, porque acessórias, instrumentais, necessárias para viabilizar o cumprimento da obrigação principal, podem ser instituídas por normas de natureza simplesmente regulamentar. Não os outros deveres administrativos, que, embora possam ser úteis no controle do cumprimento de obrigações tributárias, não são inerentes a estas, e, assim, não se caracterizam como obrigações tributárias acessórias.

Uma leitura dos arts. 97, III, e 115 do CTN deixa fora de dúvida a tese que temos sustentado, segundo a qual a obrigação tributária acessória pode ser instituída por norma infralegal. O art. 97, III, porque se refere apenas à definição legal do "fato gerador da obrigação tributária principal"; e o art. 115 porque define o fato gerador da obrigação aces-

---

14. Celso Cordeiro Machado, *Tratado de Direito Tributário Brasileiro*, vol. VI, Rio de Janeiro, Forense, 1984, p. 181.

15. CTN, art. 113, § 2º.

sória como "qualquer situação que, na forma da *legislação* aplicável, impõe a prática ou a abstenção de ato que não configure obrigação principal" (grifo nosso).

Ressalte-se que nossa tese foi acolhida pelo STJ, como registra Hugo de Brito Machado Segundo, citando julgados daquele Tribunal.[16]

6.2.5 Obrigação acessória e abuso do poder-dever de fiscalizar

A cobrança do tributo é ato de poder-dever. Poder, do Estado. Dever, do agente público que o presenta, vale dizer, da autoridade da Administração Tributária que corporifica ou presenta o Estado.

Como observa Valdir de Oliveira Rocha, com inteira propriedade, "a Administração está obrigada a cobrar o tributo criado".[17] As autoridades que compõem a Administração Tributária não são titulares de *poder*, no exato sentido do termo. A elas a lei atribui o dever de cobrar o tributo que tenha sido por lei instituído. O *poder* de criar o tributo, este, quem tem é o Estado. Poder que se expressa em dois níveis: primeiro como verdadeira expressão de poder, através da Constituição, e segundo, já delimitado e por isto mesmo mais adequadamente denominado *competência*, através da lei, que é forma de manifestação do poder estatal.

À falta de expressão mais adequada, diz-se que a autoridade administrativa exerce um poder-dever quando cobra o tributo. E assim também quando fiscaliza os atos do sujeito passivo de obrigações tributárias.

A lei atribui às autoridades da Administração Tributária o dever de fiscalizar os atos dos sujeitos passivos de obrigações tributárias. Para que possam cumprir esse dever, as autoridades recebem da legislação tributária a necessária competência.

À falta de expressão mais adequada, diz-se que a autoridade administrativa exerce um poder-dever quando cobra o tributo. E assim também quando fiscaliza os atos do sujeito passivo de obrigações tributárias.

A lei atribui às autoridades da Administração Tributária o dever de fiscalizar os atos dos sujeitos passivos de obrigações tributárias. Para que possam cumprir esse dever, as autoridades recebem da legislação a necessária competência, que lhes é atribuída em caráter geral ou especificamente em relação a cada tributo.[18]

---

16. Hugo de Brito Machado Segundo, *Código Tributário Nacional*, 5ª ed., São Paulo, Atlas, 2015, pp. 247-248.
17. Valdir de Oliveira Rocha, *Determinação do Montante do Tributo*, 2ª ed., São Paulo, Dialética, 1995, p. 49.
18. CTN, art. 194.

No exercício de suas atividades as autoridades da Administração Tributária exercitam *poder*, que é inerente à competência a elas atribuída. E, como quem exercita poder tende a dele abusar, é importante que se estabeleça um critério para a delimitação do que se deve entender como regular exercício da competência e como abuso do poder de fiscalizar. Essa delimitação tem tudo a ver com a adequada compreensão do que seja uma *obrigação tributária acessória*, e como pode ser esta validamente instituída.

Por isto, Celso Cordeiro Machado doutrina, com propriedade:

> Observados os limites territoriais, ainda no plano horizontal, impõe-se o delineamento de círculos próprios de atuação das autoridades, em cada uma das áreas de inserção dos tributos.
>
> No plano vertical, será necessário atentar na linha hierárquica das várias autoridades e nas atribuições outorgadas a cada uma delas.
>
> No que toca aos princípios informativos do sistema, é preciso indagar, previamente, se a competência ou poder, dados a uma autoridade, não conflitam, por exemplo, com as normas gerais do sistema impositivo ou com as garantias e os direitos dos contribuintes.[19]

Embora possa parece difícil em certas situações a determinação da fronteira entre o que constitui objeto das obrigações acessórias e o que consubstancia cumprimento do dever de fiscalizar, é importante o estabelecimento de um critério que, pelo menos em princípio, permita identificar os abusos no exercício da competência atribuída às autoridades da Administração Tributária.

Existem abusos contra o contribuinte, consubstanciados em exigências previstas na legislação, que se caracterizam por evidentes desvios de finalidade, dos quais é exemplo a exigência de certidão de quitação das Fazendas Públicas como condição para a concessão de "habite-se" de um imóvel. Ao conceder o "habite-se" a Administração Pública apenas afirma que o imóvel está em condições de ser habitado. Exerce seu poder de polícia nessa área. Nada mais. Só é válida, pois, a denegação do "habite-se" no caso em que inexistam tais condições.

Tais abusos estão muita vez autorizados em lei, cuja inconstitucionalidade, portanto, é evidente. Não é deles, porém, que estamos cuidando aqui. Interessa-nos especialmente o abuso cometido por agente fiscal

---

19. Celso Cordeiro Machado, *Tratado de Direito Tributário Brasileiro*, cit., vol. VI, pp. 174-175.

no específico exercício da fiscalização relacionado com as obrigações acessórias.

Tem-se tornado comum, especialmente no âmbito da Fiscalização Federal, a intimação de contribuintes para que forneçam aos fiscais demonstrativos os mais diversos, verdadeiros relatórios de certas atividades, para que os fiscais não tenham o trabalho de extrair dos livros e documentos mantidos pelos contribuintes, por exigência legal, as informações que desejam.

Os contribuintes estariam obrigados a atender a tais exigências, porque estariam cumprindo obrigações acessórias, ou o dever de informar. Importa, pois, determinar o que constitui objeto de uma obrigação acessória e o que constitui abuso do poder-dever de fiscalizar.

Obrigação tributária acessória é aquela prevista na legislação tributária. A escrituração de livros e a emissão de documentos, por exemplo. Inexistem obrigações acessórias instituídas caso a caso pelos agentes fiscais. Resta a obrigação acessória consistente no dever de informar, ou de prestar esclarecimentos, e nesta é que se concentra a questão de saber até onde vai a obrigação tributária acessória e onde começa o dever de fiscalizar, certo de que "o sistema de fiscalização dos tributos repousa, fundamentalmente, na tessitura das obrigações acessórias".[20]

É comum a solicitação por parte de agentes do Fisco Federal de verdadeiros relatórios de certas atividades, ao argumento de que o contribuinte tem o dever de prestar informações e, portanto, tem o dever de lhes fornecer os dados dos quais necessitam para o desempenho da tarefa de fiscalização.

Evidente, porém, que o dever de prestar informações, que configura obrigação tributária acessória, é diverso de um suposto dever, absolutamente inexistente, de fornecer ao agente do Fisco as informações que este normalmente pode obter com o exame dos livros e documentos que o contribuinte é obrigado a manter à disposição das autoridades da Administração Tributária.

Sobre o tema escreve Celso Cordeiro Machado:

> O regime geral de fiscalização é o que se exercita através dos dados e das informações obtidos no documentário fiscal, tomada esse expressão como o repositório de tudo o que deflui do cumprimento das obrigações acessórias, impostas ao contribuinte, de um modo geral, ou, em particular, a contribuintes de determinados tributos: posse

---

20. Idem, p. 181.

e escrituração de certos livros, emissão de notas fiscais, prestação periódica de informações aos agentes fazendários etc.[21]

Realmente, a prestação de informações que configura obrigação tributária acessória é aquela que a legislação tributária estabelece para ser ordinariamente cumprida pelo sujeito passivo, periodicamente. Exemplo é a Declaração de Rendimentos que as pessoas naturais, ou físicas, e as pessoas jurídicas em geral são obrigadas a fazer anualmente.

A obrigação tributária acessória de prestar informações é sempre prevista normalmente, em caráter geral, exigível de todos os contribuintes que se encontram na mesma situação fática. Não pode resultar de determinação do agente fiscal, em cada caso, até porque o tributo há de ser cobrado mediante atividade administrativa plenamente vinculada.[22]

O documentário fiscal existe exatamente para que os agentes do Fisco colham nele as informações das quais necessitam. Exigir do sujeito passivo da obrigação tributária que as colha e organize, segundo a conveniência dos agentes do Fisco em cada caso, é puro abuso do poder--dever de fiscalizar. Cabe ao agente fiscal colher no documentário fiscal as informações das quais necessita para o desempenho de suas tarefas. Para isto é que existe essa categoria de servidores públicos.

Por outro lado, se o Fisco pudesse exigir do contribuinte verdadeiros e extensos relatórios, demonstrativos de contas diversas, ter-se-iam instituído, por simples manifestação do agente fiscal em cada caso, verdadeiros documentos, cuja elaboração a lei não impõe ao sujeito passivo.

Em síntese, tem-se como critério para a distinção entre o objeto da obrigação tributária de prestar informações e o objeto do cumprimento do dever de fiscalizar a generalidade e a periodicidade constantes da previsão normativa. As obrigações acessórias são somente aquelas normativamente estabelecidas, de observância periódica e para os sujeitos passivos em geral.

A lei atribui ao agente público o dever de fiscalizar, e ao contribuinte o de tolerar tal fiscalização, mesmo invadindo sua privacidade, examinando mercadorias, livros e documentos.[23] E estabelece que "os livros obrigatórios de escrituração comercial e fiscal e os comprovantes dos lançamentos neles efetuados serão conservados até que ocorra a

21. Idem, p. 185.
22. CTN, art. 3º.
23. CTN, art. 195.

prescrição dos créditos tributários decorrentes das operações a que se refiram".[24]

Não pode a norma infralegal atribuir ao contribuinte os deveres que a lei atribuiu aos agentes fiscais. Ninguém de bom-senso admite que uma norma inferior modifique uma lei. Desprovida, pois, de validade é a norma inferior que, a pretexto de instituir obrigação acessória, atribui ao contribuinte o dever de oferecer ao agente fiscal dados que ele pode obter examinando a escrituração ou os documentos que lhe servem de base. Mais evidente, ainda, é a invalidade do ato do agente fiscal que, sem norma alguma que o autorize, exige do contribuinte aqueles dados, que por comodismo não busca obter na escrituração ou nos documentos que este tem o dever de lhe exibir.

6.2.6 Obrigação acessória e direito ao silêncio

Relevante é lembrarmos que uma das consequências da definição de condutas inerentes à relação tributária como crime consiste na necessidade de ser assegurado ao contribuinte o direito de se recusar a prestar informações ao Fisco capazes de constituir prova contra ele em eventual processo por crime contra a ordem tributária.

Em quase todas as questões jurídicas que albergam conflitos entre o indivíduo e a autoridade geralmente surgem os plantonistas do arbítrio, sempre prontos para elaborar teses em defesa do poder. Também no que diz respeito à implicação do direito ao silêncio, constitucionalmente assegurado, no terreno das denominadas obrigações tributárias acessórias existem juristas eminentes que adotam tese autoritária. Seixas Filho, por exemplo, sustenta:

> O dispositivo constitucional permite ao preso não se autoacusar, permanecendo calado, é verdade. Porém esse direito é concedido à pessoa que já está submetida à prisão e perante as autoridades criminais, não sendo esta situação jurídica idêntica, ou até mesmo semelhante, à do contribuinte que deve prestar informações à autoridade fiscal.
>
> Mesmo no caso de contribuinte submetido ao regime prisional, o seu silêncio, para não se autoincriminar, poderá ser prejudicial à sua defesa pois, convenhamos, se já está preso é porque no inquérito policial existem provas que convenceram a autoridade judicial a decretar a sua prisão.

24. CTN, art. 195, parágrafo único.

Nestas condições, o seu silêncio, isto é, a sua recusa de oferecer contraprovas, servirá para demonstrar que o contribuinte preso está omitindo informações, está se recusando a prestar declarações que foram sonegadas, sendo uma confissão tácita da prática dos delitos previstos nos arts. 1º e 2º da Lei 8.137/1990.[25]

Essa tese, porém, *data maxima venia*, não tem a menor consistência. No texto constitucional em questão à palavra "preso" não se pode atribuir sentido literal, até porque o direito ao silêncio, como ali colocado, não aproveita àqueles que estejam presos porque já condenados. O direito ao silêncio faz parte do conjunto de meios integrantes do que se costuma chamar ampla defesa, constitucionalmente assegurada a todos quantos sejam acusados de algum ilícito, seja em processo judicial ou administrativo.

Se por *autoridades criminais* entendermos as autoridades policiais, é evidente a similitude que há entre a ação destas, nos crimes em geral, e a das autoridades da Administração Tributária, tratando-se de crimes contra a ordem tributária. Toda vez que é instaurada ação fiscal contra determinado contribuinte ele é colocado na mesma situação em que se coloca o suspeito do cometimento de crime no inquérito policial. Toda vez que o agente fiscal de tributos vai ao domicílio do contribuinte, fiscalizá-lo, está buscando elementos para incriminá-lo, ainda que essa verdade possa ser dissimulada com eufemismos vários.

Admitir-se que o contribuinte, mesmo preso, ainda assim não tem direito ao silêncio é ainda mais absurdo. É negar a este um direito que o mundo civilizado reconhece em favor do mais hediondo dos criminosos.

Em matéria criminal, exatamente em razão do direito ao silêncio, não se pode falar em confissão tácita. O calar jamais poderá ser interpretado em prejuízo da defesa. Por isto mesmo tem-se como inconstitucional o dispositivo do Código de Processo Penal que, ao cuidar do interrogatório do acusado, diz que o juiz deve advertir o depoente de que o seu silêncio poderá ser interpretado em prejuízo de sua própria defesa. Dispositivo que é fruto da ditadura Vargas e não foi recepcionado pelas Constituições posteriores, especialmente pela Constituição/1988.

---

25. Aurélio Pitanga Seixas Filho, em Carlos Valder do Nascimento (coord.), *Comentários ao Código Tributário Nacional*, cit., 1997, p. 492.

6.3 Consequência do inadimplemento

O Código Tributário Nacional estabelece que "a obrigação acessória, pelo simples fato da sua inobservância, converte-se em obrigação principal relativamente à penalidade pecuniária".[26]

Na verdade, o inadimplemento de uma obrigação tributária acessória não a transforma em obrigação principal. A norma que o diz deve ser entendida em termos. Impõe-se sua interpretação sistemática, para que se possa extrair dela um significado compatível com o contexto no qual está encartada.

Como a penalidade pecuniária é a consequência lógico-jurídica do inadimplemento, entende-se que a inobservância da obrigação acessória faz nascer uma obrigação principal, porque faz nascer para o Fisco o direito de exigir o pagamento da penalidade pecuniária, vale dizer, da multa correspondente.

Note-se que isto não acontece apenas com a inobservância de obrigação acessória. Acontece também, é claro, com o inadimplemento de obrigações principais. O não pagamento do tributo, nos termos determinados por lei, implica o nascimento de outra obrigação principal, cujo objeto é a penalidade pecuniária correspondente.

A este propósito já escrevemos:

> Aliás, o inadimplemento de uma obrigação tributária, seja ela principal ou acessória, é, em linguagem da Teoria Geral do Direito, uma *não prestação*, da qual decorre uma *sanção*. Assim, o § 3º do art. 113 do CTN, dizendo que "a obrigação acessória, pelo simples fato de sua inobservância, converte-se em obrigação principal relativamente à penalidade pecuniária", apenas quis dizer que, ao fazer um lançamento tributário, a autoridade administrativa deve considerar o inadimplemento de uma obrigação acessória como *fato gerador* de uma obrigação principal, a fornecer elemento para a integração do crédito tributário.[27]

Repita-se que, ao inserir no conceito de obrigação tributária a relação decorrente do cometimento de infração à lei tributária, o Código Tributário Nacional não invalida a definição de tributo albergada por seu art. 3º, segundo o qual o tributo não constitui sanção de ato ilícito. O tributo efetivamente não constitui sanção de ato ilícito, mas a obrigação

---

26. CTN, art. 113, § 3º.
27. Hugo de Brito Machado, *Curso de Direito Tributário*, cit., 38ª ed., p. 126.

tributária – vale dizer, a relação jurídica que se estabelece entre o Estado, como sujeito ativo, e o particular, como sujeito passivo – pode ter como objeto o tributo e também a penalidade pecuniária decorrente do ilícito consubstanciado na violação das leis tributárias.

6.4   O fato gerador da obrigação tributária

6.4.1   Fato gerador e hipótese de incidência

A expressão "fato gerador" predomina tanto na doutrina como na jurisprudência pertinentes ao direito tributário. Algumas outras expressões foram adotadas em seu lugar, especialmente pela influência da doutrina estrangeira, mas atualmente não há mais dúvida quanto à preferência pela expressão "fato gerador", que, segundo Geraldo Ataliba, prevaleceu entre nós graças ao extraordinário prestígio de um dos maiores publicistas franceses, Gaston Jèze, cujas lições tiveram notável divulgação entre nós.[28]

Não alimentamos a disputa que se estabeleceu na doutrina em torno das expressões "fato gerador" e "hipótese de incidência" do tributo. Na verdade, *fato gerador* é o acontecimento do mundo fenomênico que realiza a *hipótese de incidência*. São, portanto, coisas distintas. Enquanto a hipótese de incidência é uma descrição, que está na norma de tributação, o fato gerador é a realização dessa hipótese no mundo fenomênico.

A demonstrar a necessidade de considerarmos hipótese de incidência tributária e fato gerador do tributo coisas distintas basta que se tenha em vista que a hipótese de incidência é sempre a mesma enquanto vigorar inalterada a lei que a estabeleceu, enquanto os fatos geradores de tributos que acontecem durante essa vigência podem chegar aos milhões, e cada um deles "será uno e inconfundível com os demais, por mais acentuados que sejam os traços de semelhança que apresentem entre si. (...)".[29]

Com o desenvolvimento dos estudos de Teoria Geral do Direito entre nós, ninguém hoje contesta o acerto dessa tese. Uma coisa é a descrição feita pela norma jurídica – pela lei, tratando-se de hipótese de incidência tributária – e outra coisa, bem distinta, é o acontecimento, o fato que realiza aquela descrição. Essa distinção é de notável importância sob vários aspectos, inclusive para nos permitir entender adequadamente a questão de atos eventualmente praticados com ilicitude – assunto de

---

28. Cf.: Geraldo Ataliba, *Hipótese de Incidência Tributária*, 6ª ed., 17ª tir., São Paulo, Malheiros Editores, 2018, pp. 54-55.
29. Idem, p. 73.

grande relevo no estudo do conceito jurídico de tributo, que, nos termos do art. 3º do CTN, não constitui sanção de ato ilícito.

Temos sustentado, a partir da distinção entre fato gerador e hipótese de incidência tributária, que não é admissível um tributo cuja hipótese de incidência tenha a ilicitude como elemento essencial, mas é admissível, e ordinariamente acontece, a cobrança de tributo incidente sobre fato que seja, em regra, fato lícito, praticado, no caso, em circunstâncias que o tornam ilícito. Em outras palavras: não pode o legislador definir como hipótese de incidência de um tributo um fato que seja em si mesmo ilícito. A definição da hipótese de incidência tributária não pode albergar a ilicitude, embora a ilicitude possa se fazer presente na concretização daquela hipótese.

Não é correto, porém, a partir dessa doutrina, concluir que o tributo é devido mesmo nos casos em que, em virtude da ilicitude, se torne insubsistente o fato que havia sido considerado gerador da obrigação tributária. A doutrina que adotamos foi construída por tributaristas europeus precisamente para evitar que a alegação de ilicitude favoreça, com a exclusão do tributo, aqueles que praticam atividades econômicas em circunstâncias ilícitas e veem subsistentes todas as consequências econômicas de seus atos.

Se alguém realizou a hipótese de incidência tributária praticando um fato circunstancialmente ilícito, nasce e subsiste a relação obrigacional tributária enquanto subsistirem os resultados daquele fato no mundo dos fatos, vale dizer, no mundo econômico. Se no mundo dos fatos aquele fato não subsiste, não subsistirão seus efeitos tributários.

Um exemplo esclarecerá melhor o que estamos afirmando. Se alguém importa mercadoria proibida mas a importação é consumada, constatado o fato, é devido o Imposto de Importação. A autoridade da Administração Tributária pode cobrar o Imposto e não tomar conhecimento da ilicitude, que o importador não poderá alegar como excludente da obrigação tributária. Entretanto, se prefere fazer valer a proibição de importar aquela mercadoria e impõe ao importador a pena de perdimento do bem, o Imposto não será devido, o fato, em sua objetividade, não subsistiu. Não produziu, na realidade econômica, o efeito que lhe é próprio, vale dizer, a integração daquela mercadoria na economia nacional. Por isto mesmo, as autoridades da Administração Tributária, acertadamente, não cobram os impostos que seriam devidos pela importação de mercadorias nos casos de contrabando ou descaminho. Decretam o perdimento das mercadorias, e os impostos somente serão cobrados se e quando essas mercadorias forem arrematadas em leilão promovido pela Fazenda.

Se a importação de mercadoria proibida foi consumada ao amparo de medida judicial não se pode falar em cometimento ilícito. Cuida-se de conduta lícita, e são devidos os impostos incidentes sobre tal importação. Se a medida judicial não subsiste, porque reformada em instância superior, o fato não se transmuda em ilícito. A insubsistência da medida judicial, em princípio, faz com que o importador retorne à situação anterior. É razoável considerar que a importação é um fato consumado, especialmente tratando-se de bem já utilizado durante algum tempo, ou mesmo consumido, ou transferido a terceiro de boa-fé; e, sendo assim, nada mais poderá ser feito contra o importador. Entretanto, mesmo que assim não se entenda, o que a autoridade pode fazer é notificar o importador para que devolva a mercadoria ao Estrangeiro. Se não for adotada tal providência no prazo que lhe é para tanto concedido, aí, sim, passa a configurar-se a ilicitude que enseja a apreensão e o perdimento da mercadoria. Ocorrido o desfazimento da importação, seja pela devolução da mercadoria ao Exterior, seja pela aplicação da pena de perdimento, não subsiste a obrigação tributária que nascera do fato da importação, tornado insubsistente. Neste caso, a Administração Tributária tem o dever de restituir o tributo porventura cobrado. Ou, se havia depósito em garantia do juízo, o juiz mandará devolver ao importador o valor correspondente.

Tornada insubsistente a situação de fato que ensejara a incidência da norma tributária, cobrar o tributo em razão de eventual ilicitude seria convertê-lo em penalidade, o que de nenhum modo se pode admitir em nosso sistema jurídico.

6.4.2 Aspectos do fato gerador

Em face da unidade formal e substancial da hipótese de incidência tributária, preferimos nos referir a *aspectos*, em vez de *elementos* do fato gerador do tributo. "Aspectos" é palavra que traduz visões diversas da mesma coisa, enquanto "elementos" é palavra que indica partes autônomas de uma coisa. É mais adequada, portanto, a palavra "aspectos" para designar os vários ângulos pelos quais pode ser visto o fato gerador da obrigação tributária.

Quando se examina o fato gerador do tributo, tendo-se em vista a situação de fato que o consubstancia, considerada em sua materialidade, em seu ser essencial, diz-se que se está diante do aspecto material, ou nuclear, do fato gerador. Aspecto que, no dizer de Ataliba, é o mais complexo; contém a designação de todos os dados de ordem objetiva configuradores do arquétipo em que a hipótese de incidência está configurada. "Este aspecto dá, por assim dizer, a verdadeira consistência da hipótese de incidência. (...)."[30] Ele contempla os dados materiais objetivos essenciais ao nascimento da obrigação tributária, e por isto mesmo se pode dizer que ele confere a identidade do tributo.

Realmente, é a partir do aspecto material do fato gerador do tributo que se pode identificar a espécie tributária. Pode-se identificar o tributo como imposto, como taxa ou como contribuição de melhoria. E também se pode identificar a espécie de taxa, assim como a espécie de imposto.

Luís Eduardo Schoueri, com fundamento em lições da doutrina nacional e estrangeira, afirma a existência de base de cálculo própria de impostos e esclarece ser própria destes a base de cálculo que reflete a capacidade econômica do contribuinte, enquanto própria das taxas é a base de cálculo que mede a atuação estatal. E indica a indiscutível acolhida dessa doutrina por nosso direito positivo, asseverando:

> Ainda sobre o critério quantitativo do fato gerador, importa lembrar que o constituinte não se limitou a referir, no art. 145, § 2º, a existência de uma base de cálculo "própria" de impostos. Disse mais, no art. 154, que haveria bases de cálculo "próprias" para um imposto (discriminado na Constituição) e "impróprias" para outro imposto (na competência residual).[31]

Realmente, é tendo em vista o aspecto nuclear ou material do fato gerador da obrigação tributária que se pode saber se estamos diante de um imposto, ou de uma taxa ou de uma contribuição de melhoria. E mais: é examinando a base de cálculo que se pode saber, tratando-se de impostos, de qual desses impostos se cogita. É a base de cálculo que nos permite identificar um dos impostos dentre os indicados pela Constituição ao atribuir as competências impositivas à União, aos Estados e aos Municípios. É a partir do aspecto material ou nuclear do fato gerador do imposto que se poderá identificá-lo como Imposto sobre a Renda, ou sobre Circulação de Mercadorias, ou sobre Serviços etc.

A respeito da base de cálculo dos tributos, doutrina Amílcar Falcão:

> Também o fato gerador é decisivo para a definição da base de cálculo do tributo, ou seja, daquela grandeza econômica ou numérica sobre a qual se aplica a alíquota para obter o *quantum* a pagar.

---

30. Geraldo Ataliba, *Hipótese de Incidência Tributária*, cit., 6ª ed., 17ª tir., p. 106.
31. Luís Eduardo Schoueri, "Fato gerador da obrigação tributária", em Luís Eduardo Schoueri (coord.), *Direito Tributário – Homenagem a Alcides Jorge Costa*, São Paulo, Quartier Latin, 2003, pp. 158-159.

Essa base de cálculo tem que ser uma circunstância inerente ao fato gerador, de modo a afigurar-se como sua verdadeira e autêntica expressão econômica.

É certo que nem sempre há absoluta identidade entre uma e o outro. Dizem os escritores que tal simultaneidade ou identidade perfeita entre fato gerador e base de cálculo só é encontrada nos impostos sobre a renda e sobre o patrimônio.

Não obstante, é indispensável configurar-se uma relação de pertinência ou inerência da base de cálculo ao fato gerador: tal inerência ou pertinência afere-se, como é óbvio, por este último.

De outro modo, a inadequação da base de cálculo pode representar uma distorção do fato gerador e, assim, desnaturar o tributo.[32]

Realmente, se admitirmos que o legislador pode estabelecer qual será a base de cálculo de um imposto sem colher para esse fim uma expressão econômica inerente ao fato gerador desse imposto, estaremos admitindo que o legislador altere substancialmente o âmbito constitucional deste. Seria possível, então, um imposto cujo fato gerador, na verdade, não o coloca nos limites da atribuição constitucional de competências tributárias.

Imaginemos, por exemplo, o Imposto sobre Renda e Proventos de Qualquer Natureza calculado sobre o valor dos imóveis do contribuinte. Certamente, não seria um imposto sobre a renda, mas sobre a propriedade imobiliária. Ou, então, um Imposto sobre Serviços de Qualquer Natureza cuja base de cálculo fosse o valor dos bens materiais empregados na prestação do serviço. Certamente, não seria um imposto sobre serviços, mas um imposto sobre a utilização de bens.

Essa tese doutrinária tem sido acolhida pelo STF, que tem afirmado:

> O fato gerador é decisivo para a definição da base de cálculo do tributo, ou seja, daquela grandeza econômica ou numérica sobre a qual se aplica a alíquota para obter o *quantum* a pagar. Essa base de cálculo tem que ser uma circunstância inerente ao fato gerador, de modo a configurar-se como verdadeira e autêntica expressão econômica. É certo que nem sempre há absoluta identidade entre uma e outro. Dizem os escritores que tal simultaneidade ou identidade perfeita entre o fato gerador e a base de cálculo só é encontrada nos impostos sobre a renda e sobre o patrimônio. Não obstante, é indispensável configurar-se uma relação de pertinência ou inerência da

---

32. Amílcar de Araújo Falcão, *O Fato Gerador da Obrigação Tributária*, Rio de Janeiro, Edições Financeiras, 1964, pp. 155-156.

base de cálculo ao fato gerador: tal inerência ou pertinência afere-se, como é obvio, por este último. De outro modo, a inadequação da base de cálculo pode representar uma distorção do fato gerador e, assim, desnaturar o tributo.[33]

Nem poderia ser diferente. Os conceitos que integram a Teoria do Direito e o aspecto sistêmico deste impõem essa conclusão, sem a qual seria facílimo burlar as garantias jurídicas do contribuinte.

O aspecto subjetivo ou pessoal do fato gerador da obrigação tributária mostra-nos quem são os sujeitos, ativo e passivo, dessa obrigação. O sujeito ativo é sempre uma pessoa jurídica de direito público, que mais adiante vamos estudar, explicando a distinção que existe entre ser competente para criar um tributo, para cobrar e receber um tributo. Já, o sujeito passivo pode ser o contribuinte, ou responsável, que também vamos estudar mais adiante.

Finalmente, temos o aspecto temporal.

É de grande importância no estudo do fato gerador da obrigação tributária a questão de saber quando esta se completa, para que possamos enfrentar com segurança alguns problemas.

Voltaremos ao tema logo adiante, ao estudarmos o momento em que se consuma o fato gerador da obrigação tributária.

6.4.3 *Espécies de fato gerador da obrigação principal*

Classificar é agrupar os objetos em classes, tendo em vista o que eles têm de comum e o que têm de diferente. As classificações podem ser mais úteis ou menos úteis, conforme nos ajudem a conhecer melhor as coisas, porque, na verdade, elas são simplesmente um instrumento a serviço do conhecimento.

O importante em qualquer classificação é o critério adotado para identificar e para distinguir os objetos. No campo do Direito, porém, como assevera Carrazza, tratando-se de uma classificação doutrinária, a escolha do critério deve levar em conta que "a norma jurídica é o ponto de partida indispensável de qualquer classificação que pretenda ser jurídica".[34]

---

33. STF, 1ª Turma, RE 115.211-7-SP, rel. Min. Octávio Gallotti, *DJU* 5.8.1988, citado por José Jaime de Macedo Oliveira, *Código Tributário Nacional – Comentários, Doutrina, Jurisprudência*, São Paulo, Saraiva, 1988, p. 294.

34. Roque Antonio Carrazza, *Curso de Direito Constitucional Tributário*, 31ª ed., São Paulo, Malheiros Editores, 2017, p. 623.

Assim, e não obstante as controvérsias estabelecidas em torno da classificação dos fatos geradores da obrigação tributária, vamos oferecer aqui a classificação que nos parece mais adequada, por ser feita por critério que leva em conta precisamente a norma jurídica de tributação, vale dizer, a descrição da hipótese de incidência tributária.

Sendo o fato gerador da obrigação tributária principal, tem-se de considerar que, como acontece com as situações de fato em geral, pode ser uma situação simples ou uma situação complexa. Em outras palavras: pode ocorrer que a configuração do fato gerador de uma obrigação tributária se dê com a ocorrência de um fato único, isolado, ou mediante um conjunto de fatos.

Sua utilidade reside na possibilidade de se demonstrar, nos casos de fato gerador complexo, a não configuração deste à míngua de algum dos fatos dentre aqueles que formam o conjunto complexo de fatos integrantes da situação legalmente definida como necessária e suficiente ao nascimento da obrigação tributária.

Ressalte-se que alguns autores referem-se a fatos geradores complexivos para indicar fatos geradores continuativos, periódicos ou de formação sucessiva. Mas a respeito do assunto é importante o esclarecimento de Amílcar Falcão:

> O aspecto que examinamos da simplicidade ou complexidade do fato gerador teve em vista apenas a estrutura deste, sem qualquer preocupação quanto ao problema da integração ou formação do fato gerador em relação ao tempo. No fato gerador complexo, pouco nos interessou saber se os elementos que o integram se configuram simultânea ou sucessivamente.[35]

Maior utilidade parece ter a classificação dos fatos geradores em instantâneos e continuados, porque com esta se pode enfrentar mais adequadamente a questão do Direito intertemporal nos casos de mudança legislativa, vale dizer, a questão de saber qual é a lei aplicável na determinação do valor do tributo nos casos em que os critérios dessa determinação tenham sido alterados.

Na verdade, um fato gerador continuado é, em regra, um fato gerador complexo, vale dizer, uma situação de fato composta de vários fatos que se completam na composição da hipótese de incidência tributária. Entretanto, pode haver um fato gerador continuado que se configura

---

35. Amílcar de Araújo Falcão, *O Fato Gerador da Obrigação Tributária*, cit., p. 140.

como fato simples, como é o caso da propriedade de bens imóveis, que, enquanto fato gerador da obrigação tributária, é colocado como fato continuado.

É frequente na doutrina a classificação dos fatos geradores da obrigação tributária principal em instantâneos e continuados.

São instantâneos aqueles que acontecem e se consumam em pequeno espaço de tempo, e por isto mesmo geralmente não suscitam a questão de Direito intertemporal de saber qual deve ser seu regime jurídico. Em outras palavras: são fatos que geralmente começam e terminam no mesmo dia, de sorte que não suscitam a questão sobre qual é a lei a eles aplicável.

São continuados aqueles fatos geradores cuja ocorrência perdura no tempo, e por isto são também denominados fatos geradores periódicos.

Finalmente, os fatos geradores de tributo podem ser classificados como situações de fato e como situações jurídicas. Neste sentido é a lição de Eusebio González García e Ernesto Lejeune, que ensinam:

> Siguiendo a la doctrina más segura, las distintas situaciones de hecho que constituyen el elemento objetivo del hecho imponible pueden esencialmente reconducirse a una de estas dos grandes categorías: (a) las consistentes en un acto, hecho o fenómeno en sí mismo revelador de capacidad económica; y (b) las que consisten en un acto o negocio jurídico, también revelador de capacidad económica, y que han sido previamente asumidas como hechos jurídicos en otras ramas del Derecho.[36]

Realmente, ao descrever a hipótese de incidência tributária o legislador pode colocar como elemento material desta um ato ou negócio jurídico ou um simples fato. Importante é que se esclareça a distinção entre o que está posto na hipótese de incidência tributária como ato, negócio ou situação jurídica ou como simples fato, porque daí resultam consequências tanto no que concerne ao Direito intertemporal como no próprio plano do direito tributário material, vale dizer, consequências quanto à questão essencial de saber se efetivamente está, ou não, configurado o fato gerador do tributo em determinado caso.

Essas questões serão examinadas mais adiante, quando tratarmos do momento em que se consuma o fato gerador da obrigação tributária.

---

36. Eusebio González García e Ernesto Lejeune, *Derecho Tributario*, 2ª ed., Salamanca, Plaza Universitaria, 2000, p. 194.

6.4.4 Fato gerador da obrigação acessória

Comentando o art. 115 do CTN, Sacha Calmon Navarro Coelho assevera:

> Vimos que as chamadas obrigações acessórias não possuem "fato gerador"; decorrem de prescrições legislativas imperativas: "emita notas fiscais", "declare rendas e bens" etc. A impropriedade redacional é sem par. Diz-se que o fato gerador da obrigação acessória é "qualquer situação" que, na forma da "legislação aplicável", impõe a "prática ou abstenção de ato". Outra maneira de prescrever deveres de fazer e não fazer por força de lei, cabe apenas reafirmar que a legislação a que se refere o artigo somente pode ser coleção de leis em sentido formal e material.[37]

É possível que o eminente professor da Universidade Federal de Minas Gerais tenha pretendido dizer que o legislador não está obrigado a definir especificamente os fatos cuja ocorrência cria obrigações tributárias acessórias. Em outras palavras: que o legislador não está preso ao princípio da tipicidade tributária.

Misabel Derzi, reportando-se ao art. 115 do CTN, esclarece:

> O Código Tributário Nacional parece, à primeira vista, distinguir a obrigação principal da acessória, segundo a exigibilidade da ocorrência ou não de um pressuposto. Estabelece o § 1º que a obrigação principal surge com a ocorrência do fato gerador e extingue-se com o crédito dela decorrente. O § 2º dispõe que a obrigação acessória decorre da legislação tributária. Fato gerador haveria somente para a obrigação principal, enquanto a acessória seria dever imperativo e incondicional? Não, em absoluto, nem é esse o sentido da lei. O art. 115 do CTN refere-se exatamente ao fato gerador próprio das obrigações acessórias, tudo a demonstrar que elas são deveres, cujo nascimento depende da ocorrência de uma hipótese específica (ou fato gerador).[38]

Realmente, não existe dever jurídico que não tenha seu *fato gerador*. Direito subjetivo e dever jurídico são efeitos da incidência da norma, que ocorre quando no mundo fenomênico se concretiza a situação hipoteticamente nela descrita. Não existe *obrigação* jurídica que não

---

37. Sacha Calmon Navarro Coelho, em Carlos Valder do Nascimento (coord.), *Comentários ao Código Tributário Nacional*, cit., 1997, p. 268.

38. Misabel Derzi, em "Notas de Atualização" ao livro de Aliomar Baleeiro, *Direito Tributário Brasileiro*, 11ª ed., Rio de Janeiro, Forense, 1999, p. 701.

seja resultado da incidência de uma norma. E incidência não há sem fato. Norma e fato nela previsto geram direito. Deveres, obrigações e os correspondentes direitos subjetivos. É assim na fenomenologia jurídica em geral e também no direito tributário.

O art. 115 do CTN e as questões em torno dele suscitadas, tudo foi muito bem explicado por Luciano Amaro, que escreveu:

> O conceito de *fato gerador da obrigação acessória* é dado por exclusão: toda situação que dê origem a um dever que não tenha por objeto uma prestação pecuniária (tributo ou penalidade), por exemplo, a situação que faz surgir o dever de escriturar livros, de emitir notas fiscais etc. Ou seja, se o ato que a legislação impõe, à vista de certa situação, não é recolher uma quantia em dinheiro, ou se a lei impõe uma omissão, trata-se de fato gerador de obrigação acessória.
>
> Esse intento classificatório do Código Tributário Nacional, quanto ao fato gerador, foi praticamente ignorado pela doutrina e pela legislação dos diversos tributos. Quando se fala em "fato gerador", tanto os autores quanto as leis geralmente cuidam do fato gerador *do tributo*; é em torno deste também que se travam diversas polêmicas e tertúlias doutrinárias, a começar pela própria terminologia empregada. Quando a matéria versada é o *ilícito tributário*, a lei e a doutrina não falam em "fato gerador" ou "obrigação tributária", mas em "infração tributária" (para expressar o descumprimento da lei dos tributos); e cuidam de "sanção", "penalidade", "multa", quanto está em causa o castigo cominado pela lei para reprimir a infração; do mesmo modo, quem comete uma infração não é, por esse fato, designado como "sujeito passivo", mas sim como "infrator".
>
> Por outro lado, se o assunto respeita aos deveres instrumentais do sujeito passivo, embora se empregue a expressão "obrigação acessória" (sob censura de alguns, como vimos, ao falar de obrigação e patrimonialidade), não é usual a referência ao "fato gerador da obrigação acessória".
>
> Justamente porque se ignora a rotulação dada pelo Código Tributário Nacional (que acaba por incluir, na designação de "fato gerador da obrigação principal", tanto o fato gerador do tributo quanto a infração, que configuraria "fato gerador da penalidade pecuniária"), a expressão "fato gerador da obrigação principal" é comumente empregada pela doutrina no sentido estrito de "fato gerador do tributo".[39]

É procedente a observação de Luciano Amaro. Na verdade, a doutrina geralmente se refere ao fato gerador da obrigação tributária repor-

---

39. Luciano Amaro, *Direito Tributário Brasileiro*, cit., 11ª ed., p. 257.

tando-se apenas ao fato gerador da obrigação tributária principal, sem fazer quaisquer considerações em torno do fato gerador da obrigação tributária acessória.[40] E não se refere à infração como fato gerador da obrigação tributária principal, embora não possa haver dúvida de que, em face do Código Tributário Nacional, pode-se mesmo falar, como diz com inteira razão Luciano Amaro, de fato gerador da obrigação principal relativa à penalidade, que corresponde exatamente à infração da legislação tributária.

6.4.5 Momento em que se consuma o fato gerador

A norma do art. 116 do CTN, definidora do momento em que se considera consumado o fato gerador da obrigação tributária, é, como por ela mesma afirmado, de natureza meramente supletiva. Aplica-se, portanto, somente na ausência de norma em sentido diverso. Isto quer dizer que a própria lei definidora da hipótese de incidência tributária pode dispor de modo diferente do estabelecido pelo Código.

Entretanto, não podem ser desconsiderados os princípios do Direito intertemporal. Não se pode admitir, por exemplo, que uma lei defina uma hipótese de incidência tributária, seja ela uma situação de fato ou uma situação jurídica, e estabeleça que a mesma se considera consumada em momento lógica e cronologicamente anterior. Assim, a liberdade que o art. 116 do CTN reserva ao legislador só pode ser no sentido de permitir a este que estabeleça o momento em que se tem como consumado o fato gerador da obrigação tributária em instante posterior àquele estabelecido no referido dispositivo.

Tratando-se de fato gerador consubstanciado em *situação de fato*, vale dizer, situação não categorizada pelo Direito, considera-se consumado o fato gerador, e, assim, nascida a obrigação tributária respectiva, *desde o momento em que se verifiquem as circunstâncias materiais necessárias a que produza os efeitos que normalmente lhe são próprios*.

Embora pareça muito fácil, na verdade, nem sempre a distinção entre uma *situação de fato* e uma *situação jurídica* aparece com clareza. E pode ocorrer que o fato gerador de um tributo seja uma situação de fato e também uma situação jurídica. É o caso do Imposto sobre Renda e Proventos de Qualquer Natureza, cuja hipótese de incidência configura-se pela aquisição da disponibilidade econômica ou jurídica de renda ou de proventos de qualquer natureza.

---

40. Luís Eduardo Schoueri, "Fato gerador da obrigação tributária", cit., em Luís Eduardo Schoueri (coord.), *Direito Tributário*, pp. 125-173.

Realmente, o fato gerador do Imposto sobre Renda e Proventos de Qualquer Natureza é a disponibilidade econômica ou *jurídica* da renda ou dos proventos. A disponibilidade econômica é uma situação *de fato*, mas a disponibilidade jurídica é uma situação *jurídica*.

O fato gerador do Imposto sobre a Importação é uma situação de fato. Não obstante exista o negócio jurídico, geralmente um contrato de compra e venda mercantil no âmbito internacional, que lhe dá suporte, a situação definida em lei como necessária e suficiente para fazer nascer a obrigação tributária, relativamente ao Imposto de Importação, é a entrada do produto estrangeiro no território nacional. É situação de fato, cuja configuração pode ser constatada, ao menos em princípio, independentemente de conhecimento jurídico. Somente em situações especiais é que se precisa de conhecimento jurídico para saber a definição de *território nacional*. Entretanto, desde que esse conceito não seja posto em dúvida, pode-se afirmar a ocorrência do fato gerador do Imposto de Importação mesmo sem especial conhecimento jurídico.

Também o Imposto sobre a Propriedade Territorial Rural pode configurar-se pela simples posse, situação simplesmente de fato, que pode ser constatada independentemente de conhecimento jurídico. Entretanto, em relação a esse mesmo Imposto o fato gerador da obrigação tributária pode ser uma situação jurídica, vale dizer, a propriedade ou o domínio útil, como adiante se verá.

Caracteriza-se o fato gerador do tributo como *situação de fato* quando em sua definição não sejam utilizados conceitos jurídicos como elementos essenciais à configuração da situação descrita como hipótese de incidência tributária. Em outras palavras: tem-se uma situação de fato quando o conhecimento dela independe do conhecimento especificamente jurídico. E por isto mesmo esse fato gerador considera-se ocorrido, nos termos do art. 116, I, do CTN, desde o momento em que se verifiquem as circunstâncias materiais necessárias a que produza os efeitos que normalmente lhe são próprios. Momento que se identifica sem que para tanto se faça necessário o conhecimento das normas e dos conceitos jurídicos, mas simplesmente o conhecimento dos fatos, em seus significados metajurídicos.

Caracteriza-se o fato gerador do tributo como *situação jurídica* quando em sua definição sejam utilizados conceitos jurídicos como elementos essenciais à configuração da situação descrita como hipótese de incidência tributária.

6.4.6 Tributação e fatos ilícitos

A questão de saber se é possível a tributação de fatos ilícitos deve ser enfrentada com o devido cuidado, pois não se deve confundir a situação na qual a ilicitude pode estar presente eventualmente com aquela na qual a ilicitude é essencial.

Não é admissível um tributo cuja hipótese de incidência tenha a ilicitude como elemento essencial, mas é admissível, sim, a cobrança de tributo incidente sobre fato que em regra é lícito praticado em circunstâncias que o fazem ilícito. Em outras palavras: não pode o legislador definir como hipótese de incidência de um tributo fato que seja, em si mesmo, ilícito. A hipótese de incidência tributária não pode albergar a ilicitude, mas a ilicitude pode se fazer presente na concretização daquela hipótese. "(...). Aí estará, assim, circunstancialmente. Sua presença não é necessária para a concretização da hipótese de incidência do tributo. Mas não impede tal concretização, com o nascimento da obrigação tributária, pois a concretização da hipótese de incidência é para isto bastante. (...)."[41]

Em nosso sistema tributário o Imposto sobre Renda e Proventos de Qualquer Natureza presta-se como bom exemplo para deixar fora de dúvida o que estamos explicando. A vigente Constituição Federal atribui competência à União para instituir Imposto sobre Renda e Proventos de Qualquer Natureza.[42] O CTN, por sua vez, estabelece:

> Art. 43. O Imposto, de competência da União, sobre Renda e Proventos de Qualquer Natureza tem como fato gerador a aquisição da disponibilidade econômica ou jurídica: I – de renda, assim entendido o produto do capital, do trabalho ou da combinação de ambos; II – de proventos de qualquer natureza, assim entendidos os acréscimos patrimoniais não compreendidos no inciso anterior.

Assim, embora o legislador ordinário tenha sido casuístico ao tratar desse Imposto, podemos dizer que sua hipótese de incidência é o acréscimo patrimonial, fato situado no campo da licitude. Entretanto, a concretização desse fato pode eventualmente ocorrer de forma ilícita, o que para fins tributários é irrelevante.

Na verdade, a presença da ilicitude na hipótese de incidência da regra jurídica é o que faz a diferença entre o tributo e a penalidade. A regra

---

41. Hugo de Brito Machado, *Curso de Direito Tributário*, cit., 38ª ed., p. 132.
42. CF/1988, art. 153, III.

jurídica que impõe uma penalidade tem em sua hipótese de incidência a ilicitude como algo essencial, enquanto a regra jurídica que institui um tributo não tem em sua hipótese de incidência a ilicitude como algo essencial.

6.5 Sujeito ativo da obrigação tributária

Para que se possa falar em *sujeito ativo da obrigação tributária* é necessário que se tenha uma obrigação tributária, vale dizer, uma relação de tributação juridicamente regulada. Em outras palavras: é necessário que se tenha uma relação jurídica, e não uma relação de poder.

É que a relação de tributação pode ser considerada num momento anterior à estruturação da ordem jurídica, vale dizer, quando se tem, de um lado, o Estado em organização e, do outro, o cidadão que a ele se submete. A relação de tributação, nesse momento, é uma relação não definida pelo Direito, tal como são todas as relações entre o Estado que se está organizando e os cidadãos.

Depois que a ordem jurídica é composta, tem-se o poder tributário transformado em competência tributária. Competência que é exercida nos termos estabelecidos pela Constituição, que a delimita e, sendo o caso, divide entre as várias pessoas jurídicas de direito público interno. Em nosso País a competência tributária é exercida através dos Poderes Legislativos das pessoas jurídicas de direito público interno, em face do princípio da legalidade tributária.

Com a lei de tributação, instrumento pelo qual é definida a situação cuja ocorrência fará nascer a relação jurídica tributária, a pessoa jurídica de direito público exerce sua competência, criando o tributo. Nesse momento ainda não se pode falar de obrigação tributária, pois esta só existe em tese, como simples hipótese ainda não concretizada. Com a concretização da situação descrita na lei como necessária e suficiente à sua ocorrência, nasce a obrigação tributária, que consubstancia a relação de tributação em seu estágio de concreção jurídica.

O art. 119 do CTN cuida da relação de tributação nesse estágio em que a mesma se apresenta como relação jurídica obrigacional. Cuida, digamos assim, da *obrigação tributária*, definindo seu *sujeito ativo*, que é o titular da competência para lançar e cobrar o tributo.

Como acontece com as relações jurídicas obrigacionais em geral, o sujeito ativo da obrigação é titular da competência para exigir o adimplemento da obrigação. Isso é ordinário no âmbito do direito obrigacional, se sorte que o art. 119 do CTN nem seria necessário, não fossem o caráter ainda embrionário de nosso direito tributário à época em foi editado e a necessidade, daí decorrente, da edição de normas para ajudar na construção da doutrina desse importante ramo da Ciência Jurídica.

Aliás, respondendo a afirmações de tributaristas no sentido da desnecessidade de normas do Código Tributário Nacional albergando simples conceitos, Rubens Gomes de Sousa disse que elas foram necessárias à época da edição do Código e que se congratulava com o Brasil pela atual desnecessidade dessas normas. Parece, porém, que elas ainda eram, e continuam sendo, necessárias, pelo que se vê das divergências colocadas em torno da interpretação de muitas delas, como acontece com o art. 119, que exige, ainda, explicações doutrinárias, embora diga apenas aquilo que seria, com ou sem ele.

A propósito, tem sido colocada a questão de saber se apenas as pessoas jurídicas de direito público podem ser sujeitos ativos da obrigação tributária, ou se também o podem as pessoas jurídicas de direito privado, e até as pessoas naturais.

Sacha Calmon Navarro Coelho, por exemplo, diz que,

> ao fechar a capacidade tributária ativa exclusivamente nas pessoas jurídicas de direito público, territoriais e não territoriais, sem dúvida apequenou o universo dos sujeitos ativos das obrigações que estamos acostumados a ver todos os dias. A realidade briga com a norma em desfavor desta última.[43]

Luciano Amaro também afirma a impropriedade do art. 119 do CTN, escrevendo:

> O art. 119 do CTN ficou perdido no tema. Ao dizer que "sujeito ativo da obrigação tributária é a pessoa jurídica de direito público (...)" parece querer reservar a designação para os entes políticos, mas termina por dizer "(...) titular da competência para exigir o seu cumprimento". Ora, quem exige o cumprimento da obrigação tributária é o credor, que nem sempre é o ente público que institui o tributo.
>
> As pessoas que a lei põe na condição de credores de obrigações tributárias nas situações comentadas, embora não tenham *competência tributária* (isto é, não possuam aptidão constitucional de *criar* tributos), detêm *capacidade tributária ativa*, isto é, são habilitadas a figurar no *polo ativo* de obrigações tributárias. Nesse sentido é que

---

43. Sacha Calmon Navarro Coelho, em Carlos Valder do Nascimento (coord.), *Comentários ao Código Tributário Nacional*, cit., 5ª ed., p. 280.

deve ser entendido o art. 119 do CTN, ao falar de competência para *exigir o cumprimento* da obrigação tributária. Esse dispositivo peca, porém, quando supõe que o credor da obrigação tributária necessariamente tenha de ser pessoa de direito público, quando se sabe que o sistema constitucional admite a existência de outras entidades da condição de credoras de obrigações tributárias. Não vemos que outro rótulo dar a elas a não ser o de sujeito ativo de obrigação tributária.[44]

Na verdade, o sujeito ativo da obrigação tributária, nos termos do art. 119 do CTN, não é necessariamente titular da competência para instituir o tributo. Pode haver recebido de quem tenha essa competência delegação que o coloca na condição de sujeito ativo da obrigação tributária, sem que tenha a competência para instituir o tributo. O art. 119 há de ser interpretado em consonância com os arts. 6º e 7º do CTN. Não se há de confundir competência para instituir o tributo, que decorre da Constituição Federal e é indelegável, com a competência para exigir o tributo na condição de sujeito ativo da respectiva obrigação, que pode decorrer de atribuição feita pela lei, nos termos da ressalva feita pelo art. 7º e seus §§ do CTN.

Parece que essas dúvidas na interpretação do art. 119 do CTN decorrem de não se haver definido o que é competência *para exigir* o tributo. Confunde-se o *instituir* com o *exigir* o tributo. Entretanto, na verdade, não há insuficiência na norma em questão por não admitir pessoas jurídicas de direito privado e até pessoas naturais como sujeitos ativos da obrigação tributária. As dúvidas e divergências a esse respeito podem ser superadas a partir das judiciosas considerações desenvolvidas por Marco Aurélio Greco em comentários ao dispositivo legal em tela, que nos indicam com propriedade, como adiante se verá, o que se deve entender por *exigir* o tributo, em seu contexto normativo.

A falta de compreensão adequada da expressão "titular da competência para exigir o seu cumprimento", que está no art. 119 do CTN qualificando o sujeito ativo da obrigação tributária, tem sido a causa das dificuldades na interpretação desse dispositivo legal. Especialmente pelo questionamento a respeito da possibilidade de ser uma pessoa jurídica de direito privado, e até uma pessoa natural, sujeito ativo da obrigação tributária.

É certo que uma pessoa jurídica de direito privado pode receber a atribuição de arrecadar um tributo. E pode até ser destinatária do produto de sua arrecadação. Mesmo assim, ela não pode ser qualificada

---

44. Luciano Amaro, *Direito Tributário*, cit., 11ª ed., p. 294.

como sujeito ativo da obrigação tributária, por lhe faltar a *competência para exigir seu cumprimento*, no sentido em que a palavra "exigir" está empregada no art. 119 do CTN. Por isso, é da maior importância identificarmos o significado daquela expressão.

Marco Aurélio Greco, fundamentado na teoria dualista da obrigação, que parece ter sido adotada, demonstra a pertinência de se buscar o sentido da palavra "exigir" e a determinação de quem está investido da aptidão para exigir. E doutrina, com propriedade:

> Não se diga que estaremos tratando unitariamente realidades que são autônomas (direito tributário e direito processual civil). O Direito é uno, sendo qualquer divisão meramente didática. Destarte, e já que a preocupação é sistematizar o fenômeno de atuação da norma tributária da perspectiva do chamado "sujeito ativo", é necessário tecer algumas considerações, ainda que breves, sobre a atuação do mecanismo de compulsão, deixando seu exame minucioso aos especialistas da área.
>
> Segundo a teoria dualista, a obrigação deve ser cindida em duas relações, uma de crédito/débito e outra de garantia/responsabilidade. Vimos que, sendo relações distintas, cada uma pode surgir de ocorrências diversas em momentos diferentes. Verificamos que o Código Tributário Nacional acolheu a doutrina dualista quando distinguiu o contribuinte do responsável. Constatamos que nosso direito positivo caracteriza, e muito bem, as fases de normação, imposição e compulsão, sendo que as duas últimas corresponderiam, respectivamente, à constituição do crédito tributário pelo lançamento e à exigência concreta do comportamento de dar dinheiro.
>
> Isto posto, procuremos agora examinar quais as condições para que possa ser atuada a relação de garantia/responsabilidade e que afetará o patrimônio de alguém.
>
> Uma vez que a nítida e inequívoca atuação dessa relação se dá no momento em que alguém sofre uma execução fiscal, podemos aqui identificar o momento do exercício da compulsão. Toda execução fiscal, para ser válida, é preciso ter por base o respectivo título executivo extrajudicial, representado pela "Certidão de Dívida Ativa da Fazenda Pública da União, Estado, Distrito Federal, Território e Município, correspondente aos créditos inscritos na forma da lei" (art. 585, VII, do CPC). [*CPC/1973 – v. CPC/2015, art. 784, IX*]
>
> Para extrair a certidão é necessário, portanto, que a Dívida esteja inscrita de acordo com as disposições do art. 202 do CTN. Contudo, para que a inscrição seja válida, é mister que se tenha esgotado o prazo fixado para pagamento voluntário do tributo (art. 201 do CTN), que é pressuposto da inscrição. De fato, se ocorrer o pagamento vo-

luntário, o crédito estará satisfeito, não havendo qualquer necessidade de recurso às medidas compulsivas. Com o pagamento voluntário extingue-se a primeira relação (crédito/débito), sendo logicamente impossível o surgimento do pressuposto da segunda relação, o inadimplemento.[45]

Em face dessas judiciosas considerações de Greco, conclui-se que a expressão "titular da competência para exigir o adimplemento da obrigação tributária" significa ter condições para promover a execução fiscal, que é o instrumento posto pela ordem jurídica à disposição do sujeito ativo da obrigação tributária para exigir seu cumprimento.

As pessoas jurídicas de direito privado e as pessoas naturais não podem promover a execução fiscal, porque em nossa ordem jurídica não dispõem de competência para constituir o crédito tributário e inscrevê-lo como Dívida Ativa da Fazenda Pública e, assim, criar o título executivo extrajudicial legalmente hábil para instruir a inicial da execução.

Assim, se por "titular da competência para exigir o cumprimento da obrigação tributária" entendemos a pessoa jurídica que tem condições de constituir o crédito, inscrevê-lo em Dívida Ativa e promover a execução fiscal correspondente, com certeza não podemos colocar nessa condição a pessoa jurídica de direito privado, nem a pessoa natural. Tais pessoas podem receber atribuições de arrecadar o tributo. Não, porém, de exigi--lo, nos termos aqui referidos.

6.6 Sujeito passivo da obrigação tributária

A obrigação tributária pode ser de duas espécies: principal, cujo objeto é uma prestação pecuniária, e acessória, cujo objeto é um fazer, um não fazer ou um tolerar, sem conteúdo pecuniário. É importante, pois, identificarmos a obrigação tributária principal em sua especificidade, para que possamos definir com precisão seu sujeito passivo.

Sabendo-se que a obrigação tributária principal tem como objeto uma prestação pecuniária, pode-se concluir que seu sujeito passivo é a pessoa obrigada por lei a fazer o pagamento, seja de tributo, seja de penalidade pecuniária, como está expresso no art. 121 do CTN, de forma induvidosa. Não o pagamento de qualquer penalidade pecuniária, mas de penalidade pecuniária que consubstancie sanção pelo não cumprimento de uma obrigação tributária, seja principal, seja acessória.

---

45. Marco Aurélio Greco, em Ives Gandra da Silva Martins (coord.), *Comentários ao Código Tributário Nacional*, 5ª ed., vol. 2, São Paulo, Saraiva, 2008, pp. 205-206.

Realmente, em face do Código Tributário Nacional, o descumprimento de uma obrigação tributária, seja principal ou acessória, faz nascer uma obrigação tributária principal que tem como objeto a penalidade pecuniária cominada para aquela infração. Isso não quer dizer que se trata de tributo cujo fato gerador seja um cometimento ilícito. *Obrigação tributária principal* e *tributo* são conceitos distintos. A obrigação tributária principal pode ter como objeto um tributo ou uma penalidade pecuniária. A penalidade não se confunde com o tributo, mas é albergada pela relação obrigacional tributária.

O sujeito passivo da obrigação tributária principal, como pessoa obrigada a um pagamento, está sempre ligado ao fato gerador da obrigação tributária. Quando esta tem por objeto o tributo, dúvida não pode haver, porque temos no Código Tributário Nacional dispositivo a exigir expressamente tal ligação. O art. 121, parágrafo único, I, define o contribuinte como pessoa que tenha relação pessoal e direta com a situação que constitua o respectivo fato gerador. E o art. 128 exige que exista algum tipo de relação entre o responsável e o fato gerador da obrigação tributária que o tem como sujeito passivo.

É indiscutível, portanto, que o sujeito passivo de uma obrigação tributária, seja ela principal ou acessória, há de ter relação com a situação que constitua o respectivo fato gerador. Não pode a lei eleger arbitrariamente alguém para ser o sujeito passivo de uma obrigação tributária sem que tenha o eleito algum tipo de relação com o fato gerador da correspondente obrigação. Tratando-se de obrigação tributária principal cujo objeto seja o próprio tributo, tanto o contribuinte como o responsável devem ser ligados ao fato gerador da obrigação. Tratando-se de obrigação tributária principal que tenha como objeto uma penalidade pecuniária – porque esta, a penalidade pecuniária, há de decorrer do inadimplemento de obrigação tributária –, assim, por via indireta, seu sujeito passivo só pode ser alguém ligado ao fato gerador da obrigação tributária que deixou de ser adimplida.

O sujeito passivo da obrigação tributária pode ser de duas espécies, a saber: o *contribuinte* e o *responsável tributário*. É certo que a doutrina anterior ao Código Tributário Nacional cogitava de outras figuras, especialmente sob a influência da doutrina estrangeira; mas tais figuras devem ser utilizadas apenas para explicar certas situações específicas que em face do nosso direito positivo devem ser descartadas, limitando-se nosso estudo às espécies *contribuinte* e *responsável tributário*.

O contribuinte é, por excelência, o sujeito passivo das obrigações tributárias, sejam elas principais ou acessórias. No dizer do Código Tributário Nacional, contribuinte é a pessoa ligada pessoal e diretamente à situação que constitui fato gerador da obrigação principal ou acessória.

É *contribuinte* a pessoa, natural ou jurídica, que tem relação pessoal e direta com o fato gerador do tributo. O contribuinte é o devedor do tributo. E pode ser também responsável por seu pagamento, como de modo geral acontece. Basta que a lei não atribua tal responsabilidade a outrem. Ou, se o fizer, reserve também ao contribuinte a responsabilidade, solidária ou subsidiária.

Por conveniência da Administração Tributária, a responsabilidade pelo pagamento do tributo pode ser atribuída a outra pessoa que, sem ter relação pessoal e direta com o fato gerador do tributo, fica obrigada a fazer seu recolhimento. Não é o *devedor* do tributo, mas tem a responsabilidade por seu pagamento, porque a lei assim estabeleceu.

O responsável tributário, exatamente porque não é o devedor do tributo, tem contra este o direito de exigi-lo. Trata-se, porém, de relações jurídicas distintas, embora interligadas e de certa forma dependentes umas das outras. Uma é a relação tributária propriamente dita, na qual existem o sujeito ativo e o sujeito passivo. O Fisco e o contribuinte. Este com o dever e também com a responsabilidade. Outra é a relação criada pela lei ao atribuir a condições de responsável a quem não é contribuinte. Nessa segunda relação, que é desdobramento da primeira, o responsável não tem o dever jurídico tributário que reside na relação tributária da qual é desdobramento. Tem apenas o dever jurídico de pagar dívida alheia, e por isto mesmo o direito de cobrar a dívida do contribuinte. E a *responsabilidade*, vale dizer, o estado de sujeição em relação ao sujeito ativo da relação tributária. Numa terceira relação, que se estabelece entre o responsável e o contribuinte, o responsável é sujeito ativo, e, como tal, tem o direito de haver do contribuinte o tributo, e este, o contribuinte, nessa terceira relação, tem a responsabilidade, posto que é colocado em estado de sujeição perante o sujeito ativo, vale dizer, o responsável tributário.

Insista-se, porém, na afirmação de que a relação tributária que liga o Fisco ao contribuinte subsiste à criação daquelas outras duas relações jurídicas. Só que nessa relação tributária subsistente pode estar ausente a *responsabilidade* do contribuinte, deslocada que foi para a relação criada entre ele, contribuinte, e o responsável tributário.

Em síntese, podemos concluir que o Código Tributário Nacional albergou duas espécies de sujeito passivo da obrigação tributária principal, a saber: o contribuinte e o responsável. E definiu: (a) contribuinte, quando tenha relação pessoal e direta com a situação que constitua o respectivo fato gerador; e (b) responsável, quando, sem revestir a condição de contribuinte, sua obrigação decorra de disposição expressa de lei.

Sujeito passivo da obrigação tributária acessória é a pessoa indicada por lei como tal. Pode ser o contribuinte e pode ser o responsável tributário, sempre com alguma relação com o fato gerador da obrigação tributária.

Há, todavia, quem sustente que o sujeito passivo de obrigações acessórias pode ser um terceiro, vale dizer, alguém alheio à relação obrigacional tributária.[46] Não nos parece, porém, que seja assim. A nosso ver, somente os sujeitos passivos de obrigações tributárias principais – vale dizer, os contribuintes e os responsáveis tributários – podem ser sujeitos passivos de obrigações tributárias acessórias. Qualquer dever administrativo atribuído a quem não seja contribuinte ou responsável tributário não será uma obrigação tributária acessória, mas um dever administrativo, como qualquer outro dever jurídico. E, por isto mesmo, só por lei, em sentido estrito, pode ser estabelecido.

É da maior importância a distinção entre uma obrigação tributária acessória e um dever administrativo de outra natureza, porque a obrigação tributária acessória pode ser instituída por norma infralegal, enquanto os demais deveres administrativos se submetem ao princípio da legalidade, vale dizer, só por lei podem ser estabelecidos.

6.7 Responsabilidade tributária

6.7.1 Importância dos conceitos na teoria jurídica

No estudo do Direito são da maior importância o conhecimento e a utilização adequada dos conceitos. A propósito da importância dos conceitos, já escrevemos:

> Mesmo reconhecendo a impossibilidade de definições exatas dos conceitos utilizados nos estudos jurídicos, e por isto mesmo admitindo que formulamos apenas noções, não podemos desconhecer a enorme importância do conhecimento desses conceitos, ou dessas noções, que na verdade compõem a Teoria do Direito. E por isto mesmo não podemos aceitar a ideia que o importante é a prática. Ideia que, infelizmente, ainda parece persistir na cabeça da maioria dos que pretendem atuar em profissões jurídicas, como as de advogado, juiz, procurador, entre outras.

---

46. V., a propósito: Pedro Roberto Decomain, *Anotações ao Código Tributário Nacional*, São Paulo, Saraiva, 2000, p. 467.

Realmente, temos de admitir que a teoria é o conjunto sistematizado de conceitos que nos permite conhecer determinado domínio da realidade.[47] Sem conhecer os conceitos que, mesmo definidos com certa imprecisão ou vaguidade, compõem a Teoria Geral do Direito não é possível o conhecimento desse importante setor do conhecimento humano. E temos de conhecer esses conceitos, mesmo os que são ambíguos, e conhecer a ambiguidade que os envolve, porque sem isso não nos será possível conhecer o Direito.

Assim, quando estudamos a norma jurídica é importante sabermos o que significam, por exemplo, *interpretação*, *vigência*, *eficácia*, *incidência*, *aplicação* e *observância*, conhecimento que nos ajudará significativamente a evitar confusões que infelizmente são frequentes entre os operadores do Direito.[48]

Como exemplos de conceitos de significativa importância no estudo do direito tributário podemos citar os de *dever jurídico* e de *responsabilidade*, que vamos a seguir examinar.

6.7.2 Dever jurídico e responsabilidade

Entre os conceitos de Teoria Geral do Direito relevantes para o estudo do tema da responsabilidade tributária de que trata o CTN em seus arts. 128 a 138 estão os conceitos de *dever* e de *responsabilidade*, que, infelizmente, muitos juristas ainda não distinguem adequadamente.

Para estabelecer a distinção entre dever jurídico e responsabilidade é importante a consideração da vontade na atividade prestacional. O *dever* situa-se no momento da liberdade. Aquele a quem é atribuído um dever tem a liberdade para decidir se cumpre ou não cumpre o dever. A *responsabilidade*, diversamente, é um estado de sujeição. Aquele a quem é atribuída responsabilidade não pode da mesma fugir, posto que a responsabilidade a ordem jurídica a impõe. Em outras palavras: a responsabilidade é uma imposição da ordem jurídica, da qual o responsável não pode escapar.

É certo que o *dever* e a *responsabilidade* podem ser simultaneamente atribuídos à mesma pessoa. É possível, porém, a atribuição da responsabilidade a quem não seja o sujeito do dever jurídico. Em outras palavras: é possível a atribuição de responsabilidade a quem não esteja

---

47. José de Albuquerque Rocha, *Teoria Geral do Processo*, 6ª ed., São Paulo, Malheiros Editores, 2002, p. 17.
48. Hugo de Brito Machado, *Introdução ao Estudo do Direito*, 3ª ed., São Paulo, Atlas, 2012, pp. 6-7.

originariamente ligado a determinada relação jurídica como devedor. Isto, porém, não quer dizer que a atribuição do dever jurídico não envolva implicitamente a atribuição simultânea de responsabilidade. Pelo contrário, o que geralmente acontece é exatamente a coincidência de dever e de responsabilidade atribuídos à mesma pessoa. Entretanto, mesmo assim é possível vislumbrarmos diferença entre o dever e a responsabilidade, bastando para isto que se imagine a relação jurídica em seu aspecto dinâmico. Em primeiro lugar tem-se o dever. Se ocorre seu adimplemento, tudo ficará encerrado. Se não ocorre, e se há na mesma relação jurídica a responsabilidade, esta surgirá como um segundo momento na dinâmica da relação jurídica.

Por outro lado, quando a lei atribui responsabilidade a quem não seja titular do dever jurídico, atribui a este direito contra o titular daquele dever. Em face do inadimplemento de dever, aquele que tem responsabilidade sem ser devedor fica submetido à sujeição mas tem a seu favor o direito que surge contra o devedor inadimplente.

6.7.3 Responsabilidade tributária no Código Tributário Nacional

6.7.3.1 O dever e a responsabilidade no Código Tributário Nacional

A palavra "responsabilidade" liga-se à ideia de ter alguém de *responder* pelo descumprimento de um *dever* jurídico. Responsabilidade e dever jurídico não se confundem. A responsabilidade está sempre ligada ao descumprimento do dever, isto é, à *não prestação*. É a sujeição de alguém à *sanção*. Tal sujeição geralmente é de quem tem o dever jurídico, mas pode ser atribuída a quem não o tem.

No direito tributário a palavra "responsabilidade" tem um sentido amplo e outro estrito. Em sentido amplo, é *a submissão de determinada pessoa, contribuinte ou não, ao direito do Fisco de exigir a prestação da obrigação tributária*. Essa responsabilidade vincula qualquer dos sujeitos passivos da relação obrigacional tributária. E em sentido estrito é *a submissão, que decorre de disposição legal expressa, de determinada pessoa que não é contribuinte, mas está vinculada ao fato gerador da obrigação tributária, ao direito do Fisco de exigir a prestação respectiva*.

O CTN emprega a expressão "responsabilidade tributária" em sentido amplo nos arts. 123, 128, 136 e 138, entre outros. Entretanto, utiliza também a expressão "responsabilidade tributária" em sentido estrito quando, em seu art. 121, II, se refere ao *responsável* como sujeito passivo diverso do contribuinte.

Com efeito, denomina-se *responsável* o sujeito passivo da obrigação tributária que, sem revestir a condição de contribuinte – vale dizer, sem ter relação pessoal e direta com o fato gerador do tributo em questão –, tem seu vínculo com a obrigação tributária determinado em dispositivo expresso da lei.

Essa responsabilidade há de ser atribuída a quem tenha relação com o fato gerador, vale dizer, a quem tenha algum tipo de relação com a respectiva obrigação, como está dito no art. 128 do CTN. Não uma vinculação *pessoal* e *direta*, pois essa relação pessoal e direta configura a condição de contribuinte. Mas é indispensável para a atribuição da responsabilidade tributária a alguém a existência de algum vínculo dessa pessoa ao fato gerador da obrigação correspondente.

A lei pode, ao atribuir a alguém a *responsabilidade tributária* em sentido estrito, liberar o contribuinte. Mas pode também atribuir responsabilidade apenas supletiva, isto é, sem liberar o contribuinte. E tanto pode ser total como pode ser apenas parcial.

Nesse contexto, relevante é a questão de saber se a lei pode estabelecer que o contribuinte continua responsável pelo pagamento do imposto mesmo nos casos em que, em sua relação com aquele a quem a lei atribuiu a *responsabilidade* tributária, tenha suportado o ônus correspondente, que lhe foi imputado pelo *responsável*, seja mediante desconto ou mediante acréscimo ao preço da mercadoria ou do serviço. Em outras palavras: é relevante a questão de saber se, atribuindo a lei ao fabricante ou revendedor atacadista de um produto a responsabilidade pelo pagamento do imposto incidente em operações posteriores e havendo esse fabricante ou atacadista cobrado daquele a quem fez a venda do produto o imposto correspondente às operações posteriores, a Fazenda pode, ou não, em face do inadimplemento de sua obrigação pelo responsável, cobrar o imposto do contribuinte.

Entendemos que há de ser negativa a resposta a essa questão. É que consideramos flagrantemente contrária ao princípio da razoabilidade uma interpretação que submeta o contribuinte à cobrança de um imposto cujo ônus, comprovadamente, já suportou. Se o legislador preferiu atribuir a responsabilidade pelo pagamento do imposto a alguém que cobra o valor correspondente do contribuinte, está impondo a este uma forma de cumprir sua obrigação tributária. E, havendo o cumprimento dessa obrigação, pela forma legalmente indicada, não se justifica possa a Fazenda, diante do inadimplemento por parte do legalmente eleito para fazer o pagamento, cobrar o imposto de quem já cumpriu seu dever tributário.

Um exemplo deixará mais clara nossa posição. Admitamos que uma empresa pagou honorários a um profissional liberal e fez o desconto do Imposto de Renda correspondente. Entretanto, mesmo sendo responsável pelo recolhimento do Imposto aos cofres públicos, não o fez. O profissional que auferiu o rendimento e o incluiu em sua Declaração Anual tem indiscutível direito de considerar o Imposto que lhe foi descontado. Não pode ser obrigado a pagar o Imposto cujo ônus já suportou quando sofreu o desconto do valor correspondente em seus honorários. E, ainda, mesmo que a fonte pagadora do rendimento não tenha recolhido aos cofres públicos o valor correspondente, o contribuinte tem o direito de haver a restituição que porventura a ele seja devida, por ocasião de sua Declaração Anual de Ajuste.

6.7.3.2 Responsabilidade dos sucessores

No que se refere à atribuição de responsabilidade aos sucessores, importante é saber a data da ocorrência do fato gerador. Não importa a data do lançamento, vale dizer, da constituição definitiva do crédito tributário, em virtude da natureza declaratória deste, no que diz respeito à obrigação tributária. Existente esta, como decorrência do fato gerador, cuida-se de sucessão tributária. É isto o que está expresso, de outra forma, no art. 129 do Código.

Os créditos relativos a impostos cujo fato gerador seja a propriedade, o domínio útil ou a posse de bens imóveis, assim como os créditos tributários relativos a taxas pela prestação de serviços referentes a tais bens ou a contribuições de melhoria relativas aos mesmos, sub-rogam-se na pessoa dos respectivos adquirentes, salvo se no título de transferência do direito há prova de sua quitação (CTN, art. 130). Assim, se alguém vende um terreno e estava a dever o Imposto Territorial, ou alguma taxa correspondente à prestação de serviços relacionados com o imóvel, ou uma contribuição de melhoria, o adquirente fica obrigado ao respectivo pagamento. Essa obrigação do adquirente não existirá, porém, se da escritura de compra e venda constou a certidão, do sujeito ativo do tributo, de que o mesmo havia sido pago. A certidão de quitação. E, como são exigidas certidões de quitação da Fazenda Pública, tanto Federal, como Estadual e Municipal, para a lavratura de escrituras de venda de imóveis, na prática, dificilmente ocorrerá a aludida responsabilidade do adquirente.

As certidões de quitação fornecidas pela Fazenda Pública sempre ressalvam o direito de cobrar créditos tributários que venham a ser apurados. Essa ressalva, porém, não retira da certidão o efeito que lhe atribui o art. 130 do CTN. Se retirasse, aliás, ela não teria nenhum sentido, pois o adquirente ficaria sempre na incerteza, sem segurança para fazer o negócio. A ressalva constante dessas certidões prevalece apenas no sentido de poder o Fisco cobrar créditos tributários que porventura venha a apurar contra o contribuinte, pois a certidão de quitação, mesmo com a ressalva, impede que se configure a responsabilidade tributária do adquirente do bem.

Se o bem imóvel é arrematado em hasta pública, vinculado ficará o respectivo preço (CTN, art. 130, parágrafo único). Não o bem. O arrematante não é responsável tributário. A não ser assim, ninguém arremataria bens em hasta pública, pois estaria sempre sujeito a perder o bem arrematado, não obstante tivesse pagado o preço respectivo. Justifica-se, aliás, a inexistência de responsabilidade do arrematante do bem porque entre este e o anterior proprietário não se estabelece nenhuma relação jurídica. A propriedade é adquirida pelo arrematante em virtude de ato judicial, e não de ato negocial privado.

O Código Tributário Nacional atribui responsabilidade pessoal: (a) ao adquirente ou remitente, pelos tributos relativos aos bens adquiridos ou remidos; (b) ao sucessor a qualquer título e ao cônjuge meeiro, pelos tributos devidos pelo autor da herança até a data da partilha ou adjudicação, limitada essa responsabilidade ao valor do quinhão, do legado ou da meação; e ainda, c) ao espólio, pelos tributos devidos pelo autor da herança até a abertura da sucessão.[49]

O adquirente ou remitente de *quaisquer bens*, sejam móveis ou imóveis, responde pelos tributos relativos a esses bens. Tratando-se de *imóveis*, nos termos do art. 130 do CTN. Tratando-se de bens *móveis* ou *semoventes*, nos termos do art. 131, I. As duas normas têm cada qual seu suporte fático. Foi excluída pelo Decreto-lei 28, de 14.11,1966, a parte final do art. 131, I, que condicionava a responsabilidade ao fato de haver a aquisição ou remissão sido feita "com inobservância do disposto no art. 191" do mesmo Código, vale dizer, sem a prova de quitação dos tributos respectivos. Ampliou-se, com isso, mais ainda, a abrangência da regra. Já não importa a prova da quitação dos tributos, pois se algum, relativo ao bem, é devido, o adquirente ou remitente responde pelos respectivos pagamentos. Notória, como se vê, a injustiça dessa ampliação. Aliás, parece-nos invocável, havendo quitação dos tributos, a aplicação da regra do art. 130, por integração analógica, segundo o art. 108, I, do CTN. Aplica-se também, por analogia, a norma do parágrafo único

---

49. CTN, art. 131.

do art. 130 aos casos de arrematação de bens móveis ou semoventes. É inadmissível atribuir a alguém que arrematou bens em leilão público a responsabilidade pelos tributos devidos pelo proprietário anterior, ainda que relativos aos próprios bens adquiridos.

A atribuição de responsabilidade ao adquirente pelos tributos relativos ao imóvel devidos pelo alienante tem por finalidade essencial evitar a fraude. Evitar que o devedor simule a venda de seus imóveis apenas para fugir à obrigação de fazer os pagamentos correspondentes. Tratando-se de aquisição de imóveis mediante arrematação no âmbito da execução judicial é absolutamente inadmissível. Primeiro, porque a lei o diz expressa e inequivocamente. Segundo, porque, como também está expressamente estabelecido, a responsabilidade do adquirente somente ocorre se não constar da escritura mediante a qual se deu a transferência da propriedade a prova de quitação dos tributos. Terceiro, porque, como também está expressamente estabelecido na lei, a sub-rogação opera-se no respectivo preço. Além dessas razões, há uma outra fundamental, que certamente inspirou o próprio legislador a dispor como realmente dispôs. É que a atribuição de responsabilidade ao adquirente tornaria inteiramente inviável a venda judicial do bem.

Remitente é o que praticou a *remissão*. *Remissão* (com "ss"), mencionada no art. 156, IV, do CTN, significa *perdão*. Aqui se cuida de *remição* (com "ç"), ato de o devedor pagar a dívida e resgatar um bem.

A remissão é instituto de direito privado. Dele cuidavam os arts. 802, VI, 815, § 1º, 816, §§ 1º e 5º, 818 e 849, IV, todos do CC/1916. Note-se, a propósito, que no Código Civil se vê, em diversos dispositivos, a palavra "remissão" (com "ss"), que é objeto de notas de rodapé de Theotônio Negrão censurando a redação, que deveria ser "remição" (com "ç").

No Código Civil/2002 vê-se referência a "remição", embora a publicação oficial contenha a palavra "remissão" (art. 1.436, V), no sentido de resgate da conta penhorada. O remitente adquire a coisa. Importante, aqui, é ressaltarmos que a palavra "remitente" está utilizada no Código Tributário Nacional com sentido equivalente ao de "adquirente".

Sucessor a qualquer título, a que se refere o art. 131, II, do CTN, é o que passa a ser proprietário em virtude do falecimento do proprietário anterior. A expressão pode parecer mais ampla; todavia, há de ser entendida no contexto em que se encarta, e, como o dispositivo fala em tributos devidos pelo *de cujus*, é evidente que abrange somente a sucessão por causa da morte. Aliás, se assim não fosse ter-se-ia desnecessária repetição das regras anteriores.

A responsabilidade é pelos tributos devidos até a data da *partilha* ou da *adjudicação*. Daí por diante, como proprietário dos bens, o sucessor assume a condição de contribuinte.

Com o Código Civil/2002 o cônjuge passou a ser herdeiro necessário (art. 1.845). Isto, porém, não altera a norma do Código Tributário Nacional. Em seja como for, *meação* e *herança* não se confundem. Meação é a parte do patrimônio do falecido a que o cônjuge sobrevivente tem direito segundo o regime de bens adotado no casamento. Herança é o que se transfere do cônjuge falecido para seus herdeiros. Daí por que o Código Tributário Nacional se referiu ao *sucessor* e ao *meeiro*, posto que na vigência do Código Civil/1916 o meeiro podia não ser herdeiro, vale dizer, podia não ser sucessor.

As responsabilidades de um e de outro são limitadas. Não vão além do valor do quinhão, para o herdeiro, do legado, para o legatário, e da meação, para o meeiro.

Denomina-se *espólio* o patrimônio de uma pessoa depois de sua morte e antes de concluído o respectivo inventário. É administrado pelo inventariante.

Segundo o art. 4º, § 1º, da Lei 6.830, de 22.9.1980, o inventariante que, antes de garantido o pagamento dos créditos da Fazenda Pública, alienar ou der em garantia quaisquer dos bens administrados responderá pelo valor desses bens.

Em face do art. 131, I, do CTN pode ser levantada a questão de saber se o alienante do bem fica liberado, em face da responsabilidade assumida pelo adquirente. Parece-nos que o alienante, devedor do tributo, continua responsável pelo respectivo pagamento, sem prejuízo da responsabilidade assumida pelo adquirente.

Vejamos, agora, o que ocorre com a responsabilidade tributária em face da fusão, da transformação ou da incorporação de pessoas jurídicas de direito privado.

6.7.3.3 Fusão, transformação ou incorporação

"A pessoa jurídica de direito privado que resultar de fusão, transformação ou incorporação de outra ou em outra é responsável pelos tributos devidos até a data do ato pelas pessoas jurídicas de direito privado fusionadas, transformadas ou incorporadas."[50]

---
50. CTN, art. 132.

Os conceitos de *fusão*, *transformação* e *incorporação* já estavam no Decreto-lei 2.627, de 26.9.1940, e estão agora na Lei 6.404, de 15.12.1976, que acrescentou a eles o conceito de *cisão*. Todos esses conceitos com os significados que vamos a seguir examinar.

Fusão, nos termos do art. 228 da Lei 6.404/1976, "é a operação pela qual se unem duas ou mais sociedades para formar uma sociedade nova, que lhes sucederá em todos os direitos e obrigações".

Transformação, nos termos do art. 220 da Lei 6.404/1976, é a mudança de forma societária. É a operação pela qual uma sociedade passa, sem dissolução e liquidação, de um tipo para outro. Deixa de ser anônima e passa a ser limitada, ou deixa de ser limitada e passa a ser anônima, ou em nome coletivo, ou de capital e indústria, ou outro tipo societário qualquer. A rigor, não há, neste caso, uma sucessão. A pessoa jurídica continua sendo a mesma, apenas adotando nova forma jurídica. Daí por que no direito privado recebe tratamento diferente daquele dispensado às operações de fusão, incorporação e cisão, como se pode verificar dos arts. 222, 232, 233 e 234 da vigente Lei das Sociedades por Ações.

Incorporação, nos termos do art. 227 da Lei 6.404/1976, "é a operação pela qual uma ou mais sociedades são absorvidas por outra, que lhes sucede em todos os direitos e obrigações".

Cisão, nos termos do art. 229 da Lei 6.4004/1976, é a operação pela qual uma sociedade transfere parcelas de seu patrimônio para uma ou mais de uma sociedades, constituídas para esse fim ou já existentes. Extingue-se a sociedade cindida se houver versão de todo o seu patrimônio.

Havendo versão apenas de parte do patrimônio, divide-se seu capital. A sociedade cindida que subsistir, naturalmente por ter havido versão apenas parcial de seu patrimônio, e as que absorverem parcelas de seu patrimônio responderão solidariamente pelas obrigações da sociedade anterior à cisão.

Havendo versão total do patrimônio, e consequente extinção da sociedade cindida, as sociedades que absorverem as parcelas de seu patrimônio responderão solidariamente pelas obrigações da cindida. Respondem, assim, pelas dívidas tributárias.

6.7.3.4 Continuação da atividade

Na hipótese de extinção da pessoa jurídica, responde também por suas dívidas tributárias o sócio, ou seu espólio, que, sob a mesma ou outra razão social, ou sob firma individual, continua a exploração da respectiva atividade.⁵¹ Dizemos "também" porque na hipótese de extinção da pessoa jurídica é possível que subsistam outros responsáveis, vale dizer, outras pessoas que respondem pelas dívidas tributárias da pessoa extinta por razões diversas da continuação de sua atividade.

De igual modo, a pessoa natural ou jurídica de direito privado que adquirir de outra, a qualquer título, fundo de comércio ou estabelecimento comercial, industrial ou profissional e *continuar a respectiva exploração*, sob a mesma ou outra razão social, ou sob firma individual, responde pelos tributos relativos ao fundo de comércio ou ao estabelecimento adquirido. Essa responsabilidade é integral se houver o alienante cessado a respectiva exploração. Será subsidiária com o alienante se este prosseguir na exploração ou iniciar dentro de seis meses, a contar da data da alienação, nova atividade no mesmo ou em ouro ramo de comércio, indústria ou profissão.⁵²

Responder subsidiariamente significa que em primeiro lugar a dívida há de ser cobrada do alienante do fundo ou estabelecimento, e se este não tiver com que pagar será cobrada do adquirente.

Tal como acontece com o art. 131, I, também o art. 133, I, enseja a questão de saber se o alienante continua vinculado à obrigação tributária. A regra legal diz apenas que o adquirente responde "integralmente, se o alienante cessar a exploração do comércio, indústria ou atividade." Quem diz "integralmente" não está dizendo "exclusivamente". Pode ocorrer que o adquirente, em virtude de débitos trabalhistas ou, mesmo, de outros débitos tributários, não tenha condições de fazer o pagamento. Seu patrimônio pode ser insuficiente para garantir o pagamento da dívida tributária que assumiu com a aquisição. O alienante, mesmo havendo cessado a respectiva exploração, continua responsável.

Existem valiosas manifestações em sentido contrário. Não nos parecem, todavia, procedentes. A palavra "integralmente", no inciso I do art. 133 do CTN, há de ser entendida como *solidariamente*, e não como *exclusivamente*. O elemento teleológico da interpretação impõe esse entendimento, que afasta a possibilidade de práticas fraudulentas. Havendo mais de uma interpretação possível, não se há de preferir aquela que dá oportunidade para fraudes. O aperfeiçoamento do ordenamento jurídico o exige.

Ressalte-se que o inciso I do art. 109 do Projeto de Lei do Senado 173/1989, reproduzindo a regra do art. 133 do atual CTN, consagra

---

51. CTN, art. 132, parágrafo único.
52. CTN, art. 133.

nosso entendimento, posto que está assim redigido: "diretamente, como se fosse o próprio contribuinte, mas sem prejuízo da responsabilidade do alienante, se este cessar a exploração do comércio, indústria ou atividade".

Em síntese: na hipótese do art. 133, I, do CTN, o adquirente responde solidariamente com o alienante que cessou a exploração do comércio, indústria ou atividade. Já, na hipótese do inciso II o adquirente responde subsidiariamente com o alienante que prosseguiu na exploração ou iniciou, dentro de seis meses, nova atividade no mesmo ou em outro ramo de comércio, indústria ou atividade.

A Lei Complementar 118, de 9.2.2005, acrescentou três §§ ao art. 133 do CTN.

No § 1º, duas exceções à regra da cabeça do artigo. Disse que tal regra não se aplica na hipótese de alienação judicial em processo de falência (§ 1º, I), nem quando se tratar de filial ou unidade produtiva isolada em processo de recuperação judicial (§ 1º, II). Assim, excluiu a responsabilidade tributária por sucessão nessas duas hipóteses – e o fez com acerto. No processo de falência, atribuir ao adquirente dos bens que integram a massa falida, para continuar a atividade empresarial, a responsabilidade pelos tributos devidos pelo falido é frustrar a possibilidade de preservar a empresa. Na prática, na generalidade dos casos ninguém se interessa pela aquisição dos bens da massa falida exatamente porque as dívidas tributária desta são muito elevadas, o que torna absolutamente desvantajoso o negócio.

No § 2º cuidou o legislador de evitar que a referida exceção possa ser utilizada de forma fraudulenta. Estabeleceu que a exceção não se aplica – prevalecendo, portanto, a regra da cabeça do artigo – quando o adquirente for: (a) sócio da sociedade falida ou em recuperação judicial; (b) sociedade controlada pelo devedor falido ou em recuperação judicial; (c) parente, em linha reta ou colateral até o 4º grau, consanguíneo ou afim, do devedor falido ou em recuperação judicial ou de qualquer de seus sócios; (d) identificado como agente do falido ou devedor em recuperação judicial com o objetivo de fraudar a sucessão tributária.

No § 3º estabeleceu que em processo de falência o produto da alienação judicial da empresa, filial ou unidade produtiva isolada permanecerá em conta de depósito à disposição do juízo de falência pelo prazo de um ano, contado da data da alienação, somente podendo ser utilizado para pagamento de créditos extraconcursais ou de créditos que preferem ao tributo.

6.7.3.5 Responsabilidade de terceiros

O art. 134 do CTN estabelece que nos casos de impossibilidade do cumprimento da obrigação tributária principal pelo contribuinte respondem solidariamente com este: (a) os pais, pelos tributos devidos por seus filhos menores; (b) os tutores e curadores, pelos tributos devidos por seus tutelados ou curatelados; (c) os administradores de bens de terceiros, pelos tributos devidos por estes; (d) o inventariante, pelos tributos devidos pelo espólio; (e) o síndico e o comissário, pelos tributos devidos pela massa falida ou pelo concordatário; (f) os tabeliães, escrivães e demais serventuários de ofício, pelos tributos devidos sobre os atos praticados por eles, ou perante eles, em razão de seu ofício; (g) os sócios, no caso de liquidação de sociedades de pessoas. Essa responsabilidade, porém, segundo esclarece o parágrafo único do mesmo art. 134, não se refere a todo o crédito tributário. Em matéria de penalidade, só alcança as de caráter moratório.

A responsabilidade de terceiros, prevista no art. 134 do CTN, pressupõe duas condições. A primeira é que o contribuinte não possa cumprir sua obrigação, e a segunda é que o terceiro tenha participação no ato que configure o fato gerador do tributo, ou em relação a este se tenha indevidamente omitido. De modo nenhum se pode concluir que os pais sejam sempre responsáveis pelos tributos devidos por seus filhos menores. Nem que os tutores ou curadores sejam sempre responsáveis pelos tributos devidos pelos seus tutelados ou curatelados etc. É preciso que exista uma relação entre a obrigação tributária e o comportamento daquele a quem a lei atribui responsabilidade.

A responsabilidade dos terceiros, mencionada no art. 134 do CTN, somente se aplica aos tributos e às penalidades de caráter moratório.

A Lei 6.830, de 22.9.1980, embora em seu art. 31 tenha estabelecido que, "nos processos de falência, concordata, liquidação, inventário, arrolamento ou concurso de credores, nenhuma alienação será judicialmente autorizada sem a prova de quitação da Dívida Ativa ou a concordância da Fazenda Pública", estabeleceu também, em seu art. 4º, § 1º, que, sem prejuízo dessa regra, "o síndico, o comissário, o liquidante, o inventariante e o administrador, nos casos de falência, concordata, liquidação, inventário, insolvência ou concurso de credores, se, antes de garantidos os créditos da Fazenda Pública, alienarem ou derem em garantia quaisquer dos bens administrados, respondem, solidariamente, pelo valor desses bens".

São pessoalmente responsáveis pelos créditos correspondentes a obrigações tributárias resultantes de atos praticados com excesso de poderes ou infração de lei, contrato social ou estatutos as pessoas mencionadas no art. 134 do CTN e, ainda, (a) os mandatários, prepostos e empregados e (b) os diretores, gerentes ou representantes de pessoas jurídicas de direito privado. É o que estabelece o art. 135 do CTN.

Note-se que as pessoas mencionadas no art. 134, se agirem com excesso de mandato, infração à lei ou ao contrato, assumem plena responsabilidade pelos créditos tributários respectivos. Deixam de responder apenas na *impossibilidade de exigência do cumprimento da obrigação principal pelo contribuinte*, e passam à posição de responsáveis solidários.

Questão de grande relevância em matéria de responsabilidade tributária consiste em determinar o alcance do art. 135, III, do CTN e, assim, saber em que circunstâncias os diretores, gerentes ou representantes de pessoas jurídicas de direito privado respondem pelos créditos tributários dos quais estas são contribuintes. É claro que tratando-se de sociedades nas quais a lei específica não limita a responsabilidade dos sócios não há qualquer dificuldade. Entretanto, nas sociedades por quotas de responsabilidade limitada e nas sociedades anônimas a questão é tormentosa.

O considerável número de casos colocados em julgamento pelo Judiciário evidencia a importância prática da questão, e as divergências dos julgados demonstram como a matéria constitui questão extremamente difícil.

Destaque-se, desde logo, que a simples condição de sócio não implica responsabilidade tributária. O que gera a responsabilidade, nos termos do art. 135, III, do CTN, é a condição de administrador de bens alheios. Por isto a lei refere-se a *diretores, gerentes ou representantes*. Não a sócios. Assim, se o sócio não é diretor nem gerente, isto é, se não pratica atos de administração da sociedade, responsabilidade não tem pelos débitos tributários desta.

Também não basta ser diretor, ou gerente ou representante. É preciso que o débito tributário em questão resulte de ato praticado com excesso de poderes ou infração de lei, contrato social ou estatutos. Estabelecer quando se caracteriza o excesso de poderes ou a infração da lei, do contrato ou do estatuto é questão ainda a carecer de esclarecimentos. Há quem entenda – e assim decidiu, em alguns casos, o extinto Tribunal Federal de Recursos/TRF – que o não recolhimento do tributo constitui infração da lei suficiente para ensejar a aplicação do art. 135, III, do CTN. Não nos parece que seja assim. Se o não pagamento do tributo fosse infração à lei capaz de ensejar a responsabilidade dos diretores de uma sociedade por quotas ou de uma sociedade anônima, simplesmente não existiria qualquer limitação da responsabilidade destes em relação ao Fisco. Aliás, não existiria essa limitação mesmo em relação a terceiros.

As leis societárias, mesmo quando limitam a responsabilidade dos sócios, atribuem aos administradores responsabilidade pelos atos praticados com violação da lei, do contrato ou estatuto. E o próprio art. 135, III, do CTN estabelece que os diretores, gerentes ou representantes de pessoas jurídicas de direito privado respondem pessoalmente pelos créditos correspondentes a obrigações tributárias resultantes de atos praticados com excesso de poderes ou infração de lei, contrato social ou estatutos.

De todos esses dispositivos legais se conclui que a regra é a de que os diretores, gerentes ou representantes de pessoas jurídicas de direito privado *não* respondem pessoalmente pelos tributos devidos por tais pessoas jurídicas. E a exceção é a de que existirá tal responsabilidade tratando-se de créditos decorrentes de obrigações tributárias resultantes de atos praticados com excesso de poderes ou infração de lei, contrato social ou estatutos.

Não se pode admitir que o não pagamento do tributo configure a infração de lei capaz de ensejar tal responsabilidade, porque isto levaria a suprimir a regra, fazendo prevalecer, em todos os casos, a exceção. O não cumprimento de uma obrigação qualquer, e não apenas de uma obrigação tributária, provocaria a responsabilidade do diretor, gerente ou representante da pessoa jurídica de direito privado inadimplente. Mas tal conclusão é, evidentemente, insustentável. O que a lei estabelece como regra, isto é, a limitação da responsabilidade dos diretores ou administradores dessas pessoas jurídicas, não pode ser anulado por esse desmedido elastério dado à exceção.

6.7.3.6 Responsabilidade por infrações

O art. 136 do CTN parece levar à conclusão de que, pelo menos em princípio, pode haver um *responsável* além do agente. Ou, em outras palavras, poder-se-ia concluir do art. 136 que em matéria de penalidades tributárias não se aplicaria a regra do art. 5º, XLV, da CF, segundo a qual "nenhuma pena passará da pessoa do delinquente". Não nos parece, porém, seja esta a conclusão mais coerente. A interpretação das normas do Código Tributário Nacional não pode afastar, direta ou indiretamente, as regras da Constituição Federal. Cabe ao intérprete descobrir o sentido e o alcance de umas e das outras, de sorte que resultem compatíveis. Não sendo isto possível, prevalecem, evidentemente, as regras da Constituição.

O art. 136 do CTN não estabelece a responsabilidade objetiva em matéria de penalidades tributárias, mas a responsabilidade por culpa presumida. A diferença é simples. Na responsabilidade objetiva não se pode questionar a respeito da intenção do agente. Já, na responsabilidade por culpa presumida tem-se que a responsabilidade independe da intenção apenas no sentido de que não há necessidade de demonstrar a presença do dolo ou da culpa, mas o interessado pode excluir a responsabilidade fazenda a prova de que, além de não ter a intenção de infringir a norma, teve a intenção de obedecer a ela, o que não lhe foi possível fazer por razões superiores à sua vontade.

Observe-se também que os arts. 136 e 137 do CTN devem ser interpretados em conjunto, e especialmente tendo-se em vista que as infrações à legislação tributária em sua maioria estão hoje definidas como crimes pela Lei 8.137, de 27.12.1990.

Da maior relevância é a regra do art. 137 do CTN, que estabelece:

> Art. 137. A responsabilidade é pessoal ao agente: I – quanto às infrações conceituadas por lei como crimes ou contravenções, salvo quando praticadas no exercício regular de administração, mandato, função ou emprego, ou no cumprimento de ordem expressa emitida por quem de direito; II – quanto às infrações em cuja definição o dolo específico do agente seja elementar; III – quanto às infrações que decorram direta e exclusivamente de dolo específico: a) das pessoas referidas no art. 134, contra aquelas por quem respondem; b) dos mandatários, prepostos ou empregados contra seus mandantes, proponentes ou empregadores; c) dos diretores, gerentes ou representantes de pessoas de direito privado contra estas.

O inciso I do art. 137, acima transcrito, parece albergar uma contradição. O cometimento de infrações, que consubstancia conduta necessariamente ilícita, não seria compatível com o exercício *regular* de administração, mandato, função, cargo ou emprego. A contradição, porém, é apenas aparente, porque a palavra "regular", nesse dispositivo, deve ser entendida como "de acordo com a vontade da empresa". Aquele que age de acordo com a vontade da empresa a que serve não tem responsabilidade pessoal pelas infrações tributárias, pois a responsabilidade tributária em tais casos é da empresa. Pela mesma razão, também não assume responsabilidade pessoal por infrações tributárias aquele que *age no cumprimento de ordem expressa de quem de direito*. A responsabilidade será de quem deu a ordem.

A parte final do inciso I pode parecer supérflua A primeira parte da ressalva seria suficiente. Pode acontecer, porém, que um empregado pratique infração tributária como, por exemplo, a emissão de nota fiscal com valor inferior ao preço efetivamente praticado, e o faça por ordem expressa do gerente de vendas, que não é proprietário e está agindo contra a vontade e contra os interesses da empresa. Neste caso não se poderia falar no exercício regular das atribuições do empregado. Daí a ampliação da ressalva feita pela parte final do inciso I, para abranger situações que poderiam não estar abrangidas pela primeira parte do dispositivo.

O inciso II diz respeito às infrações nas quais o dolo específico do agente é elementar. Diz-se que o dolo específico é elementar quando esteja colocado como elemento essencial para a configuração da infração, vale dizer, quando a própria descrição da infração refere-se à conduta dolosa. A configuração da infração exige a presença da vontade de praticar a conduta ilícita de que se cuida. Já, o inciso III diz respeito às infrações que decorram direta e exclusivamente de dolo específico. Infrações nas quais o dolo específico não é elementar, vale dizer, infrações que podem ser praticadas com ou sem dolo específico. Mas no caso foram praticadas dolosamente.

A distinção entre as situações previstas nos incisos II e III impõe-se no plano teórico, mas para os fins visados pelo art. 137 do CTN melhor seria uma norma que abrangesse as duas situações, referindo-se simplesmente às infrações praticadas com dolo específico.

Como não é possível determinar com segurança o elemento subjetivo, a distinção se faz por um critério objectivo: a vantagem. Presume-se ser o cometimento da infração ato de vontade daquele que é o beneficiário do proveito econômico dela decorrente. A norma do inciso III do art. 137 do CTN adota esse princípio. Assim, se restar comprovado que um empregado vendia mercadorias sem nota fiscal e se apropriava do preço correspondente, em prejuízo da empresa, tem-se que esta não responde pela infração tributária, que é assumida pelo empregado infrator.

É possível, a final, concluir que o responsável assume as penalidades tributárias nos seguintes casos: (a) quando as penalidades decorrerem de atos praticados com excesso de poderes ou infração de lei, contrato social ou estatutos (casos do art. 135); (b) quando se posicionar na qualidade de sucessor em virtude de ato de cuja formação participe a vontade do sucedido (arts. 130, 131, I, 132 e 133).

6.7.3.7 Exclusão da responsabilidade pela denúncia espontânea da infração

Nos termos do art. 138 do CTN, "a responsabilidade é excluída pela denúncia espontânea da infração, acompanhada, se for o caso, do pagamento do tributo e dos juros de mora, (...)". Assim, o sujeito passivo que procura o Fisco, espontaneamente, e confessa o cometimento da infração não será punido. Sua responsabilidade fica excluída pela denúncia espontânea da infração. Mas, se o cometimento da infração implicou o não pagamento de tributo, a denúncia há de ser acompanhada do pagamento do tributo devido.

Pode ocorrer que o contribuinte tome a iniciativa de confessar o cometimento da infração e peça à autoridade para mandar apurar o montante do tributo devido. Neste caso a autoridade poderá arbitrar um valor a ser depositado pelo contribuinte. Se faz esse arbitramento, o depósito do valor correspondente é condição essencial para que a responsabilidade do infrator fique excluída. Na prática, porém, esse arbitramento geralmente não é feito. Se assim ocorre, o depósito não poderá ser exigido. Determinado o montante do tributo, o contribuinte deve ser notificado para fazer o respectivo pagamento, sem acréscimo de qualquer penalidade. A denúncia espontânea da infração, nos termos do art. 138 do CTN, exclui qualquer penalidade, inclusive a multa de mora.

Os juros podem ser exigidos com o nome de *multa de mora*. Não multa e juros. O que pode ser exigido é o pagamento de certa quantia a título de indenização pela mora, quer tenha esta o nome de juros de mora ou de multa. O rótulo é de nenhuma importância. Relevante é o montante cobrado, em relação ao montante pago com atraso, que há de se limitar ao praticado na cobrança dos juros de mora.

Como a lei diz que a denúncia há de ser acompanhada, *se for o caso*, do pagamento do tributo devido, resta fora de dúvida que a exclusão da responsabilidade tanto se refere a infrações das quais decorra o não pagamento do tributo como a infrações meramente formais, vale dizer, infrações das quais não decorra o não pagamento do tributo. Inadimplemento apenas de obrigações tributárias acessórias.

O cumprimento de uma obrigação acessória fora do prazo legal configura claramente forma de denúncia espontânea da infração e afasta, portanto, a responsabilidade do sujeito passivo. Assim, se alguém faz sua Declaração de Rendimentos fora do prazo legal mas o faz espontaneamente, porque antes de qualquer procedimento fiscal, nenhuma penalidade é cabível. Lei ordinária que estabelece o contrário é desprovida de validade, porque conflitante com o art. 138 do CTN.

Aliás, o atraso no cumprimento de uma obrigação tributária acessória nem pode, a rigor, ser considerado mora. Tradicionalmente o termo "mora" tem sido utilizado para designar o atraso no pagamento, e quando se sustentou a não aplicação do art. 138 do CTN à multa de mora argumentou-se com a natureza não punitiva, mas simplesmente indenizatória, desta.

Seja como for, o certo é que o inadimplemento de uma obrigação tributária, seja principal ou acessória, constitui infração. Assim, se o sujeito passivo da obrigação não cumprida resolve, espontaneamente, cumprir a referida obrigação, pode fazê-lo sem qualquer penalidade.

O art. 138 do CTN é instrumento de política legislativa tributária. Com ele o legislador estimulou o cumprimento espontâneo das obrigações tributárias, premiando o sujeito passivo com a exclusão de penalidade quando este espontaneamente denuncia a infração cometida e paga, sendo o caso, o tributo devido.

Não desconhecemos as diversas questões que podem ser suscitadas quanto à aplicação do art. 138 do CTN quando o contribuinte solicita o parcelamento do débito confessado. A nosso ver, porém, a questão de ser de uma vez ou parcelado o pagamento do tributo é irrelevante, razão pela qual lamentamos a existência de decisões judiciais em sentido contrário.

6.7.3.8 Exclusão da responsabilidade pelo desconhecimento da lei

A ignorância da lei não exclui a responsabilidade por seu cumprimento. "Ninguém se escusa de cumprir a lei, alegando que não a conhece" (art. 3º da Lei de Introdução às Normas do Direito Brasileiro). Nada, porém, é absoluto, tanto que mesmo no direito penal, embora exista regra a dizer que "o desconhecimento da lei é inescusável", tem-se também, no mesmo dispositivo legal, regra a dizer que "o erro sobre a ilicitude do fato, se inevitável, isenta de pena; se evitável, poderá diminui-la de um sexto a um terço".[53] E existe também regra a dizer que "responde pelo crime o terceiro que determina o erro".[54]

Assim, não é razoável punir o contribuinte que descumpre uma lei tributária porque a desconhece, especialmente quando esse desconhecimento pode, em certa medida, ser imputado ao próprio ente tributante.

Ocorre que o CTN, em seu art. 112, estabelece para os Poderes Executivos Federal, Estaduais e Municipais a obrigação de consolidar anualmente, mediante decreto baixado até o dia 31 de dezembro de cada ano, a legislação de cada um de seus tributos. Se o Poder Executivo – vale dizer, a Administração Pública, credora do tributo – descumpre seu

---

53. CP, art. 21.
54. CP, art. 20, § 2º.

dever, e com isto contribui para o desconhecimento da lei tributária, é justo entender que não poderá punir o contribuinte que descumpriu a lei tributária. Pode, certamente, exigir o tributo. Neste aspecto aplica-se o princípio segundo o qual "ninguém se escusa de cumprir a lei, alegando que não a conhece" (art. 3º da Lei de Introdução às Normas do Direito Brasileiro). Não, porém, punir o contribuinte autor da infração para cujo cometimento contribuiu, não cumprindo seu dever legal.

7
Crédito Tributário

7.1 Peculiaridade terminológica. 7.2 Consequências da distinção entre obrigação e crédito. 7.3 Constituição do crédito tributário: 7.3.1 Conceito e natureza jurídica do lançamento – 7.3.2 Espécies ou modalidades de lançamento tributário. 7.4 Suspensão da exigibilidade do crédito tributário: 7.4.1 Explicações prévias – 7.4.2 Moratória – 7.4.3 Depósito do montante integral do crédito tributário – 7.4.4 Reclamações e recursos – 7.4.5 Provimentos judiciais – 7.4.6 Suspensão da exigibilidade e obrigações acessórias. 7.5 Extinção do crédito tributário: 7.5.1 O dispositivo que arrola as causas de extinção do crédito tributário – 7.5.2 Causas de extinção do crédito tributário – 7.5.3 Causas de extinção não mencionadas pelo Código Tributário Nacional. 7.6 Exclusão do crédito tributário: 7.6.1 O dispositivo que arrola as causas de exclusão do crédito tributário – 7.6.2 Distinções entre isenção, não incidência e imunidade – 7.6.3 O direito à isenção – 7.6.4 Classificação das isenções – 7.6.5 Alíquota zero e diferimento de incidência – 7.6.6 Anistia. 7.7 Garantias e privilégios do crédito tributário: 7.7.1 Considerações iniciais – 7.7.2 Presunção de fraude – 7.7.3 Concurso de preferências – 7.7.4 Créditos extraconcursais – 7.7.5 Inventário e arrolamento. Liquidação de pessoas jurídicas – 7.7.6 Exigência de quitações – 7.7.7 Indisponibilidade de bens e direitos.

7.1 Peculiaridade terminológica

Ao estudarmos a relação obrigacional tributária devemos ter sempre presente que o Código Tributário Nacional adota terminologia peculiar. No âmbito do direito obrigacional, que regula relações entre devedor e credor no direito privado, as palavras "obrigação" e "crédito" designam a mesma relação, e a diferença entre elas consiste apenas em que a palavra "obrigação" designa a relação vista pelo devedor, enquanto a palavra "crédito" designa a relação vista pelo credor. No âmbito do direito tributário, na terminologia adotada pelo Código Tributário Nacional, a palavra "obrigação" designa um primeiro momento da relação obrigacional tributária, ainda sem liquidez e certeza. E a palavra "crédito" designa um segundo momento dessa mesma relação, posterior à sua liquidação, que lhe confere liquidez e certeza.

Para os não afeitos à terminologia do Código Tributário Nacional parece incorreto dizer que o *crédito* decorre da *obrigação*, pois ambos seriam a mesma realidade jurídica, um vínculo ou relação que liga o titular do dever jurídico ao titular do direito subjetivo correspondente.

No direito tributário a ocorrência do fato gerador do tributo faz nascer o vínculo obrigacional tributário, que o Código Tributário Nacional denomina *obrigação*. Esse vínculo surge mas fica a depender da identificação do seu sujeito passivo e da quantificação de seu objeto ou conteúdo econômico. Com o lançamento, que vamos estudar mais adiante, tem-se identificado o sujeito passivo da obrigação e devidamente quantificado seu conteúdo econômico. O vínculo obrigacional, então, muda de nome. Passa a denominar-se *crédito tributário*.

Recorde-se que na terminologia adotada pelo Código Tributário Nacional a obrigação tributária pode ser de duas espécies – a saber, obrigação principal e obrigação acessória – e que esta última, sem conteúdo pecuniário, porque consiste em obrigação de fazer, não fazer ou tolerar que se faça alguma coisa, quando não é cumprida faz nascer uma obrigação principal cujo objeto é a penalidade correspondente.

É fácil, agora, entendermos por que o art. 139 do CTN diz que "o crédito tributário decorre da obrigação principal e tem a mesma natureza desta". Decorre porque sem a preexistência de uma obrigação tributária não se pode ter um crédito tributário, e tem a mesma natureza da obrigação porque, na verdade, é o mesmo vínculo obrigacional.

Em síntese, podemos afirmar que o Código Tributário Nacional, ao se referir à *obrigação tributária* e ao *crédito tributário*, utiliza terminologia peculiar. E estabelece regimes jurídicos diversos para o trato da obrigação tributária e do crédito tributário. Regimes jurídicos autônomos, que permitem disciplina diversa a cada um desses dois momentos da relação obrigacional tributária.

7.2 Consequências da distinção entre obrigação e crédito

A primeira consequência da distinção entre obrigação tributária e crédito tributário adotada pelo Código Tributário Nacional é permitir relativa autonomia nos regimes jurídicos respectivos, que possibilita manter-se íntegra a obrigação tributária mesmo tendo sido anulado o crédito tributário.

Outra consequência importante da distinção entre obrigação tributária e crédito tributário adotada pelo Código Tributário Nacional é a de permitir solução adequada para questões de Direito intertemporal que podem ser suscitadas na feitura do lançamento.

Realmente, tendo-se em vista que ao efetuar o lançamento a autoridade administrativa pode deparar-se com leis que tenham sido alteradas depois da ocorrência do fato gerador do tributo ou depois do cometimento do ilícito cuja sanção esteja a aplicar, dúvidas podem ser suscitadas sobre qual das leis, se a antiga ou a nova, deve ser aplicada. Questão idêntica pode também ser suscitada a respeito da lei que regula a própria atividade de lançamento. Dessas questões de Direito intertemporal cuidaremos mais adiante, ao examinarmos a natureza declaratória do lançamento tributário diante da regra do Código Tributário Nacional segundo a qual "o lançamento reporta-se à data da ocorrência do fato gerador da obrigação e rege-se pela lei então vigente, (...)" (art. 144).

Para que possamos entender adequadamente a distinção entre *obrigação tributária* e *crédito tributário*, e quais são as razões e as consequências práticas dessa distinção, é importante termos em vista que a expressão "obrigação tributária" designa a relação tributária do ponto de vista substancial, enquanto a expressão "crédito tributário" designa essa mesma relação tributária do ponto de vista formal. E, assim, embora digam respeito à mesma relação que se estabelece entre o Fisco, como credor, e o contribuinte, como devedor, da obrigação tributária, devem ser vistas com certa autonomia no que diz respeito ao regime jurídico de cada uma.

A regra do art. 140 do CTN confirma essa autonomia ao estabelecer que "as circunstâncias que modificam o crédito tributário, sua extensão ou seus efeitos, ou as garantias ou os privilégios a ele atribuídos, ou que excluem sua exigibilidade não afetam a obrigação tributária que lhe deu origem".

Como a autonomia de regimes jurídicos é simples consequência da distinção que se estabelece entre obrigação e crédito, em decorrência dos acréscimos introduzidos na relação obrigacional tributária pelo lançamento, temos de entender que a autonomia prevista no art. 140 do CTN só pode dizer respeito àqueles acréscimos. Em outras palavras: a referida autonomia só diz respeito ao que resultou do acertamento.

Em síntese – repetimos –, *obrigação tributária* e *crédito tributário* são expressões que designam a mesma relação jurídica, no essencial, mas são realidades distintas, porque a constituição do crédito tributário, que ocorre tendo como substância essencial uma obrigação tributária, a esta acrescenta elementos formais cuja importância justifica dizer-se que obrigação tributária e crédito tributário são realidades distintas.

7.3 Constituição do crédito tributário

7.3.1 Conceito e natureza jurídica do lançamento

O crédito tributário é constituído com o lançamento, nos termos do art. 142 do CTN, segundo o qual "compete privativamente à autoridade administrativa constituir o crédito tributário pelo lançamento, assim entendido o procedimento administrativo tendente a verificar a ocorrência do fato gerador da obrigação correspondente, determinar a matéria tributável, calcular o montante do tributo devido, identificar o sujeito passivo e, sendo o caso, propor a aplicação da penalidade cabível".

Esse dispositivo do Código Tributário Nacional, todavia, não deve ser interpretado literalmente, porque alberga impropriedades que o intérprete deve eliminar. A rigor, no lançamento não se calcula o montante do tributo devido, até porque existem impostos de valor fixo, nada havendo, portanto, a ser calculado. O que se faz é determinar o valor do crédito tributário. Nem se propõe a aplicação de penalidades, porque no crédito, constituído pelo lançamento, consta o valor das penalidade cabíveis no caso, e, assim, o que se faz no lançamento é aplicar a penalidade cabível.

Assim, podemos definir lançamento tributário como *o procedimento administrativo tendente a verificar a ocorrência do fato gerador da obrigação correspondente, identificar seu sujeito passivo, determinar a matéria tributável e calcular ou por outra forma definir o montante do crédito tributário, aplicando, se for o caso, a penalidade cabível.*

A respeito da natureza jurídica do lançamento tributário já escrevemos:

> A natureza jurídica do lançamento tributário já foi objeto de grandes divergências doutrinárias. Hoje, porém, é praticamente pacífico o entendimento segundo o qual o lançamento não cria direito. Seu efeito é simplesmente declaratório. Entretanto, no Código Tributário Nacional o crédito tributário é algo diverso da obrigação tributária. Ainda que, em essência, crédito e obrigação sejam a mesma relação jurídica, o crédito é um momento distinto. É um terceiro estágio na dinâmica da relação obrigacional tributária. E o lançamento é precisamente o procedimento administrativo de determinação do crédito tributário. Antes do lançamento existe a obrigação. A partir do lançamento surge o crédito.

O lançamento, portanto, é *constitutivo do crédito tributário*, e apenas *declaratório da obrigação* correspondente. Por isto, salvo disposição de lei em contrário, quando o valor tributável esteja expresso em moeda estrangeira, no lançamento sua conversão em moeda nacional se faz ao câmbio da data da ocorrência do fato gerador (CTN, art. 143). Também por isto a legislação que a autoridade administrativa tem de aplicar ao fazer o lançamento é aquela que estava em vigor na data da ocorrência do fato gerador da obrigação correspondente, ainda que posteriormente modificada ou revogada (CTN, art. 144). Em relação às penalidades, todavia, prevalece o princípio do direito penal da retroatividade de lei mais favorável (CTN, art. 106). Aplica-se também ao lançamento a legislação que, posteriormente à ocorrência do fato gerador da obrigação, tenha instituído novos critérios de apuração ou processos de fiscalização, ampliando os poderes de investigação das autoridades administrativas, ou outorgando ao crédito maiores garantias ou privilégios, salvo a que atribuir responsabilidade tributária a terceiros (CTN, art. 144, § 1º).

Em resumo, aplicam-se ao lançamento: (a) no que diz respeito à parte substancial, isto é, a definição da hipótese de incidência, da base de cálculo, da alíquota ou de outro critério de determinação do valor do tributo, e quanto à identificação do sujeito passivo, a lei em vigor na data em que se consumou a ocorrência do fato gerador da obrigação respectiva; (b) relativamente a penalidades, a lei mais favorável ao sujeito passivo; (c) quanto aos aspectos formais, vale dizer, quanto à parte simplesmente procedimental, a lei em vigor na data do lançamento.[1]

A rigor, as questões suscitadas em torno da natureza jurídica do lançamento tributário resultam do fato de haver o Código Tributário Nacional adotado denominações diferentes para a relação tributária antes de sua liquidação, ou acertamento, e depois dessa liquidação, ou acertamento. Antes do acertamento temos a *obrigação tributária*, e depois do acertamento temos o *crédito tributário*. O acertamento, que separa a obrigação tributária do crédito tributário, é o lançamento, que pode ser de três espécies, como veremos adiante.

Como a obrigação tributária é, por natureza, ilíquida e incerta, sempre se faz necessário o lançamento. Não desconhecemos que tributaristas eminentes já afirmaram que em relação a muitos tributos não se deve falar em lançamento. Ou, mais exatamente, o lançamento só seria necessário nas hipóteses de descumprimento de seus deveres pelos

---

1. Hugo de Brito Machado, *Curso de Direito Tributário*, 38ª ed., São Paulo, Malheiros Editores, 2017, p. 178.

sujeitos passivos das correspondentes obrigações tributárias. No âmbito do direito tributário brasileiro, porém, é inegável que todos os tributos estão sujeitos ao lançamento, ainda que este se faça simplesmente por homologação tácita. Corroborando esse entendimento, Luciano Amaro escreve, com inteira propriedade:

> O exame da dinâmica procedimental no caso de tributos cujo pagamento seja exigido pela lei, independentemente de qualquer providência do sujeito ativo, evidencia que, nessa situação, o lançamento só se mostra necessário quando haja omissão do sujeito passivo (que deixe de recolher o tributo devido ou o recolha com insuficiência). Entretanto, o Código Tributário Nacional assumiu a premissa de que o lançamento é sempre necessário. Por isso, mesmo nos casos em que o sujeito passivo, atento ao seu dever legal, efetue corretamente o pagamento antes de qualquer providência do sujeito ativo, o Código exige a prática do lançamento *a posteriori*, mediante ato "homologatório". Prevendo a alta probabilidade de omissão do sujeito ativo no que respeita à prática desse ato de homologação, o Código criou a homologação tácita, pelo mero decurso de certo prazo.[2]

Em síntese, o valor devido pelo sujeito passivo da obrigação tributária há de ser certo. É necessário, portanto, um acertamento, um procedimento destinado a definir o exato valor devido ao Fisco. E, nos termos do Código Tributário Nacional, esse procedimento pode ser de três espécies ou modalidades.

7.3.2 Espécies ou modalidades de lançamento tributário

Talvez por falta de compreensão adequada do que seja o lançamento tributário, alguns eminentes tributaristas afirmam a existência de tributos sem lançamento. Na verdade, porém, não existe tributo sem lançamento, pelo menos enquanto tributo for prestação pecuniária compulsória e a determinação do valor dessa prestação puder ser feita unilateralmente pela Fazenda Pública.

É certo que o contribuinte pode participar, e na maioria dos casos participa, da feitura do lançamento. Entretanto, mesmo nos casos em que o contribuinte pratica todos os atos materiais de determinação do crédito tributário o lançamento é sempre atividade privativa da autoridade ad-

---

2. Luciano Amaro, *Direito Tributário Brasileiro*, 11ª ed., São Paulo, Saraiva, 2005, p. 343.

ministrativa, no sentido de que é sempre da autoridade administrativa a palavra final a respeito da existência e do montante do crédito tributário. Mesmo nos casos em que ocorre omissão da autoridade administrativa, que não homologa expressamente a apuração do valor do crédito tributário feita pelo contribuinte, no contexto do Código Tributário o lançamento decorre dessa omissão, porque se torna definitivo o valor apurado pelo contribuinte com o decurso do prazo legalmente atribuído à autoridade administrativa.

Assim é que, nos termos do Código Tributário Nacional, existem três modalidades de lançamento tributário, a saber: o lançamento *por declaração*, o lançamento *de ofício*, e o lançamento *por homologação*. Espécies ou modalidades de lançamento que vamos a seguir examinar.

7.3.2.1 Lançamento por declaração

Diz-se o lançamento *por declaração* nos casos em que a legislação do tributo impõe ao sujeito passivo da obrigação tributária correspondente a declaração, isto é, o oferecimento à autoridade administrativa, das informações quanto aos fatos necessários à determinação do valor do tributo em cada caso. Informações necessárias à feitura do lançamento, que compete à autoridade administrativa.

Na linguagem do Código Tributário Nacional, o lançamento é efetuado com base na declaração do sujeito passivo ou de terceiro quando um ou outro, na forma da legislação tributária, presta à autoridade administrativa informações sobre matéria de fato indispensáveis à sua feitura.[3]

O Código Tributário Nacional estabelece que a retificação da declaração por iniciativa do próprio declarante, quando vise a reduzir ou excluir tributo, só é admissível mediante comprovação do erro em que se funde, e antes de notificado o lançamento.[4] Isto significa dizer que o lançamento somente se perfaz com a notificação. Antes, a retificação de informações é feita no próprio procedimento de lançamento. Se de iniciativa do sujeito passivo e implicando aumento do valor do tributo, deve ser aceita automaticamente pela autoridade administrativa. Se a retificação implica redução desse valor, sua aceitação pela autoridade depende de prova do erro, feita pelo declarante. E a autoridade lançadora pode sempre tomar a iniciativa de retificar os elementos de fato informados pelo sujeito passivo.

3. CTN, art. 147.
4. CTN, art. 147, § 1º.

O *lançamento por declaração* é atividade da autoridade administrativa, com a colaboração do sujeito passivo da obrigação tributária, que lhe presta informações quanto à matéria de fato, e se completa com a notificação feita ao contribuinte, determinando o prazo de que este dispõe para o pagamento do valor estabelecido. Antes da manifestação da autoridade não existe o dever de pagar. Nem muito menos o crédito tributário.

Para que possa o leitor firmar seu próprio entendimento a respeito do que estamos afirmando sobre o lançamento por declaração, vamos transcrever os dispositivos do Código Tributário Nacional, que estabelece:

> Art. 147. O lançamento é efetuado com base na declaração do sujeito passivo ou de terceiro, quando um ou outro, na forma da legislação tributária, presta à autoridade administrativa informações sobre matéria de fato indispensáveis à sua efetivação.
>
> § 1º. A retificação da declaração por iniciativa do próprio declarante, quando vise a reduzir ou a excluir tributo, só é admissível mediante comprovação do erro em que se funde, e antes de notificado o lançamento.
>
> § 2º. Os erros contidos na declaração e apuráveis pelo seu exame serão retificados de ofício pela autoridade administrativa a que competir a revisão daquela.
>
> Art. 148. Quando o cálculo do tributo tenha por base, ou tome em consideração, o valor ou o preço de bens, direitos, serviços ou atos jurídicos, a autoridade lançadora, mediante processo regular, arbitrará aquele valor ou preço, sempre que sejam omissos ou não mereçam fé as declarações ou os esclarecimentos prestados, ou os documentos expedidos pelo sujeito passivo ou pelo terceiro legalmente obrigado, ressalvada, em caso de contestação, avaliação contraditória, administrativa ou judicial.

7.3.2.2 Lançamento por homologação

O lançamento por homologação é aquele que ocorre quanto aos tributos cuja legislação atribui ao sujeito passivo o dever de fazer a apuração do valor devido e antecipar o respectivo pagamento. Em outras palavras: a legislação atribui ao sujeito passivo o dever de fazer o pagamento do valor por ele mesmo apurado, antes da manifestação da autoridade administrativa sobre esse valor. O lançamento, no caso, opera-se pelo ato da autoridade administrativa que, tomando conhecimento da atividade do sujeito passivo da obrigação tributária, expressamente a homologa.[5]

5. CTN, art. 150.

Ou pelo decurso do tempo estabelecido em lei sem que a autoridade se manifeste. No primeiro caso se diz que há homologação expressa; e no segundo, homologação tácita. Na prática, o que geralmente acontece é a homologação tácita, porque a autoridade administrativa nunca se manifesta sobre a apuração do valor pago pelo contribuinte.

Objeto da homologação não é o pagamento, mas a apuração do valor devido, de sorte que é possível a homologação mesmo que não tenha havido pagamento. É certo que a autoridade administrativa não está obrigada a homologar expressamente a apuração do valor do tributo devido, e a homologação tácita somente acontece se tiver havido pagamento antecipado. Esta é a compreensão que resulta da interpretação do § 1º, combinado com o § 4º, do art. 150 do CTN. A homologação tácita da apuração do valor devido, a que se refere o § 4º, consubstancia a condição da qual estava o pagamento a depender para extinguir o crédito tributário. Entretanto, se o contribuinte praticou a atividade de apuração, prestou à autoridade administrativa as informações relativas aos valores a serem pagos e não efetuou o pagamento, pode a autoridade homologar a apuração de tais valores e intimar o contribuinte a fazer o pagamento, com a multa decorrente do inadimplemento do dever de pagar antecipadamente, sob pena de imediata inscrição do crédito tributário então constituído como Dívida Ativa. Ter-se-á, então, um lançamento por homologação sem antecipação do pagamento correspondente. O que caracteriza essa modalidade de lançamento é a exigência legal de pagamento antecipado. Não o efetivo pagamento antecipado.

Tendo o contribuinte feito a apuração do valor do tributo e prestado a declaração a que está legalmente obrigado, se não faz o pagamento correspondente a autoridade administrativa pode homologar dita apuração e notificar o contribuinte para pagar ou explicar por que não pagou – vale dizer, para se defender da cobrança –, sob pena de inscrição em Dívida Ativa e posterior cobrança executiva. Não ocorrendo a homologação, não existirá crédito tributário e, assim, não poderá a Administração recusar o fornecimento de certidões negativas, nem inscrever o valor declarado pelo contribuinte em Dívida Ativa. Este é o entendimento que temos sustentado, mas o STJ adotou entendimento diverso, como adiante será explicado, do qual decorrem importantes consequências.

O pagamento antecipado extingue o crédito sob condição resolutória da ulterior homologação.[6] Isto significa que tal extinção não é definitiva. Sobrevindo ato homologatório do lançamento, o crédito se

---

6. CTN, art. 150, § 1º.

considera extinto por força do estipulado no art. 156, VII, do CTN. Se a lei fixar um prazo para a homologação e a autoridade não a praticar expressamente, ter-se-á a homologação tácita no momento em que se expirar o prazo.

Assim, se o sujeito passivo prestou à autoridade administrativa as informações a que estava obrigado sobre a apuração do valor do tributo devido, decorrido o prazo fixado em lei para a homologação ou, então, não havendo lei que o estabeleça, decorrido o prazo de cinco anos, ocorrerá a homologação tácita, e o crédito tributário estará definitivamente extinto pelo pagamento antecipado.

Existindo, como atualmente existe para a maioria dos impostos, o dever de prestar informações ao Fisco sobre o montante do tributo a ser antecipado, tais informações levam ao conhecimento da autoridade a apuração feita pelo sujeito passivo, abrindo-se assim ensejo para a homologação, tendo havido ou não o pagamento correspondente. Antes o pagamento era meio pelo qual a autoridade tomava conhecimento da apuração, podendo haver, então, a homologação expressa ou tácita. Agora, o conhecimento da apuração chega à autoridade administrativa com a informação que o sujeito passivo lhe presta nos termos da legislação que a tanto o obriga. A mudança na legislação favoreceu o Fisco, obrigando o contribuinte a dar-lhe conhecimento, antes do pagamento do tributo, da apuração do valor respectivo. O tomar conhecimento da apuração, porém, tem uma significativa consequência. Obriga o Fisco a movimentar-se, seja para recusar a apuração feita pelo sujeito passivo e lançar possível diferença, seja para homologar a atividade de apuração e cobrar o tributo apurado e não pago. Se não age, se fica inerte diante da informação prestada pelo sujeito passivo, suportará os efeitos do decurso do prazo decadencial, que a partir do fato gerador do tributo começa a correr, nos termos do art. 150, § 4º, do CTN.

O STJ firmou sua jurisprudência no sentido de que nos tributos lançados por homologação, verificada a existência de saldo devedor nas contas apresentadas pelo contribuinte, o órgão arrecadador poderá promover sua cobrança independentemente da instauração de processo administrativo e de notificação do contribuinte.[7] Não concordamos com esse entendimento, que tem sido criticado pela doutrina. O mais importante, porém, é apontarmos as consequências práticas que do mesmo decorrem, especialmente quanto à decadência e à prescrição.

7. STJ, AgR no Ag 512.823-MG, rel. Min. Castro Meira, *DJU* 15.12.2003, p. 266.

Uma consequência de grande importância prática consiste em termos de considerar que, não efetuado o pagamento da quantia declarada, a partir do dia seguinte ao do vencimento respectivo começa a correr o prazo de prescrição do direito da Fazenda Pública de promover a correspondente execução fiscal. Trata-se de consequência lógica indiscutível. Sendo a prescrição a extinção do direito de ação pelo decurso do prazo estabelecido em lei para esse fim, é evidente que esse prazo começa a partir da data em que a propositura da ação se torna possível. Se a partir do vencimento do tributo declarado sua cobrança já é possível, a partir do vencimento aquele prazo começa a fluir.

Outra consequência de grande importância prática consiste na impossibilidade de lançamento de ofício relativamente às quantias declaradas e não pagas. Admitir que as quantias declaradas já podem ser inscritas em Dívida Ativa e cobradas mediante execução fiscal significa dizer que já existe lançamento. Assim, um lançamento de ofício das mesmas implica duplicidade da exigência. E, como não é admissível o lançamento de ofício, não é cabível a multa ao mesmo correspondente. A cobrança do valor declarado e não pago até o respectivo vencimento deve ser feita com o acréscimo da multa e dos juros de mora.

Mais uma consequência do mencionado entendimento jurisprudencial pode ser vista na inadmissibilidade de fazer a autoridade administrativa alterações das quantias declaradas, procedendo ao que se poderia chamar "homologação com alterações", na qual seria aproveitada parte da declaração do contribuinte. Se a Fazenda entender que há diferenças a serem cobradas, terá de fazer, com relação a estas, a revisão de ofício do lançamento.

7.3.2.3 Lançamento de ofício

Diz-se que o lançamento é *de ofício* quando este é realizado por iniciativa da autoridade administrativa. Ocorre ordinariamente nos casos em que a lei o determina.[8] Em relação aos tributos cuja legislação não obriga o contribuinte a declarar, nem muito menos a pagar antecipadamente.

Os impostos sobre a propriedade imobiliária – vale dizer, o Imposto sobre a Propriedade Territorial Urbana/IPTU e o Imposto Territorial Rural/ITR – geralmente são lançados de ofício. As Fazenda Públicas competentes para a cobrança desses Impostos mantêm cadastro dos

---

8. CTN, art. 149, I.

proprietários de imóveis, e com base neste fazem, anualmente, o lançamento do imposto devido por cada um.

O lançamento de ofício pode ocorrer também em relação a qualquer tributo que, em princípio, devesse ser objeto de lançamento por declaração ou por homologação, desde que o contribuinte obrigado a declarar ou a apurar a quantia e antecipar o pagamento se omita no cumprimento de seus deveres. Assim, diz-se que são lançamentos de ofício todos aqueles que começam com a lavratura de auto de infração.

7.3.2.4 Revisão do lançamento

Os lançamentos em geral podem ser objeto de revisão, desde que constatado erro em sua feitura e não esteja ainda extinto pela decadência o direito de lançar. Tanto o lançamento por declaração como o lançamento por homologação e também o lançamento de ofício podem ser revistos.

A revisão do lançamento pode dar-se de ofício, vale dizer, por iniciativa da autoridade administrativa, e a pedido do contribuinte, caso em que pode configurar-se a denúncia espontânea de que trata o art. 138 do CTN, e não se deve confundir revisão de ofício com lançamento de ofício. A revisão de ofício – repita-se – pode dar-se em qualquer das modalidades de lançamento. Assim, um lançamento por homologação pode ser objeto de revisão de ofício nos casos em que a autoridade discorda do valor apurado pelo contribuinte. Nestes casos não se deve falar de lançamento de ofício, mas de revisão de ofício de um lançamento por homologação.

A distinção entre o lançamento de ofício e a revisão de ofício do lançamento por homologação é de grande importância para a determinação do prazo de decadência do direito de lançar – tema a respeito do qual a jurisprudência tem albergado alguns equívocos.

Ocorre a revisão de ofício de um lançamento por homologação quando, depois da homologação consubstanciada em algum ato através do qual a autoridade administrativa manifesta-se pela exatidão do valor apurado pelo contribuinte, e que faz existente o lançamento como procedimento administrativo, a autoridade constata um erro que a justifica. Isto acontece, por exemplo, quando o valor apurado e não pago é objeto de cobrança administrativa ou judicial, e depois a Fiscalização constata ser aquele valor inferior ao efetivamente devido. E ainda quando, pago o valor apurado pelo contribuinte, ocorre uma Fiscalização que afirma a final a regularidade daquela apuração, indicando, no respectivo termo de encerramento, não haver constatado qualquer irregularidade. Ou simplesmente não lavra auto de infração, o que corresponde à afirmação implícita de não haver sido constatada qualquer irregularidade. Nesses casos tem-se consumado o lançamento por homologação, e, se mais tarde alguma irregularidade é constatada antes de consumada a decadência, pode dar-se, de ofício, a revisão desse lançamento.

Não se pode falar em revisão de ofício de lançamento por homologação quando esta tenha sido tácita. Neste caso não é possível a revisão do lançamento porque consumada a decadência do direito de lançar, e a revisão só pode ser iniciada enquanto não extinto esse direito da Fazenda Pública.[9]

Ocorre revisão de ofício de lançamento por declaração quando a autoridade administrativa constata, por qualquer meio, a inexatidão na declaração oferecida pelo contribuinte. Neste caso é cabível a penalidade prevista em lei para o lançamento de ofício. Entretanto, se o erro que motivou a revisão não estava na declaração feita pelo contribuinte, sendo imputável à autoridade lançadora, nenhuma penalidade é cabível, pois não se pode falar em infração cometida pelo contribuinte.

Ocorre revisão de ofício de lançamento de ofício quando a autoridade administrativa, responsável pelo lançamento, verifica ter havido na feitura deste um erro que justifica a revisão, e então a realiza, retificando, para mais ou para menos, o valor do crédito tributário respectivo. Neste caso, como não se pode imputar ao contribuinte a responsabilidade pelo erro, não cabe imposição de penalidade, nem mesmo multa de mora, ainda que da revisão resulte aumento do valor do crédito tributário. É que não houve infração, nem o contribuinte estava em mora.

A revisão de ofício, tanto do lançamento de ofício como do lançamento por declaração, só é possível enquanto não extinto o direito de lançar,[10] extinção que se opera em cinco anos, nos termos do art. 173 do CTN.

A revisão do lançamento de qualquer modalidade pode dar-se também por provocação do sujeito passivo da obrigação tributária. Neste caso, por força do art. 138 do CTN, não cabe a imposição de qualquer penalidade.

Ainda em relação ao lançamento tributário, merecem registro questões relativas ao depósito do montante integral do crédito tributário para

---

9. CTN, art. 149, parágrafo único.
10. CTN, art. 149, parágrafo único.

o fim de suspender a exigibilidade deste. Dessas questões cuidaremos adiante, ao estudarmos a suspensão da exigibilidade do crédito tributário.

7.4 Suspensão da exigibilidade do crédito tributário

7.4.1 Explicações prévias

Antes de examinarmos as causas de suspensão da exigibilidade do crédito tributário, algumas explicações se fazem importantes.

A palavra "exigibilidade", como acontece com as palavras e expressões utilizadas na linguagem jurídica em geral, pode ter mais de um significado. Na expressão "exigibilidade do crédito tributário", utilizada no art. 151 do CTN, a palavra "exigibilidade" significa a possibilidade jurídica de cobrança judicial desse crédito. Entretanto, não se pode ignorar que os deveres jurídicos em geral são exigíveis. Assim, a *exigibilidade* pode significar também a possibilidade de imposição de sanção ao inadimplente.

Essa explicação é importante, porque no contexto do referido art. 151 temos situações nas quais se há de entender que a suspensão da exigibilidade nesse dispositivo legal regulada não diz respeito propriamente ao crédito e, assim, não significa a possibilidade de sua cobrança judicial, e sim a possibilidade de aplicação de sanções ao inadimplente de um dever jurídico.

Em face do auto de infração ou de outra forma de constatação de inadimplemento da obrigação tributária principal, o sujeito passivo é notificado para pagar ou impugnar a exigência. Com o julgamento de primeira instância a ele desfavorável, é notificado para pagar ou recorrer. Com o julgamento definitivo da instância administrativa, é notificado para pagar, em certo prazo, sob pena de cobrança executiva. É aí que nasce a exigibilidade, no sentido de possibilidade de cobrança judicial do crédito tributário.

Ocorre que no exame das diversas causas de suspensão da exigibilidade do crédito tributário arroladas no art. 151 do CTN vamos encontrar situações nas quais a exigibilidade que se suspende há de ser entendida no sentido em que essa palavra é utilizada com referência aos deveres jurídicos em geral, vale dizer, no sentido da possibilidade de aplicação de sanção ao inadimplente. E neste sentido a exigibilidade nasce com o decurso do prazo de que dispõe o obrigado para o cumprimento do seu dever jurídico, que pode ser, e muitas vezes é, diverso do dever de pagar o crédito regularmente constituído.

Fala-se de suspensão da exigibilidade do crédito tributário, no sentido de obstáculo à cobrança judicial deste, depois de sua constituição, vale dizer, depois do lançamento. Antes do lançamento não existe crédito tributário, e não se pode, portanto, cogitar de exigibilidade nesse sentido. Nem de sua suspensão, evidentemente.

É certo que se pode falar de suspensão *prévia*, ou impedimento, que ocorre antes do lançamento, e *posterior*, que ocorre depois do lançamento. É outra forma de explicar o art. 151 do CTN, tendo-se em vista que a maioria das causas de suspensão da exigibilidade no mesmo arroladas pode ocorrer antes e pode ocorrer depois do lançamento tributário.

Realmente, nos termos do art. 151 do CTN, a suspensão da exigibilidade do crédito tributário pode ser: (a) prévia, operando-se antes do surgimento da própria exigibilidade, porque no curso do próprio procedimento de constituição do crédito, caso em que mais propriamente se devia dizer impedimento, em lugar de suspensão; e (b) posterior, operando-se depois que o crédito está constituído, e por isto mesmo é exigível.

Nos termos do art. 151 do CTN, suspendem a exigibilidade do crédito tributário: (a) a moratória; (b) o depósito de seu montante integral; (c) as reclamações e os recursos, nos termos das leis reguladoras do processo tributário administrativo; (d) a concessão de medida liminar em mandado de segurança; (e) a concessão de medida liminar ou de tutela antecipada em outras espécies de ação judicial; (f) o parcelamento.

As reclamações e os recursos, evidentemente, constituem modalidades de suspensão prévia da exigibilidade, porque ocorrem no procedimento de constituição do crédito tributário, vale dizer, antes da constituição deste.

7.4.2 Moratória

Moratória significa prorrogação concedida pelo credor, ao devedor, do prazo para pagamento da dívida, de uma vez ou parceladamente.

No direito tributário também é assim. Moratória é prorrogação do prazo para pagamento do crédito tributário, com ou sem parcelamento. É a única das formas de suspensão da exigibilidade do crédito tributário disciplinada no Código Tributário Nacional, certamente por não ter, como as demais, caráter processual.

Situa-se a moratória no campo da *reserva legal*. Sua concessão depende sempre de lei,[11] e pode ser concedida em caráter geral ou em

---

11. CTN, art. 97, VI.

caráter individual. Quando concedida em caráter geral resulta diretamente da lei, e quando em caráter individual depende de autorização constante da lei.

A moratória pode ser concedida em caráter geral pela pessoa jurídica de direito público competente para instituir o tributo ao qual se refira, mas a União Federal pode concedê-la também em relação aos tributos dos Estados, do Distrito Federal e dos Municípios, desde que o faça simultaneamente em relação aos tributos de sua competência e às obrigações de direito privado.[12]

Pode parecer que a concessão de moratória pela União relativamente a tributos estaduais e municipais configura indevida intervenção federal e que a norma do art. 152, I, "b", do CTN não teria sido recepcionada pela Constituição Federal/1988. Ocorre que tal moratória deve ser em caráter geral, e, assim, concedida diretamente pela lei, além de somente ser possível se abrangente dos tributos federais e das obrigações de direito privado. O que a Constituição veda é a discriminação contra Estados e Municípios. A União não pode legislar impondo a estes, enquanto credores, restrições que não sejam impostas aos demais credores.

Em caráter individual a moratória é concedida por despacho da autoridade da Administração Tributária para tanto autorizada por lei.[13] A lei há de ser da pessoa jurídica de direito público competente para instituir o tributo a que se refira a moratória ou da União quanto a tributos de competência dos Estados, do Distrito Federal ou dos Municípios, desde que também autorize a concessão de igual benefício relativamente aos tributos federais e às obrigações de direito privado.

A lei concessiva de moratória pode determinar que a mesma só se aplica em determinada região do território da pessoa jurídica que a expedir ou a determinada classe ou categoria de sujeitos passivos.[14]

A lei que conceder moratória em caráter geral fixará, além de outros requisitos, o prazo de duração do benefício e o número e vencimentos das prestações, se for o caso, bem como os tributos aos quais se aplica, se não abranger todos. E, tratando-se de moratória em caráter individual, a lei fixará, ainda: (a) as condições para a concessão do benefício; (b) se for o caso, o número de prestações e seus vencimentos, podendo atribuir à autoridade administrativa essa determinação; e, ainda, (c) as garantias a serem oferecidas pelo beneficiado.

12. CTN, art. 152, I.
13. CTN, art. 152, II.
14. CTN, art. 152, parágrafo único.

Se a lei não dispuser expressamente de outro modo, a moratória somente abrange os créditos definitivamente constituídos à data da lei ou do despacho que a conceder ou cujo lançamento já tenha sido iniciado àquela data por ato regularmente notificado ao sujeito passivo.[15]

São excluídos do benefício da moratória os que agirem com dolo, fraude ou simulação para obtê-lo. Provado o vício, é como se não houvesse sido concedido o benefício.

A concessão da moratória em caráter individual não gera direito adquirido, e será *revogada* de ofício sempre que se apure que o beneficiário não satisfazia ou deixou de satisfazer as condições ou não cumpria ou deixou de cumprir os requisitos para a concessão do benefício.[16] No dispositivo do Código Tributário Nacional há impropriedade terminológica. Pode, e deve, a Administração Pública anular seus próprios atos quando verifique terem sido praticados com infração à lei. Se a concessão da moratória se deu com alguma infração à lei, é caso de anulamento do ato.

Com o anulamento da moratória torna-se exigível o respectivo crédito tributário. É, então, cobrado com os respectivos juros de mora. E com a penalidade cabível, nos casos de dolo ou simulação do beneficiário ou terceiro em proveito deste.

Suspendendo a exigibilidade do crédito tributário, a moratória suspende, por consequência, o curso do prazo de prescrição. Mas o art. 155, parágrafo único, do CTN admite o curso do prazo de prescrição durante a moratória quanto estipula que, não tendo havido dolo ou simulação do beneficiário ou de terceiro em proveito deste, a revogação da moratória só pode ocorrer antes de prescrito o direito à cobrança do crédito tributário respectivo.

A Lei Complementar 104, de 10.1.2001, incluiu um novo inciso no art. 151 do CTN, prevendo como hipótese de suspensão da exigibilidade do crédito tributário o *parcelamento*. É mais uma inovação inteiramente inútil, porque o parcelamento nada mais é que uma modalidade de moratória.

A Lei Complementar 104/2001 incluiu também no CTN o art. 155-A, contendo disposições óbvias e inteiramente inúteis. Na cabeça do artigo está dito que o parcelamento será concedido na forma e condições estabelecidas em lei específica. No § 1º está dito que, salvo disposição de lei em contrário, o parcelamento do crédito tributário não exclui a incidência de juros e multa. E no § 2º foi estabelecido que se aplicam subsidiariamente ao parcelamento as disposições do CTN relativas à moratória.

---

15. CTN, art. 154.
16. CTN, art. 155.

Como se vê, disposições dizendo o óbvio, inteiramente inúteis. Parece, todavia, que a inserção de tais normas no Código deveu-se ao propósito de reduzir o alcance de seu art. 138, que assegura a exclusão da responsabilidade por infrações diante da denúncia espontânea. Os burocratas da Receita Federal bem poderiam ter colocado no Projeto do qual resultou a Lei Complementar 104/2001 o acréscimo de um parágrafo no art. 138 dizendo claramente que a denúncia espontânea não se aplica em caso de parcelamento do valor do crédito tributário dela resultante. Ocorre que uma disposição clara nesse sentido poderia não ser aprovada pelo Congresso Nacional. Assim, preferiram a via oblíqua. Dizendo que o parcelamento não exclui juros e multa, alcançaram o objetivo de afastar o efeito da denúncia espontânea, quanto à exclusão da multa, toda vez que o interessado obtiver parcelamento.

Na verdade, o parcelamento jamais exclui qualquer multa. Nem há, mesmo, razão para que a concessão de um parcelamento tenha o efeito de excluir multas. O que exclui a multa é a denúncia espontânea da infração. E esse efeito, a rigor, não é afastado pelo fato de não ocorrer o pagamento de uma única vez, mas em parcelas.

A Lei Complementar 118, de 9.2.2005, acrescentou os §§ 3º e 4º ao art. 155-A do CTN. No § 3º está dito que "lei específica disporá sobre as condições de parcelamento dos créditos tributários do devedor em recuperação judicial". E o § 4º diz que "a inexistência da lei específica a que se refere o § 3º deste artigo importa na aplicação das leis gerais de parcelamento (...)"..

Como se vê, dois dispositivos rigorosamente inúteis, que nada acrescentaram ao ordenamento jurídico brasileiro e não passam de mais uma evidente manifestação da tendência lamentável para o casuísmo legislativo. Basta que se tenha razoável conhecimento de Teoria Geral do Direito para perceber a absoluta desnecessidade dessas normas. Que uma lei específica pode dispor sobre as condições de parcelamento dos créditos tributários do devedor em recuperação judicial é evidente. Qualquer situação específica pode ser objeto de lei específica, que conviverá com a lei que rege as situações gerais. E mais evidente ainda é que a ausência de uma lei específica enseja a aplicação da lei geral.

7.4.3   *Depósito do montante integral do crédito tributário*

7.4.3.1   O depósito e seus efeitos

O depósito a que se refere o art. 151, II, do CTN é um ato voluntário do sujeito passivo da relação tributária. Ato de entrega, pelo depositante, a um estabelecimento bancário, do dinheiro correspondente ao valor do crédito tributário cuja exigência é por ele impugnada. Esse depósito pode ser prévio, isto é, anterior à constituição definitiva do crédito, e pode ser posterior, quando feito depois da constituição definitiva do crédito tributário. Se prévio, não impede a marcha do procedimento administrativo de lançamento, mas impede a cobrança do crédito respectivo, vale dizer, impede sua exigibilidade. Se posterior, aí, sim, suspende a exigibilidade do crédito tributário.

Suspensa a exigibilidade, suspensa ficará a prescrição. Existem manifestações doutrinárias em contrário, mas a disputa é desprovida de sentido prático, porquanto, vencido o sujeito passivo no litígio em função do qual fizera o depósito, é este convertido em renda do sujeito ativo, que não necessitará, assim, de ação para a cobrança respectiva. Tratando-se de depósito feito antes da constituição do crédito tributário existe questionamento a respeito da decadência do direito da Fazenda Pública de constituí-lo.

7.4.3.2 O depósito como faculdade do contribuinte

O depósito não é obrigatório, isto é, não constitui condição para que o sujeito passivo possa impugnar a exigência. "O depósito previsto no art. 151, II, do CTN é um direito do contribuinte. O juiz não pode ordenar o depósito, nem o indeferir."[17]

A Lei 6.830, de 22.9.1980, estabeleceu que a ação anulatória de lançamento tributário deve ser precedida do depósito do valor do crédito respectivo (art. 38). Essa disposição legal, todavia, é de inconstitucionalidade evidente. Afrontava flagrantemente o direito à jurisdição, assegurado pelo art. 153, § 4º, da CF anterior, bem como pelo art. 5º, XXXVI, da CF/1988, sendo, portanto, de nenhuma validade.

Na órbita federal os depósitos devem ser feitos na Caixa Econômica Federal; e nas órbitas estadual e municipal nos estabelecimentos indicados pela legislação respectiva.

7.4.3.3 Efeitos do depósito

Antes da constituição definitiva do crédito o depósito tem apenas o efeito de eximir o sujeito passivo da obrigação tributária do ônus da correção monetária do montante respectivo. A suspensão da exigibilidade

---

17. Maria Helena Diniz, *Dicionário Jurídico*, vol. 2, São Paulo, Saraiva, 1998, p. 68.

do cumprimento do dever jurídico de pagar antecipadamente o tributo já é obtida com a simples interposição do recurso.

Vencido o sujeito passivo na esfera administrativa, e, assim, constituído definitivamente o crédito tributário, o depósito é convertido em renda da entidade tributante, salvo se o sujeito passivo ingressar em juízo, no prazo de 30 dias, discutindo a exigência.

Depois da constituição definitiva, o depósito, quer tenha sido prévio ou posterior, tem o efeito de suspender a exigibilidade do crédito tributário correspondente e, assim, de impedir a propositura da ação de cobrança, vale dizer, a execução fiscal. E, uma vez suspensa a exigibilidade do crédito tributário, tem o sujeito passivo da obrigação tributária o direito de não ser considerado inadimplente, vale dizer, tem ele direito à certidão com efeito equivalente à certidão de quitação da Fazenda Pública.

7.4.3.4 Procedimento do depósito

Houve muita controvérsia em torno do procedimento adequado para a feitura do depósito. Alguns sustentavam que o interessado deveria propor ação cautelar inominada. O TFR decidiu ser desnecessária a ação cautelar, podendo o depósito ser feito nos autos da ação principal. Decidiu, outrossim, que, por se tratar de cautelar desnecessária, excluíam-se os ônus da sucumbência imputados à União Federal.[18]

Parece-nos não existir interesse processual para a propositura da ação cautelar, posto que não há resistência à pretensão de depositar. Quem eventualmente tem oposto tal resistência é o próprio Poder Judiciário, por intermédio de juízes exageradamente formalistas, que sempre encontram argumentos para criar problemas, em vez de soluções.

Como Corregedor do TRF-5ª Região, baixamos provimento autorizando o depósito na Caixa Econômica Federal independentemente de decisão prévia do juiz. Provimento que se fez necessário para vencer os formalistas renitentes.

Nossa ideia foi adotada também pelos TFRs-1ª e 3ª Regiões, e finalmente foi acolhida pelo legislador federal, que disciplinou também a remuneração, assegurando aos depósitos em dinheiro o mesmo tratamento das cadernetas de poupança.[19]

---

18. TFR, AC 119.534-DF, rel. Min. Carlos Mário Velloso, *DJU*-1 11.10.1988, p. 25.966.

19. Lei 9.289, de 4.7.1996, art. 11.

Ao promover a ação anulatória de lançamento, ou a declaratória de inexistência de relação jurídica tributária, ou mesmo o mandado de segurança, o autor fará a prova do depósito e pedirá ao juiz que mande cientificar a Fazenda Pública, para os fins do art. 151, II, do CTN. Se pretender a suspensão da exigibilidade antes da propositura da ação, poderá fazer o depósito e, em seguida, juntando o respectivo comprovante, pedir ao juiz que mande *notificar* a Fazenda Pública. Terá, então, o prazo de 30 dias para promover a ação.

7.4.3.5 Destino do valor depositado

Julgada procedente a ação, o valor depositado deve ser devolvido ao contribuinte. Julgada improcedente, o valor depositado deve ser convertido em renda da Fazenda Pública. Essa conversão do depósito em renda deve dar-se somente depois do trânsito em julgado da sentença de mérito que o determinar.

Ocorrendo a extinção do processo sem julgamento de mérito o valor do depositado deve ser devolvido ao depositante. Não cabe a conversão do depósito em renda, como erroneamente alguns juízes têm decidido. O valor depositado deverá, em tais casos, ser devolvido ao depositante. Com razão, portanto, o STJ quando assim decidiu:

> Processual – Depósito inibitório de ação fiscal – Extinção do processo sem julgamento de mérito – Liberação em favor de terceiro – Ilicitude.
>
> Se o processo foi extinto sem julgamento de mérito, não é lícito entregar-se o valor do depósito inibitório de ação fiscal a terceira pessoa, não integrante da relação processual. Se não houve julgamento de mérito o depósito deve ser devolvido a quem o efetuou.[20]

Realmente, a sentença de mérito, afirmando a validade da constituição do crédito tributário, empresta fundamento para a conversão do depósito em renda da Fazenda Pública credora, com a consequente extinção do crédito tributário cuja existência e validade estão sendo afirmadas. Se não há julgamento de mérito, a sentença nada afirma sobre o crédito tributário. Não haverá, portanto, fundamento para a conversão de depósito em renda da Fazenda Pública. Não haverá título jurídico a justificar a transferência da propriedade do valor depositado.

20. STJ, REsp 319.954-RJ, rel. Min. Gomes de Barros, j. 18.11.2003, *DJU* 15.12.2003, p. 185, e *Revista Dialética de Direito Tributário* 102/157, São Paulo, Dialética, março/2004.

O STJ, entretanto, tem decidido em sentido contrário. Tem entendido que em face da decisão que extingue o processo sem julgamento de mérito o depósito deve ser convertido em renda da Fazenda Pública.[21] Esse entendimento, *data venia*, nos parece equivocado, porque ocorrendo a extinção do processo sem julgamento de mérito não existe título jurídico que fundamente a transferência do valor depositado do patrimônio do depositante para a Fazenda Pública. Além disso, é decisão que estimula a Fazenda Pública a pleitear a extinção do processo sem julgamento de mérito em todas as questões nas quais, porque não tem razão, queira evitar o julgamento de mérito, que é, a final, a solução por todos desejada, no interesse do Direito e da Justiça.

7.4.3.6 Depósito como "pagamento provisório"

A Medida Provisória 1.721, de 28.10.1998, da qual decorreu a Lei 9.703, de 17.11.1998, transformou em verdadeiros pagamentos os depósitos no âmbito federal, ao determinar que estes "serão repassados pela Caixa Econômica Federal para a Conta Única do Tesouro Nacional, independentemente de qualquer formalidade, no mesmo prazo fixado para recolhimento dos tributos e das contribuições federais".

A doutrina jurídica construiu, ao longo de séculos, conceitos que não podem ser ignorados, pelos que elaboram ou aplicam as normas, sem graves prejuízos para a Ciência do Direito e para a operacionalidade do ordenamento jurídico, que termina por não alcançar sua finalidade.

Existem, é certo, conceitos de direito positivo que podem ser criados e alterados pelo legislador com relativa liberdade; mas existem os conceitos consolidados universalmente, que fazem pare da Teoria Jurídica, e estes, evidentemente, não podem ser atingidos em seus elementos e em seus efeitos essenciais. Assim é que não se concebe uma *compra e venda* sem o elemento essencial, o *preço*, e sem o efeito que lhe é próprio, a *transmissão da propriedade* da coisa vendida. Pela mesma razão, não pode o legislador determinar que em virtude de uma *hipoteca* a propriedade do bem hipotecado restou *transferida*, ou que da realização de um *pagamento* não decorre a *extinção da dívida* a que se refere.

Não basta que se tenha lei. É preciso que se tenha ordem jurídica, e esta inclui a existência de instituições, que não podem ser construídas, ou mantidas, sem respeito aos conceitos consolidados na doutrina jurí-

---

21. STJ, 2ª Turma, AgR no REsp 901.793-SP, rel. Min. Castro Meira, j. 12.2.2008, *DJU* 25.2.2008 e *Boletim Informativo Juruá/BIJ* 455/27, 16 a 31.3.2008.

dica. Sem o respeito pelo significado das palavras e dos princípios consagrados pelo ordenamento jurídico. E esse respeito ao significado das palavras é ainda mais necessário na medida em que as normas do sistema estão nele escalonadas hierarquicamente. Não se pode admitir que pela simples mudança de significado de palavras uma norma de hierarquia inferior estabeleça coisa diversa da estabelecida na norma de hierarquia superior, embora aparentemente não o esteja fazendo.[22]

Assim é que um *pagamento* não será *depósito* apenas porque foi como tal designado em lei. O depósito, como se sabe, não transfere a propriedade do dinheiro depositado. Assim, o depósito feito pelo contribuinte para garantia do juízo não transfere a propriedade do dinheiro depositado para a Fazenda Pública. O depósito de que se cuida não é pagamento, mas uma garantia de que este se fará, se devido, no momento oportuno. Apenas uma garantia. Característica essencial do depósito para garantia do juízo é sua permanência em mãos de terceiro. O depósito é medida preparatória preventiva ou de segurança que consiste na entrega de coisa apreendida à guarda ou vigilância de terceiro.

Aliás, o legislador, no caso de que se cuida, traiu-se, e disse que se a Fazenda for, a final, vencedora no processo, o valor respectivo será "transformado em pagamento definitivo". Isto quer dizer que antes ocorrera um pagamento *não definitivo*, ou *pagamento provisório*, coisa que não pode ser admitida por nenhum jurista, porque evidentemente anômala, desconforme com os princípios e conceitos do Direito.

Por outro lado, *depósito* e *receita pública* são coisas diversas. Receita pública, segundo definição de Baleeiro, "é a entrada que, integrando-se ao patrimônio público sem quaisquer reservas, condições ou correspondência no passivo, vem acrescer o seu vulto, como elemento novo e positivo".[23] Ensina Aliomar Baleeiro que "as quantias recebidas pelos cofres públicos são genericamente designadas como 'entradas' ou 'ingressos'. Nem todos esses ingressos, porém, constituem receitas públicas, pois alguns deles não passam de 'movimentos de fundo', sem qualquer incremento do patrimônio governamental, desde que estão condicionados a restituição posterior ou representam mera recuperação de valores emprestados ou cedidos ao governo".[24]

---

22. Ao dar efeitos de pagamento ao depósito, com inadmissível jogo de palavras, a lei, na verdade, fez do depósito um pagamento, violando o estabelecido no Código Tributário Nacional e na Constituição Federal.

23. Aliomar Baleeiro, *Uma Introdução à Ciência das Finanças*, 17ª ed., Rio de Janeiro, GEN/Forense/Bilac Pinto Editores, 2010, p. 148.

24. Idem, ibidem.

A Lei 9.703, de 17.11.1998, na verdade, converteu os depósitos para garantia do juízo em pagamentos, pura e simplesmente, determinando que a Caixa Econômica Federal repasse os valores respectivos para a Conta Única do Tesouro Nacional, independentemente de qualquer formalidade. E com isso consumou verdadeira expropriação, num atentado claro e ostensivo ao direito de propriedade, que a Constituição expressamente assegura.[25]

É certo que também estabeleceu uma forma de restituição privilegiada, para com isto obter a conformação do contribuinte expropriado em seu depósito, determinando que a Caixa lhe faça o pagamento, a débito da Conta Única do Tesouro, quando vitorioso na ação respectiva. Com isto, porém, mais uma vez atentou contra norma expressa da Constituição Federal, segundo a qual

> os pagamentos devidos pela Fazenda Federal, Estadual ou Municipal, em virtude de sentença judiciária, far-se-ão exclusivamente na ordem cronológica de apresentação dos precatórios e à conta dos créditos respectivos, proibida a designação de casos ou pessoas nas dotações orçamentárias e nos créditos abertos para esse fim.[26]

O STJ, todavia, já afirmou a "legalidade do diploma legal" em referência, em acórdão assim ementado:

> Tributário – Depósito judicial – Transferência ao Tesouro Nacional – Lei n. 9.703/1998 e art. 151, II, do CTN.]1. A sistemática inaugurada pela Lei n. 9.703/1998 não altera os efeitos do depósito, como preconizado no art. 151, II, do CTN. 2. Legalidade do diploma legal que, em nível infraconstitucional, não sofre restrição alguma. 3. Recurso especial improvido.[27]

Como se vê do voto da Min. Eliana Calmon, Relatora do caso em referência, nele o STJ não apreciou questão de constitucionalidade. O voto da Relatora fez referência à questão constitucional, reportou-se à ação em tramitação no STF, mas esclareceu que no caso em exame a alegação era apenas de contrariedade ao Código Tributário Nacional, posto que mantidos os efeitos do depósito tal como nele previstos.

No STF a questão foi apreciada na ADI 1.933, promovida pela OAB contra o Presidente da República e o Congresso Nacional, teve

---

25. CF/1988, art. 5º, XXII.
26. CF/1988, art. 100.
27. STJ, 2ª Turma, REsp 370.812-SC, rela. Min. Eliana Calmon, *DJU* 2.9.2002.

como Relator o Min. Nelson Jobim e teve medida liminar negada em 30.5.2001. Em 14.4.2010, tendo como Relator o Min. Eros Grau, foi julgada improcedente, por unanimidade.

7.4.3.7 Depósito e outras dívidas do contribuinte

Em vários casos a Fazenda Pública tem pretendido a permanência do depósito por conta de outras dívidas do contribuinte, e alguns juízes federais têm acolhido essa pretensão – a meu ver, indevidamente.

Acertou a 1ª Turma do STJ decidindo que o depósito inibitório da ação fiscal de que trata o art. 151 do CTN tem que ser devolvido ao contribuinte vitorioso na respectiva demanda. Em respeito à coisa julgada, o Fisco não pode apropriar-se do depósito a pretexto de existirem outras dívidas do mesmo contribuinte, não discutidas no processo.[28] No mesmo sentido, aliás, já havia afirmado que "não é lícito ao Fisco apropriar-se de tal depósito a pretexto de que existem outras dívidas do contribuinte oriundas de outros tributos".[29]

É certo que, sendo o depósito um bem pertencente ao contribuinte, poderá ser objeto de penhora em regular processo de execução. Não é lícito, porém, à Fazenda Pública valer-se de tal depósito para garantia de outros créditos seus que ainda estejam ou que ainda possam ser submetidos a disputa administrativa ou judicial. Isto corresponderia a obrigar o contribuinte a fazer o depósito, quando se sabe que o depósito é simplesmente uma faculdade sua para suspender a exigibilidade do crédito tributário. Ou para garantir, se for o caso, a execução fiscal contra ele movida pela Fazenda.

7.4.3.8 Depósito antes da constituição definitiva do crédito

Conforme afirmamos, o depósito pode ser feito antes de constituído o crédito tributário. Por isto o qualificamos neste caso como prévio, isto é, feito antes de existir no plano jurídico a figura do crédito tributário, e, assim, antes de existir a exigibilidade que é própria daquele. Em tal situação é mais adequado dizer-se que ele impede a exigibilidade.

É razoável, porém, dizer que o depósito feito antes da constituição do crédito tributário suspende outro tipo de exigibilidade. Nos tributos

---

28. STJ, 1ª Turma, REsp 297.115-SE, rel. Min. Humberto Gomes de Barros, j. 3.3.2001.

29. STJ, 1ª Turma, AgR na MC 3.008-SP, rel. Min. Humberto Gomes de Barros, j. 10.10.2000, *DJU* 23.4.2001 e *BIJ – Atualidades Tributárias Juruá* 35/11, junho/2001.

sujeitos a lançamento por homologação o sujeito passivo tem o dever jurídico de fazer o pagamento antecipado. É um dever jurídico exigível, embora a exigibilidade desse dever jurídico, como a exigibilidade dos deveres jurídicos em geral, não seja exatamente aquela inerente ao crédito tributário. Dele se distingue pela consequência jurídica de seu inadimplemento. A exigibilidade do crédito tributário quer dizer que em face de seu inadimplemento a Fazenda Pública pode promover a execução correspondente. Já, a exigibilidade do dever de pagar antecipadamente não quer dizer que a Fazenda Pública possa, em face do inadimplemento do dever de pagar, promover a execução. Quer dizer que em face do inadimplemento surge para a Fazenda Pública o direito potestativo de aplicar a penalidade pecuniária e constituir o crédito tributário correspondente ao tributo cujo pagamento antecipado não se deu e à penalidade pecuniária então aplicada.

Como o art. 151, II, do CTN contempla o depósito como causa de suspensão da exigibilidade do crédito tributário, pode parecer que o depósito não é meio adequado para suspender a exigibilidade do cumprimento do dever jurídico de fazer o pagamento antecipado. E que não deve ser admitido para esse fim. A tese, porém, resulta do equívoco alimentado pela ideia de que o elemento literal é bastante na interpretação das normas jurídicas. Se fosse, não seria necessário estudar Direito. No Brasil, seria bastante estudar a língua portuguesa.[30]

O depósito suspende a exigibilidade do crédito tributário, certamente, mas suspende também a exigibilidade do cumprimento do dever jurídico de fazer o pagamento antecipado. Isto decorre da norma do art. 151, II, do CTN, interpretada à luz da lógica jurídica, e especialmente do elemento finalístico, que o intérprete não pode de nenhum modo deixar de considerar. É lógico que se o depósito tem a força de suspender a exigibilidade do crédito, impedindo que a Fazenda Pública promova sua cobrança executiva, há de ter também a força de impedir que a Fazenda Pública considere inadimplente o sujeito passivo que antes de constituído o crédito tributário já efetuou o depósito do montante respectivo, garantindo plenamente o direito da Fazenda de haver o tributo se este a final for considerado devido.

Essa compreensão do problema tem efeitos práticos importantes no que concerne ao lançamento por homologação, como veremos a seguir.

30. Este era o argumento insistentemente sustentado pelo jusfilósofo cearense Arnaldo Vasconcelos no combate ao literalismo na interpretação jurídica.

7.4.3.9 Depósito, lançamento por homologação e decadência

Na doutrina há quem entenda que, efetuado o depósito para suspensão da exigibilidade do crédito tributário, a Fazenda Pública tem o dever de fazer o lançamento respectivo e que, "quando não houver sido efetuado no prazo estipulado no art. 173, I, do CTN o lançamento destinado a prevenir a decadência, em consonância com o art. 63 da Lei 9.430/1996, incabível cogitar que os valores depositados em juízo sejam de pronto convertidos em renda, conquanto exista decisão transitada em julgado determinando tal providência".[31]

Tal entendimento foi acolhido pelo STJ, que em diversos acórdãos afirmou consumada a decadência do direito de a Fazenda Pública constituir o crédito tributário com o decurso do prazo de cinco anos a partir do fato gerador do tributo não obstante feito o depósito em juízo e a final julgada improcedente a ação promovida pelo contribuinte.

Vejamos o entendimento do STJ, expresso na seguinte ementa:

> Tributário – Decadência – Lançamento por homologação (arts. 150, § 4º, e 173 do CTN) – Suspensão da exigibilidade – Depósito do montante integral – CTN, art. 151, II. 1. Nas exações cujo lançamento se faz por homologação, havendo pagamento antecipado, conta-se o prazo decadencial a partir do fato gerador (art. 150, § 4º, do CTN). 2. Somente quando há pagamento antecipado ou há prova de fraude, dolo ou simulação é que se aplica o disposto no art. 173, I, do CTN. 3. Em normais circunstâncias, não se conjugam os dispositivos legais. 4. Hipótese que trata de tributo lançado por homologação cuja antecipação do pagamento somente não ocorreu porque o contribuinte discutiu a exação em mandado de segurança e efetuou o depósito como lhe faculta o art. 151, II, do CTN, suspendendo a exigibilidade do crédito tributário – Situação que se enquadra na previsão contida no art. 150, § 4º, do CTN. 5. Se o depósito não foi integral e, por isso, não houve suspensão da exigibilidade do crédito tributário, cabia à Fazenda manifestar-se a respeito no curso da ação e não pretender, ultrapassado o prazo decadencial, cobrar suposta diferença. 6. O prazo decadencial não se sujeita a suspensões ou interrupções. 7. Recurso especial improvido.[32]

---

31. Manuel Luís da Rocha Neto, "Prazo decadencial para constituição do crédito tributário – Levantamento das quantias depositadas em juízo", *Revista Dialética de Direito Tributário* 47/87, São Paulo, Dialética, agosto/1999.

32. STJ, 2ª Turma, REsp 504.822-PR, rela. Min. Eliana Calmon, *DJU* 25.2.2004, p. 149.

Esse julgado alberga entendimento com o qual não concordamos, pelas razões que adiante vamos expor, mas tem sido aplaudido na doutrina. E tem servido de fundamento para manifestações no sentido de que a apuração do valor do tributo, necessária para o depósito respectivo, não se presta para consubstanciar o lançamento por homologação. Diz-se que, nos casos de depósito para suspender a exigibilidade do crédito tributário, se a Fazenda Pública não faz o lançamento do tributo, se não constitui o crédito tributário cuja exigibilidade esteja suspensa pelo depósito nos termos do art. 151 do Código, seu direito de lançar é atingido pela decadência. Assim, mesmo sendo julgada improcedente a ação promovida pelo contribuinte, este tem direito ao levantamento de depósito, que não poderá ser convertido em renda.[33]

A tese, *data maxima venia*, não nos parece aceitável, e está a merecer alguns esclarecimentos. A suspensão da exigibilidade do crédito tributário, a rigor, só se pode operar depois do lançamento, pela simples razão de que antes deste nem crédito existe. Não é razoável cogitar de suspensão da exigibilidade de um crédito tributário inexistente.

Nada impede, é certo, que o interessado ingresse em juízo com ação ordinária ou mandado de segurança para questionar a exigência de tributo em determinada situação de fato sem que tenha sido feito o lançamento. E nada impede que em tal situação faça o depósito da quantia correspondente. O depósito, neste caso, suspende a exigibilidade do dever jurídico de antecipar o pagamento do tributo. Não a exigibilidade do crédito tributário, que – repita-se – nem sequer existe. A respeito deste assunto, Hugo de Brito Machado Segundo, depois de examinar a suspensão da exigibilidade do crédito tributário por outras causas, assevera:

> Diferente é a situação na hipótese em que o contribuinte se antecipa à autoridade lançadora e obtém *judicialmente* a suspensão do crédito tributário antes mesmo de sua constituição. Nesses casos, aliás, é mais correto falar-se de *suspensão do dever jurídico de antecipar o pagamento, e do crédito tributário a ser eventualmente constituído.*[34]

O depósito pressupõe a determinação do valor que a Fazenda Pública pretende lhe seja devido a título de tributo. Pressupõe o acer-

---

33. Guilherme Doin Braga, "Dos depósitos judiciais e o seu levantamento integral face à decadência do direito da Fazenda Pública efetuar o devido lançamento fiscal", *BIJ – Atualidades Tributárias Juruá* 72/2-4, julho/2004.

34. Hugo de Brito Machado Segundo, *Processo Tributário*, 9ª ed., São Paulo, GEN/Atlas, 2017, pp. 101-102.

tamento da relação tributária, no seu aspecto quantitativo. Pressupõe a determinação do valor do tributo que a Fazenda Pública pretende lhe seja pago e o contribuinte, no caso, considera indevido. Essa determinação é exatamente o que ocorre quando o contribuinte, considerando devido o tributo, vai fazer seu pagamento antecipado. Se a Fazenda concorda, expressa ou tacitamente, com o valor depositado, está, indiscutivelmente, consumado o lançamento tributário, que, na verdade, nada mais é que o acertamento da relação tributária. A concordância da Fazenda Pública com os valores depositados constitui a homologação de que trata o art. 150 do CTN. Se não ocorrer de forma expressa, dar-se-á tacitamente, nos termos do § 4º do referido art. 150, pelo decurso do prazo de cinco anos, contados do fato gerador do tributo em disputa.

Esta é a interpretação mais razoável que se pode fazer dos dispositivos do Código Tributário Nacional pertinentes ao lançamento por homologação, ao depósito como causa de suspensão da exigibilidade do crédito, à conversão do depósito em renda e à decadência do direito de constituir o crédito tributário como forma de sua extinção. É a interpretação mais razoável dos arts. 150 e seu § 4º, 151, II, 156, V, VI e X, e 173 do CTN.

Nas hipóteses em que, sem existir ainda lançamento, se admite o depósito do valor do tributo para garantir o juízo em que se processa seu questionamento tem-se verdadeiro lançamento por homologação, no qual a concordância expressa ou tácita da Fazenda Pública com o valor depositado torna juridicamente existente o lançamento, que de fato fora feito pelo contribuinte depositante (art. 150 e seu § 4º). A exigibilidade estará suspensa até que transite em julgado a decisão final da causa (art. 151, II). A extinção do crédito dar-se-á pela conversão do depósito em renda, se a ação do contribuinte for julgada procedente (art. 156, VI), ou pela decisão judicial, se esta for favorável ao contribuinte (art. 156, X).

Não é razoável, pois, considerar atingido pela decadência o direito de constituir o crédito tributário pelo lançamento (art. 173), porque, no caso, o lançamento já está consumado com a homologação da apuração do valor do tributo em questão, consubstanciada na concordância, expressa ou tática, com o valor depositado.

A tese, que faz algum tempo temos defendido,[35] segundo a qual o depósito efetuado pelo contribuinte sem que exista lançamento equiva-

---

35. Hugo de Brito Machado, "O depósito, o lançamento por homologação e a decadência", *Revista Dialética de Direito Tributário* 111/29-36, São Paulo, Dialética, dezembro/2004.

le ao pagamento e enseja o lançamento por homologação foi também adotada por Leandro Paulsen e afinal acolhida pelo STJ, que, por sua 1ª Seção, uniformizou sua jurisprudência nesse sentido.[36]

Na verdade, o depósito para garantia do juízo do valor que a Fazenda pretende receber sem que ainda exista o lançamento destina-se a assegurar a efetividade do direito afirmado na decisão. Com seu trânsito em julgado deve ser o depósito devolvido ao contribuinte se este for o vitorioso, ou convertido em renda, se vitoriosa a Fazenda.

Pode, é certo, ocorrer situação na qual não se opere a conversão do depósito em renda. Se o contribuinte promover ação rescisória é razoável admitir que o valor depositado assim permaneça. Pode o juiz determinar que se aguarde o julgamento da rescisória para que somente com o trânsito em julgado da sentença nesta proferida seja convertido em renda ou liberado para o contribuinte. Esta, porém, é outra questão.

Seja como for, certo é que, uma vez efetuado o depósito, tem-se um valor apurado pelo contribuinte. Se a Fazenda Pública aceita esse valor, isto é, se considera que corresponde ao por ela pretendido, está feito o lançamento por homologação. Este entendimento tem sido adotado pelo STJ.[37] Embora se fale de desnecessidade de lançamento, a rigor, não se trata de desnecessidade, mas de lançamento que se considera efetuado por homologação, pela concordância da Fazenda com a quantia depositada.

7.4.3.10 Montante integral do crédito tributário

No momento em que se cogita da suspensão da exigibilidade do crédito tributário, a rigor, ainda não se sabe qual é o efetivo montante deste. Tem-se, de um lado, a Fazenda Pública a pretender que seja um, enquanto o sujeito passivo da relação tributária pretende que seja outro, menor, ou que seja nenhum.

Estabelece o inciso II do art. 151 do CTN que suspende a exigibilidade do crédito tributário o depósito do seu montante integral. Como se está no contexto de um questionamento a respeito do crédito tributário e se cogita de um meio de garantir o direito da Fazenda Pública de receber o tributo, tem-se de concluir que o *montante integral* é o valor que a Fazenda Pública entende devido, mesmo sem ela ter feito o lançamento.

36. STJ, 1ª Seção, EDv no REsp 898.992-PR, rel. Min. Castro Meira, j. 8.8.2007, *DJU* 27.8.2007 e *Boletim Informativo Juruá/BIJ* 446/32, 16 a 31.10.2007.

37. STJ, 2ª Turma, REsp° 953.684, rel. Min. Castro Meira, *Boletim Informativo Juruá/BIJ* 466/4, 1 a 15.9.2008.

A apuração do valor a ser depositado, portanto, deve ser feita pelo sujeito passivo levando em conta não o que ele entende devido, mas o que como tal entende a Fazenda Pública.

Pode ocorrer, e em muitos casos efetivamente ocorre, que o sujeito passivo entenda nada ser devido. Entretanto, se quer suspender a exigibilidade do seu dever de antecipar o pagamento do tributo, deve depositar o montante que é devido no entender da Fazenda Pública. Por isto é que a concordância expressa ou tácita da Fazenda Pública com o valor depositado é a homologação do lançamento que se opera em relação ao tributo cujo valor fora depositado.

7.4.3.11 Depósito e exigência de diferenças

Efetuado o depósito do montante integral do tributo questionado, fica suspensa a exigibilidade do dever jurídico de antecipar o pagamento do tributo. E com a concordância da Fazenda Pública quanto ao valor depositado resta consumado o lançamento. Admitindo que a exigibilidade está suspensa a Fazenda está admitindo que o depósito corresponde ao montante integral do tributo. Não pode, pois, exigir nenhuma diferença, especialmente se já decorrido o prazo de cinco anos.

Tomando conhecimento do depósito, como do pagamento, nada impede que a Fazenda realize investigações no sentido de constatar e cobrar possíveis diferenças. Se não o faz, e decorre o prazo de cinco anos sem que qualquer diferença seja cobrada, consuma-se a decadência do direito de lançar, e nenhuma diferença poderá mais ser cobrada. A tese que tem sido sustentada pela Fazenda para justificar a cobrança de diferenças é absolutamente improcedente, além de flagrantemente incoerente. O depósito que suspende a exigibilidade do crédito tributário é o de seu montante integral. Se era menor, nada havia a impedir o lançamento e a cobrança de eventuais diferenças. Neste sentido orientou-se a jurisprudência do STJ.[38]

7.4.3.12 Depósito e ação de consignação em pagamento

O depósito a que se refere o art. 151, II, do CTN não se confunde com aquele que pode ser feito no caso da propositura da ação de consignação em pagamento. A finalidade de um e a do outro os distinguem claramente. Quem deposita nos termos do art. 151, II, do CTN pretende

---

38. STJ, REsp 504.822-PR, rela. Min. Eliana Calmon, j. 16.12.2003, *DJU* 25.2.2004, p. 149.

questionar a exigência do valor correspondente. Deposita em garantia do juízo. Deposita para garantir a eficácia da sentença que, rejeitando a pretensão do contribuinte, afirme ser o tributo devido – caso em que o depósito deve ser convertido em renda, garantindo a eficácia da sentença a favor da Fazenda Pública – e também daquela que, acolhendo a pretensão do contribuinte, afirme ser o tributo indevido – caso em que o valor correspondente deve ser devolvido ao depositante.

O depósito que se faz para garantir o juízo e suspender a exigibilidade, nos termos do art. 151, II, do CTN, deve corresponder ao montante integral do crédito tributário que o depositante considera indevido e deve ser feito em dinheiro. Neste sentido tem decidido, com acerto, o STJ:

> Processual civil e tributário – Ação de consignação em pagamento – Títulos da Dívida Pública com cotação em Bolsa – Suspensão da exigibilidade do crédito tributário – Art. 151, II, do CTN – Impossibilidade – Súmula n. 112/STJ – Necessidade de autorização legislativa específica – Conversão em renda da entidade tributante – Pagamento. 1. O art. 151, II, do CTN exige para fins de suspensão da exigibilidade do crédito tributário que o depósito efetuado seja integral e em dinheiro. Aplicação *in casu* da Súmula n. 112/STJ, que dispõe: "O depósito somente suspende a exigibilidade do crédito tributário se for integral e em dinheiro". 2. A *ratio essendi* da Súmula, à luz do que dispõe a lei, baseia-se na constatação fática de que, em caso de improcedência dos pedidos formulados pelo contribuinte, a conversão do depósito efetuado em renda a favor da entidade tributante cumpre a finalidade da ação de execução fiscal, e atende ao princípio da economia processual. 3. Deveras, o pagamento de tributos por outras formas, que não em dinheiro, reclama autorização legislativa (art. 162, I e II, do CTN). 4. Precedentes. 5. Recurso especial parcialmente conhecido e, nessa parte, provido.[39]

O depósito de que trata o art. 151, II, do CTN é instrumento auxiliar de proteção do direito de não pagar o que se tem como indevido. Com ele se obtém a suspensão da exigibilidade do crédito que não se quer pagar. Deve corresponder ao valor total pretendido pela Fazenda Pública que se considera credora, e não ao valor que o contribuinte eventualmente considere devido. Tratando-se de crédito tributário que o contribuinte considera devido em parte, quanto a essa parte tida como devida o contribuinte deve fazer o pagamento. Não o depósito. O depósito deve corresponder ao valor que o contribuinte considera indevido.

39. STJ, REsp 474.100-RS, rel. Min. Luiz Fux, *DJU* 8.9.2003 e *Interesse Público* 22/143, Porto Alegre, Notadez, novembro-dezembro/2003.

Já, o depósito no âmbito da ação de consignação em pagamento, que não se restringe ao crédito tributário, tem finalidade e disciplina jurídica diversas. A ação de consignação em pagamento destina-se a proteger o direito de pagar, em sentido amplo. Não apenas de entregar dinheiro ao credor de dívida pecuniária. *Pagar* no sentido de cumprir um dever jurídico, com a entrega ao credor do que a este é devido. Assim, o depósito deve ser daquilo que é devido. Seja uma quantia em dinheiro, seja um outro bem qualquer, objeto de uma obrigação que o devedor quer cumprir e o credor a isto opõe obstáculo.

Mesmo tratando-se de crédito tributário, o depósito que se faz no âmbito da ação de consignação em pagamento tem finalidade inteiramente diversa da que tem o depósito a que se refere o art. 151, II, do CTN. Enquanto este deve ser do montante integral do crédito tributário que o contribuinte considera indevido e cuja exigência questiona, aquele corresponde ao valor do tributo que o contribuinte considera devido e quer pagar, nos termos do art. 164 do CTN.

7.4.4 *Reclamações e recursos*

7.4.4.1 Suspensão prévia ou impedimento

O Código Tributário Nacional estabelece que suspendem a exigibilidade do crédito tributário "as reclamações e os recursos, nos termos das leis reguladoras do processo tributário administrativo".[40] Tais reclamações e recursos são interpostos em momento no qual ainda não existe a referida exigibilidade, e por isto se diz que as reclamações e os recursos operam sua suspensão prévia ou preventiva. Talvez seja mais adequado dizer que operam o impedimento da exigibilidade, pois, na verdade, a interposição de reclamações ou recursos impede que a exigibilidade venha a nascer.

Com efeito, ao ser lavrado um auto de infração o sujeito passivo tem prazo para pagar ou impugnar a exigência. Ainda não existe exigibilidade, no sentido de que a Fazenda ainda não pode promover a correspondente execução fiscal. Formulada a reclamação, portanto, a exigibilidade não chega a surgir. E, da mesma forma, julgada procedente a ação fiscal em primeira instância, o sujeito passivo tem prazo para pagar ou recorrer. Também nesta situação ainda não existe exigibilidade. Interposto o recurso, portanto, a exigibilidade não chega a surgir.

40. CTN, art. 151, III.

Seja como for, importa-nos comentar o dispositivo como ele está escrito. E de forma a que nosso comentário seja útil na busca do significado adequado da norma, ajudando a afastar interpretações equivocadas. Diante do art. 151, III, do CTN é possível que sejam colocadas algumas questões, entre as quais a de saber se o legislador ordinário pode regular o processo administrativo eliminando o efeito suspensivo das reclamações e dos recursos. Questão que, a nosso ver, comporta resposta negativa, pois eliminar o efeito suspensivo das reclamações e dos recursos implicaria eliminar completamente a utilidade destes.

Outras questões interessantes que podem ser colocadas dizem respeito ao fundamento das reclamações e dos recursos. A primeira dessas questões pode ser colocada na situação em que o contribuinte, em sua reclamação ou em seu recurso, formula sua discordância com a exigência do tributo fundamentada na inconstitucionalidade da lei que o instituiu ou aumentou. Se considerarmos que as autoridades administrativas não têm competência para apreciar a alegação de inconstitucionalidade das leis, poderemos dizer que a reclamação ou o recurso não estão nos termos das leis que regulam o processo administrativo tributário e, portanto, não suspendem nem impedem a exigibilidade do crédito correspondente. A segunda dessas questões pode ser colocada na situação em que o contribuinte alega simplesmente, em sua reclamação ou em seu recurso, que a exigibilidade do crédito tributário em questão está suspensa em virtude de procedimento judicial, nos termos do art. 151, V e VI, do CTN. É que em tal situação é possível dizer que não se tem reclamação nem recurso, mas simplesmente uma informação do contribuinte à autoridade administrativa.

7.4.4.2 Reclamações e recursos intempestivos

Questão interessante que nesse contexto pode ser colocada é a de saber se reclamações ou recursos interpostos fora do prazo legal, que, por serem intempestivos, não suspendem a exigibilidade do crédito tributário, suspendem ou não o curso da prescrição. Pode ocorrer que a reclamação seja intempestiva, ou o recurso seja intempestivo, e neste caso não se opera a suspensão do crédito tributário. Assim, se decorre mais de cinco anos até que a Administração decida, definitivamente, pode ser suscitada a questão de saber se o crédito tributário resta extinto, pela prescrição, nos termos do art. 156, V, do CTN.

O prazo de cinco anos estabelecido pelo art. 174 do CTN começou a correr a partir do primeiro dia seguinte ao vencimento do prazo para a reclamação ou para o recurso. O art. 151, III, do CTN diz que suspendem a exigibilidade do crédito tributário as reclamações e os recursos, *nos termos das leis reguladoras do processo tributário administrativo*. A interposição intempestiva da reclamação ou do recurso não suspende a exigibilidade do crédito tributário, porquanto não se deu *nos termos das leis reguladoras do processo tributário administrativo*.

Por outro lado, ao contribuinte não pode ser imputada a causa da demora na decisão, muito simples, aliás, que apenas afirma ter sido a interposição fora do prazo. A autoridade, ao proferir essa decisão, não examina o mérito da exigência tributária. Diz apenas que *não conhece* da reclamação ou do recurso. A reclamação e o recurso, portanto, não produziram nenhum efeito. O crédito tributário tornou-se exigível desde o primeiro dia seguinte ao término do prazo para a reclamação ou para o recurso. A partir daí, portanto, começou a correr o prazo de prescrição.

7.4.5 Provimentos judiciais

Também suspendem a exigibilidade do crédito tributário os provimentos judiciais de natureza cautelar. Neste sentido, o Código Tributário Nacional estabelece que suspendem a exigibilidade do crédito tributário a concessão de medida liminar em mandado de segurança e a concessão de medida liminar ou de tutela antecipada em outras espécies de ação judicial.[41]

A Constituição Federal estabelece que "a lei não excluirá da apreciação do Poder Judiciário lesão ou ameaça a direito".[42] Assim, não se há de esperar esteja consumada a lesão para só então pedir a providência judicial. Pode esta ser reclamada contra a simples ameaça. Preventivamente, portanto.

É certo que os provimentos cautelares não se destinam apenas a prevenção. Os provimentos cautelares podem ter por finalidade a garantia de reparação em face de lesões consumadas. Em qualquer caso, porém, é indiscutível que eles se destinam a garantir a utilidade da decisão, viabilizando a execução desta. Assim, desde que necessários à efetividade e à utilidade das decisões judiciais, que a Constituição garante como remédio contra as lesões ou ameaças a direitos, os provimentos cautelares constituem, indiscutivelmente, uma garantia constitucional.

Eles estão incluídos na garantia constitucional à jurisdição, porque não é razoável admitir que essa importante garantia constitucional seja

---

41. CTN, art. 151, IV e V.
42. CF/1988, art. 5º, XXXV.

meramente formal. A garantia diz respeito à jurisdição útil, efetiva, e dela, portanto, não podem ser excluídas as medidas instrumentais que se mostrem necessárias à utilidade e à efetividade da jurisdição.

Por isto mesmo não merecia aplausos o entendimento, que ganhou expressão na jurisprudência, negando a possibilidade de suspensão da exigibilidade do crédito tributário por medida cautelar, mesmo reconhecendo que estão indiscutivelmente presentes os pressupostos desta. Tanto não merecia aplausos aquele entendimento, que o próprio Governo cuidou de promover a alteração da lei para incluir dispositivo admitindo expressamente a concessão de liminar ou tutela antecipada em outras espécies de ação judicial entre as causas de suspensão da exigibilidade do crédito tributário.

Realmente, com a Lei Complementar 104, de 10.1.2001, foi inserido o inciso V no art. 151 do CTN, a dizer que suspende a exigibilidade do crédito tributário "a concessão de medida liminar ou de tutela antecipada, em outras espécies de ação judicial".

Seja como for, podemos dizer, em síntese, que a suspensão da exigibilidade do crédito tributário em razão de provimentos judiciais é indispensável como forma de garantir a efetividade da garantia constitucional de jurisdição.

7.4.6 Suspensão da exigibilidade e obrigações acessórias

Como é sabido, a obrigação tributária pode ser principal ou acessória. É *principal* quando tem conteúdo pecuniário, é uma obrigação de dar dinheiro à Fazenda Pública. É *acessória* quando não tem conteúdo pecuniário, pois consiste em fazer, não fazer ou tolerar alguma coisa no interesse do cumprimento da obrigação principal.

Nos termos do parágrafo único do art. 151 do CTN, a suspensão da exigibilidade do crédito tributário não dispensa o cumprimento das obrigações acessórias a ele relacionadas, e isto se justifica porque em direito tributário o conceito do que seja acessório é diverso do adotado no direito privado, vale dizer, no direito das obrigações. Assim, a causa de suspensão da exigibilidade de um crédito tributário não afeta de nenhum modo as obrigações tributárias acessórias do sujeito passivo, ainda que relacionadas àquele crédito tributário que está com exigibilidade suspensa.

Entretanto, isto não significa a impossibilidade de suspensão da exigibilidade de uma obrigação tributária acessória. O dever jurídico nela consubstanciado, como qualquer dever jurídico, pode, em princípio, ter sua exigibilidade suspensa.

Assim, por exemplo, a obrigação tributária acessória consistente em prestar determinada informação, ou em emitir determinado documento ou utilizar determinado equipamento para controle de atos que ocorrem na vida do contribuinte, quando se contesta em juízo a validade da exigência, pode ter sua exigibilidade suspensa.

Temos sustentado que as obrigações acessórias, para serem válidas, devem atender aos princípios constitucionais da razoabilidade e da proporcionalidade. E já nos manifestamos no sentido de que a exigência do denominado "emissor de cupom fiscal" pelas Fazenda Estaduais, além de não configurar propriamente uma obrigação tributária acessória, viola esses princípios constitucionais.[43]

Aliás, muitos dos deveres impostos ao contribuinte podem não configurar obrigações tributárias acessórias, de modo que é sempre possível questionar sua validade, seja porque não tenham sido instituídos por lei, seja porque, mesmo instituídos por lei, não atendam aos princípios constitucionais.

Nos dias atuais vem crescendo de forma assustadora a pletora de exigências, quase todas instituídas mediante simples atos administrativos, que não se qualificam como obrigações tributárias acessórias porque atendem simplesmente ao comodismo fiscal. Cumuladas muitas vezes com as obrigações acessórias já previstas na vigente legislação tributária, elas têm por finalidade a obtenção de informações as mais diversas dos contribuintes, com prestação por meio eletrônico, como é o caso do emissor de cupom fiscal, para o quê se faz indispensável a utilização de instrumentos de custo elevado.

7.5 Extinção do crédito tributário

7.5.1 O dispositivo que arrola as causas de extinção do crédito tributário

O Código Tributário Nacional estabelece:

> Art. 156. Extinguem o crédito tributário: I – o pagamento; II – a compensação; III – a transação; IV – a remissão; V – a prescrição e a decadência; VI – a conversão do depósito em renda; VII – o pagamento antecipado e a homologação do lançamento nos termos do disposto no art. 150 e seus §§ 1º e 4º; VIII – a consignação em

---

43. Hugo de Brito Machado e Hugo de Brito Machado Segundo, *Direito Tributário Aplicado*, Rio de Janeiro, Forense, 2008, pp. 289-290.

pagamento, nos termos do disposto no § 2º do art. 164; IX – a decisão administrativa irreformável, assim entendida a definitiva na órbita administrativa, que não mais possa ser objeto de ação anulatória; X – a decisão judicial passada em julgado; XI – a dação em pagamento em bens imóveis estabelecida em lei.

> Parágrafo único. A lei disporá quanto aos efeitos da extinção total ou parcial do crédito sobre a ulterior verificação da irregularidade de sua constituição, observado o disposto nos arts. 144 e 149.

Para a adequada compreensão do que afirmamos a respeito das causas de extinção do crédito tributário é importante insistirmos em que, na terminologia adotada pelo Código Tributário Nacional, obrigação tributária e crédito tributário não se confundem. Por isto mesmo, em certas situações é possível a extinção do crédito tributário sem que se extinga também a obrigação tributária correspondente.

A rigor, crédito tributário e obrigação tributária são momentos distintos da relação obrigacional tributária. Como realidades do mundo jurídico formal são inconfundíveis, embora a obrigação tributária seja sempre a substância que se faz necessária para a constituição válida do crédito tributário.

Diz-se *constituição válida* porque é possível a constituição de um crédito tributário sem que exista obrigação tributária. Certamente não se terá constituído validamente o crédito, mas ele existirá no mundo jurídico formal. A compreensão disto é importante no estudo das várias causas de extinção do crédito tributário.

A extinção do crédito tributário pode ocorrer juntamente com a extinção da obrigação tributária que lhe dá substância, ou não. Como acontece com as obrigações em geral, a forma mais comum de extinção do crédito tributário é o pagamento, que significa a satisfação do direito do credor.

A extinção do crédito tributário é matéria compreendida na reserva legal, vale dizer, só a lei pode estipular os casos nos quais se verifica.[44] Isto não quer dizer que somente as causas extintivas previstas no Código Tributário Nacional possam ocorrer no direito tributário. Existem no direito privado causas extintivas de relações obrigacionais que, embora não previstas no Código Tributário Nacional, se aplicam em matéria tributária.

Nos casos em que se opera a extinção de um crédito tributário sem que se verifique a extinção da obrigação tributária correspondente, sub-

---

44. CTN, art. 97, VI.

siste o direito da Fazenda Pública, mediante novo lançamento, de constituir outro crédito. É claro que isto somente acontece quando a causa extintiva, porque não concernente à obrigação, tenha afetado apenas a *formalização* da relação obrigacional tributária.

7.5.2 Causas de extinção do crédito tributário

O art. 156 do CTN, transcrito no item precedente, arrola as causas de extinção do crédito tributário. Entretanto, esse rol não é exaustivo. A extinção do crédito tributário pode decorrer – embora isto seja excepcional – de causas outras, como a confusão, que ocorre quando a mesma pessoa assume as condições de devedor e de credor. Assim, se a União assume a propriedade da herança jacente, opera-se a confusão e se extinguem os créditos tributários que porventura tenha contra o autor da herança.[45]

Vejamos, então, cada uma das causas de extinção do crédito tributário arroladas no art. 156 do CTN.

7.5.2.1 Pagamento

A palavra "pagamento", em sentido amplo, significa o adimplemento da obrigação. A palavra "pagamento" tem sido colocada em primeiro lugar como um conceito de direito civil, embora também sejam registrados seus significados no direito administrativo e no direito tributário. Assim é que Maria Helena Diniz registra para a palavra "pagamento" os seguintes significados em cada uma dessas três áreas:

> 1. *Direito civil*: (a) execução satisfatória da obrigação, ou seja, solução, adimplemento, resolução, implemento, cumprimento; (b) adimplemento, que é o modo direto ou indireto da extinção da obrigação, incluindo não só a efetivação exata da prestação daquilo que forma o objeto da obrigação, como também a novação, a compensação, a confusão, a transação, a remissão da dívida etc.; (c) meio direto e voluntário de extinguir a obrigação; execução voluntária e exata, por parte do devedor, da prestação devida ao credor, no tempo, forma e lugar previstos no título constitutivo; (d) modo de satisfação do interesse do credor de certa obrigação, exaurindo-lhe qualquer pretensão (Barbero); (e) satisfação de prestação pecuniária, extinguindo o débito; (f) cumprimento efetivo de uma obrigação exigível, pela realização da prestação, extinguindo o vínculo jurídico, gerando satisfação do credor e liberação do devedor; (g) quinhão que nas par-

---

45. Cf.: Aliomar Baleeiro, *Direito Tributário Brasileiro*, 10ª ed., 9ª tir., Rio de Janeiro, Forense, 1993, p. 541.

tilhas cabe ao herdeiro ou condômino; (h) exoneração obrigacional mediante cumprimento da prestação devida.

2. *Direito administrativo*: folha que menciona a remuneração dos funcionários públicos.

3. *Direito tributário*: entrega pelo contribuinte à Fazenda Pública de uma soma pecuniária ou algo equivalente, extinguindo a obrigação tributária.

A rigor, em direito tributário a palavra "pagamento" é utilizada para significar apenas uma forma específica de satisfação da obrigação: a entrega de dinheiro. Entrega que, evidentemente, pode ocorrer através de instrumentos diversos, sendo a moeda corrente do País apenas um deles. Pode dar-se a entrega através de outros meios. O CTN disciplina a matéria em seus arts. 157 a 163.

No art. 157 está dito que a imposição de penalidade não elide o pagamento integral do crédito tributário. Há nesse dispositivo um equívoco de linguagem, pois nele está escrito "não ilide", enquanto a expressão correta é "não elide". Equívoco que foi observado por Ricardo Lobo Torres[46] e por José Jayme de Macedo Oliveira.[47]

Seja como for, certo é que a imposição de penalidades não afasta o dever jurídico de pagar o tributo.

7.5.2.2 Compensação

Compensação é um encontro de contas. Quando "A" deve a "B", que também deve a "A", essas dívidas podem ser extintas pela compensação. O CTN refere-se especificamente ao assunto em seu art. 170, estabelecendo:

> Art. 170. A lei pode, nas condições e sob as garantias que estipular, ou cuja estipulação em cada caso atribuir à autoridade administrativa, autorizar a compensação de créditos tributários com créditos líquidos e certos, vencidos ou vincendos, do sujeito passivo com a Fazenda Pública.
>
> Parágrafo único. Sendo vincendo o crédito do sujeito passivo, a lei determinará, para os efeitos deste artigo, a apuração do seu montante, não podendo, porém, cominar redução maior que a corres-

---

46. Ricardo Lobo Torres, in Ives Gandra da Silva Martins (coord.), *Comentários ao Código Tributário Nacional*, 3ª ed., vol. 2, São Paulo, Saraiva, 2002, p. 360.

47. José Jayme de Macedo Oliveira, *Código Tributário Nacional – Comentários, Doutrina, Jurisprudência*, São Paulo, Saraiva, 1998, p. 444.

pondente ao juro de 1% (um por cento) ao mês pelo tempo a decorrer entre a data da compensação e a do vencimento.

A propósito do vocábulo "compensação", De Plácido e Silva registra:

> Derivado do Latim *compensatio*, de *compensare* ("contrapresar", "contrabalaçar"), indica a ação de serem anotadas as obrigações devidas reciprocamente por duas pessoas, a fim de que, pesadas as de uma e pesadas as da outra, se promova a verificação de qual delas deve ser compelida a cumpri-las, *somente na parte que não se comportou na obrigação que competia exigir.*
>
> Desse modo, a compensação tem o mérito de, verificadas as prestações devedoras de um lado, promover o balanceamento dos respectivos créditos havidos por cada um dos titulares, reciprocamente credores e devedores, e pôr em evidência, pela dedução, qual deles é realmente devedor ou credor.
>
> Nesta razão, a compensação, em qualquer circunstância em que a lei a permita, implica necessariamente na existência de obrigações representadas em *dinheiro* ou em *valores* que se possam apreciar em dinheiro.
>
> Quer isto dizer que devem ser as prestações da mesma espécie ou conversíveis na mesma espécie, quanto se trate de coisas compensáveis de natureza vária. Far-se-á previamente [*a conversão*] de ambas na mesma espécie, a fim de que seja possível a compensação.
>
> A compensação não se confunde com a reconvenção. Nesta há direito que se opõe a direito. Compensação é crédito que se contrabalança com outro crédito, pelo quê, na realidade, resulta em perfeito encontro de contas. E é intentada para que, quando se cobra de outrem certa importância, seja computada outra importância que é exigível por parte da pessoa contra quem se tenta cobrar. A reconvenção é ação por si, fundada em direito do réu contra direito ou pretensão do autor, não se limitando, destarte, a mero ajustamento de débitos e créditos, reciprocamente exigíveis, que se subtraem, o menor do maior, para evidência do real devedor.
>
> A lei expõe os casos em que a compensação se admite. Mas, em regra, a compensação somente procede entre créditos da mesma força, igualmente exigíveis.[48]

Como se vê, De Plácido e Silva registra um significado bem restrito para a palavra "compensação". Abrangeria, ao que pode parecer, apenas

---

48. De Plácido e Silva, *Vocabulário Jurídico*, vol. I, Rio de Janeiro, Forense, 1987, p. 471.

créditos e débitos em uma mesma relação jurídica, na medida em que *é crédito que se contrabalança com outro crédito, pelo quê, na realidade, resulta em perfeito encontro de contas.*

Pedro Nunes registra para a palavra "compensação" um significado mais amplo, nestes termos:

> Modo especial de extinguir inteiramente obrigações exigíveis entre duas pessoas, que são, simultaneamente, credora e devedora, uma da outra, por quantias pecuniárias, líquidas e vencidas, ou coisas fungíveis, convertíveis em dinheiro ou em outras da mesma espécie e qualidade, mediante prestações recíprocas de valores equivalentes, ou absorção do valor menor pelo maior, do que resulta saldo, que o devedor imediatamente paga.[49]

Idêntico é o significado registrado para a palavra "compensação", em direito civil, por Maria Helena Diniz, assim:

> Meio especial de extinção de obrigações, até onde se equivalerem, entre pessoas que sejam, ao mesmo tempo, devedoras e credoras umas das outras; operação de mútua quitação entre credores recíprocos.[50]

A compensação é o modo de extinção de obrigações pela contraposição de uma à outra a ela equivalente. O devedor em uma é credor na outra. Toda relação jurídica obrigacional abriga o crédito de um dos sujeitos da relação, geralmente designado como sujeito ativo, ou simplesmente credor, e o débito do outro sujeito da relação, designado como sujeito passivo, ou simplesmente devedor. Se "A" é credor de "B" por 10.000 Reais e "B" é credor de "A", também por 10.000 Reais, evidentemente, os créditos e débitos se extinguem por compensação, bastando para tanto que sejam da mesma natureza e que exista a vontade de um dos sujeitos das relações jurídicas.

O Código Civil/1916, ao cuidar da compensação, albergava dispositivo excluindo da compensação as dívidas da Fazenda Pública; mas atualmente, não obstante as idas e voltas em torno da possibilidade de compensação no que concerne às dívidas fiscais e parafiscais, podemos afirmar que não subsiste tal exclusão.

---

49. Pedro Nunes, *Dicionário de Tecnologia Jurídica*, 8ª ed., vol. 1, Rio de Janeiro/São Paulo, Freitas Bastos, 1974, p. 307.
50. Maria Helena Diniz, *Dicionário Jurídico*, vol. 1, São Paulo, Saraiva, 1998, p. 692.

A nosso ver, as restrições à compensação no direito tributário ainda são resquícios de doutrinas autoritárias. A ideia de supremacia do Estado na relação jurídica de tributação, todavia, exige que se tenha mais atenção para o momento de criação da norma jurídica e o momento de sua aplicação. E as restrições à compensação, ainda que estabelecidas em lei, não podem ser admitidas em face das garantias e dos princípios constitucionais.

É importante registrarmos que nossa legislação tributária experimentou elogiáveis avanços em matéria de compensação. De início era prevista apenas no art. 170 do CTN, que geralmente era tido como norma não autoaplicável. Depois passou a ser admitida nos termos do art. 66 da Lei 8.383, de 31.12.1991, que foi melhorado com algumas alterações até o advento da Lei 10.637, de 30.12.2002, que em seu art. 49 alterou o art. 74 da Lei 9.430, de 27.12.1996.

Os avanços de nossa legislação começaram com a previsão expressa do direito à compensação no caso de tributos ou contribuições pagos indevidamente. Entretanto, como a lei nada estabelecia a respeito do procedimento, muitos entenderam que a compensação dependeria de pedido do contribuinte à autoridade administrativa ou de sentença judicial, e muitos foram os obstáculos enfrentados pelo contribuinte que pretendia a compensação, inclusive porque havia restrição legal expressa no sentido de que a compensação só seria possível entre tributos da mesma espécie.

Sempre nos pareceu que se tratava de compensação a ser feita pelo próprio contribuinte no âmbito do lançamento por homologação, independentemente, pois, de decisão administrativa ou judicial que a admitisse. E que se deveria considerar da mesma espécie o tributo com a mesma destinação constitucional, posto que a restrição somente seria justificável como forma de evitar distorção na partilha das receitas tributárias.

Com a Lei 10.637, de 30.12.2002, foi afastada a exigência de se tratar de tributo da mesma espécie. É expressamente acolhida a tese que preconizamos, no sentido de que a compensação independe de prévia decisão administrativa ou judicial, operando-se no âmbito do lançamento por homologação sob a responsabilidade do contribuinte, devendo ser homologada pela autoridade administrativa.

Ficou estabelecido o prazo de cinco anos para a homologação da compensação, restando implícito que, decorrido esse prazo sem manifestação da autoridade, a compensação será tida como perfeita e acabada. Foi estabelecido também o procedimento administrativo para o caso de não homologação, com expressa remissão ao diploma legal que regula o procedimento administrativo fiscal de determinação e exigência do crédito tributário.

Restam, todavia, restrições injustificáveis, como a de se tratar de tributo administrado pelo mesmo órgão arrecadador e de só abranger crédito decorrente de pagamento de tributo indevido ou maior que o devido e, ainda, pelo menos na interpretação oficial do dispositivo em tela, a vedação à compensação utilizando o contribuinte créditos a ele cedidos.

A rigor, diante da vigente Constituição Federal não é razoável negar ao contribuinte o direito de compensar e, assim, extinguir dívidas tributárias suas, utilizando-se para tanto de qualquer crédito que tenha perante a Fazenda Pública credora do tributo.

7.5.2.3 Transação

Reportando-se ao art. 1.025 do CC/1916, o mestre Rubens Gomes de Sousa definiu transação como "o ajuste pelo qual as partes terminam um litígio, ou evitam que ele se verifique, mediante concessões mútuas". E acrescentou que isso não seria possível no direito tributário, por ser a atividade administrativa do lançamento vinculada e obrigatória, o que significa que a autoridade fiscal não pode deixar de efetuar o lançamento exatamente como manda a lei, não podendo fazer concessões. Apontou, porém, uma exceção, concernente aos tributos federais.[51]

Não desconhecemos as questões que a doutrina tem colocado a respeito da transação, especialmente em face do que estabelece o art. 3º do CTN.[52]

Láudio Camargo Fabretti, comentando ao art. 171 do CTN, adverte que "a Administração Pública não pode transigir com o interesse público administrado por ela. Fato que decorre do princípio de direito administrativo que torna indisponível o interesse da coletividade (princípio da indisponibilidade do interesse público)". Entretanto, em seguida reporta-se à transação em matéria tributária e vê, nesta, "concessões por parte da Administração Pública visando o interesse público".[53]

51. Rubens Gomes de Sousa, *Compêndio de Legislação Tributária*, ed. póstuma, São Paulo, Resenha Tributária, 1975, p. 116.

52. V., a respeito do tema, o que escreveram: (a) Eduardo Marcial Ferreira Jardim, em Ives Gandra da Silva Martins (coord.), *Comentários ao Código Tributário Nacional*, vol. 2, São Paulo, Saraiva, 1998, p. 402; e (b) Maria Helena Diniz, em seu *Dicionário Jurídico*, vol. 4, São Paulo, Saraiva, 1998, p. 602.

53. Láudio Camargo Fabretti, *Código Tributário Nacional Comentado*, São Paulo, Saraiva, 1998, p. 150.

Com efeito, o importante é que seja realizado o interesse público. Assim é que Tulio Rosembuj, em monografia na qual registra a presença da transação na França, na Bélgica, na Itália e nos Estados Unidos da América do Norte, ensina:

> En efecto, la transformación monetaria del patrimonio público no es un hecho extraño ni infrecuente, así como su despublificación. La disposición de bienes y derechos de dominio estatal a favor de los particulares pone en evidencia la relatividad del patrimonio del sector público, sometido a reformas en función de las necesidades históricas y políticas. Pero, en segundo lugar, y más relevante, la disposición sobre el producto de la recaudación tributaria efectiva se compadece con la adquisición de las sumas de dinero que recibe la Administración Tributaria del contribuyente por mandato legal; para luego afectarlas a la Hacienda Pública.
>
> El patrimonio público no es inmutable ni la disposición del producto de la recaudación tributaria que adquiere del contribuyente perjudica, en sí misma, los fines de la Hacienda Pública. La potestad administrativa tributaria recibe y adquiere la transferencia monetaria del particular, conforme a la ley, con la obligación de su transmisión o cesión a la Hacienda Pública para su aplicación. En cumplimiento de ello está habilitada para el ejercicio de la supremacía en sentido enfático, de lo cual la autotutela es una muestra; pero, asimismo, para disponer de tal privilegio, siempre que se traduzca en la realización del interés fiscal.[54]

Para aceitarmos a transação no direito tributário, realmente, basta entendermos que o tributo, como os bens públicos em geral, é patrimônio do Estado. Indispensável na atividade administrativa, no sentido de que na prática ordinária dos atos administrativos a autoridade dele não dispõe. Disponível, porém, para o Estado, no sentido de que este, titular do patrimônio, dele pode normalmente dispor, desde que atuando pelos meios adequados para a proteção do interesse público, vale dizer, atuando pela via legislativa, e para a realização dos fins públicos.

Em algumas situações é mais conveniente para o interesse público transigir e extinguir o litígio do que levar este até a última instância, com a possibilidade de restar a Fazenda Pública a final vencida. Daí a possibilidade de transação. Em casos estabelecidos em lei, naturalmente, e realizada pela autoridade à qual a lei atribuiu especial competência para esse fim.

54. Tulio Rosembuj, *La Transacción Tributaria, Discrecionalidad y Actos de Consenso*, Barcelona, Atelier, 2000, p. 44.

Realmente, segundo o Código Tributário Nacional, "a lei pode facultar, nas condições que estabeleça, aos sujeitos ativo e passivo da obrigação tributária celebrar transação que, mediante concessões mútuas, importe em terminação de litígio e consequente extinção do crédito tributário".[55] Só mediante previsão legal a autoridade competente pode autorizar a transação em cada caso.[56] E não pode haver transação para prevenir litígio. Só depois de instaurado este é possível a transação.

Tanto como no direito privado a transação é um acordo, que se caracteriza pelo ocorrência de concessões mútuas. Mas no direito tributário a transação tem suas peculiaridades. A primeira, que se impõe em virtude da natureza da relação tributária, consiste na dependência de previsão legal expressa. E a segunda consiste em que ela se presta exclusivamente para terminar litígios.

7.5.2.4 Remissão

A palavra "remissão" tem, como tantas outras, muitos significados. Em direito obrigacional significa o perdão de uma dívida. É ato gracioso, incondicional, do qual nenhum ônus decorre para o devedor com o mesmo favorecido. Pode ser considerado um ato unilateral de vontade, mas há quem sustente que a remissão tem natureza contratual, dependendo, portanto, a sua completude da aceitação por parte do devedor favorecido, mesmo que dela para este não decorra ônus nenhum. Penso que a disputa em torno dessa questão é desprovida de interesse prático, pois dificilmente alguém, no gozo de suas faculdades mentais, vai se opor a um ato de remissão que lhe favorece.

Constituem características essenciais da remissão a existência de uma dívida a ser extinta no todo ou em parte, voluntariamente, e a graciosidade do ato extintivo, vale dizer, a ausência de ônus para o favorecido. A validade da remissão, portanto, depende da capacidade jurídica de quem a concede, porque é ato de disposição patrimonial.

Não devemos confundir *remissão* com *remição*. A diferença não é apenas de grafia. Cuida-se de palavras homófonas que têm origem e significado diversos. O mestre Aliomar Baleeiro já nos chamou a atenção para os diversos significados, ensinando:

> O CTN, nesse art. 172, refere-se ao mesmo instituto de direito privado de que trata o Código Civil, nos arts. 1.053 a 1.055, [*CC/1916*

---

55. CTN, art. 171.
56. CTN, art. 171, parágrafo único.

– *arts. 396 a 388 do CC/2002*] a remissão, ato de remitir ou perdoar a dívida, por parte do credor benigno, que renuncia a seu direito.

Não confundir, pois, com a *remição*, ato de remitir ou resgatar a dívida, por parte do devedor ou algum interessado, de que cuidam os arts. 766 e parágrafo, 814, 900 e parágrafo e 903 do CC; [*CC/1916 – arts. 1.429 e parágrafo, 1.478, 269 e 272 do CC/2002*] art. 278 do CComercial; [*revogado pelo CC/2002*] e arts. 787 a 794, II, do CPC de 1973[57] [*Arts. 787 a 790 do CPC/1973 revogados pela Lei 11.382/2006; v. arts. 921, 922, 923 e 924, III, do CPC/2015*].

Remissão deriva do Latim *remissio*, de *remitere* ("perdoar", "renunciar", "desistir", "absolver"), significando a ação ou efeito de remitir. A remissão é fundada na benevolência. Não se confunde, portanto, com a remição, que vem do Latim *redimire* e significa "a exoneração ou a salvação do ônus ou encargo ou da execução, pelo resgate ou pagamento, que se efetiva, do valor do débito, da obrigação, do ônus ou da execução".[58]

A *remição* é um direito subjetivo do devedor, que pode ser transferido, como em geral acontece com os direitos patrimoniais. A remissão não é um direito do devedor, mas um ato de benevolência do credor.

A autoridade administrativa, em princípio, não pode dispensar o contribuinte da dívida tributária. Como ato de renúncia que é, não pode ser praticado pela autoridade administrativa, porque esta, na verdade, não é credora na relação tributária. Credora é a Fazenda Pública, e não a autoridade administrativa. Por isto a remissão no direito tributário depende de expressa previsão legal. A lei é a forma pela qual o Estado pode validamente manifestar sua vontade de renunciar ao tributo.

São comuns as situações nas quais existe pluralidade de sujeitos passivos da obrigação tributária. Assim, leva problema a questão de saber qual o efeito da remissão tratando-se de uma situação desse tipo, vale dizer, de uma situação na qual existem vários sujeitos passivos da obrigação tributária objeto da remissão.

Segundo o Código Tributário Nacional, um dos efeitos da solidariedade passiva tributária consiste em que a remissão do crédito tributário exonera todos os obrigados, salvo se outorgada pessoalmente a um deles, subsistindo, nesse caso, a solidariedade quanto aos demais pelo

---

57. Aliomar Baleeiro, *Direito Tributário Brasileiro*, 11ª ed., Rio de Janeiro, Forense, 1999, p. 906.
58. De Plácido e Silva, *Vocabulário Jurídico*, vol. IV, Rio de Janeiro, Forense, 1987, p. 87.

saldo.[59] Cuida-se, porém, de norma simplesmente supletiva, como tal caracterizada pela ressalva com que é iniciada, expressa na frase "salvo disposição de lei em contrário".

Embora não o diga expressamente o Código Tributário Nacional, a remissão, tal como a isenção, pode ser concedida em caráter geral e em caráter individual. E a doutrina pertinente à isenção aplica-se também à remissão.

7.5.2.5 Prescrição e decadência

Não há exagero na afirmação de que muitos conceituados juristas ainda não entendem claramente a diferença essencial que existe entre *prescrição* e *decadência*. Limitam-se a dizer que a decadência atinge o *direito material*, enquanto a prescrição atinge o *direito processual*, porque extingue apenas a ação destinada a proteger o direito material, e nada mais esclarecem.

Mesmo assim, essa doutrina é muito importante para esclarecer certos aspectos, como, por exemplo, o que diz respeito ao início do prazo extintivo. Tratando-se de prescrição, certamente o prazo extintivo só tem início quando a ação se faz necessária, isto é, quando nasce efetivamente o direito à ação. Na verdade, não seria razoável admitir a morte de um direito por decurso de prazo antes de seu nascimento. Por isto é que o prazo de decadência começa com o nascimento do direito, enquanto o prazo de prescrição começa com o nascimento da ação.

Muitos tributaristas utilizam as palavras "decadência" e "prescrição" como se fossem sinônimos. Na verdade, porém, decadência e prescrição constituem institutos jurídicos bem distintos, e no que diz respeito à obrigação tributária principal disciplinados nos arts. 173 e 174 do CTN, que cuidam, o primeiro, da *extinção do direito de lançar* o tributo e, o segundo, da *extinção do direito de cobrar* o crédito tributário.

Diz-se que a decadência extingue o direito de lançar, vale dizer, o direito de constituir o crédito tributário, e que a prescrição extingue a ação destinada à sua cobrança. Não se explica, porém, porque é assim, de sorte que, não se reportando o legislador, explicitamente, à decadência ou à prescrição, resta sempre a questão de saber se de uma ou da outra está cuidando em cada caso. Por isto é que em relação ao art. 168 do CTN, que estabelece prazo extintivo do direito de pleitear a restituição do tributo indevidamente pago, persistem os equívocos dos que, a partir

---

59. CTN, art. 125, II.

da lição de Aliomar Baleeiro,[60] consideram que se trata de prazo de decadência. Equívoco em que também incorremos, afirmando que o prazo estabelecido pelo art. 168 do CTN é de decadência, quando tal prazo, na verdade, é de prescrição.

Realmente, examinando melhor a questão, restamos convencidos de que, na verdade, o prazo estabelecido pelo art. 168 para pleitear a restituição de tributo pago indevidamente é um prazo de prescrição. O decurso do prazo de cinco anos não extingue o direito material à restituição do tributo pago indevidamente. Extingue – isto, sim – o direito à ação da qual pode dispor o contribuinte para pedir a restituição do que pagou e não era devido.

7.5.2.6 Conversão de depósito em renda

A conversão do depósito em renda da Fazenda Pública é mais uma causa de extinção do crédito tributário, como tal expressamente arrolada pelo art. 156, VI, do CTN.

Refutamos a tese segundo a qual o decurso do prazo de cinco anos contado do fato gerador do tributo opera a decadência do direito de lançar mesmo nos casos em que o contribuinte tenha efetuado o depósito. É que o depósito equivale ao pagamento para o fim de ensejar o lançamento por homologação, que se consuma quando a Fazenda Pública se manifesta concordando com o valor depositado. Assim, quando a Fazenda Pública concorda com a apuração do valor depositado, feita pelo contribuinte que efetuou o depósito, considera-se feito o lançamento por homologação. E quando a Fazenda Pública não se manifesta sobre o valor depositado, mas deixa transcorrer o prazo de cinco anos sem questionar esse valor, tem-se a homologação tácita.

A colocação da conversão do depósito em renda como causa de extinção do crédito tributário reforça o entendimento de que tal extinção se opera nos casos de tributos sujeitos ao lançamento por homologação exatamente porque se opera tal lançamento, por homologação expressa ou tácita, não se havendo, portanto, de cogitar de decadência depois que o depósito é efetuado.

A conversão do depósito em renda da Fazenda Pública deve ser determinada pela decisão que julgar improcedente a ação promovida pelo contribuinte para discutir a incidência do tributo no caso concreto. Se a ação é julgada procedente, o depósito deve ser devolvido ao contribuinte.

---

60. Aliomar Baleeiro, *Direito Tributário Brasileiro*, 10ª ed., Forense, Rio de Janeiro, 1993, p. 570.

O STJ tem decidido que, sendo extinto o processo sem julgamento de mérito, o depósito deve ser convertido em renda da Fazenda Pública.[61] A nosso ver, porém, como o depósito é propriedade do contribuinte depositante, sua conversão em renda da Fazenda Pública só deve ocorrer quando exista uma sentença de mérito a favor desta, que se preste como título que transfere para a Fazenda Pública a propriedade do valor depositado.

7.5.2.7 Pagamento antecipado e homologação do lançamento

No § 1º do art. 150 do CTN está dito que nos casos em que a legislação do tributo adota o denominado lançamento por homologação o pagamento antecipado pelo obrigado extingue o crédito tributário sob condição resolutória da ulterior homologação.

O pagamento antecipado não opera por si mesmo a extinção do crédito tributário, até porque ocorre antes da constituição deste, vale dizer, quanto ainda não existe crédito tributário. Por isto mesmo, a data em que ocorre esse pagamento antecipado não marca o início do prazo de extinção do direito de pleitear a restituição do valor pago indevidamente. Esse prazo, na verdade, só começa com a constituição do crédito tributário, até porque seria ilógico admitir a extinção antes da constituição do crédito.

A rigor, a constituição e a extinção do crédito tributário, tratando-se de tributo sujeito a lançamento por homologação, operam-se simultaneamente. O decurso do prazo de cinco anos, a contar do fato gerador do tributo, implica homologação tácita da apuração realizada pelo contribuinte que tenha feito o pagamento antecipado. E com esta a constituição do crédito, que se extingue imediatamente.

7.5.2.8 Consignação em pagamento

A consignação em pagamento é também uma causa de extinção do crédito tributário, como tal arrolada pelo art. 156, VIII, do CTN. Cuida-se, a rigor, de forma especial de pagamento, que pode ser posta em prática quando ocorra um obstáculo ao pagamento como ordinariamente seria efetuado.

A ação de consignação em pagamento está referida no art. 164 do CTN, que indica os casos nos quais é cabível a consignação, vale dizer, o pagamento pela via excepcional da ação de consignação em pagamento.

61. STJ, 2ª Turma, AgR no REsp 901.739-SP, rel. Min. Castro Meira, j. 12.2.2008, *DJU* 25.2.2008.

O direito de promover a ação de consignação em pagamento é direito processual. Direito de ação, que não se confunde com o direito material a ser na mesma questionado. E, assim, como direito autônomo, nasce da simples recusa da autoridade administrativa. Se esta se recusa a receber o pagamento nos termos em que é oferecido pelo sujeito passivo da obrigação tributária, ou condiciona tal recebimento ao pagamento de outro tributo ou penalidade pecuniária ou ao cumprimento de obrigação acessória, nasce para o sujeito passivo o direito subjetivo processual de promover a ação de consignação em pagamento.

Não existe conflito entre a norma do art. 163 do CTN, que confere à autoridade administrativa a prerrogativa de fazer a imputação do pagamento, e a norma do art. 164 do mesmo Código, que assegura ao sujeito passivo o direito de promover a ação de consignação em pagamento, porque a questão de saber se a atitude da autoridade administrativa tem, ou não tem, fundamento no art. 163 não é posta no juízo de admissibilidade da ação. É uma questão de mérito. Se a atitude da autoridade administrativa estiver efetivamente fundada no art. 163, a ação de consignação em pagamento será julgada improcedente.

Embora em certos casos possa parecer tênue a diferença entre o juízo de admissibilidade e o juízo de mérito, certo é que essas questões são inconfundíveis. No juízo de admissibilidade examina-se a presença dos pressupostos processuais e das condições da ação, entre as quais, para os fins deste estudo, destaca-se a possibilidade jurídica do pedido, a possibilidade, em tese, de ser acolhida a pretensão do autor. No juízo de mérito, diversamente, o que se examina é a procedência da pretensão no caso concreto formulada pelo autor.

No juízo de admissibilidade se há de examinar simplesmente a possibilidade de acolhimento do pedido do autor. Pode ter ocorrido, por exemplo, a recusa pura e simples do pagamento, com o propósito de fazer com que o sujeito passivo da obrigação tributária incorra em mora ou não lhe tenha assegurada a vantagem de uma denúncia espontânea de infração tributária se o pagamento é pretendido pelo sujeito passivo em sequência àquela denúncia. E pode ocorrer também que a autoridade administrativa condicione o recebimento da quantia oferecida ao pagamento de um tributo indevido, ou que tenha sido alcançado pela decadência ou cuja ação de cobrança tenha sido atingida pela prescrição. Em face da possibilidade, em tese, de acolhimento da pretensão do autor, faz-se presente a possibilidade jurídica do pedido, sendo, portanto, cabível a consignatória.

A recusa de recebimento ou a subordinação deste ao pagamento de outro tributo ou penalidade pecuniária ou ao cumprimento de obrigação acessória, em tese, abrem ensejo à propositura da ação de consignação em pagamento. O art. 164, I, do CTN confere ao sujeito passivo da obrigação tributária apenas o direito processual, o direito de ação. Faz existente a possibilidade jurídica do pedido.

Já, a questão de saber se a consignatória é procedente ou improcedente há de ser examinada no julgamento do mérito. Veja-se, a propósito, a lição de Aliomar Baleeiro.[62]

7.5.2.9 Decisão administrativa irreformável

Nos termos do art. 156, IX, do CTN, extingue o crédito tributário "a decisão administrativa irreformável, assim entendida a definitiva na órbita administrativa, que não mais possa ser objeto de ação anulatória".

Essa regra já ensejou manifestação que nos parece inteiramente desprovida de fundamento jurídico. No Parecer PGFN/CRJ-1.087, de 19.7.2004, é sustentada a possibilidade do ingresso da Fazenda Nacional em juízo com ação para anular decisões de seus órgãos de julgamento administrativo contrárias a seus interesses. E o Procurador-Geral da Fazenda Nacional baixou portaria disciplinando a seleção dos casos em que a decisão contrária à Fazenda Pública deve ser submetida à apreciação do Poder Judiciário.[63]

Coloca-se, então, a questão de saber se em nossa ordem jurídica é possível a propositura de ação pela Fazenda Pública para anular ou reformar decisões de seus órgãos de julgamento administrativo tributário; e, no caso de resposta afirmativa, coloca-se a questão de saber contra quem a ação deve ser proposta. E a já referida portaria, na qual o assunto é tratado, nada diz sobre contra quem a ação deve ser promovida.

Evidentemente, o contribuinte não pode ser o réu, porque o ato impugnado – vale dizer, a decisão do órgão de julgamento administrativo – não foi por ele praticado. O contribuinte apenas exerceu o direito de recorrer contra a decisão da primeira instância administrativa, pedindo uma decisão a seu favor. Quem proferiu a decisão atacada na ação foi a própria Fazenda Pública, de sorte que a ação teria de ser promovida por ela contra ela mesma, o que é um evidente absurdo e, por isto mesmo, dispensa outras considerações.

---

62. Aliomar Baleeiro, *Direito Tributário Brasileiro*, cit., 11ª ed., p. 872.
63. Portaria PGFN-820, de 25.10.2004.

7.5.2.10 Decisão judicial passada em julgado

Conforme estabelece o inciso X do art. 156 do CTN, é causa de extinção do crédito tributário "a decisão judicial passada em julgado". A rigor, em terminologia mais precisa, temos de admitir que as decisões judiciais não extinguem propriamente a relação obrigacional. Elas extinguem apenas o crédito tributário enquanto relação simplesmente formal, desprovida de conteúdo.

O mesmo se pode dizer da decisão administrativa. Ela apenas afirma não existir substância para a constituição do crédito tributário. Ou afirma já haver sido extinto pela decadência o direito da Fazenda Pública de constituir o crédito tributário. Ou, ainda, afirma que o crédito tributário foi constituído sem a observância das formalidades legalmente exigidas e, por isto mesmo, é nulo por vício formal.

Seja como for, certo é que uma decisão judicial pode ser proferida em ação promovida pelo contribuinte, ou em embargos por ele interpostos à execução fiscal, afirmando que não existe dívida tributária, vale dizer, que não existe relação jurídica tributária na qual seja ele devedor. E essa decisão, quando passar em julgado, vale dizer, quando não comportar mais a interposição de recurso pela Fazenda Pública, extingue o crédito tributário como entidade formal.

7.5.2.11 Dação em pagamento

Nos termos do que estabelece o inciso XI do art. 156 do CTN, é causa extintiva do crédito tributário "a dação em pagamento em bens imóveis, na forma e condições estabelecidas em lei".

A dação em pagamento é contrato que transfere a propriedade da coisa dada em pagamento. Equivale a um contrato de compra e venda. Entretanto, a norma do art. 156, XI, do CTN não autoriza a aquisição de bens imóveis sem a observância das normas do direito administrativo aplicáveis na aquisição desses bens pela Fazenda Pública. Assim, a questão essencial que se coloca diz respeito ao estabelecimento do preço do bem imóvel a ser recebido em pagamento.

Seja como for, na verdade, o contribuinte continua tendo o dever de pagar o tributo em dinheiro, posto que se trata de prestação pecuniária. A inclusão da dação em pagamento como forma de extinção do crédito tributário o confirma, pois com ela apenas se explicitou ser admitido à Fazenda Pública, enquanto credora, aceitar prestação diversa da que lhe é devida pelo contribuinte.

Há quem afirme que a dação em pagamento de bens imóveis só é possível a partir de quando ficou expressamente autorizada pelo art. 156, XI, do CTN, sendo inadmissível dação em pagamento de bens móveis. E, quanto à questão da licitação, sustente ser na dação em pagamento de bens imóveis, invocável o disposto no art. 25, *caput*, da Lei 8.666, de 21.6.1993, que diz ser inexigível a licitação quando seja inviável a competição.[64]

Certo é que a questão se resume à existência de interesse da Fazenda Pública na aquisição do imóvel e na peculiaridade do caso, a afastar a possibilidade de competição entre possíveis ofertantes de bem idêntico. A Fazenda não pode ser compelida a aceitar a dação em pagamento. E, se aceita, há de demonstrar que naquela situação concreta é inviável a competição.

7.5.3 Causas de extinção não mencionadas pelo Código Tributário Nacional

O art. 156 do CTN não menciona entre as modalidades de extinção do crédito tributário a novação e a confusão, além de outras referidas pela doutrina.[65] Para Rubens Gomes de Sousa trata-se de modalidades de extinção inaplicáveis ou aplicáveis excepcionalmente à obrigação tributária.[66] Talvez por isto mesmo não se encontram mencionadas pelo Código.

7.5.3.1 Novação e confusão

Sobre a novação e a confusão doutrina Aliomar Baleeiro:

> No direito privado há outras modalidades de extinção da obrigação, como a novação (CC, arts. 999 e 1.008 [*CC/1916 – v. arts. 360 e 367 do CC/2002*]) e a confusão (CC, arts. 1.049 e 1.052 [*CC/1916 – v. arts. 381 e 384 do CC/2002*]), que o Código Tributário Nacional não contemplou.
>
> A novação, isto é, a constituição de nova dívida para substituição da anterior, ou substituição de credor por outro novo, não parece compatível com a obrigação tributária.

---

64. Pedro Tavares Maluf, "Extinção do crédito tributário por dação em pagamento e as normas gerais de licitação e contratos", *Boletim de Licitações e Contratos/BLC* 3/250, São Paulo, NDJ, março/2008.

65. Cf.: Ricardo Lobo Torres, em Ives Gandra da Silva Martins (coord.), *Comentários ao Código Tributário Nacional*, vol. 2, São Paulo, Saraiva, 2003, pp. 353-354.

66. Rubens Gomes de Sousa, *Compêndio de Legislação Tributária*, cit., p. 114.

Mas a confusão, isto é, extinção determinada quando, por um fato ou ato jurídico, as qualidades de credor e devedor se reúnem na mesma pessoa, pode acontecer esporadicamente no direito tributário. Se o pai credor, por exemplo, vem a ser herdeiro necessário do filho devedor, desaparece a dívida deste para com ele, porque ninguém pode ser credor de si mesmo, ainda que civilistas, inclusive Espínola, discutissem o autocontrato (*Selbscontrahiren*).

Ora, uma pessoa de direito público pode ser legatária da universalidade dos bens e obrigações de alguém. A União recolhe as heranças jacentes, isto é, os bens deixados pelos defuntos sem herdeiros nem legatários conhecidos. Passando a dona da *universitas rerum* do *de cujus*, opera-se aí a confusão.[67]

7.5.3.2 Outras causas referidas pela doutrina

A doutrina refere, ainda, outras causas de extinção do crédito tributário. Ricardo Lobo Torres, por exemplo, menciona como causas de extinção do crédito tributário não elencadas pelo Código Tributário Nacional, além da novação e da confusão, a impossibilidade de cumprimento da prestação e a antecipação sem a ocorrência do fato gerador.[68]

A nosso ver, o Código Tributário Nacional não proíbe que o legislador autorize, em situações específicas, a utilização de outras fórmulas jurídicas de extinção do crédito tributário. Importante é apenas que sejam preservados os interesses da Fazenda Pública e dos contribuintes.

7.6 *Exclusão do crédito tributário*

7.6.1 *O dispositivo que arrola as causas de exclusão do crédito tributário*

O art. 175 do CTN estabelece:

> Art. 175. Excluem o crédito tributário: I – a isenção; II – a anistia.
>
> Parágrafo único. A exclusão do crédito tributário não dispensa o cumprimento das obrigações acessórias, dependentes da obrigação principal cujo crédito seja excluído, ou dele consequente.

---

67. Aliomar Baleeiro, *Direito Tributário Brasileiro*, cit., 11ª ed., p. 860.
68. Ricardo Lobo Torres, em Ives Gandra da Silva Martins (coord.), *Comentários ao Código Tributário Nacional*, vol. 2, São Paulo, Saraiva, 2003, pp. 353 e 360.

A rigor, a *decadência* deveria figurar nesse dispositivo como causa de exclusão do crédito tributário, em vez de figurar no art. 156 como causa de sua extinção. Na verdade, a decadência é o desaparecimento do direito de constituir o crédito tributário pelo lançamento. Evita que o crédito tributário seja constituído.

Entretanto, ao elaborar o Código Tributário Nacional, o legislador, certamente por razões de ordem prática, preferiu colocar em seu art. 156, V, a decadência, juntamente com a prescrição, como causa de extinção do crédito tributário.

7.6.2 Distinções entre isenção, não incidência e imunidade

Nos estudos jurídicos é muito importante o uso de conceitos adequados, com o quê se podem evitar divergências que muitas vezes decorrem do uso indevido de conceitos. Por isto mesmo, embora na linguagem não estritamente jurídica a palavra "isenção" seja empregada com significado muito amplo, designando as várias situações nas quais o tributo não é devido, consideramos importante iniciar, aqui, nosso estudo da isenção explicando as distinções entre isenção, não incidência e imunidade.

Distingue-se a *isenção* da *não incidência*. Isenção é a exclusão, por lei, de parcela da hipótese de incidência ou suporte fático da norma de tributação, sendo objeto da isenção a parcela que a lei retira dos fatos que realizam a hipótese de incidência da regra de tributação. A *não incidência*, diversamente, configura-se em face da própria norma de tributação, sendo objeto da não incidência todos os fatos que não estão abrangidos pela própria definição legal da *hipótese de incidência*.

O Imposto de Importação, por exemplo, tem como hipótese de incidência a entrada de produtos estrangeiros no território nacional.[69] Assim, qualquer fato não compreendido nessa hipótese – vale dizer, qualquer fato que não seja a entrada de produtos estrangeiros no território nacional – constitui caso de *não incidência* do tributo. Já a *isenção* é a retirada, por lei, de parte da hipótese de incidência. Alguns produtos cuja entrada no território nacional ensejaria a incidência do tributo podem ficar *isentos* desta por expressa determinação legal. A regra jurídica de isenção não configura dispensa legal de tributo devido, mas uma exceção à regra jurídica de tributação. E exatamente por constituir uma exceção é que ela deve ser interpretada literalmente.[70] Já, a *não incidên-*

---

69. CTN, art. 19.
70. CTN, art. 111.

cia é tudo o que está fora da hipótese de incidência. Tudo o que não foi abrangido por esta. Resulta, portanto, da própria regra jurídica de tributação, que, definindo a hipótese em que o tributo é devido, por exclusão define as situações nas quais o tributo não é devido.

O legislador muitas vezes trata como de não incidência casos de isenção, e isto tem, efetivamente, ensejado dúvidas intermináveis. Assim é que alguns agentes do Fisco, por desconhecerem a distinção entre *isenção* e *não incidência*, só reconhecem situações de não incidência diante de regra jurídica expressa. O equívoco é evidente. Não se há de exigir uma regra indicando casos de não incidência. Basta a existência de regra jurídica definindo a hipótese de incidência, isto é, a hipótese em que, se e quando concretizada, o tributo será devido, e tudo o que como tal não esteja definido será, obviamente, hipótese de não incidência.

Existem, todavia, situações em que poderiam ser suscitadas dúvidas a propósito da configuração, ou não, da hipótese de incidência tributária. Em tais situações, o legislador, espancando as dúvidas, diz expressamente que o tributo *não incide*. São hipóteses de não incidência legalmente qualificadas.

Pode ainda ocorrer que a lei de tributação esteja proibida, por dispositivo da Constituição, de incidir sobre certos fatos. Há, neste caso, *imunidade*. A regra da Constituição Federal proíbe a incidência da regra jurídica de tributação. Caracteriza-se, portanto, a imunidade tributária pelo fato de decorrer de regra jurídica de categoria hierárquica superior. Como a Constituição Federal é um conjunto de regras de categoria superior, se uma dessas regras proíbe a tributação de um fato, caracterizada está a imunidade tributária.

Em resumo:

(a) *Isenção* é exceção feita por lei à regra jurídica de tributação.

(b) *Não incidência* é a situação em que a regra jurídica de tributação não incide porque não se realiza sua hipótese de incidência, ou, em outras palavras, não se configura seu suporte fático. Pode ser *pura e simples*, se resulta da clara inocorrência do suporte fático da regra de tributação. E pode ser *juridicamente qualificada*, se existe regra jurídica expressa dizendo que não se configura, no caso, a hipótese de incidência tributária. A não incidência, mesmo quando juridicamente qualificada, não se confunde com a isenção, por ser mera explicitação que o legislador faz, para maior clareza, de que não se configura naquele caso a hipótese de incidência. A rigor, a norma que faz tal explicitação poderia deixar de existir sem que nada se alterasse. Já, a norma de *isenção*, porque retira parcela da hipótese de incidência, se não existisse, o tributo seria devido.

(c) *Imunidade* é o obstáculo criado por uma norma da Constituição que impede a incidência da lei de tributação sobre determinado fato ou em detrimento de determinada pessoa ou grupo de pessoas.

7.6.3 O direito à isenção

Isenção – repita-se – é exceção feita por lei à regra jurídica de tributação.

A isenção é sempre decorrente de lei. Está incluída na área denominada reserva legal, sendo a lei, em sentido estrito, o único instrumento hábil para sua instituição.[71] Ainda quando prevista em contrato – diz o Código Tributário Nacional – a isenção "é sempre decorrente de lei que especifique as condições e os requisitos para a sua concessão, os tributos aos quais se aplica e, sendo o caso, o prazo de sua duração".[72] Pode haver, e na prática se tem visto, contrato no qual um Estado se obriga a conceder isenção. Pode-se dizer até que ele é estranho ao direito tributário. Cria – isto, sim – o dever para o Estado contratante de outorgar a isenção pelo meio hábil, isto é, a lei.

Segundo o Código Tributário Nacional, "a isenção pode ser restrita a determinada região do território da entidade tributante, em função de condições a ela peculiares".[73] Essa regra do Código contraria o princípio da uniformidade dos tributos federais, estatuído no art. 151, I, da CF. Todavia, existem valiosas manifestações doutrinárias admitindo a legitimidade de incentivos fiscais para o desenvolvimento regional, como, por exemplo, os administrados pela SUDENE.

A isenção, em princípio, não se aplica às taxas e contribuições de melhoria, nem aos tributos criados depois de sua concessão. Mas a lei pode determinar o contrário.[74] As regras de isenção – repita-se – devem ser interpretadas literalmente, ou, melhor dizendo, as regras de isenção não comportam interpretações ampliativas nem integração, embora devam ser interpretadas com o emprego de todos os métodos, processos ou elementos da Hermenêutica.

71. CTN, art. 97, VI.
72. CTN, art. 176.
73. CTN, art. 176, parágrafo único.
74. CTN, art. 177

O art. 177 do CTN, ao dizer, em seu inciso I, que a isenção não é extensiva às taxas de contribuições de melhoria, limita o alcance da norma isentiva genérica, norma que diz ser tal pessoa, ou tal objeto, isenta de tributos. Embora não deva existir isenção genérica, pois a lei de isenção deve indicar especificamente os tributos aos quais se aplica, eventualmente pode ser editada pelo Congresso Nacional uma lei instituindo isenção de todos os tributos federais. Neste caso, se a lei não diz explicitamente que a isenção se aplica às taxas e contribuições de melhoria, tem-se de entender, em face do art. 177, I, do CTN, que a isenção não abrange tais espécies de tributo. Ser isento de tributos, neste caso, significa ser isento de impostos. Só haverá isenção de taxas e de contribuições de melhoria se a lei o disser explicitamente.

Já, ao estabelecer o mesmo art. 177, em seu inciso II, que a isenção não se aplica "aos tributos instituídos posteriormente à sua concessão", limita o alcance da norma isentiva àqueles tributos existentes na data em que foi editada. Não são abrangidos pela isenção os tributos novos. Entretanto, como tributos novos devem ser entendidos aqueles que sejam efetivamente novos. Não os antigos que tenham recebido nova denominação. Se ocorre aumento do tributo, ou criação de adicional ou tributo com outro nome, mas com o mesmo fato gerador, a isenção alcança o aumento, o adicional ou o tributo que, sendo antigo na essência, tenha recebido nova denominação ou nova estrutura formal.

A isenção concedida em caráter geral, assim como surge diretamente da lei, independentemente de qualquer ato administrativo, com a revogação da lei que a concedeu desaparece. Quando concedida por prazo certo ou em função de determinadas condições não pode ser revogada, pois se incorpora ao patrimônio do contribuinte. A regra geral é a revogabilidade das isenções. O Estado, assim como pode tributar, pode também revogar as isenções concedidas. Entende-se, porém, que o contribuinte pode ser atraído pelo incentivo que a isenção representa e, assim, passar a desenvolver atividade à qual não se lançaria se não existisse a isenção, fazendo investimentos vultosos e ficando, mesmo, em situação de não poder, sem graves prejuízos, desistir. Nestes casos, a retirada da isenção representaria um ludíbrio, sendo, portanto, inadmissível. Assim, também, qualquer alteração que implique, direta ou indiretamente, redução da isenção é inadmissível.

O STF, antes do advento do Código Tributário Nacional, já firmara jurisprudência no sentido da irrevogabilidade das isenções concedidas sob condição onerosa.

Destaque-se que a Lei Complementar 24, de 7.1.1975, alterou a redação do art. 178 do CTN, trocando o "ou" por um "e", de sorte que a irrevogabilidade da isenção passou a depender de dois requisitos, isto é, o de ser por prazo certo e também em função de determinadas condições.

A revogação de uma lei que concede isenção equivale à criação de tributo. Por isto deve ser observado o princípio da anterioridade da lei, assegurado pelo art. 150, III, "b", da CF. O STF, , todavia, tem entendido de modo diverso, decidindo que a revogação da isenção tem eficácia imediata, vale dizer, ocorrendo a revogação da isenção, o tributo pode ser cobrado no curso do mesmo exercício, sem ofensa ao referido princípio constitucional.[75]

Pode a isenção ser concedida em caráter geral ou específico. Na primeira hipótese decorre diretamente da lei. Não depende de requerimento do interessado, nem de qualquer ato administrativo. Na segunda hipótese a isenção se efetiva mediante despacho da autoridade administrativa, em requerimento do interessado, com o qual este comprove o preenchimento das condições e requisitos previstos em lei.[76]

Tratando-se de tributo lançado por período certo, o despacho que concede isenção deve ser renovado para cada período, a pedido do interessado, antes do término do período anterior, cessando automaticamente a isenção a partir do primeiro dia do período para o qual o interessado deixar de promover a continuidade do seu reconhecimento.[77] Parece-nos, entretanto, que essa regra somente se aplica aos casos de isenção concedida em função de condições especiais cuja continuidade deva ser comprovada periodicamente.

Diz o Código Tributário Nacional que o despacho que concede isenção não gera direito adquirido, devendo ser revogado *de ofício*, isto é, por iniciativa da própria autoridade administrativa, sempre que se apure que o interessado não satisfazia ou deixou de cumprir os requisitos para a concessão do benefício.[78] O que se há de entender é que o ato administrativo que defere o pedido de isenção não cria direito, e por isto mesmo pode ser desfeito sem que o interessado possa a isto se opor. Na verdade, o direito à isenção decorre do atendimento das condições ou dos requisitos legalmente exigidos para esse fim. O ato administrativo é simplesmente declaratório desse direito.

---

75. STF, RE 99.908-RS, rel. Min. Rafael Mayer, *RTJ* 107/430-432.
76. CTN, art. 179.
77. CTN, art. 179, § 1º.
78. CTN, art. 155, combinado com o art. 179, § 2º.

Realmente, o ato administrativo que defere o pedido de isenção tributária apenas reconhece que a norma isentiva incidiu, ou que as condições de fato, anunciadas para futura ocorrência, configuram sua hipótese de incidência, e que, portanto, uma vez caracterizadas, ela incidirá. Esse ato administrativo tem, assim, natureza simplesmente declaratória, tal como ocorre com o lançamento tributário. Por isto, se uma norma isentiva incidiu, fez nascer o direito à isenção, de sorte que haverá de ser aplicada aos fatos contemporâneos à sua vigência, ainda que posteriormente modificada ou revogada.

O desfazimento do ato administrativo que reconhece o direito à isenção não é revogação, pois não é discricionário, não decorre de simples conveniência da Administração. É anulamento, ou cancelamento. É imprópria a terminologia do Código.

Anulado, ou cancelado, o despacho que reconheceu o direito à isenção, a Fazenda Pública providenciará a constituição do crédito tributário respectivo, que será acrescido dos juros de mora. E da penalidade cabível, nos casos de dolo ou simulação do beneficiário ou de terceiro em favor deste. Em qualquer caso, o anulamento ou o cancelamento devem ser praticados em regular processo, no qual seja assegurado o direito de defesa ao interessado. Sem isto será nulo.

O ato administrativo que defere isenção é, em princípio, meramente declaratório. Assim já entendeu, com razão, o antigo TFR quando disse ter direito à isenção do Imposto de Renda a empresa que havia obtido o reconhecimento, pela SUDENE, de que preenchia os requisitos do art. 13 da Lei 4.239/1963 algum tempo depois da ação fiscal.

Sendo meramente declaratório o ato administrativo que defere isenção ou reconhece existentes as condições que a lei estabelece para o gozo desta, seus efeitos retroagem à data dos fatos sobre os quais incide a norma isentiva.

7.6.4 *Classificação das isenções*

Segundo o Código Tributário Nacional, as isenções podem ser classificadas por cinco critérios, a saber: quanto à forma de concessão, quanto à natureza, quanto ao prazo, quanto à área, quanto aos tributos que alcançam.

Quanto à *forma de concessão*, as isenções podem ser: (a) absolutas, ou em caráter geral – concedidas diretamente pela lei; (b) relativas, ou em caráter específico – concedidas por lei mas efetivadas mediante despacho da autoridade administrativa.

Quanto à *natureza*, as isenções podem ser: (a) onerosas ou condicionais – concedidas sob condição que implique ônus para o interessado; b) simples – sem a imposição de condições que impliquem ônus ao interessado.

Quanto ao *prazo*, as isenções podem ser: (a) por prazo indeterminado; e (b) por prazo certo ou determinado.

Quanto à *área*, as isenções podem ser: (a) amplas – prevalentes em todo o território da entidade tributante; e (b) restritas ou regionais – prevalentes apenas em parte do território da entidade tributante.

Quanto aos *tributos que alcançam*, as isenções podem ser: a) gerais – abrangem todos os tributos; e b) especiais – abrangem somente os tributos que especificam.

As isenções podem, ainda, ser classificadas de várias outras formas, tomando-se em consideração outros critérios fora do contexto do Código Tributário Nacional. Entre outras, merece destaque a classificação que considera estarem os requisitos da isenção situados no sujeito ou no objeto da relação jurídica. Assim, as isenções podem ser *subjetivas* ou *objetivas*, respectivamente.

7.6.5 Alíquota zero e diferimento de incidência

Ao estudarmos a isenção podemos nos deparar com figuras das quais não trata o Código Tributário Nacional e que, talvez por isto mesmo, não são estudadas na maioria dos compêndios de direito tributário. Uma delas é a denominada *alíquota zero*, que é forma encontrada pelas autoridades da Administração Tributária para fugir ao princípio da legalidade, segundo o qual a isenção somente por lei pode ser concedida.

Seja como for, ao tratarmos da isenção é importante a referência a essa figura esdrúxula existente em nosso direito tributário, especialmente na parte que trata dos impostos com função extrafiscal, a saber: o Imposto de Importação, o Imposto sobre Exportação e o IPI.

As alíquotas dos referidos Impostos podem ser alteradas por atos do Poder Executivo, vale dizer, nos limites e nas condições estabelecidos em lei podem ser fixadas por ato administrativo. Assim, as autoridade da Administração Tributária passaram a utilizar a denominada "alíquota zero" para conceder isenção, burlando o princípio da legalidade, explicitado na norma do art. 97, VI, do CTN, segundo a qual somente a lei pode estabelecer hipóteses de exclusão de créditos tributários.

Em nosso *Dicionário de Direito Tributário*, Schubert de Farias Machado e eu registramos:

Alíquota zero – É uma forma encontrada pelas autoridades da Administração Tributária para fugir ao princípio da legalidade, segundo o qual a isenção somente por lei pode ser concedida. Ocorre que a Constituição Federal faculta ao Poder Executivo, atendidas as condições e os limites estabelecidos em lei, alterar as alíquotas de diversos impostos federais (CF/1988, art. 153, § 1º). Assim, com fundamento nesse dispositivo constitucional, têm sido alteradas alíquotas desses impostos, chegando-se à *alíquota zero*. É uma forma que tem sido utilizada para conceder e revogar isenções. Na verdade, sendo a alíquota uma expressão matemática que indica o número de vezes que a parte está contida no todo, a expressão *alíquota zero* encerra uma contradição em seus próprios termos, porque zero certamente não indica o número de vezes que a parte está contida no todo. Zero não é expressão de parte. Não indica relação nenhuma.[79]

Realmente, a fórmula da alíquota zero tem sido utilizada pela Administração Tributária para burlar o princípio da legalidade. Com ela, "além de não depender de lei para *isentar*, também não dependerá de lei quando pretender abolir a isenção. Por isto é que afirmamos ser a *alíquota zero* uma forma de burlar o princípio da legalidade tributária".[80]

Vejamos, finalmente, em que consiste o diferimento de incidência.

"Diferir" significa "adiar". Passar para um momento ou data posterior, deixar para outra ocasião. Existem situações de fato, geralmente relacionadas aos impostos plurifásicos não cumulativos, que configuram hipótese de incidência do imposto, mas a lei estabelece o diferimento da incidência para situação futura. Não se trata de *isenção*, nem de *não incidência* tributária, mas de adiamento da incidência para situação futura, que pode vir a ocorrer normalmente na cadeia ou série de fatos considerados como hipóteses de incidência. Ou pode jamais ocorrer. Seja como for, essa ocasião futura deve ser uma situação na qual, normalmente, o imposto plurifásico incide.

7.6.6 *Anistia*

A anistia é a exclusão do crédito tributário relativo a penalidades pecuniárias. O cometimento de infração à legislação tributária enseja a aplicação de penalidades pecuniárias, multas, e estas ensejam a constituição do crédito tributário correspondente. Pela anistia o legislador ex-

---

79. Hugo de Brito Machado e Schubert de Farias Machado, *Dicionário de Direito Tributário*, São Paulo, Atlas, 2010, p. 10.
80. Hugo de Brito Machado, *Curso de Direito Tributário*, cit., 38ª ed., p. 141.

tingue a punibilidade do sujeito passivo infrator da legislação tributária, impedindo a constituição do crédito. Se já está o crédito constituído, o legislador poderá dispensá-lo pela *remissão*, mas não pela *anistia*. Esta diz respeito exclusivamente a penalidade e há de ser concedida antes da constituição do crédito. A remissão é forma de extinção do crédito tributário, quer decorrente de penalidade, quer decorrente de tributo.

Como perdão que é, a anistia abrange exclusivamente as infrações cometidas anteriormente à vigência da lei que a concede, e não se aplica: (a) "aos atos qualificados em lei como crimes ou contravenções e aos que, mesmo sem essa qualificação, sejam praticados com dolo, fraude ou simulação pelo sujeito passivo ou por terceiro em benefício daquele"; e (b) "salvo disposição em contrário, às infrações resultantes de conluio entre duas ou mais pessoas naturais ou jurídicas".[81]

Os limites que o art. 180 do CTN estabelece, obviamente, não se impõem ao legislador federal. Impõem-se ao legislador estadual e ao legislador municipal. Entretanto, como o legislador federal pode alterar o próprio Código Tributário Nacional, desde que o faça por lei complementar,[82] é evidente que não se submete às limitações nele estabelecidas.

7.7 Garantias e privilégios do crédito tributário

7.7.1 Considerações iniciais

O Código Tributário Nacional estabelece que a enumeração das garantias por ele atribuídas ao crédito tributário "não exclui outras que sejam expressamente previstas em lei, em função da natureza ou das características do tributo a que se refiram".[83] Pode, portanto, o legislador federal, estadual ou municipal estabelecer garantias para o crédito tributário além das que estão no mesmo previstas.

Garantia é meio ou modo de assegurar o direito. Como o Código Tributário Nacional se referiu apenas a garantias, entende-se que não liberou o legislador para a instituição de privilégios, embora não se possa distinguir claramente uma garantia de um privilégio – até porque uma garantia inerente a um crédito não deixa de ser um privilégio deste.

O fato de ser atribuída ao crédito tributário uma garantia qualquer, real ou fidejussória, não lhe altera a natureza. Não deixa de ser *tributário*

---

81. CTN, art. 180.
82. CF, art. 146, III.
83. CTN, art. 183.

para ser *hipotecário*, ou *cambiário*, em função da garantia que lhe tenha sido atribuída.[84]

Todos os bens e rendas de qualquer origem ou natureza, do sujeito passivo ou seu espólio ou massa falida, respondem pelo crédito tributário. Mesmo os bens hipotecados ou penhorados, ou de qualquer outra forma gravados por ônus real ou cláusula de inalienabilidade ou impenhorabilidade, respondem pelo crédito tributário. É irrelevante a data da constituição do ônus ou da cláusula. Assim, mesmo que o ônus real, ou a cláusula de inalienabilidade ou impenhorabilidade, seja anterior à data da constituição do crédito tributário, o bem onerado responderá pelo crédito tributário. Somente prevalece contra o crédito tributário a impenhorabilidade absoluta decorrente de lei.

Impenhorabilidade é a qualidade daquilo que não pode ser penhorado. Pode resultar da lei ou da vontade. Se resulta da vontade, é inoperante em face do credor tributário. Prevalecerá, porém, se resulta da lei. O fundamento da distinção é evidente: respeitar a impenhorabilidade legal mas evitar que os interessados, por simples ato de vontade, retirem seus bens do alcance do credor tributário.

Quem faz uma doação ou um testamento pode determinar, no instrumento respectivo, que os bens doados ou a serem herdados não podem ser alienados pelo donatário, ou herdeiro ou legatário. Pode também determinar que ditos bens não possam ser objeto de penhora em execução. Essas estipulações, todavia, não produzem nenhum efeito perante o credor tributário. Prevalecem apenas entre particulares. Não prevalecem contra o Fisco.

O Código de Processo Civil alberga uma relação de bens que não podem ser penhorados.[85] A impenhorabilidade desses bens, todavia, não é absoluta. O próprio Código de Processo Civil estabelece exceções. Além disto, a norma do Código de Processo Civil há de ser interpretada em consonância com o Código Tributário Nacional.

Seja como for, certo é que qualquer lei federal pode declarar absolutamente impenhoráveis certos bens, que ficam, assim, fora do alcance das execuções fiscais.

Assim, a Lei 8.009, de 29.3.1990, resultante da Medida Provisória 143/1990, estabeleceu a impenhorabilidade do imóvel residencial próprio do casal ou entidade familiar. A impenhorabilidade compreende o terreno, as construções, plantações e benfeitorias de qualquer natureza e

---

84. CTN, art. 183, parágrafo único.
85. CPC, art. 833.

todos os equipamentos, inclusive os de uso profissional, ou imóveis que guarnecem a casa, desde que quitados.[86] Nessa impenhorabilidade não se incluem os veículos de transporte, obras de arte e adornos suntuosos. No caso de imóvel alugado, são impenhoráveis os bens móveis quitados que guarnecem a residência e que sejam de propriedade do locatário.

A impenhorabilidade de que trata a Lei 8.009/1990 é oponível em processo de execução de qualquer natureza, salvo as exceções que a referida lei estabelece. No que diz respeito à matéria tributária, pode-se dizer que a impenhorabilidade não é oponível à execução para a cobrança dos Impostos Predial e Territorial, taxas e contribuições devidas em função do imóvel familiar.[87] Também não se beneficia da referida impenhorabilidade aquele que, sabendo-se insolvente, adquire de má-fé imóvel mais valioso para transferir a residência familiar, desfazendo-se ou não da moradia antiga.[88]

7.7.2 Presunção de fraude

A presunção de fraude na alienação de bens é mais uma garantia do crédito tributário. Nos termos do art. 185 do CTN, "presume-se fraudulenta a alienação ou oneração de bens ou rendas, ou seu começo, por sujeito passivo em débito para com a Fazenda Pública, por crédito tributário regularmente inscrito como Dívida Ativa" em fase de execução. Assim, se alguém é devedor de tributo e vende ou por qualquer modo aliena algum bem depois de inscrito seu débito tributário como Dívida Ativa, essa alienação se considera fraudulenta. Presume-se que o ato de alienação teve por objetivo frustrar a execução do crédito tributário. Cuida-se de presunção legal absoluta, isto é, que não admite prova em contrário.

Não haverá, todavia, a presunção de fraude se o devedor reservar bens ou rendas suficientes ao total pagamento da dívida fiscal em fase de execução.[89]

A referência feita no art. 185 do CTN à oneração de bens é inteiramente supérflua. Não sendo, como não é, segundo o art. 184, oponível ao Fisco, nada importa que se presuma fraudulenta.

Estar o crédito tributário em fase de execução não significa já haver sido proposta a ação de execução. A fase de execução começa com a inscrição do crédito em Dívida Ativa. Há, todavia, manifestações doutri-

---

86. Lei 8.009, de 29.3.1990, art. 1º, parágrafo único.
87. Lei 8.009, de 29.3.1990, art. 3º, IV.
88. Lei 8.009, de 29.3.1990, art. 4º.
89. CTN, art. 185, parágrafo único.

nárias e alguns julgados, inclusive do extinto TFR, em sentido contrário. Só haveria presunção de fraude, segundo estes, a partir da citação do executado. Agora esse entendimento jurisprudencial restou superado pela lei, impondo-se o entendimento que sempre sustentamos, segundo o qual a fase de execução começa com a inscrição do crédito tributário em Dívida Ativa.

Realmente, a Lei Complementar 118, de 9.2.2005, deu nova redação ao art. 185 do CTN, excluindo deste a expressão final "em fase de execução". Basta, portanto, a inscrição do crédito tributário em Dívida Ativa. A partir daí a alienação de bens ou rendas pelo devedor presume-se fraudulenta.

A nosso ver, a alienação feita depois da citação do devedor insolvente é presumidamente fraudulenta, ainda que se trate de crédito de direito privado. É certo que a lei civil considera anuláveis os contratos onerosos do devedor insolvente quando a insolvência for notória ou houver motivo para ser conhecida do outro contratante. Com isto está a proteger aquele que de boa-fé adquire bens de pessoa insolvente. Há, todavia, no ato de alienação de bens praticado por devedor insolvente depois de citado em processo de execução um indício evidente que nos leva à presunção de fraude. A norma do direito civil tem a finalidade de proteger o terceiro de boa-fé. Seja como for, em face da atual redação do art. 185 do CTN a jurisprudência ficou superada. Agora, as alienações ou onerações de bens feitas depois da inscrição do crédito tributário em Dívida Ativa serão presumidamente fraudulentas.

O art. 161 do Projeto de Código Tributário Nacional (Projeto 173/1989), apresentado ao Congresso Nacional pelo então senador Fernando Henrique Cardoso, merecia aplausos, porque reproduzia a regra anterior do art. 185 do Código, sem a expressão "em fase de execução".

O crédito tributário prefere a qualquer outro, sejam quais forem a natureza ou o tempo da constituição deste. Somente os créditos decorrentes da legislação do trabalho ou de acidente do trabalho situam se em melhor posição na escala de preferência.[90] O privilégio do crédito tributário é quase absoluto.

Créditos decorrentes da legislação do trabalho são quaisquer créditos de que sejam titulares os que prestam serviço em regime de emprego e decorrentes dessa prestação. Esses créditos têm privilégio absoluto, por se entender que seus titulares merecem tal proteção especial da lei em face da posição econômica e social que ocupam.

90. CTN, art. 186.

A Lei Complementar 118, de 9.2.2005, inseriu um parágrafo único no art. 186 do CTN estabelecendo regras especiais quanto à preferência do crédito tributário no caso de falência do contribuinte.

Na falência: (a) o crédito tributário não prefere aos créditos extra-concursais ou às importâncias passíveis de restituição, nos termos da Lei Falimentar, nem aos créditos com garantia real, no limite do valor do bem gravado; (b) a lei poderá estabelecer limites e condições para a preferência dos créditos decorrentes da legislação do trabalho; e (c) a multa tributária prefere apenas aos créditos subordinados.

Os créditos extraconcursais, exatamente por serem extraconcursais, já não eram alcançados pela preferência do crédito tributário. Também as importâncias passíveis de restituição, nos termos da Lei Falimentar. A grande novidade consistiu em colocar os créditos com garantia real fora do alcance da preferência.

A inovação tem sido defendida ao argumento de que vai reduzir os juros bancários, na medida em que reduz os riscos. Isto pode até ser correto, mas ninguém duvida de que a novidade pode ensejar práticas extremamente danosas aos interesses da Fazenda Pública. Uma empresa em dificuldades, com enorme passivo tributário, pode tomar empréstimo mediante hipoteca de todo o seu patrimônio. O banco ficará protegido. Se a empresa superar a crise, tudo bem. Mas pode não superar. O banco receberá seu crédito e a Fazenda ficará no prejuízo.

Pode mesmo ocorrer que o banco faça o empréstimo em conivência com o empresário que sabe ser irreversível a crise em sua empresa, que em seguida vem a sofrer falência, e o dinheiro é desviado em detrimento da Fazenda Pública. Mas esta pode frustrar tal prática inscrevendo em Dívida Ativa os créditos tributários, mesmo aqueles objeto de parcelamento ou que estejam com exigibilidade suspensa por qualquer outra causa.

Realmente, a partir da inscrição do crédito tributário como Dívida Ativa o ato de oneração dos bens – vale dizer, o ato que dá esses bens em garantia real – presume-se fraudulento, nos termos do art. 185 do CTN. A norma do art. 186, parágrafo único, I, que assegura a preferência, na falência, ao crédito com garantia real, com certeza reporta-se ao crédito com garantia real *constituída validamente*. Não pode amparar, portanto, o crédito com garantia real constituída sob presunção absoluta de fraude.

O limite do crédito trabalhista com preferência já foi estabelecido em 150 salários-mínimos por credor.[91] Não há limite para os créditos decorrentes de acidente do trabalho.

---

91. Lei 11.101, de 9.2.2005, art. 83, I.

"A cobrança judicial do crédito tributário não é sujeita a concurso de credores ou habilitação em falência, recuperação judicial, concordata, inventário ou arrolamento."[92] Isto significa dizer que a ação de execução do crédito tributário, conhecida como executivo fiscal antes do atual Código de Processo Civil, pode ser proposta e pode prosseguir normalmente, não tendo seu curso obstaculizado. Essa autonomia da ação de execução fiscal, todavia, diz respeito apenas ao questionamento entre a massa falida, como sujeito passivo da relação tributária, e o sujeito ativo desta. Não implica superposição ao juízo universal da falência, ao qual cabe decidir sobre a classificação do crédito tributário na ordem de preferências.

7.7.3 Concurso de preferências

Havendo mais de uma pessoa jurídica de direito público com crédito tributário a receber, verifica-se o concurso de preferências, na seguinte ordem: (a) União; (b) Estados, Distrito Federal e Territórios, conjuntamente e mediante rateio; e (c) Municípios, conjuntamente e mediante rateio.[93]

Não se refere o Código Tributário Nacional às autarquias, o que parece confirmar a tese de que estas não podem ser sujeitos ativos da relação de tributação. Todavia, mesmo não admitidas como sujeitos ativos da relação tributária, é inegável serem as autarquias titulares de créditos relativos aos tributos a elas destinados. O extinto TFR, por isto, vinha suprimindo a lacuna do Código Tributário Nacional decidindo que as autarquias se colocam na escala de preferências logo após a pessoa jurídica de direito público à qual pertencem.

7.7.4 Créditos extraconcursais

Nos termos do art. 188 do CTN, com a redação que lhe deu a Lei Complementar 118, de 9.2.2005, "são *extraconcursais* os créditos tributários decorrentes de fatos geradores ocorridos no curso do processo de falência" (grifamos). Na redação anterior o dispositivo dava a tais créditos a qualificação de encargos da massa falida. Parece não ter havido mudança substancial, mas simplesmente de terminologia.

Seja como for, a referência a créditos tributários decorrentes de fatos geradores ocorridos durante o processo de falência merece uma

---

92. CTN, art. 187.
93. CTN, art. 187, parágrafo único.

explicação, que continua sendo a mesma cabível em face da redação anterior do art. 188 do CTN.

A falência é um processo de execução coletiva cujo objetivo é a liquidação do patrimônio da empresa falida e o pagamento de seus credores. Com a decretação da falência a empresa passa a se denominar massa falida. Para a liquidação do patrimônio desta, vale dizer, para a transformação desse patrimônio em dinheiro, e consequente pagamento aos credores, é indispensável a prática de uma série de atos. Em casos especiais pode até a massa falida desenvolver atividade lucrativa, objetivando minimizar prejuízos.

Assim, a massa falida assume obrigações. Contrata empregados. Compra. Vende. Pratica, enfim, atos dos quais resultam, inclusive, dívidas tributárias. Mas a decretação da falência divide das obrigações da empresa as obrigações da massa. São da empresa as obrigações anteriores à falência. São encargos da massa as posteriores.

O art. 188 do CTN refere-se aos créditos tributários decorrentes de fatos geradores ocorridos depois da decretação da falência. Estes, conforme esse dispositivo em sua redação anterior, constituíam encargos da massa falida e, ainda que não vencidos, gozavam de absoluta preferência. Mesmo em relação aos créditos trabalhistas surgidos depois da decretação da falência, e por eles o síndico era pessoalmente responsável.[94] A situação continua sendo a mesma, só que esses créditos são, agora, denominados *extraconcursais*. Em outras palavras: eles não entram no concurso de preferências. Devem ser pagos sem qualquer consideração a quaisquer outros credores.

"Contestado o crédito tributário, o juiz remeterá as partes ao processo competente, mandando reservar bens suficientes à extinção total do crédito e seus acrescidos, se a massa não puder efetuar a garantia da instância por outra forma, ouvido, quanto à natureza e valor dos bens reservados, o representante da Fazenda Pública interessada." Esta regra, estatuída pelo § 1º do art. 188 do CTN, refere-se, evidentemente, aos créditos tributários que constituam encargos da massa falida.

Também no processo de concordata, hoje denominado *recuperação judicial*, prevalece a disciplina do art. 188 do Código. Aliás, na recuperação judicial é até mais importante que assim seja, porquanto, com o prosseguimento dos negócios, o volume de crédito tributário há de ser bem mais significativo.

---

94. CTN, art. 134, V.

Em resumo, por força do art. 188 do CTN, tem-se que: (a) os créditos tributários decorrentes de fatos geradores ocorridos depois da decretação da falência ou de concessão da recuperação judicial gozam de preferência absoluta, ainda que não vencidos; (b) preferem inclusive às demais dívidas da massa; (c) para contestá-los, a massa falida ou o beneficiário de recuperação judicial precisa garantir a instância, o que poderá fazer depositando o valor correspondente, e se não puder garantir a instância por esta ou outra forma, reservará bens suficientes à extinção total do crédito e seus acréscimos; (d) o representante da Fazenda Pública credora deve ser ouvido a respeito da natureza e do valor dos bens reservados.

7.7.5 Inventário e arrolamento. Liquidação de pessoas jurídicas

A preferência geral e absoluta do crédito tributário prevalece também nos processos de inventário e arrolamento, nos quais sua contestação igualmente depende de garantia de instância, tal como nos casos de falência e de recuperação judicial.[95]

O inventariante tem a obrigação de declarar todas as dívidas do autor da herança e de seu espólio. Além disto, o juiz do inventário ou arrolamento oficia às repartições fiscais indagando a respeito dos créditos tributários, para assegurar a preferência destes. O inventariante é pessoalmente responsável pelos tributos devidos pelo espólio, isto é, gerados depois da abertura da sucessão.

Também nas liquidações judiciais ou voluntárias das pessoas jurídicas de direito privado os créditos tributários gozam de preferência absoluta. Essa regra, prevista no art. 190 do CTN, faz com que os diretores e sócios de pessoas jurídicas de direito privado somente se eximam de responsabilidade pessoal se provarem a liquidação regular da respectiva pessoa jurídica.

7.7.6 Exigência de quitações

Garantia de considerável alcance é a exigência de quitação de tributos. Assim, o Código Tributário Nacional exige expressamente: (a) para que seja declarada a extinção das obrigações do falido, a "prova de quitação de todos os tributos";[96] (b) para julgamento da partilha ou adjudicação, isto é, para que se complete a formalidade da trans-

---

95. CTN, art. 189 e seu parágrafo único.
96. CTN, art. 191.

missão dos bens do autor da herança a seus sucessores, a "prova de quitação de todos os tributos relativos aos bens do espólio, ou às suas rendas";[97] (c) para celebração de contrato ou proposta em concorrência pública da União, dos Estados, do Distrito Federal, dos Municípios, ou de suas autarquias, a prova de quitação de todos os tributos relativos à atividade em cujo exercício o contratante ou proponente contrata ou concorre.[98]

Pode a lei, todavia, expressamente autorizar a celebração de contrato ou o recebimento de proposta em concorrência pública sem a exigência de quitação de tributos.

A concessão de recuperação judicial depende de apresentação da prova de quitação de todos os tributos, observados os arts. 151, 205 e 206 do CTN, isto é, admitindo-se como prova de quitação a certidão solicitada pelo interessado nos termos do art. 205, desde que negativa de débitos ou afirmativa da existência apenas de débitos com exigibilidade suspensa nos termos do art. 151 ou, ainda, aquela que, embora positiva, tenha, nos termos do art. 206 do CTN, o mesmo efeito da certidão negativa.

Importante é observar que a quitação exigida diz respeito apenas aos tributos relativos à atividade mercantil do falido; relativos aos bens do espólio ou suas rendas; e relativos a atividade em cujo exercício o interessado contrata ou concorre. E neste último caso só no que diz respeito aos tributos devidos à Fazenda Pública com a qual contrata ou perante a qual licita. Não aos tributos devidos a outras entidades públicas.

A exigência de quitação é excepcional, e não pode ser ampliada pela lei ordinária. Só é cabível, portanto, nas situações expressamente indicadas pelo Código Tributário Nacional, a saber: (a) para a extinção das obrigações do falido ou para a concessão de recuperação judicial; (b) dos interessados em partilha ou adjudicação de bens de espólio; e (c) dos que licitam ou contratam com entidades públicas.

As duas primeiras situações não dizem respeito ao exercício normal de atividades econômicas, por isto mesmo a exigência da quitação não afronta a garantia do livre exercício de tais atividades, assegurada pelo art. 170, parágrafo único, da CF. A última pode, em certos casos, afetar essa garantia, e por isto mesmo é de constitucionalidade duvidosa. De todo modo, é razoável admitir que o órgão público se recuse a contratar com quem lhe deve.

97. CTN, art. 192.
98. CTN, art. 193.

7.7.7 Indisponibilidade de bens e direitos

A Lei Complementar 118, de 9.2.2005, introduziu no CTN o art. 185-A, estabelecendo que, "na hipótese de o devedor tributário, devidamente citado, não pagar nem apresentar bens à penhora no prazo legal e não forem encontrados bens penhoráveis, o juiz determinará a indisponibilidade de seus bens e direitos, comunicando a decisão, preferencialmente por meio eletrônico, aos órgãos e entidades que promovem registro de transferência de bens, especialmente ao registro público de imóveis e às autoridades supervisoras do mercado bancário e do mercado de capitais, a fim de que, no âmbito de suas atribuições, façam cumprir a ordem judicial".

O § 1º do art. 185-A estabelece que a indisponibilidade "limitar-se-á ao valor total exigível, devendo o juiz determinar o imediato levantamento da indisponibilidade dos bens ou valores que excederem esse limite". E, na verdade, não há razão para ser diferente, vale dizer, não há razão para que a indisponibilidade, que decorre de uma execução não garantida, alcance bens de valor superior ao crédito em cobrança. Na prática, porém, tudo indica que muitos problemas ocorrerão, porque os meios de controle dessas providências ainda não estão bem definidos.

Diz o § 2º do mesmo art. 185-A que os órgãos e entidades aos quais for dirigida a comunicação da indisponibilidade dos bens do executado enviarão ao juiz que lhes houver feito aquela comunicação a relação discriminada dos bens e direitos cuja indisponibilidade houverem posto em prática.

Como se vê, as normas albergadas pelo art. 185-A não deveriam ter sido introduzidas no Código Tributário Nacional, porque são normas típicas de direito processual. Seu lugar é na Lei de Execuções Fiscais, e não no Código Tributário Nacional.

8
Administração Tributária

8.1 Fiscalização: 8.1.1 Controle da atividade de fiscalização – 8.1.2 Limites à ação de fiscalização – 8.1.3 Limitações ao poder-dever de fiscalizar – 8.1.4 O poder-dever de fiscalizar e o objeto da fiscalização – 8.1.5 O local do exame de livros e documentos – 8.1.6 Medida preparatória do lançamento e decadência do direito de lançar. 8.2 O dever de informar ao Fisco: 8.2.1 O dever de informar e direito ao silêncio – 8.2.2 Dever de informar e sigilo profissional – 8.2.3 Sigilo bancário e sigilo fiscal – 8.2.4 O sigilo fiscal. 8.3 Dívida Ativa: 8.3.1 Dívida Ativa na Contabilidade Pública – 8.3.2 Dívida Ativa tributária – 8.3.3 Irregularidades que invalidam a inscrição em Dívida Ativa – 8.3.4 Inadmissibilidade de execução administrativa. 8.4 Certidões negativas: 8.4.1 Certidão de quitação – 8.4.2 Arbítrio na recusa de certidões negativas – 8.4.3 Exigência de quitação de tributos e interesse público – 8.4.4 Certidão positiva com efeitos de negativa – 8.4.5 Exigência de garantia de débitos parcelados – 8.4.6 Dispensa de prova de quitação – 8.4.7 Responsabilidade dos participantes do ato – 8.4.8 Certidão negativa com erro contra a Fazenda – 8.4.9 Responsabilidade do servidor público – 8.4.10 Livro do Instituto Cearense de Estudos Tributários. 8.5 Dever jurídico da Administração Pública: 8.5.1 Consolidação das leis de cada tributo – 8.5.2 Manifestações doutrinárias sobre o art. 212 do CTN – 8.5.3 Natureza jurídica da norma do art. 212 do CTN – 8.5.4 Norma e sistema ou ordenamento normativo – 8.5.5 Dever jurídico e sanção no art. 212 do CTN – 8.5.6 O ilícito pressuposto da sanção no art. 212 do CTN – 8.5.7 As sanções cabíveis pela inobservância do art. 212 do CTN.

8.1 Fiscalização

8.1.1 Controle da atividade de fiscalização

O Código Tributário Nacional estabelece que "a atribuição constitucional de competência tributária compreende a competência legislativa plena, ressalvadas as limitações contidas na Constituição Federal, nas Constituições dos Estados e nas Leis Orgânicas do Distrito Federal e dos Municípios" e observado o que ele próprio dispõe.[1]

1. CTN, art. 6º.

A atribuição constitucional da *competência tributária* implica atribuição do *poder de fiscalizar*. Isto, porém, não é o bastante. O poder de fiscalizar é atribuído à entidade de direito público interno, vale dizer, à União, ao Estado e ao Município. Há necessidade de norma definindo o órgão de cada uma dessas entidades ao qual fica reservado o exercício do poder de fiscalizar. E, ainda, há necessidade de norma definindo, em cada órgão competente para o exercício do poder de fiscalizar, a competência da autoridade para o desempenho dos atos de fiscalização. Tal como a capacidade é indispensável para a validade dos atos jurídicos em geral, a competência é requisito necessário para a validade dos atos administrativos, entre os quais os atos da Administração Tributária e, mais especificamente, os atos da fiscalização tributária.

Sabe-se que a União tem o *poder de fiscalizar* os atos das pessoas em geral, e especialmente dos sujeitos passivos de obrigações tributárias, no que concerne à administração dos tributos federais. Sabe-se, por igual, que o Ministério da Fazenda, e neste a Secretaria da Receita Federal, tem competência para os atos de administração e fiscalização tributárias. É necessário, todavia, identificar a autoridade competente para a prática de atos de administração ou fiscalização tributária, especificamente.

Diversamente do que muitos afirmam, a atividade de fiscalização tributária é de caráter vinculado, no sentido de que nada fica a critério dos agentes públicos que a executam. A legislação tributária deve disciplinar inteiramente a competência não apenas das autoridades da Administração Tributária, vale dizer, dos agentes públicos dotados de atribuições para decidir e para ordenar a atividade administrativa de fiscalização em sentido amplo, como também todos os agentes públicos que executam essa atividade. Sobre o assunto já escrevemos:

> A competência das autoridades administrativas em matéria de fiscalização é regulada na legislação tributária. Assim como a validade dos atos jurídicos em geral exige a *capacidade* de quem os pratica, a validade dos atos administrativos requer a *competência* da autoridade ou agente público. Indispensável, portanto, que a fiscalização tributária seja feita por pessoas às quais a legislação atribua competência para tanto, em caráter geral, ou especificamente, em função do tributo de que se tratar. A lavratura de um auto de infração, o julgamento de impugnação do mesmo pelo sujeito passivo, assim como todo e qualquer ato da Administração Tributária, só têm validade se praticados por quem tenha competência para tanto.
>
> Essa competência é atribuída pela *legislação*. Não apenas pela lei tributária. Legislação e lei, na linguagem do Código Tributário

Nacional, são coisas bem distintas. Legislação é o gênero, no qual se incluem as diversas normas que tratam de matéria tributária. Lei é uma dessas espécies.

As regras básicas sobre a matéria encontram-se no Código Tributário Nacional e devem ser observadas pela legislação (art. 194).

Considerando que as portarias, instruções, ordens de serviço e outros atos administrativos de idêntica natureza, embora se incluam no conceito de *legislação* tributária, nos termos dos arts. 96 a 100 do CTN, não obrigam diretamente os sujeitos passivos, o Código estabeleceu expressamente que essa legislação se aplica às pessoas naturais ou jurídicas, contribuintes ou não, inclusive às que gozem de imunidade tributária ou de isenção (art. 194, parágrafo único). As normas dessa legislação, quando não constem de *lei*, evidentemente devem tratar apenas de aspectos procedimentais, ou de simples obrigações acessórias. Não podem impor deveres que não tenham a natureza de obrigação acessória, em face do dispositivo constitucional pelo qual ninguém é obrigado a fazer ou a deixar de fazer alguma coisa a não ser em virtude de *lei*.[2]

A complexidade e as peculiaridades de situações atinentes à atividade de fiscalização exigem que o correspondente disciplinamento se dê através de normas de natureza regulamentar, de mais fácil e mais ágil alteração e que, por isto mesmo, possam ser adaptadas com frequência, na medida das necessidades ou conveniências da Administração Tributária.

A respeito do assunto, o eminente mestre Aliomar Baleeiro escreveu:

> Em princípio, a lei do sujeito ativo estabelece em caráter geral as normas de competência e os poderes de seus agentes em matéria de fiscalização interna e externa. Geralmente as leis pertinentes aos tributos mais importantes, como o IPI, o Imposto de Renda, o ICM e os direitos alfandegários, contêm normas nesse sentido.
>
> Mas a complexidade da matéria, a necessidade de adaptação a cada zona geográfica ou a cada setor econômico, a peculiaridade do tributo e outros motivos exigem pormenores impróprios da concisão e generalidade da lei. Por isso, os regulamentos de execução da lei e os chamados regulamentos "internos", que não decorrem de lei, traçam normas subsidiárias e pormenorização. Mas não só eles, senão também outros atos administrativos integrantes da "legislação tributária", no conceito especial do CTN, arts. 96 a 100. Assim, pois, as portarias

---

2. Hugo de Brito Machado, *Curso de Direito Tributário*, 38ª ed., São Paulo, Malheiros Editores, 2017, pp. 254-255.

do Ministro de Estado e Secretários da Fazenda, as "ordens de serviço" dos diretores, circulares etc. ³

A existência dessas normas de hierarquia inferior no âmbito da Administração Tributária presta-se muito mais para limitar as condutas dos agentes públicos do que para regrar as relações de tributação. Como o tributo é prestação pecuniária compulsória cobrada mediante *atividade administrativa plenamente vinculada*, é importante que tudo seja regrado. Nada pode ficar a critério do agente que executa a ação de fiscalização.

A disciplina normativa da fiscalização é da maior importância, tanto para a Fazenda Pública como para os contribuintes. Para a Fazenda, porque lhe permite organizar a atividade de seus agentes, evitando superposições de atividades, com o consequente desperdício de sua força de trabalho, e, ainda, maior controle da produtividade de seus agentes e dos aspectos éticos da conduta dos mesmos. E, para os contribuintes, porque impede improvisações incompatíveis com a segurança jurídica e permite a identificação e a individualização das atividades de fiscalização, tornando possível a responsabilidade de cada agente público sempre que isto se faça necessário.

É certo que previsão da atividade administrativa em normas de hierarquia inferior não oferece aos cidadãos a mesma garantia que lhes assegura o princípio da legalidade. Não afasta as práticas arbitrárias. Mas identifica seus autores e no mais das vezes impede, por isto mesmo, condutas motivadas por razões escusas.

Consubstanciam, sem dúvida, significativa proteção aos cidadãos, especialmente aos contribuintes, as limitações funcionais, territoriais e temporais estabelecidas na legislação que disciplina as ações de fiscalização. Permitem a previsão de ações de fiscalização e, assim, o controle preventivo destas, dando oportunidade, inclusive, à impetração preventiva de mandado de segurança na hipótese de ilegalidades visíveis na própria previsão normativa.

As competências para a prática dos atos integrantes do que denominamos *ações de fiscalização* são atribuídas aos agentes públicos de acordo com o cargo de cada um, vale dizer, tendo em vista as funções inerentes aos cargos que ocupam na Administração Pública.

Na delimitação da competência funcional existem normas de natureza permanente que descrevem as atribuições próprias do cargo público.

---

3. Aliomar Baleeiro, *Direito Tributário Brasileiro*, 10ª ed., 9ª tir., Rio de Janeiro, Forense, 1993, pp. 614-615.

Além dessas normas, todavia, existem aquelas outras que dizem respeito às atribuições de determinados órgãos da Administração.

No âmbito federal existe a Portaria MF-030, de 25.2.2005, do Ministro da Fazenda, que aprova o Regimento Interno da Secretaria da Receita Federal, no qual estão as normas pertinentes às diversas atribuições relacionadas com a Administração Tributária Federal.

Mesmo sendo competente do ponto de vista funcional, uma autoridade da Administração Tributária pode não ser competente do ponto de vista territorial para a prática da conduta que consubstancia a ação de fiscalização. O Regulamento do Imposto de Renda/RIR nos oferece exemplo de delimitação de competência em razão do território quando vincula a competência da autoridade administrativa ao domicílio fiscal do contribuinte.[4]

É certo que uma autoridade administrativa pode ser designada para, em caráter especial ou excepcional, exercer atribuições em área diversa daquela na qual normalmente atua. Nos limites da lei, isto é perfeitamente válido. Mesmo assim, é imprescindível uma designação formal, de caráter oficial, para que os atos daquela autoridade sejam atos administrativos válidos.

Embora a ação de fiscalização, no sentido de ação da Administração Tributária tendente a controlar a atividade dos contribuintes, seja permanente, existem ações específicas, delimitadas no tempo. A própria atividade de fiscalização, em sentido estrito, é desenvolvida mediante planos cuja execução se faz com duração determinada.

Isto quer dizer que um agente público, fiscal de tributos, mesmo tendo entre as atribuições de seu cargo a fiscalização de livros e documentos de empresas contribuintes, não pode, por sua própria iniciativa, desenvolver ações de fiscalização. Dependerá, para tanto, de determinações da repartição onde atua.

Especial atenção merece o controle específico da atividade de fiscalização. Para que tudo funcione segundo as normas oficialmente postas para a disciplina das ações de fiscalização, as autoridades que exercem as chefias das diversas repartições exercem o controle integral da atividade de fiscalização, não havendo liberdade para cada fiscal atuar individualmente. Sua atuação junto a determinado contribuinte depende sempre de autorização.

Esse controle impede que pessoas estranhas à fiscalização se façam passar por fiscais para extorquir o contribuinte. Cada procedimento de

---

4. Regulamento aprovado pelo Decreto 3.000, de 26.3.1999, art. 985.

fiscalização é programado e autorizado oficialmente, de sorte que ao contribuinte há de ser sempre apresentado o ato que determinou a ação fiscal em cada caso.

A legislação das diversas Fazendas, sejam a Federal, as Estaduais e as Municipais, estabelece normas que tornam as atuações de seus agentes vinculadas a instrumentos específicos de controle. Assim, o Regulamento do ICMS do Estado do Ceará, por exemplo, estabelece que, "antes de qualquer ação fiscal, o agente do Fisco exibirá ao contribuinte, ou a seu preposto, identidade funcional e o ato designatório que o credencia à prática do ato administrativo".[5]

Na legislação federal também existem meios para a identificação do agente público incumbido do trabalho de fiscalização e para saber da autorização específica para a missão que esteja a desempenhar. Nada pode acontecer segundo o livre arbítrio individual do agente público.

8.1.2 Limites à ação de fiscalização

Nos termos da Constituição Federal, é facultado à Administração Tributária, especialmente para conferir efetividade aos objetivos, dar aos impostos caráter pessoal e prestigiar o princípio da capacidade econômica, "identificar, respeitados os direitos individuais e nos termos da lei, o patrimônio, os rendimentos e as atividades econômicas do contribuinte".[6]

Nem era necessária essa norma expressa na Constituição a dizer que a Administração Tributária há de respeitar os direitos individuais do contribuinte. Esse dever do Estado resulta de diversos preceitos da Lei Maior. James Marins, dissertando sobre o tema, assevera:

> No corpo da Constituição Federal estão plasmados dispositivos que estabelecem fundamentos da atividade de fiscalização tributária, quais sejam, basicamente: o § 1º do art. 145 da CF/1988 e o art. 37, *caput*, além é claro, dos dispositivos insertos no art. 5º da Lei Magna, notadamente os que garantem o exercício de liberdades fundamentais, como em seus incisos II, X, XI, XII, XIII e XV.[7] Em se tratando

---

5. Decreto 24.569, de 31.7.1997, art. 820.
6. CF/1988, art. 145, § 1º.
7. CF/1988: "Art. 5º. (...); II – ninguém será obrigado a fazer ou deixar de fazer alguma coisa senão em virtude de lei; (...); X – são invioláveis a intimidade, a vida privada, a honra e a imagem das pessoas, assegurado o direito a indenização pelo dano material ou moral decorrente de sua violação; XI – a casa é asilo inviolável do indivíduo, ninguém podendo nela penetrar sem consentimento do morador, salvo em caso de flagrante delito ou desastre, ou para prestar socorro, ou, durante o dia, por determinação judicial; XII – é

de fiscalização tributária sobre atividades econômicas, também especial relevância assume o parágrafo único do art. 170, entre outros. O § 1º do art. 145 da Constituição salienta a importância da atividade fiscalizatória no sentido de identificar os "sinais presuntivos de renda ou de capital", para usar da expressão de Alfredo Augusto Becker.[8] Nessa tarefa deve a Administração estar adstrita à legalidade, não descurando também dos direitos individuais.[9]

O comando constitucional é claro ao prever a possibilidade da presença estatal, aferindo elementos necessários à verificação da incidência tributária, dando fulcro constitucional à ideia de efetividade na arrecadação. Porém, desde logo, nota-se que as prerrogativas do Fisco para se imiscuir no patrimônio, nos rendimentos e nas atividades econômicas dos contribuintes subordinam-se à lei, que deve ter no mínimo a aptidão para assegurar a eficácia dos direitos individuais dos sujeitos à fiscalização.[10]

Uma das mais importantes limitações à atividade de fiscalização tributária diz respeito ao direito individual à inviolabilidade do domicílio.

O termo "domicílio", nesse contexto, abrange o estabelecimento empresarial, inclusive o que pertence à pessoa jurídica. Na verdade, o termo "domicílio", na forma em que foi empregado pelo dispositivo constitucional, não tem o sentido estreito da expressão "domicílio tributário", tal como definida nas leis fiscais, nem autoriza o Fisco a invadir estabelecimentos comerciais sob o argumento de que tais estabelecimentos não são "domicílios" de pessoas naturais. Como ensina Pontes de Miranda,

> a expressão "domicílio", empregada em direito constitucional, *aí*, tem outro significado que em direito privado, ou em qualquer dos ramos

inviolável o sigilo da correspondência e das comunicações telegráficas, de dados e das comunicações telefônicas, salvo, no último caso, por ordem judicial, nas hipóteses e na forma que a lei estabelecer para fins de investigação criminal ou instrução processual penal; XIII – é livre o exercício de qualquer trabalho, ofício ou profissão, atendidas as qualificações profissionais que a lei estabelecer; (...); XV - é livre a locomoção no território nacional em tempo de paz, podendo qualquer pessoa, nos termos da lei, nele entrar, permanecer ou dele sair com seus bens; (...)".

8. Alfredo Augusto Becker, *Teoria Geral do Direito Tributário*, 3ª ed., São Paulo, Lejus, 1998, p. 498.

9. CF/1988, § 1º do art. 145: "§ 1º. Sempre que possível, os impostos terão caráter pessoal e serão graduados segundo a capacidade econômica do contribuinte, facultado à Administração Tributária, especialmente para conferir efetividade a esses objetivos, identificar, respeitados os direitos individuais e nos termos da lei, o patrimônio, os rendimentos e as atividades econômicas do contribuinte".

10. James Marins, *Direito Processual Tributário Brasileiro (Administrativo e Judicial)*, 8ª ed., São Paulo, Dialética, 2015, pp. 230-231.

de sobredireito (direito internacional privado, direito penal internacional, direito processual internacional). (...).

No direito constitucional, domicílio é onde se habita e onde se ocupa espaço, próprio, para uso pessoal, ou para negócios, oficina, escritório, e abrange o pátio, o quintal, as estrebarias, a garagem, os quartos de empregados etc.[11]

Insista-se em que o fato de o estabelecimento violado pertencer a uma pessoa jurídica não torna lícita a ação fiscal relativamente às pessoas físicas que nele exercem atividades, pois sócios e empregados também têm direito de não serem perturbadas na privacidade de suas atividades.

Consequência do ingresso ilícito de agentes do Fisco no domicílio do contribuinte, ou de qualquer outra pessoa, onde tenham colhido provas é a contaminação destas pela ilicitude.

Realmente, considerada ilícita a entrada dos agentes fiscais no domicílio onde colheram quaisquer elementos de convicção para fundamentar lançamento de tributo ou aplicação de penalidades, a consequência inexorável será a nulidade do lançamento, em razão da ilicitude das provas em que se funda.

8.1.3 Limitações ao poder-dever de fiscalizar

O exercício do poder-dever de fiscalizar tem um objetivo do qual não se podem desviar as autoridades da Administração Tributária, que é verificar o cumprimento pelos contribuintes de suas obrigações tributárias, ou, em outras palavras, a correta aplicação da lei tributária.

No exercício dessa importante atividade, as autoridades da Administração Tributária geralmente tendem a considerar que o objetivo desta é promover a arrecadação dos tributos. E daí resultam cometimentos arbitrários, ilegais, que para alguns se justificam pelo fim a que se destinam: aumentar a arrecadação. Ocorre, todavia, que os fins nem sempre justificam os meios, e existem situações nas quais a lei chega a definir como crime a utilização de meios que a lei não autoriza – o que demonstra de forma eloquente que essa utilização de nenhum modo é justificada pelos fins da conduta do agente público.

Realmente, ao definir o crime de excesso de exação, a lei estabelece:

---

11. Pontes de Miranda, *Comentários à Constituição de 1967*, 2ª ed., t. V, São Paulo, Ed. RT, 1971, p. 185.

§ 1º. Se o funcionário exige tributo ou contribuição social que sabe ou deveria saber indevido, ou, quando devido, emprega na cobrança meio vexatório ou gravoso que a lei não autoriza. Pena – reclusão, de 3 (três) a 8 (oito) anos, e multa.[12]

Como se vê, ainda que devido o tributo, ou a contribuição, o agente público não pode utilizar meios que a lei não autoriza. Se esses meios são vexatórios ou gravosos, a utilização deles constitui crime, ainda que tal utilização seja destinada à cobrança de tributo devido. E, se não são vexatórios ou gravosos, a utilização não constitui crime, mas de todo modo é ilegal, porque não autorizada por lei. Em síntese: o agente público só pode utilizar na atividade de fiscalização tributária meios que a lei autoriza. E, mesmo assim, a própria lei encontra limites nos princípios fundamentais de Direito.

Neste sentido, ao cuidar dos princípios gerais do Sistema Tributário Nacional, a Constituição Federal estabelece:

§ 1º. Sempre que possível, os impostos terão caráter pessoal e serão graduados segundo a capacidade econômica do contribuinte, facultado à Administração Tributária, especialmente para conferir efetividade a esses objetivos, identificar, respeitados os direitos individuais e nos termos da lei, o patrimônio, os rendimentos e as atividades econômicas do contribuinte.[13]

Como se vê, esse dispositivo da Constituição estabelece dois limites. Um para o agente administrativo, ao dizer que sua conduta há de ser "nos termos da lei". E outro para o agente administrativo e para o próprio legislador, ao dizer que a atividade destinada à identificação do patrimônio, dos rendimentos e das atividades do contribuinte há de se desenvolver "respeitados os direitos individuais". Em outras palavras, o respeito à lei é devido pelos agentes administrativos em qualquer caso. E o respeito aos direitos individuais é devido tanto pelos agentes administrativos, na interpretação e aplicação das leis tributárias, como pelo próprio legislador.

Importantes consequências práticas disto encontram-se na interpretação e na aplicação das leis tributárias no que concerne à atividade de fiscalização, entre outras situações, quando se trata do direito ao silêncio, do direito de propriedade e do direito à privacidade ou, mais especificamente, do ingresso no domicílio do contribuinte.

12. CP, art. 316, § 1º.
13. CF, art. 145, § 1º.

Vejamos, ainda que sumariamente, essas importantes questões.

A criminalização do ilícito tributário, embora tenha o efeito de, pela intimidação, fazer com que alguns se abstenham de sonegar, implicou algumas desvantagens para o Fisco no que concerne à fiscalização tributária. Uma delas reside no direito ao silêncio, que pode funcionar como limite à prerrogativa de examinar livros e documentos fiscais.

Não se venha dizer que o direito ao silêncio só pode ser invocado por quem é acusado de cometimento criminoso, e por isto não poderia ser invocado pelo contribuinte diante do agente público em atividade de fiscalização tributária. Pode, sim. No momento em que a autoridade fazendária exerce a atividade de fiscalização, examinando livros e documentos do contribuinte, está, evidentemente, colocando a conduta do contribuinte sob suspeita de cometimento criminoso. Se admitisse que todos os seus livros e documentos estão em ordem e todos os tributos foram corretamente pagos, obviamente, não teria sentido nenhum a atividade de fiscalização. Tal atividade é exercida exatamente porque há suspeita de que algum tributo deixou de ser pago, alguma diferença é devida. Em outras palavras, há suspeita de que algum crime contra a ordem tributária, definido na Lei 8.137/1990, foi por ele cometido.

Quanto ao direito de propriedade destaca-se a apreensão de mercadorias. A apreensão de mercadorias pelo Fisco, especialmente tratando-se de agentes do Fisco Estadual, é um ato de rotina muitas vezes praticado de forma flagrantemente arbitrária. Seja como forma de confisco, constitucionalmente vedado, seja como forma de compelir, por via oblíqua, o contribuinte ao pagamento de tributo.

O TJCE, entretanto, já decidiu pela inconstitucionalidade da apreensão de mercadorias:

> Tributário – Apreensão de mercadorias como forma de garantir o pagamento do tributo – Impossibilidade – Caracterização de confisco. A Constituição Federal estabelece que é vedado à União, aos Estados, ao Distrito Federal e aos Municípios utilizar tributo com efeito de confisco – Entendimento do STF, cristalizado na Súmula n. 323 – Remessa oficial e recurso apelatório conhecidos e providos.[14]

Esse entendimento foi sumulado, já faz muito tempo, pelo STF, afirmando que "é inadmissível a apreensão de mercadorias como meio coercitivo para pagamento de tributo" (Súmula 323). Não obstante isso,

---

14. TJCE, 2ª Câmara Cível, ACi 1998.06973-3, rel. Des. José Cláudio Nogueira Carneiro, j. 5.9.2001.

as autoridades da Administração Tributária continuam praticando essa arbitrariedade.

Temos sustentado que a apreensão de mercadorias somente se justifica como forma de comprovar o ato ilícito e sua autoria. Identificado o proprietário das mercadorias, a quantidade e as características destas, de forma a viabilizar a cobrança do tributo devido, deve dar-se sua liberação, especialmente se o contribuinte é regularmente estabelecido.

O STF já colocou em dúvida o direito da Administração Fazendária de penetrar no estabelecimento do contribuinte e ter acesso a seus livros e documentos sem o consentimento deste. Apreciando pedido de *habeas corpus* em que era alegada a utilização de provas ilícitas, denegou a ordem ao fundamento de que o ingresso dos fiscais no estabelecimento deu-se com o consentimento do paciente. Isto significa dizer que tal consentimento pode, em princípio, ser negado pelo contribuinte.

A solução da questão de saber se o contribuinte pode negar autorização ao Fisco para entrar em seu estabelecimento é de grande relevância. Além da repercussão que certamente tem na esfera penal, como afirmou o STF, pode ter também repercussões na esfera da Administração Tributária.

Não tem relevo a distinção que poderia ser feita entre o domicílio enquanto moradia da pessoa física e o local de trabalho profissional ou estabelecimento comercial. Na Espanha a lei formulou essa diferença, para autorizar a entrada de fiscais no estabelecimento profissional ou comercial contra a vontade de seu proprietário, bastando a autorização da autoridade administrativa. Tal distinção, porém, foi rejeitada pelo Supremo Tribunal daquele País, que, em julgado do dia 22.1.1993, consagrou o princípio segundo o qual os fiscais somente podem entrar naqueles estabelecimentos fora do horário normal de funcionamento da empresa com o consentimento espontâneo do proprietário, e segundo a doutrina tal consentimento há de ser manifestado por escrito.[15] Certo, outrossim, que o domicílio das pessoas jurídicas goza de igual proteção.[16]

No Brasil, o art. 195 do CTN diz que, "para os efeitos da legislação tributária, não têm aplicação quaisquer disposições legais excludentes ou limitativas do direito de examinar mercadorias, livros, arquivos, documentos, papéis e efeitos comerciais ou fiscais, dos comerciantes,

---

15. Cf.: Luis Miguel Abajo Antón, *La Empresa Ante la Inspección Fiscal*, Madri, Fundación Confemetal, s/d, p. 120.

16. Cf.: Francisco Guio Montero, *El Contribuyente Ante la Inspección de Hacienda*, Valladolid, Lex Nova, 1999, p. 420.

industriais ou produtores, ou da obrigação destes de exibi-los". E o art. 200 diz que "as autoridades administrativas federais poderão requisitar o auxílio da força pública federal, estadual ou municipal, e reciprocamente, quando vítimas de embaraço ou desacato no exercício de suas funções, ou quando necessário à efetivação de medida prevista na legislação tributária, ainda que não se configure fato definido em lei como crime ou contravenção".

Por isto já afirmamos, em sucessivas edições do *Curso de Direito Tributário*, que as autoridades fazendárias podem utilizar a força pública, independentemente de mandado judicial, quanto houver embaraço à atividade de fiscalização.[17] Agora, porém, repensando este assunto, colocamos a questão de saber se agentes fiscais podem entrar nos estabelecimentos dos contribuintes independentemente do consentimento destes.

Em face da jurisprudência do STF, pensamos que a resposta deve ser negativa, com o quê resta confirmada nossa tese segundo a qual a criminalização do ilícito tributário acarretou mais problemas do que soluções para a atividade da administração e cobrança dos tributos. O ingresso desautorizado dos fiscais no estabelecimento do contribuinte pode significar a ilicitude das provas colhidas, o que as invalida tanto para o processo penal como para o processo administrativo de apuração e exigência do tributo.[18]

Nessa mesma linha de raciocínio, o STJ já decidiu que o art. 195 do CTN não autoriza a apreensão de livros e documentos pela fiscalização sem autorização judicial:

> Tributário – Interpretação do art. 195 do CTN – Apreensão de documentos. 1. O ordenamento jurídico-tributário brasileiro está rigorosamente vinculado ao princípio da legalidade. 2. O art. 195 do CTN não autoriza a apreensão de livros e documentos pela Fiscalização, sem autorização judicial. 3. Recurso improvido.[19]

Relevante, outrossim, na interpretação do art. 195 do CTN é a questão de saber o que se deve entender pela expressão "livros e documentos" do contribuinte. Questão que é respondida pela norma do parágrafo único do art. 195, a saber: *os livros obrigatórios de escrituração* comercial e fiscal e os comprovantes dos lançamentos neles efetuados, que, nos termos

---
17. Hugo de Brito Machado, *Curso de Direito Tributário*, cit., 38ª ed., pp. 259-261.
18. CF, art. 5º, LVI, e Lei 9.784, de 29.1.1999, art. 30.
19. STJ, 1ª Turma, REsp 300.065-MG, rel. Min. José Delgado, j. 5.4.2001, *DJU* 18.6.2001, p. 117, e *Revista Dialética de Direito Tributário* 75/215.

da aludida norma, "serão conservados até que ocorra a prescrição dos créditos tributários decorrentes das operações a que se refiram".

8.1.4 O poder-dever de fiscalizar e o objeto da fiscalização

O art. 195 do CTN refere-se ao direito de examinar mercadorias, livros, arquivos, documentos, papéis e efeitos comerciais ou fiscais, vale dizer, refere-se ao direito de fiscalizar, mas, a rigor, não se trata de um direito, e sim de um *poder dever*, pois ao exercício de um direito seu titular pode renunciar, enquanto o exercício do poder-dever não comporta renúncia. E quanto ao objeto a ser examinado não distingue entre livros e documentos obrigatórios e não obrigatórios, embora essa distinção seja de grande importância quanto ao dever de exibir.

Realmente, é importante a distinção entre o que é obrigatório e o que não é obrigatório, para demonstrar que o contribuinte não é obrigado a apresentar determinadas demonstrações de contas, como a de mercadorias, de duplicatas a pagar, entre outras, que alguns fiscais costumam exigir por pura comodidade. Como as contas estão, todas elas, registradas na escrituração contábil, e muitas delas também nos livros fiscais, o próprio agente fiscal com certeza poderá elaborar as demonstrações que desejar. Não pode, todavia, exigir que o contribuinte elabore tais demonstrações, que não são documentos obrigatórios.

Os livros obrigatórios são aqueles assim definidos nas leis comercial e fiscal.

Resta saber quais são os documentos obrigatórios. E a resposta mais adequada encontra-se no parágrafo único do art. 195, que se reporta aos "livros de escrituração comercial e fiscal e os comprovantes dos lançamentos neles efetuados". Documentos cuja exibição é obrigatória, portanto, são apenas aqueles que comprovam os registros contábeis e fiscais.

A norma albergada pelo parágrafo único do art. 195 confirma nossa tese segundo a qual não é obrigatória a exibição de livros facultativos. Assim, o contribuinte pode dizer que não os possui. Ou que não os exibe porque os destruiu.

Ressalte-se que mesmo em relação aos livros e documentos obrigatórios o exame por parte dos agentes fiscais deve limitar-se a determinados pontos. O STF sumulou quanto a essa limitação dizendo que "estão sujeitos à fiscalização tributária ou previdenciária quaisquer livros comerciais, limitado o exame aos pontos objeto da investigação".[20]

20. STF, Súmula 439.

Finalmente, as cartas e outros elementos de comunicação do contribuinte, que se incluem no conceito de correspondência, não são de exibição obrigatória. Tanto porque não se incluem no conceito de documentos obrigatórios como, e especialmente, porque a Constituição Federal assegura que "é inviolável o sigilo da correspondência e das comunicações telegráficas, de dados e das comunicações telefônicas, salvo, no último caso, por ordem judicial, nas hipóteses e na forma que a lei estabelecer para fins de investigação criminal ou instrução processual penal".[21]

8.1.5 O local do exame de livros e documentos

Alguns agentes do Fisco notificam o contribuinte para apresentar livros e documentos para serem por eles examinados na repartição fiscal. Essa prática, todavia, não é legalmente autorizada. Nem se justificaria que o fosse, porque existem diversas entidades cujos agentes ficais podem pedir a exibição de livros e documentos do contribuinte. E o contribuinte tem, portanto, o dever de manter seus livros e documentos à disposição de todos esses agentes públicos em seu estabelecimento comercial ou profissional.

José Jayme de Macedo Oliveira, reportando-se ao dever do contribuinte de apresentar ao Fisco seus livros e documentos, registra decisão do TRF-1ª Região afirmando que "não há óbice legal a que essa apresentação se dê na repartição fiscal, onde se faz o lançamento do débito, e não no estabelecimento do contribuinte".[22]

Realmente, a lei não proíbe, mas também não obriga. Se o contribuinte quiser atender à solicitação do fiscal, pode fazê-lo, mas a tanto não está obrigado, até porque os livros e os documentos não se prestam apenas para a fiscalização. E não existe apenas uma fiscalização. Por isso, é razoável concluir que o local mais adequado para o exame de livros e documentos pela fiscalização tributária é o estabelecimento a que pertencem.

8.1.6 Medida preparatória do lançamento e decadência do direito de lançar

O parágrafo único do art. 195 do CTN estabelece que os livros e documentos cuja exibição é obrigatória devem ser conservados "até que

---

21. CF/1988, art. 5º, XII.
22. José Jayme de Macedo Oliveira, *Código Tributário Nacional – Comentários, Doutrina, Jurisprudência*, São Paulo, Saraiva, 1998, p. 554.

ocorra a prescrição dos créditos tributários decorrentes das operações a que se refiram".

Pode parecer que há uma impropriedade na referência à prescrição. Correto seria falar de decadência, pois esta é que extingue o direito da Fazenda Pública de constituir o crédito pelo lançamento. Extinto, pela decadência, o direito de lançar, os livros e documentos não teriam mais nenhuma utilidade.

Não é assim, todavia. Sobre o assunto já escrevemos:

> Os livros obrigatórios de escrituração comercial e fiscal e os comprovantes dos lançamentos neles efetuados serão conservados até que ocorra a prescrição dos créditos tributários decorrentes das operações a que se refiram (CTN, art. 195, parágrafo único). Terminado o prazo de decadência do direito de a Fazenda Pública constituir o crédito tributário, já poderiam ser dispensados os livros e documentos, sem qualquer prejuízo para o Fisco, em princípio, desde que na cobrança dispõe este da certidão de inscrição do crédito como Dívida Ativa, que lhe garante presunção de liquidez e certeza. Todavia, existem situações nas quais, mesmo dispondo do título executivo extrajudicial, necessita o Fisco de produzir contraprova. Assim, preferiu o Código Tributário Nacional exigir a conservação dos livros e documentos pelo prazo que termina por último, vale dizer, o prazo de prescrição.
>
> Essa regra, porém, somente se aplica se tiver havido lançamento e ainda não estiver extinto o respectivo crédito tributário, que por isto mesmo poderá ser cobrado, ensejando discussão judicial a seu respeito. Se está consumada a decadência, e nenhum crédito tributário subsiste a ensejar disputa, certamente o contribuinte não terá o dever de conservar livros e documentos.[23]

Em princípio a conservação dos livros e documentos do contribuinte é útil para que o Fisco possa realizar o exame dos fatos e fazer a revisão, se for o caso, dos lançamentos feitos por homologação. Mas o legislador preferiu determinar a conservação dos mesmos "até que ocorra a prescrição dos créditos tributários decorrentes das operações a que se refiram", à consideração de que é possível o surgimento de questão a respeito de algum crédito tributário já constituído, obviamente, mas ainda não pago ou por outra forma extinto.

Pode ocorrer que no final do prazo de decadência seja lavrado contra o contribuinte um auto de infração, contra o qual se insurge o autua-

---

23. Hugo de Brito Machado, *Curso de Direito Tributário*, cit., 38ª ed., p. 255.

do. Mesmo depois de escoado o prazo de decadência pode subsistir, e em geral subsiste, a disputa, seja na via administrativa ou na via judicial. Assim, enquanto não consumada a prescrição da ação para a cobrança dos créditos decorrentes de fatos objeto de registros nos livros e documentos do contribuinte, tem este o dever de conservá-los, pois constituem meio de prova hábil do qual se pode valer a Fazenda Pública.

A fiscalização de livros e documentos do sujeito passivo da obrigação tributária, embora nem sempre conduza à apuração de inadimplemento de obrigações tributárias pelo contribuinte, constitui muitas vezes o que a lei denomina medida preparatória do lançamento. E, sendo assim, deve ser considerada para fins do que estabelece o art. 173, parágrafo único, do CTN.

Recorde-se que o art. 173 do CTN estabelece que "o direito de a Fazenda Pública constituir o crédito tributário extingue-se após 5 (cinco) anos", contados do primeiro dia útil do exercício seguinte àquele em que o lançamento poderia ter sido efetuado ou da data em que se tornar definitiva a decisão que houver anulado, por vício formal, o lançamento anteriormente efetuado. E seu parágrafo único estabelece que o direito de constituir o crédito tributário extingue-se definitivamente com o decurso do prazo de cinco anos, "contado da data em que tenha sido iniciada a constituição do crédito tributário pela notificação, ao sujeito passivo, de qualquer medida preparatória indispensável ao lançamento".

Assim, temos em nosso Direito dois prazos extintivos do direito da Fazenda Pública de constituir o crédito tributário. O primeiro é de decadência, e começa no primeiro do exercício seguinte àquele em que o lançamento poderia ter sido efetuado. O segundo é de perempção, e começa no dia em que se iniciou a ação fiscal visando à feitura do lançamento.

Essa é a tese desenvolvida, com inteira propriedade, por Marco Aurélio Greco,[24] com a qual estamos de pleno acordo. Na verdade, admitir que a Fazenda Pública disponha de tempo indeterminado para concluir o procedimento de lançamento tributário fere frontalmente os princípios da razoabilidade e da segurança jurídica, ao tempo em que torna praticamente inútil o prazo de decadência, amesquinhando a eficácia da norma do art. 173 do CTN.

24. Marco Aurélio Greco, "Perempção no lançamento tributário", em *Estudos Jurídicos em Homenagem a Gilberto de Ulhoa Canto*, Rio de Janeiro, Forense, 1988, pp. 513-514.

8.2 O dever de informar ao Fisco

8.2.1 O dever de informar e direito ao silêncio

Ao interpretar o art. 197 do CTN não devemos esquecer de que se trata de norma editada nos anos 1960, quando o País vivia sob ditadura militar. Nem devemos esquecer que o ilícito tributário foi qualificado como ilícito penal. Essas duas questões são da maior importância. A primeira, porque é inegável a influência do regime político na interpretação das leis, sendo certo que a mesma norma pode ter um significado durante um governo ditatorial e outro à luz de um governo democrático. A segunda, porque se sabe que aos acusados do cometimento de crime é garantido o direito ao silêncio, como forma de defesa.

Em seminário sobre "O Delito Tributário",[25] o professor Nuno Sá Gomes suscitou a questão de saber como fica o dever do contribuinte de prestar informações ao Fisco diante do direito ao silêncio, constitucionalmente assegurado aos acusados em geral.

Segundo o ilustre professor da Faculdade de Direito de Lisboa, que é autor de várias obras jurídicas – uma das quais sobre *Direito Penal Fiscal*, publicada em 1982 –, na medida em que o ilícito tributário é definido como crime, tem-se um conflito entre o dever de prestar informações ao Fisco e o direito de não se autoincriminar, constitucionalmente assegurado aos acusados de práticas delituosas.

A questão é de grande importância, e está a merecer análise dos juristas em face do ordenamento de cada País, levando-se em conta, especialmente, a hierarquia das normas. O que não se justifica é a desconsideração pura e simples da garantia constitucional, como se o ilícito tributário não tivesse sido qualificado como crime, posto que aos criminosos é universalmente assegurado o direito ao silêncio, como forma de defesa.

O direito de permanecer em silêncio tem sido considerado universalmente como integrante do direito de se defender. É a lição autorizada de Pinto Ferreira:

> O privilégio da pessoa de não autoincriminar-se também é uma decorrência de plena ou ampla defesa.
>
> O acusado tem o direito de não autoincriminar-se, pois o direito que tem de não dizer a verdade é um direito à defesa natural (*à la defense naturelle*), já reconhecia Montesquieu. (...).

25. XVI Jornadas Latino-Americanas de Direito Tributário, Lima/Peru, 5 a 10.9.1993.

A autoincriminação é bem conhecida no Direito Americano, com o nome de *self-incrimination*, sendo proibida. Ela consiste em atos ou declarações como testemunha no julgamento ou antes do julgamento, pelos quais a pessoa implica a si própria na autoria do crime. O Governo não pode exigir do acusado que ele testemunhe contra si próprio, pois tal tarefa de acusação é do próprio Governo. Tal privilégio sobre a autoincriminação decorre da Emenda V à Constituição norte-americana de 1787. Mais tarde surgiu a *Miranda Rule* no caso "Miranda *vs.* Arizona", pela qual o acusado, ao ser preso, pode calar-se, silenciar e exigir a presença de um advogado.[26]

No Brasil o direito ao silêncio está expressamente assegurado pela vigente Constituição Federal: "LXIII – o preso será informado de seus direitos, entre os quais o de permanecer calado; (...)".[27] Para Celso Ribeiro Bastos cuida-se de explicitação, fiel à rica tradição constitucional de proteção ao acusado, da garantia que se encontra embutida no art. 153 da Constituição anterior, e está implícita nos incisos LIV e LV do art. 5º da atual.[28]

Ada Pellegrini Grinover doutrina, com propriedade: "O réu, sujeito da defesa, não tem obrigação nem dever de fornecer elementos de prova que o prejudiquem. Pode calar-se ou até mentir". E ainda:

> O retorno ao direito ao silêncio, em todo o seu vigor, sem atribuir-se nenhuma consequência desfavorável, é uma exigência não só de justiça, mas sobretudo de liberdade. O único prejuízo que do silêncio pode advir ao réu é o de não utilizar a faculdade de autodefesa que se lhe abre através do interrogatório. Mas, quanto ao uso desta faculdade, o único árbitro deve ser a sua consciência, cuja liberdade há de ser garantida em um dos momentos mais dramáticos para a vida de um homem e mais delicado para a tutela de sua dignidade.[29]

Esse direito, que a Constituição assegura a todo e qualquer acusado do cometimento de crime, por mais hediondo que seja, certamente não pode ser negado ao contribuinte acusado de crime contra a ordem tributária.

---

26. Pinto Ferreira, *Comentários à Constituição Brasileira*, vol. I, São Paulo, Saraiva, 1989, p. 179.

27. CF/1988, art. 5º, LXIII.

28. Celso Ribeiro Bastos, *Comentários à Constituição do Brasil*, vol. 2, São Paulo, Saraiva, 1989, p. 295.

29. Ada Pellegrini Grinover, citada por Celso Ribeiro Bastos, *Comentários à Constituição do Brasil*, cit., vol. 2, p. 296.

Na verdade, o contribuinte não tem o dever de prestar informações à Fiscalização capazes de servir como prova do cometimento de crime contra a ordem tributária.

8.2.2 Dever de informar e sigilo profissional

Existem normas que estabelecem o dever de informar ao Fisco e normas que estabelecem o dever de guardar sigilo em relação a certos fatos. Fatos que eventualmente podem ser do interesse da Administração Tributária. Há, então, um aparente conflito de normas. Aparente, apenas, porque a forma de superá-lo está na lei expressamente estabelecida. Enquanto o art. 197 define o dever de informar, seu parágrafo único dispõe que o sigilo profissional deve ser respeitado como limite daquele dever.

Sobre o assunto já escrevemos:

> O dever de informar encontra limite no denominado sigilo profissional. Assim, não abrange a prestação de informações quanto a fatos sobre os quais o informante esteja legalmente obrigado a guardar segredo em razão de cargo, ofício, função, magistério, atividade ou profissão (CTN, art. 197, parágrafo único).
>
> O advogado, por exemplo, tem o direito e também o dever (Lei 8.906, de 4.7.1994, art. 7º, XIX) de não depor sobre fatos dos quais tenha tomado conhecimento no exercício da profissão. Com isto deixou claro o legislador que o advogado não pode abrir mão do direito ao sigilo profissional, pois, além do direito, tem também o dever.
>
> O segredo profissional é garantia de ordem pública. Decorre de disposição expressa de lei, e segundo o Código Tributário Nacional prevalece sobre o dever de prestar informações ao Fisco. E nem podia mesmo ser de outra forma em nosso sistema jurídico, eis que a violação do segredo profissional está inclusive capitulada como crime (CP, art. 154).[30]

Como se vê, o conflito é apenas aparente. E a solução legalmente estabelecida atende aos princípios jurídicos cuja conciliação promove. De um lado, o interesse público na arrecadação dos tributos e, do outro, o interesse público, não menos importante, de garantir o livre exercício de profissões das quais a sociedade inteira necessita.

Ao lado da questão relativa ao dever de prestar informações, que se entende que são aquelas informações eventualmente solicitadas pelas autoridades da Administração Tributária, coloca-se a questão de saber se

---

30. Hugo de Brito Machado, *Curso de Direito Tributário*, cit., 38ª ed., p. 257.

pode a lei instituir obrigações tributárias acessórias a serem cumpridas por pessoas que tenham o dever de guardar sigilo profissional.

O STF já há algum tempo tem afirmado que não é válida a imposição de obrigações acessórias a pessoas que estejam legalmente obrigadas ao sigilo profissional consistentes no dever de prestar informações sobre fatos a respeito dos quais tenham o dever de sigilo. Neste sentido, decidiu:

> *Ementa:* Contabilista – Sigilo profissional – Inadmissibilidade da pretendida obrigação tributária acessória de o contabilista informar ao Fisco os atrasos de seus clientes no recolhimento do imposto – Irrelevância do fato de haverem os interessados desobrigado o profissional – Ilegitimidade da autuação e da imposição de penalidade – Segurança concedida – Recurso extraordinário conhecido e provido.[31]

Infelizmente, esse entendimento, absolutamente incontestável, não tem sido adotado por todo o Poder Judiciário, mas o STJ já decidiu:

> Processual civil – Sigilo profissional – Resguardo. O sigilo profissional é exigência fundamental de ordem pública, por isso mesmo que o Poder Judiciário não dispõe de força cogente para impor a sua revelação, salvo na hipótese de existir específica norma de lei formal autorizando a possibilidade de sua quebra, o que não se verifica na espécie. O interesse público do sigilo profissional decorre do fato de se constituir em um elemento essencial à existência e à dignidade de certas categorias, e à necessidade de se tutelar a confiança nelas depositada, sem o quê seria inviável o desempenho de suas funções, bem como por se revelar exigência da vida e da paz social. Hipótese em que se exigiu da recorrente – ela que tem notória especialização em serviços contábeis e de auditoria e não é parte na causa – a revelação de segredos profissionais obtidos quando anteriormente prestou serviços à ré na ação. Recurso provido, com a concessão da segurança.[32]

Existem atividades profissionais que não podem ser normalmente exercidas sem que o profissional tenha assegurado o direito de guardar segredo quanto ao que lhe é informado, como condição para o adequado desempenho de sua profissão. É o que ocorre, por exemplo, com a atividade do advogado, do médico, do contabilista – entre outros profissionais.

---

31. STF, 1ª Turma, RE 86.420-RS, rel. Min. Xavier de Albuquerque, j. 16.5.1978, *DJU* 2.6.1978.
32. STJ, 4ª Turma, ROMS 9.612-SP, rel. Min. César Asfor Rocha, j. 3.9.1998, *DJU*-1 9.11.1998, p. 103; *Revista do STJ* 114/253; e *RT* 762/194.

Ressalte-se que existe o direito, e também o dever, de guardar segredo. Existisse apenas o direito, dele o profissional até poderia abrir mão. Há também o dever, do qual é credor o cliente do profissional. Direito e dever, no caso, são garantias que a ordem jurídica oferece ao profissional e às pessoas em geral, seus clientes efetivos ou potenciais.

Assim, o empresário, por exemplo, sabe que pode confiar em seu contabilista, dando ao mesmo o acesso às informações mais valiosas de sua empresa. Esse profissional não pode ser compelido a revelar tais informações, seja ao Fisco ou a quem quer que seja. Está garantido pelo sigilo profissional. Mas não se trata apenas de um direito. Trata-se, repita-se, também de um dever. Dever ético acima de tudo, e dever jurídico cuja violação configura ilícito civil e pode configurar também ilícito penal.

Realmente, o Código Penal define como crime "revelar alguém, sem justa causa, segredo, de que tem ciência em razão de função, ministério, ofício ou profissão, e cuja revelação possa produzir dano a outrem". E comina para esse crime a pena de detenção de três meses a um ano, ou multa.[33] Entretanto, como se trata de ilícito cuja repressão deve estar condicionada ao interesse da vítima, diz o Código que "somente se procede mediante representação".[34]

Pela natureza da atividade que exerce na empresa, o contador tem conhecimento de tudo ou de quase tudo que na mesma acontece. Assim, é relevante a questão de saber se pode ele ser compelido pelo Fisco a prestar informações a respeito das atividades de seu empregador ou de seus clientes.

Entendemos que, em face do dever de guardar o sigilo profissional, o contador não pode ser compelido pelo Fisco a prestar informações a respeito de fatos dos quais tenha conhecimento no exercício profissional. Mesmo arrolado como testemunha, o profissional obrigado ao sigilo não pode ser compelido a depor. Neste sentido, o Código de Processo Penal estabelece que "são proibidas de depor as pessoas que, em razão da função, ministério, ofício ou profissão, devam guardar segredo, salvo se, desobrigadas pela parte interessada, quiserem dar o seu testemunho".[35]

Sobre o assunto, Marciano Seabra de Godoi escreve:

> Quanto ao sigilo profissional, a 1ª Turma do STF, ao julgar, em 1978, o RE 86.420 (Relator o Min. Xavier de Albuquerque, *DJU*

33. CP, art. 154.
34. CP, art. 154, parágrafo único.
35. CPP, art. 207.

2.6.1978), decidiu que o contador, por possuir o dever ético de preservar o sigilo profissional, não poderia ser compelido a informar ao Fisco os atrasos de seus clientes no recolhimento do imposto, mesmo que seus clientes o desobrigassem formalmente do dever de sigilo profissional. Dessa forma, o Tribunal anulou autuação referente à imposição de penalidade por suposto descumprimento de obrigação acessória.

Nesse acórdão discutiu-se justamente a obrigação veiculada por decreto estadual que impunha, como condição para permitir-se a entrega de livros fiscais a escritórios de Contabilidade, que o comerciante firmasse compromisso conjunto com seu contador, autorizando informar este ao Fisco, no prazo de 15 dias, os respectivos atrasos de recolhimento superiores a dois meses. Aplicou o STF, neste caso, o parágrafo único do art. 197 do CTN e o art. 144 do CC de 1916, salientando o Relator, Min. Xavier de Albuquerque, que a dispensa do dever de sigilo profissional pelos próprios contribuintes não basta para que se imponha ao contabilista, cujos critérios deontológicos não se acham necessariamente subordinados às manifestações de vontade de seus clientes, a obrigação tributária, acessória, de informar com violação do sigilo profissional, ainda trazendo, como fundamento de seu voto, a hipótese prevista no art. 207 do CPP, que afasta a proibição mas não impõe o dever do profissional de depor, respeitando a vontade de quem se acha obrigado ao sigilo.[36]

Neste contexto é importante a distinção, que se há de fazer, entre atividades próprias ou inerentes a determinada profissão e atividades não privativas de determinado profissional que este eventualmente desempenha. Sobre o assunto, já escrevemos:

> É importante, porém, distinguir o fato do qual tem o profissional conhecimento em razão de sua profissão daqueles de que conhece em razão de uma atividade qualquer que desenvolve e que, todavia, não é específica de sua profissão. Um advogado, por exemplo, pode desempenhar a profissão de síndico, ou de inventariante, e como tal tomar conhecimento de fatos relevantes para o Fisco. A função de síndico, como a de inventariante, não é específica do advogado. O dever de sigilo profissional não vai abrangê-la pelo fato de, no caso, ser desempenhada por um advogado. Prevalece, portanto, a imposição do art. 197, V, do CTN.[37]

Entretanto, não se deve estreitar demasiadamente o campo da atividade considerada própria do profissional titular do direito ao sigilo.

---

36. Marciano Seabra de Godoi (coord.), *Sistema Tributário Nacional na Jurisprudência do STF*, São Paulo, Dialética, 2002, p. 119.

37. Hugo de Brito Machado, *Curso de Direito Tributário*, cit., 38ª ed., p. 258.

Assim, um médico que exerce a função de administrador de um hospital, embora não esteja desempenhando função privativa de médico, tem o dever de sigilo em relação a todos os fatos inerentes a questões de saúde dos pacientes que se tratam naquele hospital, dos quais toma conhecimento no desempenho de sua função.

Se a atividade é situada na área considerada de fronteira entre o que é e o que não é próprio ou inerente a determinada profissão, deve ser observado o sigilo correspondente a essa profissão.

8.2.3 Sigilo bancário e sigilo fiscal

As autoridades da Administração Tributária reclamavam o acesso às informações protegidas pelo sigilo bancário, ao argumento de que não se tratava de quebra deste, mas de simples transferência às autoridades fazendárias, que estavam obrigadas a guardar o sigilo fiscal.

Assim, a Lei Complementar 105, de 10.1.2001, cuidou de flexibilizar o sigilo bancário, admitindo as informações para o Fisco. Estabeleceu que não constitui violação do sigilo a que estão obrigadas as instituições financeiras, entre outras hipóteses, a prestação de informações nos termos e condições que estabelecer. Delegou ao Poder Executivo atribuição para disciplinar, inclusive quanto à periodicidade e aos limites de valor, os critérios segundo os quais as instituições financeiras devem informar à Administração Tributária da União as operações financeiras efetuadas pelos usuários de seus serviços.[38] E estabeleceu que tais informações serão conservadas sob sigilo fiscal, nos termos da legislação em vigor.

As autoridades e os agentes fiscais tributários da União, dos Estados, do Distrito Federal e dos Municípios somente poderão examinar documentos, livros e registros de instituições financeiras, inclusive referentes a contas de depósito e aplicações financeiras, quando houver processo administrativo instaurado ou procedimento administrativo em curso e tais exames sejam considerados indispensáveis pela autoridade administrativa competente.

O argumento mais forte dos defensores da Lei Complementar 105/2001 consistiu na afirmação de que o acesso das autoridades da Administração Tributária aos dados de contas bancárias não constituiu quebra do sigilo bancário, mas simplesmente a transferência de informações a quem também tem o dever de sigilo, posto que as referidas autoridades estão obrigadas ao sigilo fiscal.

---

38. Lei Complementar 105, de 10.1.2001, art. 5º.

Tal argumento, todavia, parece ter sido utilizado com profunda deslealdade, pois ao mesmo tempo em que era encaminhado o Anteprojeto da Lei Complementar 105/2001, era também encaminhado o Anteprojeto do qual resultou a Lei Complementar 104, também de 10.1.2001, que praticamente aboliu o sigilo fiscal.

Realmente, com a redação dada ao art. 198 do CTN pela Lei Complementar 104/2001, o sigilo fiscal restou praticamente abolido, pela ampliação injustificável de exceções e pela exclusão de certas situações que foram colocadas fora do seu âmbito, restando em relação a elas autorizada a publicidade.

Nos termos de sua redação anterior, o parágrafo único do art. 198 do CTN colocava como exceções ao dever de sigilo fiscal apenas os casos de permuta de informações entre as autoridades fazendárias federais, estaduais e municipais previstos em lei ou em convênios, nos termos do art. 199 do CTN, e os casos de requisição regular de autoridade judiciária no interesse da Justiça.

A Lei Complementar 104/2001 alterou a redação do mencionado dispositivo, mantendo praticamente inalteradas as exceções nele previstas, às quais acrescentou as solicitações de autoridades administrativas no interesse da Administração Pública, tornando a esta disponível tudo o que era objeto do sigilo fiscal.

O que na verdade se deu com a nova redação do art. 198 do CTN, decorrente da Lei Complementar 104, foi verdadeiro e total desvirtuamento do sigilo fiscal. Dele restou apenas uma versão capenga, desvirtuada, que se presta simplesmente para dar amparo às autoridades da Administração Tributária quando querem negar informações ao contribuinte que as procura por intermédio de terceiros, seus empregados ou prepostos sem mandado formal, escrito, prevalecendo também sob este aspecto o propósito extremamente burocrático do serviço público.

8.2.4 O sigilo fiscal

O dever legalmente atribuído à Fazenda Pública e a seus servidores de manterem sigilo a respeito de informações obtidas em razão do ofício sobre a situação econômica ou financeira do sujeito passivo ou de terceiros e sobre a natureza e o estado de seus negócios ou atividades é uma contrapartida do poder-dever de fiscalizar.

Os contribuintes, como os cidadãos em geral, têm direito à privacidade. Privacidade pessoal, absolutamente necessária à preservação dos valores da individualidade e da dignidade humana, e privacidade empresarial, absolutamente necessária à prática da livre iniciativa econômica e da livre concorrência.[39] Por outro lado, a preservação dos interesses do Estado na arrecadação de tributos exige que seus agentes tenham acesso a informações a respeito dos fatos que sejam relevantes para fins tributários. Por isto mesmo, a Constituição estabelece que, especialmente para conferir efetividade aos princípios da pessoalidade dos impostos e da capacidade econômica, é facultado à Administração Tributária "identificar, respeitados os direitos individuais e nos termos da lei, o patrimônio, os rendimentos e as atividades econômicas do contribuinte".[40]

A ação da Administração Tributária no exercício do poder-dever de fiscalizar há de ser desenvolvida "respeitados os direitos individuais e nos termos da lei". Há de respeitar, portanto, o direito à privacidade, que é um dos mais importantes direitos individuais. A guarda de sigilo – vale dizer, o denominado sigilo fiscal – é, portanto, a contrapartida da faculdade ou, mais exatamente, do poder-dever de fiscalizar.

8.3 Dívida Ativa

8.3.1 Dívida Ativa na Contabilidade Pública

A expressão "Dívida Ativa" alberga palavras contraditórias, porque a palavra "dívida" expressa a ideia de passivo, de débito, enquanto a palavra "ativa", tratando-se de relação creditória, expressa ideia de crédito, de algo que se tem a receber. Entretanto, o uso da expressão está há muito tempo consagrado no âmbito da Contabilidade Pública, tanto pela doutrina como pela legislação.[41]

Na linguagem da Ciência das Finanças Públicas e da Contabilidade Pública, Dívida Ativa significa crédito da entidade pública, da Fazenda Pública, não pago no respectivo vencimento e por isto inscrito no órgão estatal competente para viabilizar a execução fiscal cuja propositura é instruída com a *certidão* da respectiva inscrição.

A Dívida Ativa abrange créditos de qualquer natureza do Poder Público. O que caracteriza o crédito como Dívida Ativa é sua inscrição como tal no órgão competente para promover sua cobrança judicial. Tra-

---

39. CF/1988, art. 170, *caput* e inciso IV.
40. CF/1988, art. 145, § 1º.
41. Maria Helena Raul de Souza, em Vladimir Passos de Freitas (coord.), *Código Tributário Nacional Comentado*, São Paulo, Ed. RT, 1999, p. 768.

ta-se de conceito formal. É Dívida Ativa o crédito como tal inscrito no órgão competente da pessoa jurídica de direito público credora. E, como a inscrição se faz para, com a respectiva certidão, promover a cobrança judicial, diz-se que o inadimplemento do devedor é condição essencial para que a mesma seja efetuada.

8.3.2 Dívida Ativa tributária

Diz-se Dívida Ativa *tributária* a que consubstancia um *crédito* tributário. Constituído o crédito tributário pelo lançamento, o sujeito passivo da obrigação tributária é notificado para fazer o pagamento respectivo. Se não o faz no prazo estabelecido, o crédito da Fazenda Pública é encaminhado para inscrição como Dívida Ativa.

A cobrança judicial que se faz mediante execução fiscal não deve constituir surpresa para o contribuinte. Tem este o direito de ser notificado para o correspondente pagamento, até porque com a inscrição o crédito tributário é acrescido da quantia destinada ao custeio da execução fiscal.

A inscrição em Dívida Ativa não é ato de constituição do crédito tributário. Pressupõe – isto, sim – que este se encontre regularmente e definitivamente constituído e, ainda, que se tenha esgotado o prazo fixado para seu pagamento.

A dívida, para ser inscrita, deve ser autenticada pela autoridade competente, e o termo de inscrição deve indicar: (a) o nome do devedor e, sendo o caso, os nomes dos corresponsáveis, bem como, sempre que possível, o domicílio ou a residência de um e dos outros; (b) a quantia devida e a maneira de calcular os juros de mora acrescidos; (c) a origem e a natureza do crédito, mencionando especificamente a disposição da lei em que seja fundado; (d) a data em que foi inscrita; (e) sendo o caso, o número do processo administrativo de que se originou o crédito.[42]

O termo de inscrição do crédito tributário em Dívida Ativa deve ser lavrado em livro próprio para esse fim, extraindo a autoridade competente a respectiva certidão, que constitui o título executivo extrajudicial.[43] Certidão que conterá todos os elementos do termo de inscrição, acima mencionados, e, ainda, a indicação do livro e da folha deste em que se encontra a inscrição.[44]

---

42. CTN, art. 202.
43. CPC, art. 784, IX.
44. CTN, art. 202, parágrafo único.

8.3.3 Irregularidades que invalidam a inscrição em Dívida Ativa

A omissão de qualquer dos requisitos da certidão ou o erro relativamente a tais requisitos causam a nulidade da inscrição e do processo de cobrança dela decorrente, mas a nulidade pode ser sanada, desde que ainda não tenha havido o julgamento de primeira instância, mediante a substituição da certidão nula. Neste caso é devolvido ao executado o prazo para a defesa no que se refere à parte modificada.[45]

Mesmo depois do julgamento de primeira instância dando pela nulidade da certidão e do respectivo processo de cobrança é possível a correção dos defeitos da certidão. Não sobreviverá, porém, o processo de cobrança cuja nulidade tenha sido declarada no julgamento, a não ser pela reforma deste em instância superior. Entretanto, outra ação de cobrança poderá ser intentada.

Com efeito, o processo de execução, se instaurado com certidão de inscrição nula, deve ser extinto sem julgamento de mérito, nos termos do art. 485, IV, do CPC. E, assim, nos termos do art. 486 do mesmo Código, a extinção do processo não impede que a entidade exequente promova outra vez a ação de cobrança. Mas a petição inicial só deve ser despachada com a prova de que a exequente cumpriu o que lhe fora imposto pela sentença no processo anterior.

8.3.4 Inadmissibilidade de execução administrativa

Há quem sustente que a atividade desenvolvida no processo de execução não é jurisdicional, mas administrativa, e por isto mesmo poderia ser atribuída ao Poder Executivo, sem quebra da garantia de jurisdição assegurada pela Constituição Federal. Ocorre que o constituinte, talvez para superar os questionamentos em torno do conceito de atividade jurisdicional, ao cuidar dos direitos e garantias fundamentais, estabeleceu que "a lei não excluirá da apreciação do Poder Judiciário lesão ou ameaça a direito".[46] Em nosso direito positivo, portanto, nenhuma lesão como nenhuma ameaça a direito podem ser excluídas da apreciação do Poder Judiciário. E, assim, não importa saber se a atividade de execução é, ou não é, de natureza jurisdicional. O que importa é que seja ela atribuída ao Poder Judiciário, até porque com isto se lhe confere a possibilidade de desenvolvimento como atividade jurisdicional, o que jamais ocorrerá se desenvolvida pela própria Fazenda Pública.

---

45. CTN, art. 203.
46. CF/1988, art. 5º, XXXV.

Realmente, quando a Fazenda Nacional lança o tributo e faz a respectiva cobrança administrativa, realiza atividade na defesa do interesse da arrecadação. Atividade administrativa, portanto. Entretanto, quando no processo de execução fiscal a atividade do Poder Público deve ser jurisdicional, vale dizer, deve ser uma atividade cujo objetivo essencial é a aplicação do Direito. Não é o atendimento do interesse nem da entidade exequente, nem da pessoa executada. O interesse a ser atendido reside na subsistência da ordem jurídica.

8.4 Certidões negativas

8.4.1 Certidão de quitação

O art. 205 do CTN não diz que a lei pode exigir a prova de quitação de tributos como condição para a prática deste ou daquele ato, como se poderia entender de uma leitura menos atenta desse dispositivo legal. Nele reside norma pertinente apenas à forma de provar a quitação. Norma a dizer que a lei poderá determinar que a prova de quitação se faça mediante certidão negativa, quando essa prova seja exigível.

O Código Tributário Nacional dispõe sobre a exigência de quitação de tributos em três hipóteses, a saber: (a) no art. 191, como condição para deferimento de concordata ou para a declaração de extinção das obrigações do falido; (b) no art. 192, como condição da sentença de julgamento da partilha ou adjudicação; e (c) no art. 193, como condição para celebração de contrato com entidade pública ou participação em licitação.

A interpretação sistêmica dessas normas impõe que as situemos no âmbito do Código, cujo Título III de seu Livro Segundo cuida do "Crédito Tributário", com o Capítulo VI dedicado especificamente às "Garantias e Privilégios do Crédito Tributário". E daí se deve concluir serem as normas dos arts. 191, 192 e 193 referentes ao crédito tributário, matéria que, por força do disposto no art. 146, III, "b", da vigente CF, se situa no campo privativo das leis complementares. Em outras palavras: isto quer dizer que somente através de lei complementar é possível alteração desses dispositivos do Código Tributário Nacional, especialmente quando se tratar de ampliação ou da instituição de outras hipóteses de exigência de quitação de tributos.

A exigência determinada pelo art. 191 do CTN diz respeito apenas aos tributos relativos à atividade mercantil do requerente da concordata ou da declaração de extinção das obrigações do falido. Não abrange, portanto, possíveis débitos tributários de sócios, administradores ou de pessoas jurídicas outras, ainda que de algum modo ligadas à pessoa de cuja concordata ou de cuja falência se esteja a cogitar.

A exigência do art. 192 diz respeito exclusivamente aos tributos relativos a bens do espólio ou suas rendas. Não abrange débitos tributários dos herdeiros ou adjudicantes ou qualquer outro.

A exigência do art. 193 diz respeito apenas aos tributos relativos à atividade em cujo exercício o contribuinte está contratando ou licitando. E somente àqueles tributos devidos à pessoa jurídica contratante ou que está a promover a concorrência. Não abrange, pois, tributos devidos a outras pessoas jurídicas de direito público.

A referência ao contrato e à concorrência justifica-se pelo fato de alguns contratos serem possíveis sem concorrência. Se realizada a concorrência, na oportunidade desta é feita a exigência de quitação, que não precisa ser repetida na ocasião do contrato.

Excepcional que é, a norma que estabelece a exigência de quitação não pode ser interpretada ampliativamente, nem ampliada pela lei ordinária. Só é cabível, portanto, nas situações expressamente indicadas pelo Código Tributário Nacional.

Exemplo típico de exigência indevida de certidão negativa é a que diz respeito ao pagamento de precatórios, estabelecida pelo art. 19 da Lei 11.033, de 21.12.2004, felizmente já declarada inconstitucional pelo STF.

8.4.2 *Arbítrio na recusa de certidões negativas*

Tem sido frequente a recusa de certidão negativa pelas repartições da Administração Tributária em face da não comprovação, pelo requerente, do pagamento dos tributos a que está sujeito, mesmo sem existir lançamento. Essa prática é desprovida de fundamento jurídico, porque o contribuinte não pode ser considerado em débito enquanto não for contra o mesmo constituído o crédito tributário.

É que, nos termos do Código Tributário Nacional, todos os tributos estão sujeitos a lançamento. Mesmo em relação aos tributos cujo pagamento deve ser feito antes do lançamento, como previsto em seu art. 150, não se pode afirmar existente um débito tributário, e, assim, um obstáculo ao fornecimento de certidão, se não existe crédito tributário regularmente constituído.

Se o contribuinte não fez a declaração que lhe cabia fazer ou não antecipou o pagamento, nos casos em que a lei o obriga a isto, a autoridade da Administração Tributária tem o dever de proceder ao lançamento do tributo valendo-se das informações das quais possa dispor, e só depois poderá recusar o fornecimento da certidão negativa.

É que, se o contribuinte não declarou ou não antecipou o pagamento, pode ser, em princípio, que não estivesse obrigado a declarar ou a antecipar pagamento algum, pois pode não ter ocorrido a situação de fato da qual decorreria seu dever de declarar ou de pagar antecipadamente. Não existe, portanto, nenhuma certeza quanto à existência de dívida tributária, e por isto não pode a Administração Tributária recusar o fornecimento da certidão.

Destacamos que a exigência de certidão negativa de débito tributário pode, em muitos casos, consubstanciar cerceamento do direito de exercer trabalho, ofício ou profissão ou ao direito de exercer atividade econômica, e, assim, estar em conflito com a Constituição, que assegura serem garantidos esses direitos. Nestes casos, configuram verdadeiras sanções políticas, vale dizer, meios indiretos de compelir o contribuinte ao pagamento de tributo sem o devido processo legal. E tais sanções políticas são flagrantemente inconstitucionais, como tem sido afirmado pelo STF.

8.4.3 Exigência de quitação de tributos e interesse público

É certo que existem casos nos quais a exigência de quitação de tributos pode ser justificada pelo interesse público. Daí as hipóteses previstas no Código Tributário Nacional, que em princípio podem ser consideradas constitucionais. Entretanto, é inadmissível o argumento do interesse público nos casos em que a exigência de quitação conflita com a Constituição, porque o respeito a esta constitui o interesse público mais relevante.

Assim, por exemplo, a exigência de quitação como condição para o exercício de qualquer trabalho, ofício ou profissão[47] ou para o exercício de atividade econômica[48] é flagrantemente inconstitucional.

Por outro lado, mesmo que em certos casos a exigência de quitação não seja inconstitucional, forçoso é admitir que o interesse público na arrecadação de tributos nem sempre justifica aquela exigência, como bem demonstra Eduardo Marcial Ferreira Jardim, que sobre o assunto escreve:

---

47. CF/1988, art. 5º, XIII
48. CF/1988, art. 170, parágrafo único.

Suponha-se a seguinte situação: num procedimento licitatório a empresa "A" apresenta proposta mais vantajosa, pois desfruta de condições para realizar a obra – objeto da licitação – por menor custo e em menor espaço de tempo que os demais proponentes, além de encontrar-se credenciada a fazê-lo com qualificação técnica inigualável, em face de sua experiência e tradição. Nada obstante, a aludida empresa seria excluída do procedimento por ausência de certidão negativa.

Imagine-se, também, que o óbice no tocante à obtenção do referido documento não decorre da circunstância de o contribuinte ser um devedor contumaz ou um sonegador, até porque a precariedade do controle de débitos por parte da Fazenda Pública, não raro, enseja o registro de débitos inexistentes.

Posto isto, chega-se à seguinte conclusão: a empresa que reúne condições de realizar uma dada obra pública por menor preço, mais rapidamente e com melhor instrumentação tecnológica não poderá fazê-lo em virtude da falta da certidão negativa.

Como se vê, o interesse público fica prejudicado em virtude de uma formalidade burocrática destituída de qualquer sentido lógico. Aliás, esse anacronismo medieval traduz um meio pelo qual a Fazenda Pública procura suprir a sua falta de capacitação no sentido de bem gerenciar a tributação. Quer dizer, embora a ordem jurídica coloque instrumentos ágeis e eficazes em prol da Fazenda Pública para que esta busque a satisfação de seus créditos tributários, ela se mostra incapaz de bem exercer legitimamente as suas prerrogativas e, por isso, culmina por recorrer a fórmula mais confortável, qual seja, por meio da exigência de certidão negativa, ainda que essa via afronte direitos e garantias do contribuinte.[49]

Por outro lado, a exigência indevida de certidão negativa tem outra consequência contrária ao interesse público, que é o estimulo à informalidade, na medida em que a exigência de certidão negativa só atinge as empresas devidamente formalizadas, não atinge aquelas empresas que se decidiram pela informalidade total e que, por isto mesmo, jamais se encontram nas situações em que geralmente existe a exigência de certidões negativas.

Como o Poder público não desenvolve mecanismos de fiscalização efetiva, pois confia no efeito produzido pela exigência de certidões negativas, o empresário que decide pela informalidade desfruta de maior liberdade em seu agir clandestino.

---

49. Eduardo Marcial Ferreira Jardim, em Ives Gandra da Silva Martins (coord.), *Comentários ao Código Tributário Nacional*, 6ª ed., vol. 2, São Paulo, Saraiva, 2011, pp. 676-677.

8.4.4 Certidão positiva com efeitos de negativa

A lei que autoriza a exigência de quitação de tributos em certas situações certamente não exclui, nem poderia excluir, direitos do contribuinte, como o de não ser compelido a pagar antes do vencimento e o de questionar exigências que reputa ilegais. Assim, a norma do art. 206 do CTN cuidou de estabelecer uma fórmula para conciliar a exigência válida de certidão de quitação com os direitos do contribuinte cujo exercício pode gerar situações de impasse.

Não obstante vigente desde os anos 1960, essa norma, infelizmente, não alcançou inteiramente sua finalidade de superar o conflito entre a proteção legal dispensada ao crédito tributário, mediante a exigência de certidão negativa de débitos tributários em certas situações, e os direitos do contribuinte, entre os quais o de não ser compelido a antecipar pagamentos e o de se defender em face de exigências que considere indevidas. É que não raramente a autoridade a quem cabe exigir certidão negativa não aceita como tal a certidão positiva com efeitos de negativa.

Realmente, muitas vezes acontece a recusa de certidão positiva com efeitos de negativa por absoluta falta de esclarecimentos do agente público ao qual cabe exigir a certidão negativa. Excessivamente apegado à letra da lei, ele argumenta que esta exige certidão negativa, não lhe sendo permitido aceitar, em lugar desta, uma certidão positiva, sejam quais forem os efeitos que esta possa ter.

Diante de tais situações, o contribuinte prejudicado insurge-se contra a autoridade da Administração Tributária, pretendendo que esta lhe forneça certidão negativa. Sem razão. Tanto que o STJ tem decidido que "a suspensão da exigibilidade do crédito tributário pela moratória não extingue a dívida do contribuinte, que, por isso, não pode obter CND mas, sim, a certidão prevista no art. 206 do CTN".[50]

A certidão prevista no art. 206 do CTN é a certidão positiva com efeitos de negativa. E não pode haver dúvida quanto aos efeitos de tal certidão, que, como seu nome claramente indica, são os mesmos da certidão negativa.

---

50. STJ, acórdão unânime no REsp 88.786-SP, rel. Min. Peçanha Martins, j. 3.3.1998, *DJU*-1 1.6.1998 e *Repertório IOB de Jurisprudência* 15/1998, col. 1, p. 352, texto 1/12.503.

8.4.5 Exigência de garantia de débitos parcelados

O parcelamento de um débito tributário faz surgir o direito do contribuinte devedor à certidão positiva com efeitos de negativa, nos termos do art. 206 do CTN, por configurar duas das situações nesse dispositivo mencionadas. Se o devedor mantém o pagamento das parcelas em dia, tem-se débito não vencido, pois o vencimento originário do débito ficou superado com a concessão do parcelamento. Além disto, trata-se de débito com exigibilidade suspensa.

O fato de se tratar de débito não vencido, obviamente, já é suficiente para justificar o fornecimento da certidão negativa. Sua recusa, portanto, configura evidente ilegalidade.

Ocorre que nos casos em que o parcelamento é concedido sem exigência de garantia a Administração Tributária exige a prestação de garantia no momento em que lhe é solicitada certidão negativa ou certidão positiva com efeitos de negativa. Essa exigência de garantia não tem fundamento legal, porque o parcelamento, com ou sem garantia, suspende a exigibilidade do crédito tributário parcelado, e isto é suficiente para justificar o fornecimento da certidão.

A exigência de garantia, porém, pode ser feita pelo juiz como condição para o deferimento de medida liminar determinando o fornecimento da certidão negativa ou positiva com efeitos de negativa. É que a garantia, nesse caso, não passa de uma contracautela que o juiz certamente pode exigir como condição para deferir a liminar. Tal exigência, porém, só é cabível quando a medida liminar é deferida sem que a autoridade impetrada se tenha manifestado, pois é possível que existam débitos exigíveis a impedir o fornecimento da certidão. Entretanto, se o único débito é aquele objeto do parcelamento, e as parcelas estão sendo pagas em dia, não é razoável exigir nenhuma garantia. O parcelamento, por si só, suspende a exigibilidade do crédito tributário, e em face dele já não se pode mais falar em débito vencido. O direito do contribuinte à certidão positiva com efeitos de negativa é líquido e certo.

8.4.6 Dispensa de prova de quitação

O Código Tributário Nacional estabelece que, "independentemente de disposição legal permissiva, será dispensada a prova de quitação de tributos, ou o seu suprimento, quando se tratar da prática de ato indispensável para evitar a caducidade do direito, respondendo, porém, todos os participantes no ato pelo tributo porventura devido, juros de mora e penalidades cabíveis, exceto as relativas a infrações cuja responsabilidade seja pessoal ao infrator".[51]

Não obstante consubstancie uma ressalva à exigência de certidão negativa, a norma do art. 207 do CTN tem a natureza de lei complementar, pois se comporta no âmbito das normas gerais de direito tributário, nos termos do art. 146, III, da CF.

A norma do art. 207 do CTN é autoaplicável, vale dizer, sua aplicação independe de qualquer outra norma, e sua aplicação deve ocorrer nos casos em que o prazo para a prática do ato necessário a evitar o perecimento de direito seja menor do que o prazo do qual dispõe a autoridade administrativa para o fornecimento da certidão de quitação.

A palavra "caducidade" no art. 207 do CTN tem sentido bastante amplo, abrangendo toda e qualquer situação na qual, se o ato não for praticado até determinada data, ocorrerá o perecimento do direito. Inclusive o direito de ação, sendo o significado da palavra "caducidade" abrangente também da prescrição. Assim, sempre que não praticar o ato ocasione o perecimento do direito, a falta da certidão de quitação não poderá ser a causa impeditiva da prática do ato.

Outra questão consiste em saber qual seria esse *ato* cuja prática é liberada pelo questionado dispositivo do Código Tributário Nacional como forma de evitar o perecimento do direito. A nosso ver, também a palavra "ato" nesse dispositivo legal tem sentido amplo. Abrange todo e qualquer ato jurídico. Seja unilateral, bilateral, gratuito ou oneroso, todo e qualquer ato jurídico para cuja prática se exija certidão negativa de débito tributário não deixará de ser praticado à míngua dessa certidão se da não realização do ato resultar perecimento de direito.

8.4.7 Responsabilidade dos participantes do ato

Como assevera Celso Ribeiro Machado, os participantes do ato, aos quais se refere o art. 207 do CTN, "serão apenas os interessados em sua prática e dos quais era exigida a certidão negativa, como condição prévia à prática do ato".[52]

No dizer de Baleeiro, participantes do ato são os contratantes, não porém as testemunhas, nem o oficial público que o lavrar.[53] Essa ob-

---

51. CTN, art. 207.
52. Celso Cordeiro Machado, *Tratado de Direito Tributário Brasileiro*, vol. VI, Rio de Janeiro, Forense, 1984, p. 206.
53. Aliomar Baleeiro, *Direito Tributário Brasileiro*, 11ª ed., Rio de Janeiro, Forense, 1999, p. 1.024.

servação é interessante para evidenciar a distinção que existe entre as hipóteses dos arts. 130 e 134, VI, nas quais o oficial público assume a responsabilidade, e a do art. 207 do CTN, na qual essa responsabilidade não é por ele assumida. Aliás, a rigor, o oficial público não é um participante do ato. Nas hipóteses do art. 130 e do art. 134 sua responsabilidade decorre da omissão na exigência da certidão negativa. Já, na hipótese do art. 207 não se pode falar de omissão. A lei autoriza de forma expressa e clara a dispensa da certidão.

8.4.8 Certidão negativa com erro contra a Fazenda

"A certidão negativa expedida com dolo ou fraude, que contenha erro contra a Fazenda Pública, responsabiliza pessoalmente o funcionário que a expedir, pelo crédito tributário e juros de mora acrescidos."[54] Assim, quando é expedida uma certidão negativa, mesmo existindo contra o contribuinte débito tributário, o funcionário que expede a certidão torna-se responsável pelo pagamento daquela dívida que impedia fosse tal certidão fornecida. E tal responsabilidade pelo pagamento do crédito tributário "não exclui a responsabilidade criminal e funcional que no caso couber".[55]

Pode ocorrer, ainda, que a certidão seja daquela *positiva com efeito de negativa*. Em tal caso, a indicação de um crédito tributário menor ou a omissão de algum crédito tributário podem também ser consideradas um erro contra a Fazenda.

O dolo estará caracterizado quando o funcionário que expede a certidão tem conhecimento do erro nela contido e opera com a intenção de favorecer aquele em favor de quem a certidão é fornecida. Há fraude quando o funcionário, para ocultar o erro, faz indicações inverídicas que o mascaram ou o tornam aparentemente irrelevante, como é o caso de certidão positiva com efeito de negativa na qual é mencionada a existência de penhora que o funcionário sabe ainda não ter sido realizada.

8.4.9 Responsabilidade do servidor público

Há quem afirme que a norma do art. 208 do CTN "atinente à responsabilização do funcionário pelo crédito tributário representa um rematado despropósito, pois o Código falece de poderes para tanto". Além disto, porque "o nascimento da obrigação tributária não pode exprimir

---

54. CTN, art. 208.
55. CTN, art. 208, parágrafo único.

uma sanção de ato ilícito, a exemplo da hipótese vertente". Poderia a Fazenda responsabilizar o funcionário administrativa e criminalmente, e o legislador teria a faculdade de impor sanções pecuniárias compatíveis com a dimensão do ato, jamais a cobrança de tributo.[56]

Não nos parece que seja assim. O funcionário que dolosa ou fraudulentamente favorece alguém em prejuízo da Administração, na verdade, deve responder pelo dano causado a esta. Além da responsabilidade funcional e da responsabilidade criminal, tem também a responsabilidade civil pelo dano causado. O valor do tributo que pode ser dele cobrado não tem a natureza de tributo, mas de indenização. Fixada, aliás, por um critério extremamente adequado.

Quanto à responsabilidade penal, estaria esta caracterizada independentemente da norma albergada pelo art. 208 do CTN, que tem, quanto a este aspecto, natureza simplesmente didática. Explicita o que seria de todo modo decorrência do estabelecido pelo Código Penal. Tem, todavia, o mérito de evitar dúvidas, porque em face da sanção estabelecida na citada norma poderia parecer que ficara afastada, no caso, a incidência da lei penal.

O mesmo se pode dizer quanto à responsabilidade administrativa ou funcional.

8.4.10 Livro do Instituto Cearense de Estudos Tributários

Para quem tenha interesse no estudo das questões envolvidas no tema *certidões negativas e direitos fundamentais do contribuinte* sugerimos a leitura do diversos artigos que integram o livro que coordenamos, do Instituto Cearense de Estudos Tributários,[57] que alberga textos de mais de 30 estudiosos, que produziram importante doutrina sobre o assunto.

No livro em referência são examinadas, entre muitas outras de grande importância, as questões de saber se: (a) É lícita a conduta, adotada com alguma frequência por autoridades fazendárias de não fornecer certidão negativa de débito em face da existência de "pendências", mas tampouco fornecer certidão que indique quais essas tais pendências? e (b) O contribuinte que não possua certidão negativa de débito, nem cer-

---

56. Eduardo Marcial Ferreira Jardim, em Ives Gandra da Silva Martins (coord.), *Comentários ao Código Tributário Nacional*, cit., 6ª ed., vol. 2, pp. 692-693.
57. Hugo de Brito Machado (coord.), *Certidões Negativas e Direitos Fundamentais do Contribuinte*, São Paulo/Fortaleza, Dialética/ICET, 2007.

tidão positiva com efeito de negativa, pode ser privado do exercício de um direito fundamental?

8.5 Dever jurídico da Administração Pública

8.5.1 Consolidação das leis de cada tributo

Ao estabelecer que "os Poderes Executivos Federal, Estaduais e Municipais expedirão, por decreto, dentro de 90 (noventa) dias da entrada em vigor desta Lei, a consolidação, em texto único, da legislação vigente, relativa a cada um dos tributos, repetindo-se esta providência até o dia 31 de janeiro de cada ano", o Código Tributário Nacional (art. 212) criou importante dever jurídico para a Administração Tributária da União, dos Estados e dos Municípios.

O descumprimento desse dever apenas confirma que o Estado é, na verdade, um contumaz violador da lei. É um exemplo indiscutível dessa conduta ilícita, que demonstra de modo eloquente e incontestável que temos razão quando em diversas oportunidades temos afirmado que o Poder Público geralmente não tem nenhum respeito pelos direitos do cidadão, atitude que se explica por ser o sistema normativo um sistema de limites, ao qual nenhum governante quer se submeter.

A consolidação das leis de cada tributo em texto único é uma necessidade indiscutível. É o mínimo que o Poder Público pode fazer para minimizar os efeitos negativos da inflação legislativa, que, a rigor, impede o contribuinte de conhecer seus deveres tributários. Expressiva dessa realidade é a notícia publicada em jornal de circulação nacional dando conta de que temos "37 normas tributárias por dia. Estudo mostra que, desde 1988, há 1,57 lei nova a cada hora".[58] A notícia diz que:

> Um levantamento feito pelo Instituto Brasileiro de Planejamento Tributário (IBPT) ajuda a explicar por que o Brasil perde espaço no *ranking* dos Países mais competitivos. A burocracia, sempre apontada pelas empresas como um dos maiores entraves ao desenvolvimento, multiplica-se rapidamente: em média vem sendo mantida desde a promulgação da Constituição, em outubro de 1988. De lá para cá já foram editadas 3.315.947 normas para reger a vida dos cidadãos brasileiros.
>
> Os responsáveis pelo estudo computaram em um banco de dados todas as leis, normas, portarias, instruções normativas, atos declaratórios e pareceres normativos e outros atos burocráticos editados no período pesquisado. Constataram que estão em vigor atualmente

---

58. *O Estado de S. Paulo* 3.12.2004, "Caderno B 6 – Economia".

178.456 artigos, 415.802 parágrafos, 1.329.497 incisos e 174.887 alíneas. Se os documentos fossem impressos, seriam necessários 5,5 quilômetros de papel.

Pelo menos uma dessas leis deveria ser revogada imediatamente, por ser totalmente impossível de ser cumprida por qualquer pessoa: é a que determina que a nenhum brasileiro é dado o direito de alegar inocência por desconhecimento da lei, diz o Presidente do IBDT, Gilberto Luiz do Amaral. Nem mesmo os governantes e juristas conseguem guardar tantas leis na memória. Ele atribui a multiplicação da burocracia à herança cultural lusitana. Trata-se de um problema que vem desde as Capitanias Hereditárias e do Império.

Segundo o levantamento, nos últimos 16 anos foram editadas 127.338 normas federais, 813.735 normas estaduais e 2.274.874 normas municipais. Cerca de 6,63% se referem à matéria tributária. São 23.916 (18,78%) normas federais, 65.986 (8,11%) estaduais e 129.893 (5,47%) municipais.

Em média foram editadas 56 normas tributárias por dia útil ou 2,3 normas por hora.

Como se vê, é excessiva a quantidade de normas a respeito dos tributos, o que torna praticamente impossível ao contribuinte evitar problemas com o Fisco e exige, realmente, a consolidação em texto único, a ser feita anualmente pelas entidades titulares do poder de tributar.

8.5.2 Manifestações doutrinárias sobre o art. 212 do CTN

A propósito do art. 212 do CTN há quem afirme que se trata de norma simplesmente programática.[59] E há quem se refira a ela dizendo que "esta disposição transitória determinava", como se, porque encartada entre as "Disposições Finais e Transitórias" do Código, tivesse tido sua vigência exaurida.[60] E também há quem a ela se refira dizendo tratar-se de outro "sino sem badalo", porque um dispositivo desprovido de sanção prática.[61] Há, é certo, quem reconheça a necessidade da providência prescrita pelo art. 212 do CTN, afirmando que, diante da "grande quantidade de leis emitidas para cada imposto, depois de certo tempo, a consolidação dessas leis em um texto único traria uma certeza para o contribuinte sobre as normas jurídicas que estão em vigor, e às quais

---

59. Cf.: Ricardo Abdul Nour, em Ives Gandra da Silva Martins (coord.), *Comentários ao Código Tributário Nacional*, cit., 6ª ed., vol. 2, p. 698.
60. Cf.: Láudio Camargo Fabretti, *Código Tributário Nacional Comentado*, 3ª ed., São Paulo, Atlas, 2001, p. 242.
61. Cf.: Aliomar Baleeiro, *Direito Tributário Brasileiro*, cit., 11ª ed., p. 1.026.

deve dar cumprimento".[62] A doutrina majoritária não indica, porém, nenhuma consequência prática do descumprimento pelas autoridades Administração Tributária do dispositivo albergado pelo art. 212 do CTN, nem esclarece, com vista à sua possível alteração por lei ordinária e sua aplicação aos Estados e Municípios, se o mesmo deve ser considerado como preceito de lei complementar ou de lei ordinária.

Registre-se a existência de texto de excelente feitura no qual o autor sustenta, com inteira razão, como uma consequência da não obediência ao dispositivo em tela a impossibilidade de aplicação de multa ao sujeito passivo da obrigação tributária.[63]

Assim, a Administração Tributária da União, dos Estados e dos Municípios vem sendo poupada de sua responsabilidade pelo não cumprimento do dispositivo em questão, embora nenhuma razão jurídica, na verdade, exista para tanto. No sentido de demonstrá-lo, vamos fazer sua análise, apreciando especialmente as questões de saber: (a) se o art. 212 do CTN cuida de matéria reservada à lei complementar; (b) se a norma por ele albergada é de natureza programática ou é de natureza transitória; (c) se é norma sobre requisitos formais da legislação; e, ainda, (d) se é mesmo norma desprovida de sanção, e, não sendo, qual a sanção ou quais as sanções cabíveis em face de sua violação; (e) a quem cabe a responsabilidade por tais violações; e, finalmente, (f) qual o meio processual adequado para esse fim.

8.5.3 Natureza jurídica da norma do art. 212 do CTN

A questão de saber se a norma albergada pelo art. 212 do CTN trata de matéria reservada à lei complementar é de grande relevância, porque o Código, na verdade, é uma lei ordinária. Assim, se entendermos que a matéria de qualquer de seus dispositivos não está no campo reservado à lei complementar, teremos de concluir que aquele dispositivo tem a natureza de lei ordinária. Se, pelo contrário, entendermos que a matéria nele tratada está no campo reservado à lei complementar, teremos de concluir que aquele dispositivo tem a natureza de lei complementar. Em outras palavras: na primeira hipótese teremos um dispositivo legal que pode ser alterado por lei ordinária, enquanto na segunda teremos um dispositivo legal que somente por lei complementar pode ser alterado.

---

62. Aurélio Pitanga Seixas Filho, em Carlos Valder do Nascimento (coord.), *Comentários ao Código Tributário Nacional*, 5ª ed., Rio de Janeiro, Forense, 2000, p. 508.

63. Junio Torres, "Penalidades fiscais e consolidação anual da legislação tributária", *RT* 506/15-26, São Paulo, Ed. RT, dezembro/1977.

Ressalte-se que tais conclusões independem da postura que eventualmente seja adotada a propósito da questão de saber o que é uma lei complementar e se existe, ou não, supremacia desta em relação à lei ordinária. Aquelas conclusões são – isto, sim – decorrentes da aplicação do dispositivo constitucional que reserva à lei complementar certas matérias, e do qual a supremacia é inquestionável.

Além disto, se entendermos que a matéria de que trata o art. 212 do CTN não é reservada à lei complementar, fica difícil sustentar que o referido dispositivo prevalece também contra Estados e Municípios.

A vigente Constituição Federal estabelece que à lei complementar cabe estabelecer normas gerais em matéria de legislação tributária, especialmente sobre os assuntos que indica.[64] Está, portanto, incluído no campo reservado à lei complementar o estabelecimento de normas gerais em matéria de legislação tributária. Resta sabermos, então, se o art. 212 do CTN alberga uma norma geral em matéria de legislação tributária.

A nosso ver, essa questão deve ser respondida afirmativamente. As circunstâncias de fato que justificaram – e a cada dia mais justificam – a norma que impõe à Administração Tributária o dever de consolidar em texto único a legislação de cada tributo são circunstâncias comuns à União, aos Estados e aos Municípios. Sua disciplina, portanto, há de ser a mesma para todas essas entidades públicas. E a disciplina adotada pelo art. 212 do CTN, devendo ser, como é, comum à União, aos Estados e aos Municípios, configura matéria típica de normas gerais em matéria de legislação tributária.

Por outro lado, na vigente Constituição também está dito expressamente que "lei complementar disporá sobre a elaboração, alteração e consolidação das leis".[65] Assim, o estabelecimento de normas a respeito da consolidação de leis é hoje reservada à lei complementar, de sorte que se faz irrelevante saber se o art. 212 do CTN consubstancia, ou não, norma geral de direito tributário. Veiculando ele, como veicula, norma concernente à consolidação de leis, só poderá ser alterado, ou revogado, por lei complementar.

Não há dúvida, portanto, de que a norma albergada pelo art. 212 do CTN, típica norma geral em matéria de legislação tributária, está no campo reservado à lei complementar, e só por lei complementar poderá ser alterada ou revogada.

64. CF/1988, art. 146, III.
65. CF/1988, art. 59, parágrafo único.

Resta-nos, então, examinar a questão de saber se a norma do art. 212 do CTN é uma norma programática, ou uma norma transitória ou uma norma que trata simplesmente de requisitos formais da legislação.

Vejamos.

A expressão "norma programática" tem sido utilizada especialmente no campo da doutrina do direito constitucional para significar "aquela em que o constituinte não regula diretamente os interesses ou direitos nela consagrados, limitando-se a traçar princípios a serem cumpridos pelos Poderes Públicos (Legislativo, Executivo e Judiciário) como programas das respectivas atividades, pretendendo unicamente a consecução dos fins sociais pelo Estado".[66]

A norma programática tem sido entendida por alguns como simples enunciado de princípios, sem efeito normativo. Neste sentido, a rigor, não seria norma, porque não albergaria prescrição jurídica nenhuma. Essa doutrina, que empresta a tais normas a condição de pura retórica, está hoje superada.[67] Na verdade, as normas programáticas, como bem demonstra Maria Helena Diniz, possuem efeito normativo e podem gerar consequências de ordem prática, como qualquer norma jurídica.[68] Seja como for, aqui não se faz necessário enfrentarmos essa questão, porque, na verdade, o art. 212 do CTN não é uma norma programática.

Realmente, esse dispositivo não se limita a estabelecer princípios. Muito pelo contrário, ele alberga típica prescrição de conduta. Diz que "os Poderes Executivos Federal, Estaduais e Municipais expedirão, (...)". Dúvida, portanto, não pode haver de que expressa uma norma jurídica em sentido estrito, rigorosamente técnico, que tem essa expressão na Teoria Geral do Direito. É sem nenhuma consistência, portanto, qualquer argumento que pretenda negar efeito normativo a pretexto de que se trata de *norma programática*.

Também não se trata de norma transitória, como se passa a demonstrar.

É verdade que, em certo sentido, tudo no universo é transitório, mas é evidente que não é neste sentido que se fala em disposições ou normas transitórias em uma lei.

---

66. Maria Helena Diniz, *Dicionário Jurídico*, vol. 3, São Paulo, Saraiva, 1998, p. 371.
67. Cf.: Eduardo García de Enterría e Tomás-Ramón Fernández, *Curso de Direito Administrativo*, trad. de Arnaldo Setti, São Paulo, Ed. RT, 1991, p. 141.
68. Maria Helena Diniz, *Dicionário Jurídico*, cit., vol. 3, pp. 371-372.

Norma transitória é aquela que regula situação de fato passageira. A transitoriedade qualifica a situação do que é temporário ou do que está de passagem.[69] O art. 212 do CTN, diversamente, estabelece um dever a ser cumprido no prazo de 90 dias da sua entrada em vigor e, ainda, anualmente, até o dia 31 de janeiro de cada ano subsequente. Cuida-se, como facilmente se vê, de um dever duradouro, sem prazo para terminar, que não tem, de nenhum modo, o caráter de transitoriedade.

Assim, qualquer argumento que pretenda negar os atuais efeitos normativos do art. 212 do CTN revela-se totalmente insubsistente. A norma nele albergada tem incontestável efeito permanente. Além do mais, note-se que o Código, na parte em que está encartado o art. 212, não cuida apenas de normas transitórias, mas de normas finais e transitórias, de sorte que nem mesmo o argumento topográfico, por si mesmo insubsistente, socorre tal argumento.

Também não se trata de norma sobre requisitos formais da legislação.

A Lei Complementar 95, de 26.2.1998, cumprindo o disposto no parágrafo único do art. 59 da CF, estabeleceu normas sobre a redação, a alteração e a consolidação das leis, mas deixou evidente que as normas na mesma contidas são meras indicações para o legislador, pois "eventual inexatidão formal de norma elaborada mediante processo legislativo regular não constitui escusa válida para o seu descumprimento".[70]

Poder-se-ia, então, alegar que o art. 212 do CTN alberga uma norma sobre requisitos formais da legislação, e assim, por força do disposto na referida Lei Complementar 95, a não consolidação da legislação não constituiria escusa válida para seu descumprimento.

O argumento, porém, seria improcedente por pelo menos duas razões, cada uma delas bastante em si para afastá-lo. A primeira delas consiste em que o não cumprimento do art. 212 do CTN não configura "eventual inexatidão formal de norma elaborada mediante processo legislativo regular". Configura – isto, sim – o evidente descumprimento de um dever jurídico pela Administração Tributária. "A consolidação da legislação tributária, cada vez mais copiosa, é medida benéfica para todos (contribuinte e funcionários), e deve ser empreendida anualmente. Se assim não tem sido feito, configura-se flagrante violação da parte

---

69. Maria Helena Diniz, *Dicionário Jurídico*, vol. 4, São Paulo, Saraiva, 1998, p. 609.

70. Lei Complementar 95, de 26.2.1998, art. 18.

final deste artigo."[71] E a segunda consiste em que não se cogita aqui de escusa para o descumprimento da legislação não consolidada, posto que a não consolidação efetivamente não pode ser alegada como causa para o não pagamento de tributos nela previstos.

8.5.4 Norma e sistema ou ordenamento normativo

Como o Direito é um sistema de normas, sempre se há de examinar as normas que o integram em face da ideia de sistema. Elas devem ter, e na verdade têm, entrelaçamento lógico. Por isto mesmo, nenhuma norma deve ser interpretada isoladamente.

Pela mesma razão não se deve identificar a norma com o dispositivo legal. Muita vez o dispositivo de uma lei alberga duas ou mais normas, e muita vez a norma se expressa através de dois ou mais dispositivos legais.

O jurista deve, então, distinguir a norma do dispositivo legal. E deve considerar que a norma, como preceito provido de sanção para sua inobservância, há de ser encontrada no ordenamento, especialmente tendo em vista as relações que sempre existem entre as normas, porque a Ciência do Direito existe para permitir a visão sistêmica do Direito como um ordenamento normativo. Esta é a lição dos grandes teóricos do Direito, lição que preconiza a necessidade dessa visão sistêmica, como se vê na doutrina de juristas da Europa, entre os quais podemos citar Norberto Bobbio, jurista para o qual a necessidade de investigação neste campo surge da comprovação de que, na realidade, as normas jurídicas não existem nunca isoladamente, mas sempre em um contexto de normas, que têm entre si relações particulares.[72]

Toda norma, como tal entendida a prescrição de um dever jurídico, é, pelo menos em princípio, dotada de sanção, embora nem todos os dispositivos legais estabeleçam sanção especificamente para sua inobservância.

8.5.5 Dever jurídico e sanção no art. 212 do CTN

O art. 212 do CTN estabelece que os Poderes Executivos da União, dos Estados e dos Municípios expedirão, por decreto, dentro de 90 dias da entrada em vigor do Código, a consolidação, em texto único, da le-

---

71. José Jayme de Macedo Oliveira, *Código Tributário Nacional – Comentários, Doutrina, Jurisprudência*, cit., p. 588.
72. Norberto Bobbio, *Teoria Generale del Diritto*, Turim, Giappichelli, 1993, p. 159.

gislação vigente, relativa a cada um dos tributos, repetindo-se esta providência até o dia 31 de janeiro de cada ano. O fato temporal é a situação de fato configurada pela existência da legislação de cada tributo, a ser consolidada em texto único. Dado esse fato, deve ser a prestação consistente em baixar decreto reproduzindo aquela legislação em texto único.

O mencionado art. 212 não previu, é certo, sanção específica para a não prestação. Isto, porém, não significa seja ele uma norma sem sanção. Aliás, mesmo os que formulam a classificação das normas segundo a sanção reportam-se à categoria de normas imperfeitas, que definem como as que "não possuem sanções específicas, impondo deveres sem estabelecerem a sanção a ser aplicada no caso de sua inobservância".[73]

Tal sanção, porém, há de ser localizada em outros dispositivos que integram nosso sistema jurídico. A ausência de sanção prevista especificamente na norma que institui o dever jurídico não pode ser entendida como ausência de sanção para o descumprimento desse dever jurídico. Existem no ordenamento jurídico várias espécies de sanção, de sorte que o descumprimento de um dever jurídico jamais estará a salvo de sanção. Considerando-se que ao dever jurídico contrapõe-se um direito, em último caso caberá ao titular desse direito, em face da não prestação, utilizar-se da ação correspondente. Por isso, doutrina Miguel Reale:

> Tudo no Direito obedece a esse princípio da sanção organizada de forma predeterminada. A existência mesma do Poder Judiciário dá-se em razão da predeterminação da sanção jurídica. Um homem lesado em seus direitos sabe de antemão que pode recorrer à Justiça, a fim de que as relações sejam objetivamente apreciadas e o equilíbrio restabelecido.
>
> As leis todas têm, portanto, uma sanção, motivo pelo qual o CC, em seu art. 75, [CC/1916] reza que "a todo direito corresponde uma ação que o assegura".[74]

Arnaldo Vasconcelos, preconizando a sanção como uma das características da norma jurídica, afasta a ideia de norma sem sanção, reportando-se também ao art. 75 do CC/1916, para ensinar:

> Aí estava exarado o princípio da ação, que constitui o meio próprio de efetivar-se a sanção. Dali por diante, o raciocínio dedutivo

---

73. Paulo Dourado de Gusmão, *Introdução à Ciência do Direito*, 2ª ed., Rio de Janeiro, Forense, 1960, p. 78.
74. Miguel Reale, *Lições Preliminares de Direito*, 10ª ed., São Paulo, Saraiva, 1983, p. 75.

esclarecia tudo: se a sanção se efetiva pela ação, que decorre do Direito e, este, da norma, logo, toda norma possui sanção. (...).[75]

8.5.6 O ilícito pressuposto da sanção no art. 212 do CTN

Não temos dúvida de que toda norma jurídica tem como uma de suas características a sanção, e por isto acolhemos a doutrina segundo a qual sua estrutura realmente se expressa pela fórmula *dado o fato temporal, deve ser a prestação; ou; dada a não prestação; deve ser a sanção*, a propósito da qual já escrevemos:

> Nessa fórmula, a disjuntiva *ou* separa o lícito do ilícito. Em face de determinada situação, descrita na norma, deve ser determinada conduta. Essa conduta que deve ser é o lícito. Conduta diversa será a não prestação. É o ilícito, que constitui o pressuposto da sanção.[76]

Está evidente que, em face do art. 212 do CTN, a prestação será a consolidação em texto único, mediante decreto baixado até o dia 31 de janeiro de cada ano, pelos Poderes Executivos da União, dos Estados e dos Municípios, da legislação de cada um dos respectivos tributos. A omissão configura, evidentemente, a não prestação, e enseja, portanto, a sanção. Tudo isto é de meridiana clareza.

Resta-nos saber quais são, em nosso ordenamento jurídico, as sanções cabíveis em decorrência da não prestação em tela, vale dizer, do não cumprimento do dever previsto no art. 212 do CTN.

8.5.7 As sanções cabíveis pela inobservância do art. 212 do CTN

Entre as sanções decorrentes do não cumprimento, pela Administração Tributária, do dever que a esta impõe o art. 212 do CTN podem ser identificadas, entre outras, pelo menos duas em nosso ordenamento jurídico, a saber: (a) a exclusão do direito de impor penalidade ao sujeito passivo da obrigação tributária que deixar de observar a norma da legislação tributária não consolidada; e (b) a indenização, ao sujeito passivo da obrigação tributária, dos danos que tenha sofrido em decorrência da insegurança gerada pela ausência daquela consolidação.

---

75. Arnaldo Vasconcelos, *Teoria da Norma Jurídica*, 6ª ed., São Paulo, Malheiros Editores, 2006, p. 168.
76. Hugo de Brito Machado, *Introdução ao Estudo do Direito*, 3ª ed., São Paulo, Atlas, 2012, p. 71.

A primeira das referidas sanções é, sem dúvida, a mais eficaz, no caso. Uma vez adotado o entendimento de que a Administração Tributária não pode punir o infrator de dispositivo da legislação que não tenha sido consolidada, essa Administração hoje inadimplente vai, com certeza, cuidar de cumprir seu dever legal.

É certo que ninguém pode escusar-se de cumprir a lei alegando que a desconhece. Não se trata, porém, de invocar o desconhecimento da lei para deixar de cumpri-la. Ninguém se escusará de cumprir a lei tributária, vale dizer, ninguém deixará de pagar tributos, alegando que desconhece a lei que os instituiu ou aumentou. Em face do não cumprimento, pela Administração Tributária, do dever de consolidar anualmente em texto único a legislação de cada tributo, o que, na verdade, se há de questionar é o poder da Administração inadimplente de impor penalidades ao sujeito passivo da relação tributária.

Ressalte-se, em primeiro lugar, que a imposição de penalidades pela Administração inadimplente carece de todo e qualquer respaldo moral. Nada justifica a inércia da Administração no cumprimento do seu dever, que corresponde ao direito do sujeito passivo da obrigação à certeza jurídica. É princípio universal de Direito, fundado em regra moral de reciprocidade e de lealdade, aquele segundo o qual, em uma relação jurídica, a parte que não cumpre seus deveres não pode exigir o cumprimento dos deveres da outra parte.

Assim, mesmo que se reconheça o caráter impositivo da relação tributária, que até certo ponto justificaria a desconsideração da bilateralidade, no sentido de que nela o sujeito passivo só tem deveres, isto somente pode levar à conclusão de que o tributo será em qualquer caso devido, ainda que deveres eventualmente estabelecidos para o sujeito da relação sejam por este descumpridos. Não será razoável, porém, chegar-se ao extremo de admitir que o sujeito ativo pode punir o sujeito passivo porque este, em face da falta das informações que lhe foram negadas por aquele, deixou de cumprir seus deveres na relação tributária.

É certo que estamos falando de situações nas quais o descumprimento da lei pelo sujeito passivo possa ser razoavelmente admitido como fruto da ausência daquela consolidação, em texto único, da legislação tributária respectiva. Nossa tese, assim, não se aplica a todos os casos de infração de lei tributária. Preconizamos, simplesmente, a não aplicação de sanções ao sujeito passivo da obrigação tributária por infrações que possam ser atribuídas a erros de direito escusáveis.

Das duas acima referidas, a segunda sanção que nos parece cabível certamente também produziria efeitos práticos consideráveis. É sanção que se recomenda tanto para os casos nos quais o sujeito passivo da obrigação tributária tenha sido compelido a pagar penalidades como para os casos em que tenha sofrido prejuízos outros, desde que se possa sustentar que sua conduta resultou de desconhecimento ou de incorreta interpretação do dispositivo que deveria ter sido e não foi consolidado.

Consideramos cabível, no caso, a mais geral das sanções, que consiste na indenização dos danos decorrentes do ato ou da omissão que consubstanciam o ilícito. Assim, como a não consolidação anual em texto único da legislação tributária é, inegavelmente, omissão ilícita, não há dúvida quanto ao direito do sujeito passivo da obrigação tributária que tenha sofrido qualquer dano em decorrência daquela omissão de haver a indenização respectiva.

Aliás, com a não observância do dever que lhe impõe o art. 212 do CTN, a Administração Tributária produz para o sujeito passivo da obrigação tributária, desde logo, um ônus significativo, representada pelo custo da informação a respeito das leis vigentes sobre cada um dos tributos a que está sujeito. No mais das vezes ele se sente obrigado a contratar serviços de empresas ou profissionais especializados para lhe prestar assessoramento, o que poderia ser desnecessário se dispusesse, até o dia 31 de janeiro de cada ano, de um decreto consolidando a legislação de cada um daqueles tributos. Esse ônus, facilmente demonstrável, pode ser objeto de indenização, a que tem direito o contribuinte.

Finalmente, casos podem ocorrer nos quais o sujeito passivo de obrigações tributárias tenha de se defender de ações fiscais que seriam evitadas se os próprios servidores da Administração Fiscal estivessem mais bem informados a respeito da legislação vigente. É sabido que, na dúvida, o agente fiscal prefere cobrar o tributo ou impor a penalidade, até para não ser acusado de negligência no cumprimento de seus deveres. E muitas dúvidas podem assaltar os agentes fiscais exatamente em decorrência da não consolidação de que trata o art. 212 do CTN. Assim, o ressarcimento dos danos decorrentes de tais ações fiscais improcedentes também pode ser pleiteado pelo sujeito passivo de obrigações tributárias.

Sem a consolidação das leis de cada tributo nega-se ao contribuinte o mínimo de segurança e certeza a que tem direito em suas relações com o Fisco. Direito que se faz mais importante na medida em que inúmeras obrigações acessórias são a ele impostas, quase todas para dar maior comodidade à Administração Tributária. Não se justifica, portanto, que o sujeito passivo de tais obrigações, que a rigor está, ao atender a elas, desempenhando atividade que em princípio deveria ser desempenhada pelos servidores públicos, fique submetido ao risco decorrente da desinformação.

9
Sanções Tributárias

9.1 Ilícito e sanção. 9.2 Ilícito administrativo tributário. 9.3 Ilícito penal tributário: 9.3.1 Crimes contra a ordem tributária – 9.3.2 Sanção administrativa e sanção penal – 9.3.3 Extinção da punibilidade pelo pagamento – 9.3.4 Exclusão da punibilidade – 9.3.5 Prévio exaurimento da via administrativa – 9.3.6 Crime de supressão ou redução de tributo e imunidade – 9.3.7 Erro na interpretação da lei tributária. 9.4 Sanções políticas.

9.1 Ilícito e sanção

Embora no âmbito da Filosofia do Direito, e até no âmbito da Teoria Geral do Direito, existam controvérsias em torno do que seja o ilícito, prevalece entre os juristas a ideia de que no universo jurídico os comportamentos podem ser qualificados como *lícitos* e como *ilícitos*. Os primeiros são aqueles que estão de acordo, e os últimos aqueles contrários à ordem jurídica.

Como a lei não descreve todos os comportamentos, até porque isto é impraticável, faz-se, então, uma distinção entre a licitude e a legalidade. O campo da licitude é mais amplo. Abrange todas as situações, todos os comportamentos, estejam ou não previstos em lei. Lícito ou ilícito dizem respeito à ordem jurídica, ao direito objetivo em geral. O campo da legalidade diz respeito apenas ao que está previsto nas leis.

Sanção é o meio de que se vale a ordem jurídica para desestimular o comportamento ilícito. Pode limitar-se a compelir o responsável pela inobservância da norma ao cumprimento de seu dever e pode consistir num castigo, numa penalidade a este cominada.

A ação de execução é a sanção destinada a obter do responsável pela inobservância da norma o adimplemento do seu dever. A penalidade, por seu turno, pode ser pessoal ou patrimonial. No âmbito da tributação as penalidades podem ser consideradas obsoletas e inadequadas.

São as restrições a direitos, as interdições de atividades. As penalidades patrimoniais são as multas.

9.2 Ilícito administrativo tributário

Ilícito administrativo tributário é o comportamento que implica inobservância de norma tributária. Implica inadimplemento de obrigação tributária, seja principal ou acessória.

O ilícito administrativo diz-se de conteúdo patrimonial quando implica o não pagamento, total ou parcial, do tributo. Sem conteúdo patrimonial é o ilícito consistente no inadimplemento de simples obrigação acessória.

A definição dos ilícitos tributários constantes da legislação brasileira, seja federal, estadual ou municipal, é casuística, e, por isto mesmo, extremamente complexa e inadequada. Como o descumprimento de certas obrigações acessórias induz a presunção de descumprimento também da obrigação principal, em muitas situações o valor de penalidades cominadas para o descumprimento de obrigações acessórias é estabelecido em função da operação a que diz respeito a obrigação acessória descumprida ou do valor do imposto cujo pagamento supostamente não foi feito.

A aplicação de penalidades pecuniárias, portanto, há de ser feita com cuidado, para que não sejam cometidas graves injustiças. As leis tributárias geralmente estabelecem penalidades específicas para o descumprimento de obrigações acessórias, com valores fixos ou com indicações de limites mínimo e máximo, mas sem vinculação com o imposto ou com o valor de qualquer operação tributável. São as chamadas *multas por infrações formais*. Se o contribuinte pode demonstrar que o imposto foi pago, afastando, portanto, aquela presunção de inadimplemento da obrigação principal, é esta a multa cabível, e não aquela fixada em função do valor do imposto ou de sua base de cálculo.

As multas proporcionais ao valor do tributo somente se justificam naqueles casos em que também o dever de pagar o tributo não foi cumprido, e por isto o mesmo é cobrado juntamente com a penalidade. Se a penalidade é cobrada de forma autônoma, porque inexistem condições legais para a cobrança do tributo, não há razão para aplicação de penalidade proporcional ao valor do tributo.

Em matéria de ICMS tem-se a questão da inidoneidade das notas fiscais, cujo tratamento tem sido extremamente arbitrário. Em face da simples falta de algarismo no número da inscrição do contribuinte ou de outro engano qualquer em elementos formais do documento tem-se considerado inidônea a nota fiscal e cobrado o Imposto correspondente à operação e a multa calculada em função desse Imposto ou do valor da operação. A legislação do ICMS de alguns Estados acertadamente estabelece que a inidoneidade do documento fiscal fica condicionada à circunstância de permitir sua reutilização ou, ainda, ao fato de a operação ou prestação nele declarada não corresponder àquela de fato realizada.

Importante é ter em vista que o uso de documento fiscal inidôneo ou o descumprimento de qualquer outra obrigação tributária acessória apenas podem gerar presunção, mas nunca a certeza do inadimplemento da obrigação principal. Se o contribuinte comprova, por quaisquer meios em Direito geralmente admitidos, que o fato tributável foi escriturado em seus livros e o tributo foi pago ou está registrado para pagamento no prazo legal, infundada será a imposição de penalidade proporcional ao tributo, ao mesmo tempo em que a exigência deste é também indevida, por configurar o inadmissível *bis in idem*.

Havendo dúvida sobre a capitulação legal do fato ou sobre qual seja a penalidade aplicável, a solução deve ser a mais favorável ao acusado de cometer o ilícito, por força do princípio do direito penal albergado pelo art. 112 do CTN.

9.3 Ilícito penal tributário

9.3.1 Crimes contra a ordem tributária

Com o intuito de intimidar os contribuintes que sonegavam tributos, o Governo obteve do Congresso Nacional a aprovação da Lei 4.729, de 14.7.1965, que definiu como crimes de sonegação fiscal comportamentos, que descreveu de forma casuística, relacionados com o dever tributário.

Do ponto de vista jurídico, porém, os autores dos comportamentos definidos na referida lei como crimes foram com ela favorecidos, em face do princípio da especialidade. É que todos aqueles comportamentos definidos como crimes de sonegação fiscal pela Lei 4.729/1965 podiam ser capitulados no art. 171, que define o estelionato, ou nos arts. 297, 298 ou 299 do CP, que definem os crimes de falsidade material ou ideológica de documentos. A pena mínima cominada seria de um ano, e a máxima de seis anos de reclusão, e a Lei 4.729/1965 cominou pena de detenção de seis meses a dois anos. Além disto, admitiu a extinção da punibilidade pelo pagamento do tributo devido, e para os réus primários cominou pena exclusivamente de multa, com o quê fez extinguir-se a punibilidade em apenas dois anos, pela prescrição.

Os dispositivos do Código Penal não eram aplicados. As autoridades da Administração Tributária, por desconhecimento ou por razões políticas, não acionavam o Ministério Público para esse fim. Com o advento da Lei 4.729/1965 algumas ações penais foram promovidas, e em alguns casos o Ministério Público promoveu ação invocando o Código Penal, sem êxito porém, em face do princípio da especialidade.

A Lei 8.137, de 27.12.1990, definiu os *crimes contra a ordem tributária*. Não utilizou o nome "sonegação fiscal", mas definiu os mesmos fatos antes sob aquela designação, de sorte que se pode considerar revogada a Lei 4.729/1965.

Feitas estas considerações, passemos ao exame dos crimes contra a ordem tributária, começando pelo estudo dos tipos e das penas correspondentes.

Nos termos do art. 1º da Lei 8.137/1990, "constitui crime contra a ordem tributária suprimir ou reduzir tributo, ou contribuição social e qualquer acessório, mediante as seguintes condutas: I – omitir informação, ou prestar declaração falsa às autoridades fazendárias; II – fraudar a fiscalização tributária, inserindo elementos inexatos, ou omitindo operação de qualquer natureza, em documento ou livro exigido pela lei fiscal; III – falsificar ou alterar nota fiscal, fatura, duplicata, nota de venda, ou qualquer outro documento relativo a operação tributável; IV – elaborar, distribuir, fornecer, emitir ou utilizar documento que saiba ou deva saber falso ou inexato; V – negar ou deixar de fornecer, quando obrigatório, nota fiscal ou documento equivalente, relativa a venda de mercadoria ou prestação de serviço, efetivamente realizada, ou fornecê-la em desacordo com a legislação".

O crime de *supressão ou redução de tributo* distingue-se do antigo crime de sonegação fiscal, essencialmente, por ser um crime *material*, ou de resultado. Só estará consumado se houver a supressão ou redução do tributo.

Para esse crime a pena cominada é de reclusão de dois a cinco anos, e multa, que se calcula de acordo com as normas do Código Penal.

Nos termos do art. 2º da Lei 8.137/1990, "constitui crime da mesma natureza", isto é, *crime contra a ordem tributária*: "I – fazer declaração falsa ou omitir declaração sobre rendas, bens ou fatos, ou empregar outra fraude, para eximir-se, total ou parcialmente, de pagamento de tributo; II – deixar de recolher, no prazo legal, valor de tributo ou de contribuição social, descontado ou cobrado, na qualidade de sujeito passivo de obrigação e que deveria recolher aos cofres públicos; III – exigir, pagar, ou receber, para si ou para o contribuinte beneficiário, qualquer percentagem sobre a parcela dedutível ou deduzida de imposto ou de contribuição como incentivo fiscal; IV – deixar de aplicar, ou aplicar em desacordo com o estatuído, incentivo fiscal ou parcelas de imposto liberadas por órgão ou entidade de desenvolvimento; V – utilizar ou divulgar programa de processamento de dados que permita ao sujeito passivo da obrigação tributária possuir informação contábil diversa daquela que é, por lei, fornecida à Fazenda Pública".

Os crimes definidos nesse art. 2º são *formais*, ou de *mera conduta*, vale dizer, restam consumados independentemente do resultado. Isto, porém, não quer dizer que o elemento subjetivo seja irrelevante. Os crimes de que se cuida somente se configuram com a presença do dolo específico. Em outras palavras: o dolo específico é elementar do tipo.

Para esses crimes a pena cominada é de detenção de seis meses a dois anos, e multa, que se calcula nos termos do Código Penal.

O art. 2º, I, descreve com maior especificidade o mesmo fato descrito de forma genérica no art. 1º, I, da Lei 8.137/1990, mas a hipótese de incidência deste último inclui, como elemento nuclear, a conduta de "suprimir ou reduzir tributo", indicada na cabeça do artigo. Assim, seja em virtude do princípio segundo o qual em matéria penal deve prevalecer a interpretação mais favorável ao réu, seja em face do princípio da especialidade, tem-se que o fato de omitir informação ou prestar declaração falsa às autoridades fazendárias deve ser capitulado no art. 2º, submetendo-se seu autor à pena neste cominada. A norma do art. 1º somente se aplica se inequivocamente comprovado que o resultado *supressão ou redução do tributo* foi alcançado. A dúvida, se houver, resolve-se a favor do réu.

A Lei 8.137/1990 estabelece que constitui crime contra a ordem tributária "deixar de recolher, no prazo legal, valor de tributo ou de contribuição social, descontado ou cobrado na condição de sujeito passivo da obrigação e que deveria recolher aos cofres públicos".[1]

Não se diga que o não pagamento do IPI, ou do Imposto de Renda Retido na Fonte ou de contribuições de seguridade social descontadas de empregados corresponde à apropriação indébita definida no art. 168 do CP. O contribuinte não se apropria, porque o dinheiro lhe pertence, e não ao Fisco, que é simplesmente credor.

1. Lei 8.137, de 27.11.1990, art. 2º, II.

No IPI o sujeito passivo da relação obrigacional tributária é o comerciante, o industrial ou o produtor, nos termos do art. 51 do CTN. O que este recebe de quem adquire seus produtos é o preço destes. Há entre o comerciante, industrial ou produtor e seu cliente, que lhe compra os produtos, uma relação jurídica de direito comercial, que não se confunde com a relação jurídica de tributação. Tanto assim é que, se o comprador não paga, nem por isto deixa o contribuinte de ser devedor do tributo.

O fato de estar o valor do IPI incluído no preço dos produtos vendidos não faz do industrial mero intermediário, nem do comprador do produto um contribuinte desse Imposto. O valor dos salários pagos pelo industrial também pode estar incluído no preço dos produtos, como o valor do aluguel do prédio em que está instalada a indústria, o valor da conta de energia elétrica, o valor das matérias-primas, entre outros. Nem por isto se pode afirmar que o comprador dos produtos é o empregador, nem o inquilino, nem o cliente da empresa fornecedora de energia, nem da empresa fornecedora de matérias-primas. Nem se pode dizer que o preço dos produtos é formado necessariamente de todos esses elementos.

No caso do Imposto de Renda na Fonte ou das contribuições descontadas dos salários, embora possa parecer que há uma apropriação indébita, na verdade ela não existe, porque o empregador, ao pagar o salário, ou a fonte, ao pagar o rendimento sujeito à incidência do Imposto, na verdade está pagando parte do seu débito, e fica a dever o restante, a ser pago ao Fisco. A relação jurídica, em qualquer desses casos, com o Fisco é uma relação de direito obrigacional. A ação executiva a ela correspondente é *pessoal*. Jamais a ação executiva é *real*.

Em qualquer caso, se o contribuinte escritura, em sua contabilidade, os valores a serem pagos ao Fisco, resta ausente o elemento subjetivo do tipo penal. O dolo é a *vontade livre e consciente de o sujeito se apropriar de coisa alheia móvel de que tem a posse ou detenção*. E com essa vontade, que é elementar na apropriação indébita, é inteiramente incompatível a escrituração contábil, como débito do contribuinte, a crédito do Tesouro, das quantias correspondentes aos tributos a serem pagos.

Se as normas que dizem ser crime o não recolhimento de tributos nos prazos legais criam tipo novo, diverso da apropriação indébita, são inconstitucionais, porque afrontam a proibição de prisão por dívida. Se apenas explicitam que esse não recolhimento configura o tipo do art. 168 do CP, sua aplicação somente há de se dar quando presentes todos os elementos do tipo que descreve, entre os quais o dolo específico, vale dizer, a vontade consciente de fazer próprio o dinheiro que é do Fisco, que resta indiscutivelmente afastado com a escrituração contábil da dívida.

Há quem entenda que no art. 2º, II, da Lei 8.137/1990 assim como no art. 95, "d", "e" e "f", da Lei 8.212/1991 se tem definição de tipo penal novo. Crime de mera conduta, consistente no não recolhimento do tributo, não se devendo, pois, perquirir a respeito da vontade de se apropriar, posto que não se está mais diante do tipo de apropriação indébita. Coloca-se, neste caso, a questão de saber se o legislador pode definir como crime uma situação que consubstancia simples inadimplemento do dever de pagar.

Realmente, a Constituição Federal estabelece que "não haverá prisão por dívida, salvo a do responsável pelo inadimplemento voluntário e inescusável de obrigação alimentícia e a do depositário infiel".[2] Como ensina Celso Ribeiro Bastos, nos tempos modernos já não se aceita mais prisão do devedor inadimplente, sendo cabível, em seu lugar, a execução do patrimônio do responsável por dívida.[3]

Não se diga que a vedação constitucional, porque se reporta apenas à prisão civil, não se opõe à lei ordinária que define como crime o inadimplemento de dívida, para reprimi-lo com pena prisional. Não é assim. A lei ordinária que define como crime o simples inadimplemento de uma dívida e comina pena prisional conflita com a norma da Constituição que proíbe a prisão por dívida. Há, na verdade, evidente antinomia entre a norma da Constituição que proíbe a prisão por dívida e aquela da lei ordinária que define como crime o inadimplemento de dívida, para viabilizar, dessa forma, a aplicação da pena prisional do devedor inadimplente.

É certo que o STF tem manifestações em sentido oposto, admitindo a validade da norma que define como crime o não pagamento de tributo. A tese teria apoio na distinção entre prisão civil e prisão penal. Trata-se, porém, de tese que resulta de uma visão extremamente formalista do Direito, que não se compadece com a moderna Hermenêutica constitucional. O elemento literal, embora essencial, é absolutamente insuficiente na interpretação jurídica, e especialmente na interpretação da Constituição.

O sistema jurídico, considerados os valores que alberga, é necessariamente coerente. Suas eventuais antinomias devem ser eliminadas, e quando se encontrem em conflito normas de diversa hierarquia a eliminação se faz sem qualquer dificuldade, pela prevalência da norma hierarquicamente superior.

---

2. CF, art. 5º, LXVII.
3. Celso Ribeiro Bastos, *Comentários à Constituição do Brasil*, vol. 2, são Paulo, Saraiva, 1989, p. 305.

É certo que estamos falando de inadimplência de dívida, e não de práticas fraudulentas. Havendo fraude, justifica-se a criminalização da conduta. A lesão à confiança no relacionamento humano justifica o sacrifício da liberdade.

No que diz respeito a contribuições previdenciárias registre-se que a Lei 9.983, de 14.7.2000, introduziu alterações no Código Penal brasileiro para, entre outras coisas, definir os crimes de "apropriação indébita previdenciária" (art. 168-A), "inserção de dados falsos em sistema de informações" (art. 313-A), "modificação ou alteração não autorizada de sistema de informações" (art. 313-B) e "sonegação de contribuição previdenciária" (art. 337-A).

É razoável entender que estão revogados os dispositivos da Lei 8.212/1991 que definem como crimes condutas relacionadas com as contribuições previdenciárias, sendo certo, igualmente, que aos crimes concernentes a tais contribuições já não se aplicam os dispositivos da Lei 8.137/190, posto que os mesmos são, agora, objeto de lei específica.

9.3.2 Sanção administrativa e sanção penal

Inexiste distinção essencial entre o ilícito civil, ou administrativo, e o ilícito penal. Assim, também não há distinção essencial entre a sanção civil, ou administrativa, e a sanção penal. A distinção é apenas valorativa. A sanção penal é reservada aos que praticam ilícitos mais graves, que mais seriamente ofendem os interesses sociais. A distinção reside na gravidade da violação da ordem jurídica.

A sanção penal é mais severa, e talvez por isto, em face do Direito Brasileiro, prevalece a ideia de que a especificidade do ilícito penal resulta de ser exclusiva do Poder Judiciário a competência para aplicar a sanção correspondente.

Os atos de descumprimento de leis tributárias continuam ensejando as sanções administrativas – as multas. E ensejam também sanções penais quando não constituam puro e simples inadimplemento da obrigação principal, vale dizer, quando não signifiquem simplesmente o não pagamento do tributo, sem qualquer prática tendente a ocultar ou retardar a exteriorização de seu fato gerador.

Não obstante a doutrina justifique as sanções penais concomitantes com as sanções administrativas com a independência das instâncias, na verdade, nada justifica essa duplicidade, que contribui para a complexidade do sistema jurídico e dificulta a repressão dos cometimentos ilícitos.

Como a principal sanção penal é a pena prisional, as normas penais, a partir da Constituição, tendo em vista a proteção da liberdade humana, cercam de cautelas a imposição de sanções penais, garantindo, inclusive, aos acusados o direito ao silêncio, com o quê tornam inconstitucional a exigência de informações indispensáveis à plenitude da fiscalização tributária.

Ao definir como ilícito penal atos de descumprimento de leis tributárias cria-se, por outro lado, um sério problema no que concerne à responsabilidade.

Realmente, na medida em que a sanção penal é de natureza prisional, constitui evidente absurdo cogitar da responsabilidade de pessoa jurídica. Na verdade, o que se faz é abstrair a existência da pessoa jurídica, para considerar a conduta dos que a dirigem.

Muitos alegam, sem razão, que a ação penal nos crimes contra a ordem tributária deve ser recebida ainda quando não descreva a conduta individual de cada denunciado. Seria bastante a descrição do fato capaz de tipificar o crime, ocorrido no âmbito da empresa da qual o denunciado é dirigente. Admitir-se tal argumento é admitir não apenas a responsabilidade objetiva, mas, também, a responsabilidade pelo fato de outrem.

Não são raras as manifestações nas quais o fato que constitui crime contra a ordem tributária (venda sem emissão de nota fiscal ou subfaturamento, por exemplo) é praticado por empregado, e até por diretor da empresa, em detrimento desta e em proveito próprio. Os dirigentes da empresa, como seus proprietários, restam lesados, e não é razoável que, além de vítimas, ainda sejam responsabilizados pelo ilícito fiscal. Justo, portanto, é exigir que a denúncia descreva a conduta de cada denunciado.

No sistema jurídico penal brasileiro – como, de resto, acontece em todo o mundo civilizado – a responsabilidade penal depende da culpa ou do dolo do agente. É, portanto, sempre subjetiva e pessoal.

Não vale o argumento segundo o qual a individualização da conduta pode ser feita no curso da ação penal. Tal individualização há de ser prévia, sem o quê estará fortemente cerceado o direito de defesa, pois o acusado não saberá do que está sendo acusado, e, assim, não terá como se defender.

Inconsistente é o argumento, tantas vezes utilizado pelos que preconizam a chamada denúncia genérica, de que é muito difícil para o Ministério Público a obtenção de elementos que lhe permitam a descrição individualizada das condutas delituosas nos crimes societários. Mais inconsistente ainda é a equiparação, que alguns fazem, dos crimes contra a ordem tributária praticados no âmbito da empresa com os crimes de autoria coletiva, como assaltos, nos quais os autores do ilícito se unem para praticá-lo.

Realmente, mesmo sendo difícil a colheita de informações precisas a respeito da conduta individualizada de cada partícipe do crime, é evidente ser essa colheita mais fácil na fase de inquérito policial, procedimento que tem sido aceito como inquisitório, unilateral, sem a participação da defesa, e por tudo isto com produção de provas evidentemente facilitada, do que durante a ação penal, que se desenvolve com estrita obediência ao contraditório e à ampla defesa em todos os seus passos.

A distinção entre sanções *pessoais* e sanções *patrimoniais* é elemento importante para equacionar a questão da responsabilidade por cometimentos ilícitos.

As sanções pessoais afligem diretamente a pessoa natural e se caracterizam pela possibilidade de serem suportadas *pessoalmente* por qualquer ser humano, independentemente de sua atividade profissional, de sua riqueza ou qualquer outra qualificação sua. São as penas ditas corporais. Penas privativas de liberdade ou de prestação de serviços à comunidade, por exemplo.

As últimas são aquelas que só indiretamente afligem a pessoa natural e se caracterizam por seu conteúdo patrimonial, e que, por isto mesmo, somente podem ser suportadas por quem disponha de riqueza.

Para ensejar sanções da primeira espécie a responsabilidade há de ser fundada necessariamente no dolo ou na culpa. Tais sanções, por isto mesmo, somente podem ser aplicadas a pessoas naturais, pois somente em relação a estas se pode falar em dolo ou culpa.

Para ensejar sanções da segunda espécie não será necessário cogitar de dolo ou culpa. Por isto, tais sanções podem ser aplicadas às pessoas jurídicas, com fundamento na responsabilidade objetiva.

Em face do Direito vigente, a supremacia constitucional praticamente impede a aplicação de sanções penais aos infratores das leis tributárias. Travam-se, todavia, insuperáveis controvérsias, nas quais os que defendem a aplicação das sanções penais invocam sempre o interesse púbico – argumento sabidamente perigoso, porque agride o princípio da segurança jurídica. E a palavra final do STF sobre essa questão é imprevisível.

Pensamos que a melhor solução será a revogação das leis que definem como ilícito penal a infração de leis tributárias. Tais infrações, como todas as demais que não demonstrem periculosidade física do infrator, devem ser definidas como ilícitos administrativos fiscais, ensejando sanções patrimoniais, que podem ser exacerbadas em função da gravidade dos cometimentos.

A pena pecuniária, para ser eficaz, deve implicar sacrifício para quem a suporte. Não está sujeita ao limite do art. 150, IV, da CF, que veda a tributação confiscatória.

Em sentido oposto, todavia, manifestou-se já o STF quando concedeu medida liminar em ação promovida pela Federação Nacional do Comércio para suspender a vigência do art. 3º, parágrafo único, da Lei 8.846, de 21.1.1994, que comina para a hipótese de venda de mercadoria sem a emissão de nota fiscal multa de 300% do valor da operação.[4]

9.3.3 Extinção da punibilidade pelo pagamento

A questão da extinção da punibilidade pelo pagamento do tributo tem sido objeto de sérias divergências. De um lado, os que pretendem um direito penal desprovido de utilitarismo, sustentando que admitir a extinção da punibilidade pelo pagamento implica favorecer os mais abastados, que poderão livrar-se da sanção pagando o tributo cobrado. De outro, os que sustentam que a criminalização do ilícito tributário é, na verdade, desprovida de conteúdo ético, prestando-se, mesmo, como instrumento para compelir o contribuinte ao pagamento do tributo, e que, por isto, deve ser premiado o que paga, porque permite seja alcançado o objetivo buscado com a cominação da sanção penal.

Talvez por causa dessa controvérsia a lei tem sofrido constantes alterações. Ora admite, ora não admite a extinção da punibilidade com o pagamento do tributo. Por último vinha admitindo a extinção da punibilidade desde que o pagamento ocorresse antes do recebimento da denúncia; e, tratando-se de contribuições de seguridade social, antes do início da ação fiscal. A Lei 10.684, de 30.5.2003, que estabeleceu forma especial de parcelamento de débitos fiscais, determinou a suspensão da pretensão punitiva tanto em relação aos crimes contra a ordem tributária como em relação aos crimes ditos de apropriação indébita e de sonegação de contribuições de previdência social. E o STF já consagrou o entendimento segundo o qual, em face dessa lei, o pagamento do débito tributário a qualquer tempo extingue a punibilidade de qualquer desses crimes, mesmo depois do recebimento da denúncia. E, a nosso ver, mesmo depois da sentença condenatória, mesmo com trânsito em julgado.

---

4. MC na ADI1.075-DF, rel. Min. Celso de Mello, j. 17.6.1998.

A rigor, a extinção da punibilidade nos crimes contra a ordem tributária opera-se como decorrência de qualquer das causas de extinção do crédito tributário. Não apenas em decorrência do pagamento, mas também em decorrência da compensação, da transação, da remissão, da prescrição e da decadência, da conversão do depósito em renda, do pagamento antecipado e da homologação do lançamento respectivo, da consignação em pagamento, da decisão administrativa irreformável e da decisão judicial com trânsito em julgado que tenha afirmado a improcedência da cobrança do tributo, da dação em pagamento e, ainda, de outras causas não enunciadas no art. 156 do CTN, tais como a novação e a confusão. Extinto o crédito tributário, estará extinta a punibilidade relativamente ao crime concernente ao mesmo crédito.

É possível, sim, a utilização da analogia em matéria penal, desde que para favorecer o acusado. No caso, porém, nem é necessária a aplicação analógica. Basta a interpretação extensiva da norma que determina a extinção da punibilidade pelo pagamento. Interpretação extensiva que se impõe pelo princípio segundo o qual o favorável deve ser ampliado, enquanto o odioso deve ser restringido. A palavra "pagamento", nessa norma, tem sentido amplo. Significa *extinção do crédito tributário*. Aliás, seria até ridículo admitir que a dação em pagamento, por exemplo, ou a compensação, ou a consignação em pagamento, ou a decisão judicial que afirma não existir a dívida tributária não são causas de extinção da punibilidade.

No âmbito das penalidades administrativas a questão se resolve nos termos do art. 138 do CTN. Se o pagamento é feito com a denúncia espontânea da infração, nenhuma penalidade é aplicada. Se, todavia, o pagamento é feito em face de exigência formalizada em ação fiscal, o pagamento do crédito tributário feito no prazo estabelecido para a impugnação do auto de infração ou no prazo para o recurso administrativo implica redução do valor da multa, que geralmente vem estabelecido na lei específica de cada tributo.

Essa redução do valor da multa nas hipóteses em que o contribuinte renuncia ao direito de impugnar ou de recorrer constitui forma oblíqua de punir o sucumbente. Por isto, temos sustentado que a lei deveria estabelecer a sucumbência também para a Fazenda Pública, dando, assim, tratamento isonômico aos litigantes.

9.3.4 *Exclusão da punibilidade*

Interessante hipótese de exclusão da punibilidade pode ser vista no inadimplemento pelo Poder Público do dever imposto pelo art. 212 do CTN.

Realmente, segundo o art. 212 do CTN, os Poderes Executivos Federal, Estaduais e Municipais têm o dever de expedir, anualmente, por decreto, até o dia 31 de janeiro de cada ano, "a consolidação, em texto único, da legislação vigente, relativa a cada um dos seus tributos, (...)". Ocorre que esse dever vem sendo descumprido, com absoluto desrespeito ao direito do contribuinte à informação.

É certo que ninguém se exime do cumprimento da lei alegando que a desconhece. Por isto mesmo, a não expedição da consolidação em texto único das leis de cada tributo não desobriga o contribuinte do respectivo pagamento. É razoável, porém, entender que, tratando-se de tributo cuja legislação vem sendo alterada com frequência, o contribuinte tem sua punibilidade excluída pelo inadimplemento pelo Poder Público do seu dever de facilitar o conhecimento da lei vigente.

9.3.5 Prévio exaurimento da via administrativa

Questão de grande interesse e atualidade em matéria de crimes contra a ordem tributária consiste em saber se o Ministério Público pode oferecer denúncia antes da decisão final da autoridade no processo administrativo. Admitir-se que sim implica admitir o uso da ação penal como instrumento para constranger o contribuinte ao pagamento de tributo, que pode não ser devido. Assim, para que sejam preservados os direitos constitucionais do contribuinte, entre os quais o de pagar apenas os tributos devidos e o de se utilizar, para esse fim, do direito ao contraditório e à ampla defesa, inclusive no processo administrativo, não se pode admitir denúncia sem o prévio exaurimento da via administrativa.

Por isto mesmo a lei determinou que a representação fiscal, para fins penais, relativa aos crimes contra a ordem tributária será encaminhada ao Ministério Público após proferida a decisão final, na esfera administrativa, sobre a existência do crédito tributário correspondente.

A questão está hoje resolvida pela Súmula Vinculante 24 do STF, segundo a qual "não se tipifica crime material contra a ordem tributária, previsto no art. 1º, incisos I a IV, da Lei n. 8.137/1990, antes do lançamento definitivo do tributo". Mesmo assim, é importante que se conheça o que antes se discutiu a respeito do assunto.

No julgamento do HC 81.611, no dia 10.12.2003, o STF fixou, finalmente, sua jurisprudência no sentido da tese que temos defendido. O assunto rendeu divergências, tanto que a decisão não foi unânime. Restaram vencidos a Min. Hellen Gracie e os Mins. Joaquim Barbosa e Carlos Britto. Importante, porém, é que, a final, restou afastada a possibilidade de uso da ação penal como instrumento de coação contra o contribuinte com o objetivo de impedir que o mesmo conteste, pelas vias legais, a cobrança de tributo indevido. Este aspecto foi destacado, com inteira propriedade, pelo Min. Nelson Jobim, sustentando que no processo administrativo fiscal o contribuinte exerce seu direito ao contraditório e à ampla defesa, e a instauração da ação penal antes de concluído esse processo administrativo consubstancia ameaça ao contribuinte.

Quem conhece o comportamento do Ministério Público, que em muitos casos atua como verdadeiro cobrador de impostos, sabe muito bem que a ameaça de ação penal pode levar o contribuinte a pagar o tributo mesmo quando seja este flagrantemente indevido. E isto, evidentemente, não é compatível com o Estado Democrático de Direito, no qual deve ser assegurado a todos o direito de não pagar tributos indevidos.

O Min. Sepúlveda Pertence, Relator do caso, já havia se manifestado no sentido da tese que a final prevaleceu. Profundo conhecedor do direito penal, sustentou a falta de justa causa para a ação penal antes do lançamento definitivo, por se tratar de crime de resultado. E, na verdade, a ação penal antes do lançamento definitivo pode conduzir a uma situação verdadeiramente absurda, na qual o Estado-juiz pune alguém por supressão ou redução de tributo e o mesmo Estado, como Administração Tributária, diz que nenhum tributo lhe era devido.

Duas palavras, porém, devem ser ditas em relação à tese adotada pelos votos vencidos. A Min. Ellen Gracie, com o apoio dos Mins. Joaquim Barbosa e Carlos Britto, sustentou que aguardar o julgamento administrativo poderia levar à impunidade, em face da prescrição. Essa tese, *data venia*, é inconsistente, porque o Estado tem meios para evitar a demora no julgamento do processo administrativo, e não se justifica de modo algum que, a pretexto de evitar a prescrição, seja amesquinhado o direito fundamental do contribuinte de se defender contra a exigência de tributo indevido.

Ressalte-se, finalmente, que o Min. Joaquim Barbosa, mesmo tendo, a final, aderido à tese da Min. Ellen Gracie, afirmou "a necessidade de tratamento harmônico da matéria nas esferas administrativa, penal e civil", pois "a desarmonia entre elas poderia acarretar a indesejável coincidência da condenação penal seguida do reconhecimento da inexistência do débito fiscal na esfera administrativa".

Essa possibilidade é bem mais preocupante do que a de ocorrência de prescrição – que, aliás, pode ser contornada pelo próprio STF com a tese sustentada por alguns de seus Ministros no sentido de que a prescrição não corre enquanto pendente de julgamento o processo administrativo fiscal.

A questão essencial, na verdade, consiste em saber se é juridicamente válido o uso da ação penal como instrumento de coação para obrigar o contribuinte a pagar tributos sem direito de questionar a legalidade destes. E o STF merece aplausos da comunidade jurídica pela resposta a ela oferecida, com a qual contribui positivamente para a construção, no Brasil, de um Estado Democrático de Direito.

Quando não tenha sido iniciada ação fiscal e o Ministério Público tenha, por outros meios, notícia do crime, deve este oficiar à autoridade administrativa para que instaure a ação fiscal. Somente nas hipóteses em que disponha de suficientes indícios de corrupção passiva, prevaricação ou outro crime cometido pela autoridade administrativa, no âmbito dos fatos relacionados com o ilícito penal imputável ao contribuinte, poderá desde logo oferecer denúncia contra este, e, em tais hipóteses, há de denunciar também a autoridade administrativa.

9.3.6 *Crime de supressão ou redução de tributo e imunidade*

O crime definido no art. 1º da Lei 8.137/1990 é de resultado, vale dizer, só se consuma quando ocorre a supressão ou redução de tributo devido. Em outras palavras: a existência de tributo devido é elemento essencial do tipo. Assim, se não há tributo devido, não se consuma o crime.

A consideração de que a existência de tributo devido é elemento essencial do tipo é da maior importância, porque implica a não configuração do crime em face do erro de tipo, que se caracteriza pelo erro na interpretação da lei tributária, como adiante será explicado.

Consequência inexorável do que acima afirmado é que, se os fatos descritos nos incisos do art. 1º ou no art. 2º da Lei 8.137/1990 ocorrem no âmbito de uma pessoa jurídica imune ao tributo respectivo o crime não se configura, exatamente em face da inexistência de tributo devido.

Essa tese já foi acolhida pelo TRF-5ª Região, que deferiu *habeas corpus* impetrado em favor de diretor de instituição titular de imunidade tributária denunciado por suposto cometimento do crime previsto no art. 1º da Lei 8.137/1990.

9.3.7 *Erro na interpretação da lei tributária*

No estudo do crime de supressão ou redução de tributo, como dos demais tipos de crimes contra a ordem tributária, é da maior importância o conhecimento do que os penalistas chamam de *erro de tipo*. Se o contribuinte deixa de recolher um tributo, ou o recolhe em montante menor do que o devido, porque cometeu um erro na interpretação da lei tributária, tem-se configurado um erro de tipo, que exclui o dolo, elemento essencial dos tipos penais em questão. Em outras palavras, podemos dizer que o crime de supressão ou redução de tributo bem como os demais crimes contra a ordem tributária definidos na Lei 8.137/1990 não se configuram em face de erro na interpretação da lei tributária.

Entendimento diverso, aliás, terminaria por amesquinhar o princípio da legalidade, passando a prevalecer, sempre, não exatamente a lei tributária, mas a interpretação dada a esta pelo Fisco. O contribuinte teria de acatar sempre essa interpretação. Mesmo quando a questionasse, administrativa ou judicialmente, teria de se submeter a ela até o advento de decisão final que lhe reconhecesse razão, sob pena de sofrer a ação penal por crime contra a ordem tributária.

9.4 Sanções políticas

"Sanções políticas" é a expressão com a qual alguns tributaristas designam o gênero de exigências feitas ao contribuinte pela Administração Tributária como forma indireta de obrigá-lo ao pagamento do tributo. A mais comum dessas exigências diz respeito a certidões negativas de dívidas tributárias e certidões de regularidade de situação. Tais exigências são inadmissíveis, ainda que previstas em lei, porque contrariam flagrantemente a Constituição Federal, especialmente no que concerne à liberdade de iniciativa econômica. Mesmo assim, as sanções políticas são praticadas no Brasil há muito tempo, não obstante repelidas pela jurisprudência. Trata-se da mais persistente forma de agressão aos direitos fundamentais do contribuinte, praticada em todas as áreas da Administração Tributária.

Realmente, trata-se de prática antiga, que remonta aos tempos da ditadura Vargas, que consiste nas mais diversas formas de restrições a direitos do contribuinte como forma oblíqua de obrigá-lo ao pagamento de tributos.

São exemplos mais comuns de sanções políticas a apreensão de mercadorias em face de pequena irregularidade no documento fiscal que as acompanha, o denominado regime especial de fiscalização, a recusa de autorização para imprimir notas fiscais, a inscrição em cadastros de inadimplentes, com as restrições dela decorrentes, a recusa de certidão negativa de débito quando não existe lançamento consumado contra o contribuinte – entre muitos outros, inclusive o protesto de Certidão de Dívida Ativa, autorizado pela Lei 12.767, de 27.12.2012, que determinou a inclusão entre os títulos sujeitos a protesto das Certidões de Dívida da União, dos Estados, do Distrito Federal, dos Municípios e das respectivas autarquias e fundações.[5]

As sanções políticas são flagrantemente inconstitucionais, entre outras razões, porque: (a) implicam indevida restrição ao direito de exercer atividade econômica, independentemente de autorização de órgãos públicos, direito que está expressamente assegurado pelo art. 170, parágrafo único, da vigente CF; e (b) configuram cobrança do tributo sem o devido processo legal, com violação do direito de defesa do contribuinte.

Apesar de inconstitucionais, as sanções políticas são largamente praticadas, no mais das vezes por puro comodismo das autoridades da Administração Tributária, que encontram nelas meio fácil de fazer a cobrança de tributos. Tem sido frequente, assim, a impetração de mandado de segurança para garantir ao contribuinte a prática de certos atos, livrando-o das sanções políticas.

Ocorre que do deferimento do mandado de segurança nenhuma consequência decorre capaz de inibir tais práticas arbitrárias. Por isto proliferam, e se repetem, até para o mesmo beneficiário da ordem judicial, que tem de ser repetida em todos os casos, gerando enorme encargo para o Poder Judiciário.

Assim, como forma de inibir tais práticas arbitrárias, sugerimos que o contribuinte prejudicado cobre a indenização pelos danos sofridos. Não apenas da entidade pública, mas também do agente público, pessoa física. Sobre o assunto escrevemos pequena monografia, na qual o interessado poderá encontrar subsídios para esse fim.[6]

Há quem sustente que a responsabilização do agente público por ilegalidades tornará impossível o desempenho do cargo de agente fiscal, em face da insegurança jurídica. As leis são complexas, e a jurisprudência geralmente alberga divergências. O agente fiscal nunca saberia como agir para não terminar sendo responsabilizado por eventuais danos ao contribuinte.

---

5. V., a respeito do assunto, nossos artigos "Protesto de Certidão de Dívida Ativa", *Revista Dialética de Direito Tributário* 130/34-40, São Paulo, Dialética, julho/2006, e "A questão do protesto de CDA", *Revista Dialética de Direito Tributário* 236/78-90, São Paulo, Dialética, maio/2015.

6. Hugo de Brito Machado, *Responsabilidade Pessoal do Agente Público por Danos ao Contribuinte (Uma Arma Contra o Arbítrio do Fisco)*, São Paulo, Malheiros Editores, 2017.

Tal argumento, embora à primeira vista pareça procedente, na verdade, não resiste a um exame mais atento. Em primeiro lugar, porque à mesma insegurança estamos todos submetidos, e o contribuinte, quando viola a lei, submete-se a pesadas multas, sem que o Fisco admita a seu favor o argumento fundado na complexidade das leis e nas divergências jurisprudenciais. Em segundo lugar, a responsabilidade do agente público só será a final reconhecida e afirmada na sentença que o condenar ao pagamento da indenização se o juiz restar convencido de que realmente se configurou sua culpa ou dolo. Esses elementos subjetivos devem ser apreciados pelo juiz, em cada caso. O que não é razoável é admitir, sob o pretexto da insegurança jurídica, conduta inteiramente irresponsável daquele que age em nome do Estado.

Seja como for, no caso, não estamos tratando da responsabilidade pessoal apenas do agente fiscal, mas da responsabilidade dos agentes públicos em geral, pela prática de atos que configuram sanções políticas.

Bibliografia

ABAJO ANTÓN, Luis Miguel. *La Empresa Ante la Inspección Fiscal*. Madri, Fundación Confemetal, s/d.
ACADEMIA DAS CIÊNCIAS DE LISBOA. *Dicionário da Língua Portuguesa Contemporânea*. vol. 1. Lisboa, Verbo, 2001.
AMARO, Luciano da Silva. *Direito Tributário Brasileiro*. 4ª ed. São Paulo, Saraiva, 1999; 11ª ed. São Paulo, Saraiva, 2005.
_____. "O Imposto de Renda e os princípios da irretroatividade e da anterioridade". *Resenha Tributário* 1.3 "Imposto de Renda – Comentários". 3º trimestre/1983; *RDTributário* 12-26/152. São Paulo, Ed. RT.
ASCENSÃO, José de Oliveira. *O Direito – Introdução e Teoria Geral*. Lisboa, Fundação Calouste Gulbenkian, 1978.
ATALIBA, Geraldo. *Hipótese de Incidência Tributária*. 3ª e 4ª eds. São Paulo, Ed. RT, 1984 e 1990; 6ª ed., 17ª tir. São Paulo, Malheiros Editores, 2018.
ATALIBA, Geraldo, e GONÇALVES, José Artur Lima. "Carga tributária e prazo de recolhimento de tributos". *RDTributário* 45. São Paulo, Ed. RT, 1988.

BALEEIRO, Aliomar. *Direito Tributário Brasileiro*. 10ª ed. Rio de Janeiro, Forense, 1981; 10ª ed., 9ª tir. Rio de Janeiro, Forense, 1993; 11ª ed. Rio de Janeiro, Forense, 1999.
_____. *Limitações Constitucionais ao Poder de Tributar*. 7ª ed. Rio de Janeiro, Forense, 1997.
_____. *Uma Introdução à Ciência das Finanças*. 17ª ed. Rio de Janeiro, GEN/Forense/Bilac Pinto Editores, 2010.
BANDEIRA DE MELLO, Celso Antônio. *Curso de Direito Administrativo*. 33ª ed. São Paulo, Malheiros Editores, 2017.
BARRETO, Aires Fernandino. "Princípio da legalidade e mapas de valores". *Caderno de Pesquisas Tributárias*. São Paulo, CEEU/Resenha Tributária, 1981.
BASTOS, Celso Ribeiro. *Comentários à Constituição do Brasil*. vol. 2. São Paulo, Saraiva, 1989.
_____. *Curso de Direito Constitucional*. 18ª ed. São Paulo, Saraiva, 1997.
BATALHA, Wilson de Souza Campos. *Introdução ao Estudo do Direito*. 2ª ed. Rio de Janeiro, Forense, 1986.
BECKER, Alfredo Augusto. *Teoria Geral do Direito Tributário*. São Paulo, Saraiva, 1963; 3ª ed. São Paulo, Lejus, 1998.

BIELSA, Rafael. *Los Conceptos Jurídicos y su Terminología*. 3ª ed. Buenos Aires, Depalma, 1987 (reimpr. 1993).
BOBBIO, Norberto. *Teoria Generale del Diritto*. Turim, Giappichelli, 1993.
BONAVIDES, Paulo. *Curso de Direito Constitucional*. 33ª ed. São Paulo, Malheiros Editores, 2018.
BRAGA, Guilherme Doin. "Dos depósitos judiciais e o seu levantamento integral face à decadência do direito da Fazenda Pública efetuar o devido lançamento fiscal". *BIJ – Atualidades Tributárias Juruá* 72. Curitiba, Juruá, julho/2004.
BRUNO, Aníbal. *Direito Penal*. 2ª ed., t. 2. Rio de Janeiro, Forense, 1959.

CAMPOS, Dejalma de. "O princípio da legalidade no direito tributário". *Caderno de Pesquisas Tributárias*. São Paulo, CEEU/Resenha Tributária, 1981.
CAMPOS, Diogo Leite de, e CAMPOS, Mônica Horta Neves Leite de. *Direito Tributário*. Coimbra, Livraria Almedina, 1997.
CAMPOS, Mônica Horta Neves Leite de, e CAMPOS, Diogo Leite de. *Direito Tributário*. Coimbra, Livraria Almedina, 1997.
CANARIS, Claus-Wilheim. *Pensamento Sistemático e Conceito de Sistema na Ciência do Direito*. Trad. de António Menezes Cordeiro. Lisboa, Fundação Calouste Gulbenkian, 1996.
CANOTILHO, José Joaquim Gomes. *Direito Constitucional*. 3ª ed. Coimbra, Livraria Almedina, 1983.
CANTO, Gilberto de Ulhôa, e COUTINHO, Fábio de Sousa. "O princípio da legalidade". *Caderno de Pesquisas Tributárias*. São Paulo, CEEU/Resenha Tributária, 1981.
CARRAZZA, Roque Antonio. *Curso de Direito Constitucional Tributário*. 31ª ed. São Paulo, Malheiros Editores, 2017.
_____. *O Regulamento no Direito Tributário Brasileiro*. São Paulo, Ed. RT, 1981.
CARRIÓ, Genaro R. *Notas sobre Derecho y Lenguaje*. 4ª ed. Buenos Aires, Abeledo-Perrot, 1994.
CARVALHO, Paulo de Barros. *Curso de Direito Tributário*. São Paulo, Saraiva, 1985; 4ª ed. São Paulo, Saraiva, 1991; 13ª ed. São Paulo, Saraiva, 2000.
CASSONE, Vittorio. *Direito Tributário*. São Paulo, Atlas, 1985.
COELHO, José Washington. *Código Tributário Nacional Interpretado*. Rio de Janeiro, Edições Correio da Manhã, 1968.
COELHO, Sacha Calmon Navarro. *Liminares e Depósitos Antes do Lançamento por Homologação – Decadência e Prescrição*. São Paulo, Dialética, 2000.
_____ (coord.). *Comentários ao Código Tributário Nacional*. São Paulo, Dialética, 2000.
CORRÊA, Sérgio Feltrin. *Código Tributário Nacional Comentado*. São Paulo, Ed. RT, 1999.
COUTINHO, Fábio de Sousa, e CANTO, Gilberto de Ulhôa. "O princípio da legalidade". *Caderno de Pesquisas Tributárias*. São Paulo, CEEU/Resenha Tributária, 1981.

DECOMAIN, Pedro Roberto. *Anotações ao Código Tributário Nacional*. São Paulo, Saraiva, 2000.

DEL VECCHIO, Giorgio. *Lições de Filosofia do Direito*. 4ª ed., t. 2, trad. de Antônio José Brandão. Coimbra, Arménio Amado Editor, 1972.
DINIZ, Maria Helena. *Dicionário Jurídico*. vols. 1, 2, 3 e 4. São Paulo, Saraiva, 1998.

EMERENCIANO, Adelmo da Silva. *Procedimentos Fiscalizatórios e a Defesa do Contribuinte*. Campinas/São Paulo, Copola, 1995.
ENGISCH, Karl. *Introdução ao Pensamento Jurídico*. 7ª ed., trad. de João Baptista Machado. Lisboa, Fundação Calouste Gulbenkian, 1996.
ESPÍNOLA, Eduardo, e ESPÍNOLA FILHO, Eduardo. *A Lei de Introdução ao Código Civil Brasileiro*. 3ª ed. Rio de Janeiro, Renovar, 1999.
ESPÍNOLA FILHO, Eduardo, e ESPÍNOLA, Eduardo. *A Lei de Introdução ao Código Civil Brasileiro*. 3ª ed. Rio de Janeiro, Renovar, 1999.

FABRETTI, Láudio Camargo. *Código Tributário Nacional Comentado*. São Paulo, Saraiva, 1998; 3ª ed. São Paulo, Atlas, 2001.
FALCÃO, Amílcar de Araújo. *O Fato Gerador da Obrigação Tributária*. Rio de Janeiro, Edições Financeiras, 1964; 2ª ed. São Paulo, Ed. RT, 1971.
FANUCCHI, Fábio. *Curso de Direito Tributário Brasileiro*. vol. I. São Paulo, IBET/Resenha Tributária, 1986.
FERNÁNDEZ, Tomás-Ramón, e GARCÍA DE ENTERRÍA, Eduardo. *Curso de Direito Administrativo*. Trad. de Arnaldo Setti. São Paulo, Ed. RT, 1991.
FERRARA, Francesco. *Interpretação e Aplicação das Leis*. 3ª ed., trad. de Manuel A. Domingues de Andrade. Coimbra, Arménio Amado Editor, 1978.
FERREIRA, Pinto. *Comentários à Constituição Brasileira*. vol. I. São Paulo, Saraiva, 1989.
FONTÁN BALESTRA, Carlos. *Tratado de Derecho Penal*. t. 2. Buenos Aires, Abeledo-Perrot, 1995.
FREITAS, Vladimir Passos de (coord.). *Código Tributário Nacional Comentado*. São Paulo, Ed. RT, 1999; 4ª ed. São Paulo, Ed. RT, 2007.

GARCÍA DE ENTERRÍA, Eduardo. *Justicia y Seguridad Jurídica en un Mundo de Leyes Desbocadas*. Madri, Civitas, 1999.
_____. *La Constitución como Norma y el Tribunal Constitucional*. Madri, Civitas, 1991.
GARCÍA DE ENTERRÍA, Eduardo, e FERNÁNDEZ, Tomás-Ramón. *Curso de Direito Administrativo*. Trad. de Arnaldo Setti. São Paulo, Ed. RT, 1991.
GODOI, Marciano Seabra de (coord.). *Sistema Tributário Nacional na Jurisprudência do STF*. São Paulo, Dialética, 2002.
GONÇALVES, José Artur Lima, e ATALIBA, Geraldo. "Carga tributária e prazo de recolhimento de tributos". *RDTributário* 45. São Paulo, Ed. RT, 1988.
GONZÁLEZ GARCÍA, Eusebio. *La Interpretación de las Normas Tributarias*. Pamplona, Aranzadi, 1997.
_____. "Principio de legalidad tributaria en la Constitución de 1978". In: *Seis Estudios sobre Derecho Constitucional e Internacional Tributario*. Madri, Editorial de Derecho Financiero, 1980.
GONZÁLEZ GARCÍA, Eusebio, e LEJEUNE, Ernesto. *Derecho Tributario*. 2ª ed. Salamanca, Plaza Universitaria, 2000.

GRECO, Marco Aurélio. *Internet e Direito*. São Paulo, Dialética, 2000.
_____. "Perempção no lançamento tributário". In: *Estudos Jurídicos em Homenagem a Gilberto de Ulhoa Canto*. Rio de Janeiro, Forense, 1988.
GRINOVER, Ada Pellegrini. *Comentários à Constituição do Brasil*, São Paulo, Saraiva, 1989.
GUSMÃO, Daniela Ribeiro de. "A concessão pela União de isenções relativas a tributos estaduais e municipais – Possibilidade no âmbito dos tratados internacionais". *Revista Trimestral de Jurisprudência dos Estados* 168. São Paulo, Jurid Vellenich, janeiro-fevereiro/1999.
GUSMÃO, Paulo Dourado de. *Introdução à Ciência do Direito*. 2ª ed. Rio de Janeiro, Forense, 1960.

HARTZ, Wilhelm. *Interpretação da Lei Tributária*. Trad. de Brandão Machado. São Paulo, Resenha Tributária, 1993.
HORTA, Raul Machado. *Estudos de Direito Constitucional*. Belo Horizonte, Del Rey, 1995.
HUNGRIA, Nelson. *Comentários ao Código Penal*. 4ª ed., vol. 1, t. 1. Rio de Janeiro, Forense, 1958.

JARACH, Dino. *Finanzas Públicas y Derecho Tributario*. 2ª ed. Buenos Aires, Abeledo-Perrot, 1996.
JESUS, Damásio E. de. *Direito Penal*. 17ª ed., vol. I. São Paulo, Saraiva, 1993.

KELSEN, Hans. *Teoria Generale del Diritto e dello Stato*. Milão, Edizioni di Comunità, 1952.
_____. *Teoria Pura do Direito*. Coimbra, Arménio Amado Editor, 1979; 2ª ed. São Paulo, Martins Fontes, 1987; 3ª ed., trad. de João Baptista Machado. Coimbra, Arménio Amado Editor, 1974.

LARENZ, Karl. *Derecho Justo: Fundamentos de Ética Jurídica*. Madri, Civitas, 1993.
LEIBNIZ, Gottfried Wilhelm. *Los Elementos del Derecho Natural*. Trad. de Tomás Guillen Vera. Madri, Tecnos, 1991.
LEJEUNE, Ernesto, e GONZÁLEZ GARCÍA, Eusebio. *Derecho Tributario*. 2ª ed. Salamanca, Plaza Universitaria, 2000.
LIMA, Hermes. *Introdução à Ciência do Direito*. 28ª ed. Rio de Janeiro, Freitas Bastos, 1986.

MACHADO, Celso Cordeiro. *Tratado de Direito Tributário Brasileiro*. vol. VI. Rio de Janeiro, Forense, 1984.
MACHADO, Hugo de Brito. "A questão da lei interpretativa na Lei Complementar 118/2005". *Revista Dialética de Direito Tributário* 116/52-68. São Paulo, Dialética, maio/2005.
_____. "A questão do protesto de CDA". *Revista Dialética de Direito Tributário* 236/78-90. São Paulo, Dialética, maio/2015.
_____. "A supremacia constitucional como garantia do contribuinte". *Revista Dialética de Direito Tributário* 68/44-60. São Paulo, Dialética.
_____. "Constituinte e Reforma Tributária". *Revista de Finanças Públicas* 370. Brasília/DF, Ministério da Fazenda, 1988.

_____. *Curso de Direito Tributário*. São Paulo, Resenha Tributária, 1978; 16ª ed. São Paulo, Malheiros Editores, 1999; 38ª ed. São Paulo, Malheiros Editores, 2017.
_____. *Introdução ao Estudo do Direito*. São Paulo, Dialética, 2000; 3ª ed. São Paulo, Atlas, 2012.
_____. *O Conceito de Tributo no Direito Brasileiro*. Rio de Janeiro, Forense, 1987.
_____. "O depósito, o lançamento por homologação e a decadência". *Revista Dialética de Direito Tributário* 111/29-36. São Paulo, Dialética, dezembro/2004.
_____. "Obrigação tributária acessória e o princípio da legalidade". In: ROCHA, Valdir de Oliveira (coord.). *Grandes Questões Atuais do Direito Tributário*. São Paulo, Dialética, 2014 (pp. 191-200).
_____. *Os Princípios Jurídicos da Tributação na Constituição de 1988*. São Paulo, Dialética, 2001.
_____. "Protesto de Certidão de Dívida Ativa". *Revista Dialética de Direito Tributário* 130/34-40. São Paulo, Dialética, julho/2006.
_____. *Responsabilidade Pessoal do Agente Público por Danos ao Contribuinte (Uma Arma Contra o Arbítrio do Fisco)*. São Paulo, Malheiros Editores, 2017.
_____ (coord.). *Certidões Negativas e Direitos Fundamentais do Contribuinte*. São Paulo/Fortaleza, Dialética/ICET, 2007.
MACHADO, Hugo de Brito, e MACHADO, Schubert de Farias. *Dicionário de Direito Tributário*. São Paulo, Atlas, 2010.
MACHADO, Hugo de Brito, e MACHADO SEGUNDO, Hugo de Brito. *Direito Tributário Aplicado*. Rio de Janeiro, Forense, 2008.
MACHADO, Raquel Cavalcante Ramos. *Interesse Público e Direitos do Contribuinte*. São Paulo, Dialética, 2007.
MACHADO, Schubert de Farias, e MACHADO, Hugo de Brito. *Dicionário de Direito Tributário*. São Paulo, Atlas, 2010.
MACHADO SEGUNDO, Hugo de Brito. *Código Tributário Nacional*. 5ª ed. São Paulo, Atlas, 2015.
_____. *Processo Tributário*. 9ª ed. São Paulo, GEN/Atlas, 2017.
MACHADO SEGUNDO, Hugo de Brito, e MACHADO Hugo de Brito. *Direito Tributário Aplicado*. Rio de Janeiro, Forense, 2008.
MALUF, Pedro Tavares. "Extinção do crédito tributário por dação em pagamento e as normas gerais de licitação e contratos". *Boletim de Licitações e Contratos/BLC* 3. São Paulo, NDJ, março/2008.
MARINS, James. *Direito Processual Tributário Brasileiro (Administrativo e Judicial)*. 8ª ed. São Paulo, Dialética, 2015.
MARTINS, Ives Gandra da Silva. "O princípio da legalidade no direito tributário brasileiro". *Caderno de Pesquisas Tributárias*. São Paulo, CEEU/Resenha Tributária, 1981.
_____ (coord.). *Comentários ao Código Tributário Nacional*. vol. 2. São Paulo, Saraiva, 1998; 3ª ed., vol. 2. São Paulo, Saraiva, 2002. vol. 2. São Paulo, Saraiva, 2003; 5ª ed., vol. 2. São Paulo, Saraiva, 2008; 6ª ed., vol. 2. São Paulo, Saraiva, 2011.

MARTINS, Ives Gandra da Silva, SOUZA, Hamilton Dias de, e TILBERY, Henry (coords.). *Comentários ao Código Tributário Nacional.* São Paulo, José Bushatsky Editor, 1976.

MAZZUOLI, Valério de Oliveira. *Curso de Direito Internacional Público.* 2ª ed. São Paulo, Ed. RT, 2007.

MENDONÇA, Maria Luíza Vianna Pessoa de. *O Princípio Constitucional da Irretroatividade da Lei – A Irretroatividade da Lei Tributária.* Belo Horizonte, Del Rey, 1996.

MICHELI, Gian Antonio. *Curso de Direito Tributário.* Trad. de Marco Aurélio Greco e Pedro Luciano Marrey Jr. São Paulo, Ed. RT, 1978.

MIRABETE, Júlio Fabbrini. *Código de Processo Penal Interpretado.* 8ª ed. São Paulo, Atlas, 2001.

MIRANDA, Jorge. *Manual de Direito Constitucional.* t. II. Coimbra, Coimbra Editora, 1988.

MONTERO, Francisco Guio. *El Contribuyente Ante la Inspección de Hacienda.* Valladolid, Lex Nova, 1999.

MONTESQUIEU. *O Espírito das Leis.* 2ª ed., trad. de Fernando Henrique Cardoso e Leôncio Martins Rodrigues. Brasília, Editora UnB, 1995.

MORAES, Bernardo Ribeiro de. *Compêndio de Direito Tributário Brasileiro.* Rio de Janeiro, Forense, 1984.

MOREIRA, João Batista. "Fundamentos da equidade no direito tributário brasileiro". *RDA* 130. Rio de Janeiro, FGV.

NASCIMENTO Carlos Valder do (coord.). *Comentários ao Código Tributário Nacional.* Rio de Janeiro, Forense, 1997; 5ª ed. Rio de Janeiro, Forense, 2000.

NOGUEIRA, Ruy Barbosa. *Curso de Direito Tributário.* 6ª ed. São Paulo, Saraiva, 1986; 13ª ed. São Paulo, Saraiva, 1994.

NUNES, Pedro. *Dicionário de Tecnologia Jurídica.* 8ª ed., vol. 1. Rio de Janeiro/São Paulo, Freitas Bastos, 1974.

OLIVEIRA, José Jayme de Macedo. *Código Tributário Nacional – Comentários, Doutrina, Jurisprudência.* São Paulo, Saraiva, 1998.

OLIVEIRA, Yonne Dolácio de. "Legislação tributária, tipo legal tributário". In: MARTINS, Ives Gandra da Silva, SOUZA, Hamilton Dias de, e TILBERY, Henry (coords.). *Comentários ao Código Tributário Nacional.* São Paulo, José Bushatsky Editor, 1976.

PACHECO, Cláudio. *Tratado das Constituições Brasileiras.* vols. I, III e X. Rio de Janeiro, Freitas Bastos, 1965.

PÉREZ DE AYALA, José Luis. *Montesquieu y el Derecho Tributario Moderno.* Madri, Dykinson, 2001.

PINHEIRO, Hésio Fernandes. *Técnica Legislativa.* 2ª ed. Rio de Janeiro/São Paulo, Freitas Bastos, 1962.

PONTES DE MIRANDA, F. C. *Comentários à Constituição de 1967.* t. V. São Paulo, Ed. RT, 1968; 2ª ed., t. V. São Paulo, Ed. RT, 1971.

_____. *Tratado de Direito Privado.* 3ª ed., ts. I e XXII. Rio de Janeiro, Borsói, 1970 e 1971.

QUERALT, Juan Martín. "Estudio Introductorio". In: VANONI, Ezio. *Naturaleza e Interpretación de las Leyes Tributarias*. Trad. de Juan Martín Queralt. Madri, Fábrica Nacional de Moneda y Timbre, 1973.

REALE, Miguel. *Lições Preliminares de Direito*. 10ª ed. São Paulo, Saraiva, 1983; 13ª ed. São Paulo, Saraiva, 1986; 17ª ed. São Paulo, Saraiva, 1990.

RECASÉNS SICHES, Luis. *Introducción al Estudio del Derecho*. 13ª ed. México, Editorial Porrúa, 2000.

_____. *Tratado General de Filosofía del Derecho*. 16ª ed. México, Editorial Porrúa, 2002.

REZEK, J. F. *Direito Internacional Público*. 5ª ed. São Paulo, Saraiva, 1995.

ROCHA, José de Albuquerque. *Teoria Geral do Processo*. 6ª ed. São Paulo, Malheiros Editores, 2002.

ROCHA, Valdir de Oliveira. *Determinação do Montante do Tributo*. 2ª ed. São Paulo, Dialética, 1995.

_____. "Tratados internacionais e vigência das isenções por eles concedidas, em face da Constituição de 1988". *Repertório IOB de Jurisprudência* 5/1991. Texto 1/3.964.

_____ (coord.). *Grandes Questões Atuais do Direito Tributário*. São Paulo, Dialética, 2014.

ROCHA NETO, Manuel Luís da. "Prazo decadencial para constituição do crédito tributário – Levantamento das quantias depositadas em juízo". *Revista Dialética de Direito Tributário* 47. São Paulo, Dialética, agosto/1999.

ROSEMBUJ, Tulio. *La Transacción Tributaria, Discrecionalidad y Actos de Consenso*. Barcelona, Atelier, 2000.

ROSSI, Júlio César. "Os tratados internacionais e a sua superioridade: a interpretação do art. 98 do Código Tributário Nacional à luz da Convenção de Viena sobre o Direito dos Tratados". *Revista Dialética de Direito Tributário* 186. São Paulo, Dialética, março/2011.

SABBAG, Eduardo. *Curso de Direito Tributário*. São Paulo, Saraiva, 2009.

SAINZ DE BUJANDA, Fernando. *Lecciones de Derecho Financiero*. 6ª ed. Madri, Universidad Complutense, 1988.

SANTO AGOSTINHO. *A Cidade de Deus*. Trad. de J. Dias Pereira. Lisboa, Fundação Calouste Gulbenkian, 1991.

SANZ DE URQUIZA, Fernando G. *La Interpretación de las Leyes Tributarias*. Buenos Aires, Abeledo-Perrot, 1990.

SCHOUERI, Luís Eduardo. "Fato gerador da obrigação tributária". In: SCHOUERI, Luís Eduardo (coord.). *Direito Tributário – Homenagem a Alcides Jorge Costa*. São Paulo, Quartier Latin, 2003.

_____ (coord.). *Direito Tributário – Homenagem a Alcides Jorge Costa*. São Paulo, Quartier Latin, 2003.

SILVA, Edgard Neves da. "Tratados e convenções internacionais – Outorga de isenção – Imposto Municipal sobre Serviços". *Revista da Faculdade de Direito de São Bernardo do Campo* 5/44-53.

SILVA, De Plácido e. *Vocabulário Jurídico*. vols. I, III e IV. Rio de Janeiro, Forense, 1987.

SOUSA, Rubens Gomes de. *Compêndio de Legislação Tributária*. Ed. póstuma. São Paulo, Resenha Tributária, 1975.
SOUTO MAIOR BORGES, José. *Lei Complementar Tributária*. São Paulo, Ed. RT, 1975.
_____. *Obrigação Tributária*. São Paulo, Saraiva, 1984.
SOUZA, Hamilton Dias de, MARTINS, Ives Gandra da Silva, e TILBERY, Henry (coords.). *Comentários ao Código Tributário Nacional*. São Paulo, José Bushatsky Editor, 1976.

TENÓRIO, Oscar. *Lei de Introdução ao Código Civil Brasileiro*. 2ª ed. Rio de Janeiro, Borsói, 1955.
TILBERY, Henry, MARTINS, Ives Gandra da Silva, e SOUZA, Hamilton Dias de (coords.). *Comentários ao Código Tributário Nacional*. São Paulo, José Bushatsky Editor, 1976.
TÔRRES, Heleno Taveira. *Direito Tributário e Autonomia Privada*. Tese apresentada ao Concurso de Livre-Docência do Departamento de Direito Econômico e Financeiro da Faculdade de Direito de São Paulo. São Paulo, 2002.
TORRES, Junio. "Penalidades fiscais e consolidação anual da legislação tributária". *RT* 506. São Paulo, Ed. RT, dezembro/1977.
TORRES, Ricardo Lobo. *Normas de Interpretação e Integração do Direito Tributário*. Rio de Janeiro, Forense, 1991.

UCKMAR, Victor. *Princípios Comuns de Direito Constitucional Tributário*. São Paulo, Ed. RT, 1986; 2ª ed., trad. de Marco Aurélio Greco. São Paulo, Malheiros Editores, 1999.

VANONI, Ezio. *Naturaleza e Interpretación de las Leyes Tributarias*. Trad. de Juan Martín Queralt. Madri, Fábrica Nacional de Moneda y Timbre, 1973.
VASCONCELOS, Arnaldo. *Teoria da Norma Jurídica*. 6ª ed. São Paulo, Malheiros Editores, 2006.
VASQUES, Sérgio. *Os Impostos do Pecado: o Álcool, o Tabaco, o Jogo e o Fisco*. Coimbra, Livraria Almedina, 1999.
VELLOSO, Carlos Mário. *Temas de Direito Público*. Belo Horizonte, Del Rey, 1994.
VERNENGO, Roberto J. *La Interpretación Literal de la Ley*. 2ª ed. Buenos Aires, Abeledo-Perrot, 1994.
VOLKWEISS, Roque Joaquim. *Direito Tributário Nacional*. 3ª ed. Porto Alegre, Livraria do Advogado, 2002.

XAVIER, Alberto. *Os Princípios da Legalidade e da Tipicidade da Tributação*. São Paulo, Ed. RT, 1978.

ZAFFARONI, Eugenio Raúl. *Tratado de Derecho Penal*. vol. 4. Buenos Aires, Ediar.
ZAVASCKI, Teori Albino. "O Ministério Público e a defesa de direitos individuais homogêneos". *Revista Jurídica* 189.

* * *